法兰西浪漫史

(Theodore Zeldin)

[英] 西奥多·泽尔丁 / 著
侯福莉 王欣然 / 译

A History of French Passions

Politics & Anger

权力与冲突

中信出版集团 | 北京

图书在版编目（CIP）数据

法兰西浪漫史．权力与冲突 /（英）西奥多·泽尔丁著；侯福莉，王欣然译．-- 北京：中信出版社，2021.7

书名原文：A History of French Passions: Politics and Anger

ISBN 978-7-5217-3148-4

Ⅰ．①法… Ⅱ．①西… ②侯… ③王… Ⅲ．①文化史－法国 Ⅳ．① K565.03

中国版本图书馆 CIP 数据核字（2021）第 094321 号

法兰西浪漫史——权力与冲突

著　　者：[英] 西奥多·泽尔丁
译　　者：侯福莉　王欣然
出版发行：中信出版集团股份有限公司
（北京市朝阳区惠新东街甲 4 号富盛大厦 2 座　邮编　100029）
承 印 者：天津丰富彩艺印刷有限公司

开　　本：880mm × 1230mm　1/32　　印　　张：13.5　　字　　数：363 千字
版　　次：2021 年 7 月第 1 版　　印　　次：2021 年 7 月第 1 次印刷
京权图字：01-2020-7285
书　　号：ISBN 978-7-5217-3148-4
定　　价：59.00 元

服务热线：400-600-8099
投稿邮箱：author@citicpub.com

目录

前言

这是一部讲述激情与幻想的书。它道出了法国人之为法国人的原委，揭示了他们行为背后的情感，理清了他们的困惑与矛盾纠葛。它既不是老调重弹，也并非用常见的进化论和民族主义术语大谈历史进步，更不是讲述权力日盛、自信膨胀的政府是如何主导历史的。相反，本书关注的是活生生的个体如何应对来自政治、经济、职业和情感方面的压力，如何克服脆弱和恐惧，如何设法满足野心和喜好，又如何在解决了一个问题之后却发现有新问题接踵而至。本书写的是法国人，但企图寻觅的是人类行为模式下潜藏的共性。

政治和文学历来不失为外国人试图了解法国的两种途径。法国在这两大领域内的成就的确丰富异常、引人注目，以至于任何渴望了解现代民主运作方式或艺术想象的人都不敢忽视其在这两个领域的贡献。但我认为，文人、政客关于法国的看法对世人实有误导。我尽可能多方面地考察了法国人的社会生活，力图将法国人的观点置于更宏大的背景下重新审视，反复斟酌。在本书中，我尽己之力设法还原历史全貌，因为只有从整体出发，我们才能察觉其中某个事件或某种行为的重要性。本书分析了法国不同社会阶层的希望与理想，并将这些阶层分成了更小的群体，以便我们看清法国人如何更关注群体的内部矛盾，而非阶级斗争。一直以来，人们都认为资产阶级在法国占主导地位，对此我并不认同。在我看来，法国是各类小群体的集合，是一个多元社会。这些群体既能战斗，又善御敌。每个法国人都可以根据自己的职业、爱好、烦恼和品位，融入多个不同的群体。我发现，家庭并不是法国社会的支柱。通过调查父母对子女的态度、丈夫对妻子的态度、女性对自身社会地位的态度，我得出结论：家庭虽然能给人以安全感，但它也是人们精神压力的来源。人们之所以将和睦的家庭立为典范，是因为这样的家庭在现实生活中实属罕见：1900 年，只有 54% 的婚姻关系维持了 15 年以上，45% 的小孩在十几岁时就成了孤儿。我还研究了妇女选举权运动有何缺点，色情文学与卖淫交易缘何持续猖獗，青年人如何巧妙摆脱社会约束，阻碍人们建立友情的因素是什么。通过探查是什么因素促进了民族统一和团结，我发现所谓的民族认同感的提升只是表象。虽然法国人的语言、思维和表达方式让他们看上去与众不同，但民族认同感与人们是否讲同一种语言、是否拥有同样的思维方式和表达方式无关。我解释了为什么教育能在开阔视野的同时假借平等之名，鼓动人们热衷应试、不断竞争。那些致力于文化事业的知识精英不断涌现，这让人们忽视了底层大众对精英价值观的态度——不能认同，难以接受。我解释了法国人如何把自己和其他国家的人区别开来：为什么他们对英国人、德国人和美国人的偏见根深蒂固，但与此同时又允许法国国内存在按地域划分的各种族群。我研究了何谓布列塔尼人、普罗旺斯人、阿尔萨斯人或者奥弗涅人。法国人虽表面团结一致，但个人主义与集体主义时常针锋相对。我在书中描写了法国艺术家们如何在反叛中崛起，法国文学因何名满天下，法国服装时尚的决定因素是什么，又是什么不断推动着法国餐饮业新标准的产生。我也力图解释为何法国在外交和军事上渐失往日荣光，却在上述那些领域成了全球的领头羊。我还描述了法国人对科学进步的矛盾心理，对腐败和迷信的纵容态度，对民族认同感的推崇，巧用幽默工具保护自己、反对暴君统治的方法。这种探索让我走进法国人的私人生活和情感世界，了解他们的忧愁，知晓他们如何一边推崇个人主义，一边缓解精神压力。我还指出法国人在与他人相处时，何时容易使用暴力，何时容易伤害他人，指明了服兵役对他们有何影响，他们能从殖民地寻求何种补偿，他们如何对宗教纷争感到失望，以及他们在生育方面会感到怎样的焦虑。

相对于我之前深入探讨过的话题，政治显然是一个更大的话题，人们对它的了解更多，论述也更多。通过了解人们如何交友、如何待客、如何对待仆役，我们可以了解人类行为，而政治给我们提供了一个更加深入、更加全面检视人类行为的机会。毕竟，有关公共生活的记录比日常家庭生活纷争的记录详细、清楚得多。政治学家总愿意相信政治左右着人们的日常行为，对此我不敢苟同。我讨论过的许多话题都没有牵扯政治，因为我认为毫无必要谈及政治。每种活动都有其各自的主题、关注点和发展走向。依我之见，政治之所以重要，是因为它能衍生诸多迷思和谬见，它们让法国人感到迷茫和困惑，使他们难以做出判断和取舍。我绝不坚持传统的非黑即白、非左即右的二分法，反而视之为阻碍明辨时局和真相的绊脚石。二分法让久失意义的历史分歧变得根深蒂固，使重要、复杂的问题看似简单且易解决，使法国人态度的多元性不为人知，法国人因此很难了解他人真实的意见和看法。于是，民主仍旧是一副原始和幼稚的面孔，人们无法自由地表达欲求，更遑论实现，他们只好在红蓝两派中做出选择。我认为，是知识分子阶层让这种简单化的二分法大行其道的。人们普遍认为，知识分子曾在法国社会中占有特殊地位，并极具影响力，但我想告诉读者的是，他们产生的影响与他们认为或者声称带来的那些影响并不完全相同。法国知识分子在其所处的时代曾感到无所适从，他们有强烈的个人主义意识，甚至到了偏执的程度。他们的特点是：无力忍受生活中的种种对立，却又虚伪地生活在这些矛盾之中；他们力求用走捷径的方式消除矛盾，故极力推崇用原理、公式等简单的方式来解决复杂的问题。他们向大众解释为什么国家会四分五裂，用政治口号说服各党派，用自己的方式解读历史。然而，这并不意味着他们的解读就准确无误，也不意味着历史学家就应全盘接受他们的解读。

知识分子传播过三个错误的观念，其影响广泛、深远。第一个便是法兰西是一个整体、不可分割。他们构想出什么才是完美的法国人，苛责乡下人和见识少的人，几乎不把后两者当人看。他们的想法多少有些在理——法国人从表面上看的确越来越趋同了，但这并未消除法国的地域差异，这些差异反而变得愈加鲜明。知识分子曾宣扬、奉行个人主义，他们自己就是在这种观念的影响下成长的，但这种主义并未起到团结的作用，而是加剧了分裂。事实上，知识分子所谓的“法国人”到底是什么样的，可能连他们自己也讲不清楚。一个世纪以后，如果欧洲大陆真能实现联合统一，那时人们就会发现，主张统一的民族主义阶段不过是法兰西历史上的美好瞬间，国家统一只不过是人们信以为真的痴念妄想。一项针对1914年“一战”动员的研究指出，彼时法国本应全国上下搁置争议，同仇敌忾，抗击德国，为1870年的普法战争雪耻，但实际上，当时的法国人参战热情不足，缺乏强烈的民族主义情感。[1]另一篇论文研究的是1914—1939年的法国老兵。研究显示，这些老兵十分唾弃沙文主义，不相信民族统一的神话，而是更多地把命运同自己的家乡联系在一起。[2]

第二个错误的观念是：法国只分为左、右两派，或只有资产阶级和无产阶级。通过对政治党派和社会团体的分析，我详细解释过为什么这种二分法流于简单。人们无一例外地认为，自己要么属于这个派别，要么属于那个阶级，其实这都是受知识分子影响的结果。在实际生活中，人的行为复杂多变，其言行并非完全对应其秉持的信仰、原则。比如，地主、债主、放贷者、政府税官可以让一个农民饱受折磨，而邻居的嫉妒、自己对体面和荣耀的追逐同样会使他深感痛苦。这些情况会同时出现，彼此交缠。因此，这个农民就不得不用一系列的悖论来描述他对人生的看法。长期以来，同一行会的工人相互仇视，以致巴黎右岸的木工拒绝和左岸的木工一起工作。到 1966 年，大型工厂里 44%～47% 的金属工匠认为资本家就是他们的敌人。不过，小型企业里只有 12%～15% 的人这样认为。工会没能吸纳大多数无产者：1935 年的私人企业中只有 6% 的员工是工会会员。我认为，主导个人行为的是社会流动性，以及竞争、焦虑等因素，而非阶级斗争。此外，妇女和儿童各有喜欢与讨厌的人和事。第 20 任法国总统吉斯卡尔·德斯坦曾宣称，法国不是一分为二，而是一分为四，这离真相倒是近了一步。我认为，法国就像马赛克图片，混杂着趋同性和冲突性。假如两方恰恰分属于对立的传统派别，即使他们有共同的志趣也不会合作，这就是派别二分的“意义”所在。求变的知识分子比谁都起劲儿，“不遗余力”地使法国陶醉于古老的排斥性二分法，变成十足的墨守成规之国。

知识分子传播的第三个错误观念是，大多数问题可以通过教育来解决。教育造就了知识分子。法国政论家、经济学家蒲鲁东说过，民主就是平民教育。平民教育这剂良药基本是免费的，法国社会已经喝了整整一个世纪，由此成功地把主要的财政开支从军费支出变为教育支出。但是教育并未满足国家之需。与“教育无所不能”这一虚妄看法类似的另一个观念是：要实现变革，就得先通过革命或立法对机构或制度进行变革。这一看法反映了一种基本的矛盾心理：知识分子把政治放在首位，但又相信思想的力量。实际上，他们从来不知道思想是怎么改变的。他们强调修改法律的必要性，其结果是法律和宪法变个不停，这种“变个不停”又让他们深感不满，但“变个不停”又是法律机构和当权者施用权力的明证。知识分子行使权力最充分的表现就是培养出了一批令人讨厌的技术官僚，并对他们既爱又恨，这些技术官僚实际上延续了旧时那种中央集权制下仁慈但专制的传统。

我认为法国人并不清楚分裂他们的是什么。各种机构、组织中的人讲不清楚什么对他们来说最重要。如何参与民主本应是革命要解决的问题，但从未见问题得以解决的迹象。不管是哪个政党执政，它总是与民作对、维护自己。旧制度的那一套传统做法仍在延续，比如一直“活到”苏联时期的“沙皇”。政治家坚称，只有通过国家背后的政党，变革才能实现，因此变革总带有派性，总会让人卷入与对手的争斗，而无人力图搞清楚法国人有何共同的目标。只有在争锋陷入僵局，遭到极端主义分子（他们一旦取得政权，则会变得温和）的背叛，政府在执法过程中软弱无力或者在民众逃税和犯法时，对抗的双方才能达成一致。以上种种做法都已成惯例，人们因此不再寻求共识。各个政党都在寻求共识上做口头文章。右翼时不时地对党派纷争宣战，喊出国家团结的口号，而喊口号的对象几乎永远是犹太人、共产党人、共济会会员等——右翼已将这些人从“国家共同体”中排除了。再者，右翼对“国家事业”的阐释总带有派性特征，这种阐释源于他们对“民族遗产”偏狭的理解。左翼一方面呼吁友爱互助，另一方面力争少数族群权益，在两者之间摇摆不定。保护少数族群权益的做法包括罚没富人财产，摧毁教会，争取一个阶级对另一个阶级的胜利。我们先把政客所标榜的那些崇高的“主义”搁置一边，看看他们在现实中分成的两类：一类将自己的理念强加于民，另一类更喜欢逐步达成和解。但不管是以上哪种理政方式，它从未给予民众任何选择的机会。人们可以用开诚布公的方式商讨和寻求解决问题之道，但往往会遇到来自机构和意识形态方面的阻碍。民众层面遇到的诸多问题从未被拿到政治层面加以商讨和解决。因此，有关政治体制的那些讨论和争辩只是表面现象。

就政治史而言，19—20 世纪的主要“战争”发生在牧师和校长之间。他们没有意识到他们其实可以站在同一立场上。实际上，双方都相信道德改革的力量，都不相信物质主义。另外，双方都相信，相对于享乐和贪婪，自律和利他是获得满足感更稳妥的途径。双方都对肆意扩张的商业社会持怀疑态度，都竭力避免受它的诱惑。与他们站在对立面的是那些物质主义者：他们相信生产率的提高和物质财富的增加高于一切。他们这种信条的真正用意在于推动城市化、工业化，推广消费主义。这些从未成为政治问题，因此“反牧师之战”中的民众也就没有意识到这些是政治问题。于是，现代社会最重要的那些切实的变化——技术革命和生活方式的变化——发生得静悄悄，在民主进程中竟然无人对此表达过任何看法，因为争论这些根本问题会直接触及不同党派的核心理念。社会主义者主张追求的目标必须极其崇高（在早期，他们主张采用的方法要非常符合伦理道德），但是他们很快就把物质繁荣和怎样进行物质商品分配当作重中之重。右翼党派长期以来支持基督教，宣扬顺从和谦卑，但是他们也认为追逐个人财富的积累是理所应当的事。故此，没有哪个党派能预想到法国文明的发展态势竟是如此。

政治史特别容易沦为少数派的历史。法国先由老人统治，当这种统治摇摇欲坠时，老人们便将权力分给了扩展的技术官僚群体。我们不明白为什么主要由女人、孩子和年轻男子组成的法国社会竟能容忍这种体制。答案就是：执政者能够管控的都是生活中相对不重要的领域。另外，家庭之中有几个非正式的“政治领域”，比如温顺的妻子、听话的儿子，这是男人的骄傲，是他们孜孜以求的梦想。

我认为议会政党不是政治生活的主角，它们不是磁极，不会吸引各方来跟它们进行讨论。我认为，政治思想家、牧师、党派激进分子和普通民众会从各自不同的角度理解政治。一般来说，牧师和党派激进分子从事的那些活动才被看作政治生活的内容。对民众来说，政治主要是对权威的反抗，所以对民主政治的研究不应该总是围绕意识形态、选举和立法框架进行，更应着力研究的是人们借以逃脱统治者重压的各种计策、遁词等。正因如此，通过政治机构进行的改革才缓慢迟滞、收效甚微。议会通过了法律和实际的执行情况完全是两码事。我觉得变革就像新思想，它通常被当作“入侵者”，或者像一个寄宿客，被单独放在一个房间里，防止给主人的家庭生活带来实质性改变。人们的生活并不整齐划一，而是各自按不同的时间标尺来过着自己的生活。有些人仍保持着中世纪的习俗，如饥似渴地研读占星术（1963 年，53% 的法国人会定期研读此类书籍）；有些人崇尚 17—18 世纪的理想，把古典文学奉为典范，教他们的孩子古典修辞法；有些人反感强加给他们的那些文艺作品，却暗中喜好色情文学、通俗爱情小说和恐怖故事，比如，惊险系列小说“方托马斯”的销量是意识流文学大师普鲁斯特作品销量的 5 倍多。但是，当善于揭示人类动机复杂性的著名导演让·雷诺阿执导的电影[①]上映的时候却遭到拒绝。他的电影犹如一面镜子，要再过一代，人们才敢于在镜中正视自己。

政治操作都因循传统、如出一辙，这并非因为它忧民众之所忧，表达了他们的心声，而是因为它能使政治辩论看上去不偏不倚、客观中立。这掩盖了那些令人焦虑的实际问题，因为那些问题往往过于尖锐而无法被讨论。除了政治抗议，民众还用各种各样的形式表达不满情绪。例如，工人通过频换工作来反抗压迫、寻求变化：20 世纪 50 年代，42% 的人换过至少 4 次工作，24% 的人换过 11 个工作地点。反叛的孩子们发展个性、追求自我，义愤的女人们退居到她们自己的世界。街上行色匆匆的人们无视难以撼动的社会等级制度，雄心勃勃，努力向上攀登着社会阶梯，甚至无视医生关于“雄心是一种疾病，会带来可怕症状”的警告。年轻人为了反抗父母的严苛管教，去恋爱，和父亲对着干，去结交那些和自己的家庭与宗族合不来的朋友。最后，大家都借助幽默、无奈的自嘲，以及剧作家考特林所描述的那种入木三分的嘲讽和遗忘来对抗现实的重压。这些与个人情绪相关的行为都是政治行为。各种机构和制度之所以存在，正是因为它们可以被忽略。而难以忽略和更难摆脱的或许是人们的孤独感和精神焦虑，它

① 电影《游戏的规则》于 1939 年上映后被禁。——译者注

们更令人痛苦、更令人难以忍受。

因此，我们不能脱离愤怒等情绪来理解政治。我试图勾勒出这些情绪的变化历史，但我会谨慎行事，不会提出一种新理论来取代我批评过的那些理论——若提出新理论，它也无疑会很快被更新的理论取代。历史学家研究的就是理论的兴衰。我无意声称发现了某种能够解释人类行为的普遍真理，或者找到了某种可以解释法国人特性的公式。正因为每一种理论、意识形态体系或“框架”在试图解释人性的复杂性时都不够充分，人们才强烈和迫切地需要创造出各种新的理论、体系和“框架”进行再解释。我们对人类自身知之甚少，不适合做出概括性强的论断。例如：人的大脑有数以亿计的细胞，但我们只掌握了少部分细胞的活动规律；我们只是刚刚开始探知激素影响情绪和行为的奥秘；衰老过程会给人带来各种难以预料的影响，这一过程在很大程度上仍未得到解释。人类的生存具有神秘性这一说法是科学，不是宗教。因此，我有意把我的论点和建议分列出来，而不是把它们裹挟在一张似是而非的因果网中。

我亮出的是一种态度，而不是理论。我相信一个人的个性特征会不可避免地影响他的世界观（我认为，是什么造就了现在的我们还远未被查明）。历史是一种手段，它让人意识到观点是主观的，偏见是主观的，人们所追求的独立性是主观的，恐惧也是主观的。我无意改变那些坚持己见的人，因为人们总有信奉某些观点的理由。每个人需要的是找到适合自己个性的态度或解释。问题的产生往往不是由于彼此意见不合，更可能是由于人们缺乏自知之明——太自以为是，自认为无所不知。

第1章

政治在法国人生活中的地位

法国的政治史通常被描述为一部失败大事记，法国的政治也因此让人看不明白。但是若把政治史看成失败史，就是没有看到政治在法国人生活中的重要性。

众所周知，法国是一个受到各种革命活动、内阁危机和丑闻流言折腾的国家。长期以来，各种权力与冲突似乎一直是它面临的主要问题。法国的各个政党一直没能拧成一股绳，只好以联合政府的形式治理国家，而联合政府又因内部倾轧近乎瘫痪。在选举中胜出只意味着该政党能偶尔促成积极的改革和真正的变革，因为新法律从颁布到执行往往要历经多年，越过重重障碍。无论如何，人们认为法国直到20世纪仍被掌控在高度集权的官僚手中。由于整个国家过于分裂，打破这种僵局并不容易。老问题还未解决，新的争议就接踵而至，结果就是人们讨论当下问题的时候依照的还是历史先例，对旧事物的念念不忘会激发无法消除的敌意。宗教团体、社会团体、宪法委员会、地方部门都以不同的方式处理政治问题，所以大家在政治上只能达成局部一致，其间，妥协在所难免。好像是为了对妥协有所补偿，大家常常要找出一个“原则”，但这个“原则”又让大家难以接受自己所做出的妥协。冲突发展到最后，努力往往会变成徒劳。

要想了解法国政治，人们就必须先忘掉盎格鲁-撒克逊模式。人们对该模式评议甚多，尤其是法国人。他们往往下意识地认为：因为法国实行的立宪政体多多少少和英美政体类似，所以它运行不畅一定是源于自身没有发展出成熟的盎格鲁-撒克逊式的两党制。法国的确从别国借鉴了一些理念，但是它已经把这些理念完全融入自己的政治传统，所以追根溯源基本上是不可能的事了。法国选举和议会的功能及特点大大不同于其他国家。在评价选举方式和议会惯例的时候，我们必须考虑人们如何看待其背后的权力，因为权力保证了选举和议政的顺利进行。法国的历史跌宕起伏，君主制曾盛极一时，其"历史遗产"之一就是对权力的滥用，至少滥用于内耗。宪法的功能就是对权力运用进行控制和限制。拿破仑三世在重建他叔叔拿破仑一世令人炫目的帝国时，甚至将权力下放，给予个体更大的空间以调动其能动性。戴高乐将军在振兴法国、重获法国海外声誉的时候，更将互助协作而非国家控制作为国家复兴的关键。再者，第三共和国为保护民众，曾不遗余力地防止政府权力过于集中且凌驾于大众之上。此举产生的良性后果就是民族主义日盛。由此看来，虽然盛行于法国的政治制度确实效率低下，特别是在制定法律和建立强大永续的政府部门方面，但这并非初衷。相反，该政治制度在保护民众免受过分干扰方面高效有力，使大家能够自由自在地表达个人偏好。议会颁布的宪法使官僚作风无立锥之地。政治权力和管理权力基本上被当作防御机制，就算有些混乱出现，也无伤本元。政治技巧更多地用于澄清疑问、摆脱麻烦，而不是用于政党操纵。当然，曾有少数派别反对此种政治制度，这实属正常。要想了解政治的作用，我们就必须把政治和其所处的社会环境联系起来。最好不要先看政府的核心机构，着眼点应该放在省、镇、村庄，在那里可以看到民众对政府的期望是什么，也可以看到当地人怎样理解和执行"巴黎政策"。只有这样，我们才能看清政治家是如何在具体环境中工作的。

法国政治生活中令人瞩目的一点是，某些地区在长达百余年的时间跨度里从未改变其选举方式。例如，法国西部大部分地区的选民是保守派坚定的追随者，从反革命时期开始，经过漫长而令人绝望的君主制时期，再到独立的右翼党派执政的现代，他们的立场从未改变。相对而言，极左翼的支持者一般在法国南部和中部地区。该党派于1815年的“白色恐怖”中在上述地区遭到迫害，又在1849年的选举中，以“山岳党”的名义胜出。如今，共产党仍然从那些地区吸收力量。研究这一现象的先驱是政治学家安德烈·西格弗里德。他发明了“选举地理学”这一术语，后以“选举社会学”之名广为人知。这为人们审视党派分化现象提供了一个新视角。西格弗里德的优势在于他既熟知法国，又能适当与之保持距离。他是新教教徒，是一个白手起家、美式百万富翁的儿子。他年轻时周游世界，口音带着外国味儿。他穿着方格粗花呢的衣服，像是从儒勒·凡尔纳的小说中走出来的环球旅行家。在连续四次选举（1902—1910）中，他试图进入议会，但都失败了。之后，他像法国政治社会学奠基人托克维尔一样，开始探究自己玩不转的政治，试图解开那些政治之谜。[1] 西格弗里德的《法国西部政治描写》（*Political Portrait of the West of France*）一书具有独创性，其中选用了他参选过程中掌握的翔实的地方知识，他据此认为，政治派别可能与某一地区的“脾气秉性”密切相关。他写道：“像人一样，地区和国家也各自有其脾气秉性。”在这一著作中，他试图将“这种深藏在潜意识中的心理状态转换成清晰的术语”。他先对该地区进行地理学研究，然后按照土壤和植被类型对其进行划分，例如用花岗岩、林地、白垩平原、第四纪沼泽地来区分。西格弗里德还制作了人口密度图和分布图，标注了哪些地区的村落人口聚集度高，哪些地区的人口分散在农场。然后，他把这些地图和有地住宅地图相比较，在有地住宅地图上标画了大、中、小区域及其所有权归属情况。最后，他研究了每个市镇（commune，法国最小的行政区）的政治形势，形势由市镇居民的投票情况和他们所选代表的得票情况反映。西格弗里德非凡的成果之一就是研究出了一份“要素索引”，这份“索引”能帮人们预测某个村庄选举的结果。决定性的要素是土地等财产。

如果主导某个地区的力量是大地主，并且农民需要直接依靠租种大地主的土地来过活，或需要间接地讨好他们，那么农民参加选举时就会随着地主支持右翼。如果某地有许多拥有土地的自耕农，那他们就会坚定地支持民主。人口密度大的地区往往政治生活活跃，这种地方的居民也多支持左翼。分散居住使人们基本无法进行政治讨论，在此情况下，乡村贵族就成了最有影响力的人。

还有一个重要的因素是教会的权力。有的地区的神父拥有至高无上的权力，甚至超过了贵族。在法国西部的昂儒，贵族把不动产保存得最为完好，因此仍然得以过着光鲜的生活。但是在西北部的布列塔尼，贵族旧日的风光不再，他们常常陷于困顿，穷苦潦倒但仍狂妄做作，失意沮丧，缺乏能动性，所以他们的权威日渐衰弱。在这些地区，神父的收入很高，比如勒福尔戈埃地区的神父从源源不断来朝拜的教徒那里获利丰厚。1913 年，他一年的生活花费达到 5 万法郎，因此成为“教区之王”。当然，让他成为有影响力的人物的要素不单单是财富，更重要的是，教士阶层被看作本地成长的精英，颇受爱戴。在莱昂就是如此。虽然拥有小产业的人在此地占主导，但教士们的权力是无上的。因此，培养教士的勒斯尼文学院（the College of Lesneven）的院长就成为本地的“大选民”，他的圣秩被广泛颂念。

还有一些地区虽然经济状况与上述地区相似，但国家层面的影响力是决定性的。在沿海地区，由于涉及海军征兵的具体问题，选民热衷于投选有官方背景的代表。海关、灯塔、军工厂等大量国家部门的工作机会使得政府成为“好处派发者”，谁也不能对此视而不见。从更普遍的意义上讲，许多人认为站在政府一边是明智之举，因为生活的方方面面都需要政府的认可和支持。在宗教气氛不太浓厚的地区，比如，在当时的诺曼底和曼恩，当地政府可以轻而易举地选出候选人。在某些地区，政府的权力掌控在某些团体、组织手中，它们不仅给当地提供了很多公务员职位，而且它们管控之下的保险业和铁路方面的工作机会不少。尽管上述因素都会对选民投票造成压力，影响他们的选择，但是候选人本人的情况对选民投票的影响似乎也不小。一个熟谙如何用个人魅力取悦选民，知道如何让自己的言行符合选民期待的人，即使不属于任何党派，仍然可能获得选举的胜利。最后，当然还有这样一些地区：人们没有任何政治立场，对任何学说都不在意，只埋头关注自己的物质利益。

西格弗里德最后归纳说："流行的观点认为，选举什么都不是，只是思维混乱、心血来潮的操作。通过远观和近看，我的结论正好相反。假如正像歌德所说，'地狱自有其法则'，那为什么政治不能有自己的法则呢?"西格弗里德所谓的"法则"乍一看简单至极，即选举结果是由社会关系、居住模式、职业、宗教信仰或神秘的族群性格决定的。这一结论暗含的意思是：选举无须涉及意见的表达，无须在治理国家的不同观点之间做出选择。他认为只有在村镇，人们才有真正的政治生活。大多数农民跟随领头的贵族、宗教人士或者政府官员进行投票，而这些领头人利用农民的选票为自己的利益服务。那么，按照西格弗里德的看法，选举的功能无非就是将各种各样深藏不露的"性情气质"隐藏起来，让法国看起来和谐统一，或只是分化成了左、右两个基本派别而已。

人们越仔细看西格弗里德的书，就越能清楚地了解他的研究资质是什么，他保留的看法是什么，他如何巧妙地依赖直觉进行研究。他把法国政治简单化了，手段是只说其思想内容的局限性。他证明了政治有深层的心理学意义。他没有陷于不同的政党标签和纲领的混乱之中，而是把读者的注意力从选民的态度问题转移到了邻居身上和那些遥远的选区上。西格弗里德没有说自己是科学家，也未承认经济学家的头衔。他参加了"道德和政治科学学会"，隶属于学会的"道德部"，并为此感到自豪。他说："因为研究道德的学者不负责树立道德标准，而是讨论人的行为规范，所以应该把我看成研究道德的学者，这是我最为自豪之事。"其著作的价值仅在于启发性，他自己对此也有正确的认识。他痛恨那些声称无所不能的简单的解释。这位“选举学之父”写道：“我对标准问卷、事前准备好的框架和死板的研究架构有一种恐惧，僵化的架构据说能清晰地表现人文精神，但实际上反而毁了它。”他认为在研究中应经常变换研究视角。他相信直觉的功能，相信理解的力量，这种理解并非基于数据，而是基于好奇心，特别是情感好奇心，即对各种生命形式自然流露的同理心。他反对专业细分，因此他写的书涉及的地区广泛，有美国、英国、新西兰及南美洲。他厌恶采用过于精细的研究技法。使他深受鼓舞的是，一大批选举社会学家表达了对他的忠诚和拥戴，选举社会学在“一战”后成为政治学的一个主要分支学科。选举社会学家们的研究围绕“法国国家政治科学基金会”进行，他们发表了多部专著，把对法国政治的理解提升到了新的高度。[2]

西格弗里德的研究硕果累累，但是，人们很快就发现他的概括性结论并不是从真正严谨的研究中得出的。比如，他表达过一个观点：旺代省以大产业主为主，但他只用了 20 个县中 3 个县的数据作为佐证，而对于其他县的情形，他只用“也是如此”隐晦地带过。他评估教士影响力的时候，是用私立女校的地图进行说明的，并未采用任何和宗教相关的数据。他的选举地图过于笼统，表示 51% 的“大多数”和 90% 的“大多数”时没有区别。他用提出新问题的方法回答了许多老问题。他用宗教信仰来解释右翼选举，但是对具体原因的探查又流于表面。他提出的规则不具有普遍性，且衍生出一些异常现象。新一代选举专家用简明的方式指出了他的观点的极端性和缺陷。例如，下诺曼底地区多小产业主，贵族很少，该地区没有宗教，也没有保皇传统，按理说选民们都应该投选左翼，但相反，在整个 19 世纪和 20 世纪，该区选民一直坚定地支持保守派。同样，在布列塔尼的特雷戈鲁瓦地区，大产业主居多，有权势的贵族居多，但该地区在 1910 年突然选择支持左翼。原因何在？西格弗里德的回答是，他们最后终于“敢支持了”。但是，他没有阐明为什么其他地区的人不敢反抗压在他们头上的贵族和教士。如果说这种压迫性的力量只需用勇气就能推翻，那它该有多么微弱呢？一旦除去西格弗里德研究中微妙的心理学色彩，他“构筑的大厦”就会倾覆。然而，好的一面是：它激发了一些优秀的研究成果，这些成果同他的著作一样，具有丰富的想象力和独创性。

西格弗里德研究了 14 个行省。而研究人员保罗·博伊斯只选择萨尔特一省进行仔细研究，因为萨尔特省的情况更易于掌控，特别适合这种研究。该省的西半部选民在大革命时期有保王传统，在 1848 年投选了右翼，自此以后，这一立场在所有的选举中从未改变；东半部选民则拥护共和，在 1849 年投选了“山岳党”，然后逐渐成为共产党坚定的支持者。左、右两派的分界线贯穿依科莫伊（Ecommoy）县，该县很小，小到可以对其进行真正深入翔实的调查分析。如今，依科莫伊县下辖的一个市镇是拉莱尼（Laigné），它反对改革，态度保守，但是这里以农民小土地所有制为主。依科莫伊县下辖的另一个市镇是圣－马尔斯（Saint-Mars），它非常拥戴共和党，但是它并没有很多小产业主。由此可见，西格弗里德得出的“公式性结论”站不住脚。博伊斯对萨尔特全省的产业所有权进行的研究表明，不管是保守区还是共和区，每个区域都存在大产业和小产业。西格弗里德有时收集不到有关财产权的信息，博伊斯因此不再把财产权作为一项重要指标。特别是在调查贵族地主对农民如何施加影响时，博伊斯发现贵族拥有土地的份额实际上很少——低于 25%，而且主要是林地。14 位农民中只有 1 位靠着贵族过活，在林区，这种依赖可能会变成服从，直至变成敌意。再者，如果仔细研究这些佃农的租约，我们就会发现，虽然农民受到严苛的对待，但这似乎并不影响他们的政治行为。19 世纪 80 年代的农业危机之后，严苛的条款从租约中被剔除了，尽管如此，农民选举时反对或支持的派别却从未变过。

萨尔特省东部和西部的政治差异是贫富差距造成的吗？这种差异确实存在于东、西部——西部比东部更繁华富裕，但这种繁华到 1880

年大萧条时期就结束了，西部之后就没落了，比东部更穷。然而，不论何时，不论贫富，西部支持的一直是保守派。

也可能是大革命和旧政权导致了东西部的政治差异：和西部相比，东部受特权阶层的压迫更甚。但如果仔细查看《1789 年录》（*Cahiers of 1789*），我们就会惊讶地发现：对贵族和教士阶层充满敌意的不是东部民众，反而是保守的西部民众。

西格弗里德认为占有土地的多少是影响政治生活的重要因素，对此，博伊斯并不认同。他认为，获取土地的方式及相关的社会状况如何才更为重要。在萨尔特省，农民占有 12.5% 的土地；资产阶级占有 51.5% 的土地，比特权阶层多。众所周知，大革命时期卖出的大部分土地都是资产阶级买走的，萨尔特省的情况也是如此。在萨尔特省的西部，大革命时期的农民比较富有，他们希望能在市场上买到土地。由于西部的土地质量更好、更值钱，资产阶级渴望买到西部的土地，基本上不过问东部的土地。结果就是，大革命加剧了西部农民和资产阶级之间的紧张关系。所以，对西部农民来说，大革命就意味着资产阶级这一入侵者遏制了他们购买土地的强烈需求，意味着他们必须和贵族联手对抗他们共同的敌人——资产阶级。东部土地贫瘠，出售的都是小地块，很难吸引资产阶级买主，所以各方之间不会产生什么敌意。还有一个因素可能也导致了东、西部对资产阶级产生不同的看法。农业是该省的支柱，但是有些农民光靠耕种很难维持生计。由于西部的土地更肥沃，西部农民比东部农民的收入高三分之一。因此，东部农民为了弥补耕种收入的不足，开始从事手工业，于是东部农村地区高达 20% 的人口做了织工。西部和北部也有人做织工，但他们住在城镇，和农民没有接触，对农民也产生不了什么影响。西部几乎没有农民织工，当地的农民种植大麻类作物，并运往东部。相较之下，东部的织工和农民都居住在村子里，接触密切。其结果倒不是种大麻的变成保王派，农民织工成为共和派，而是手工业活动带动了城乡之间一种独特的互动。商人到村里给织工提供原材料、收货，并带来城市观念，因此编织区和城镇在不断交流。事实上，织工们都乐于接受革命思想，一个特别的原因是：他们妒忌比他们富有的西部农民。在收成不好的年份，富裕农民吃自产的农产品，从飞涨的物价中获利，因此生活宽裕悠闲。而织工们必须自己花钱买食品，但他们买不起。织工们还对政府充满恨意，因为政府管控他们的生产活动和产品质量，这无疑会减少他们的收入。西部居民主要围绕教会生活，和城镇接触不多。教会对西部居民起的作用，犹如城镇对东部居民起的作用。西部居民感到孤独时会去教堂，当来自城里的密探意图推翻他们的神父时，西部居民会齐聚教堂守护。这样看来，东、西部产生根本性政治差异的原因既不是财产，也不是地形地貌因素，而是东、西部居民对改革和资本主义的不同态度，这样的态度主要反映在土地购买热潮和城乡冲突上。手工业者把革命思想由城镇渗透乡村。需要强调的是：到 19 世纪末，没有任何城镇投票支持过保守派。[3]

如果以更广阔的社会学角度看，我们还可以把上述观点进一步拓展为：先进思想的传播和城市化的发展紧密相关。先进思想不仅出现在城镇，也渗透了受到城市化影响的乡村地区。这些乡村地区为城市市场生产产品，并通过公路运输和频繁的货币兑换与城市市场连接。有人在研究吉伦特省的拉雷奥尔县时发现，在第三共和国初期，人们选投左翼的行为开始于该县县府，然后逐渐蔓延到乡村，但到 1914 年之后，这种趋势又回到了县府。这一例子具有动态性，由此说明选举地理学并非总用静态的眼光看待政治。[4] 美国社会学家查尔斯·蒂利研究了 1793 年法国旺代省的情况。他说，人们普遍认为与城市隔绝的经济落后地区肯定持反革命态度，这一看法过于简单。他试图找出该省反革命情绪如此高涨的原因，并提出，反对革命的呼声并非出现在极其落后的地区，而是出现在开始受到城市影响但尚未完成城市化的乡村地区。反革命代表着两种势均力敌的力量之间的冲突。城市化对农村的影响具有选择性：一开始，影响的对象只是某些阶级和某些群体的行为。冲突的双方一般是专注于本地事务的居民，以及具有开放意识、注重国家事务的居民。社会人类学家朱利安·皮特－李维斯（Julian Pitt-Rivers）研究了一个法国村庄。研究显示，村庄里的人有两种截然不同的语言使用习惯。当村民谈论动物、耕种、天气和家庭事务的时候，他们选用方言；讨论政治、时尚、教育、商业和国家大事的时候，用法语。今天，大多数法国村民已经学会使用方言和法语这两种语言，也已适应这两种文化，但一个世纪之前，本地文化还曾面临法语文化的入侵和冲击。假如城乡冲突是由于相互不了解、不相容产生的，那么人们可以想见：在城乡隔绝程度最高的地区，二者之间的冲突也应该是最厉害的。两群人如果不碰面也就斗不起来，所以两种文化一旦相遇，冲突即起，紧张气氛加剧。城镇代表把官员或商人等外部新力量引介入村，对村里旧有的统治阶层和权势分配模式形成挑战。这股新力量按着新思路将本地的竞争者重新改造，帮他们和国家相关部门建立联系。最激烈的反革命斗争没有发生在遥远的旺代省的林区，而发生在绍莱周边的地区。在这里，18 世纪兴起的纺织工业得到快速发展，引发了新旧势力之间猛烈的冲突。新兴资产阶级拥护革命，把贵族和农民赶出村公所。在资产阶级没遇到任何阻力就控制了的城镇，没有冲突，一片祥和。但是，如果他们一意孤行，想获取更大的影响力，就会遇到麻烦。这既是社会现象，也是个人行为。反革命的先行者往往是那些试图建立个人功业、改变当地不堪现状的人。他们的目标一般就是实现村里权力的平衡，再无其他。支持他们的往往是年轻的雇工，这些年轻人总想着如何逃避服兵役，因为兵役以最严肃正统的方式侵扰了他们的生活。综上，各派之间的冲突不是简单的阶级斗争。虽然武装革命由资产阶级领导，但是在反革命的军队里也有很多手工业者。因此，我们下结论的时候必须谨慎。[5]

社会学家仅是选举分析家群体的一个部分，开创了选举学先河的地理学家也一直为该领域做着重要贡献。西格弗里德的结论似乎在告诉我们：花岗岩区产生右翼支持者，白垩平原区产生左翼支持者。当然，他的思维肯定没这么简单，但他无疑是一个坚定的地理决定论者。在 1949 年出版的《阿尔代什地方的选举地理学》一书中，西格弗里德把“意见气候”概况和地图联系起来，他说这样解释才经得起推敲。右翼在山区占主导，左翼在平原地区占主导。居住于高原、山谷、坡地的选民，其心理状态都不一样。他说：“好像不同的气压条件也可以使人产生不同的观点。”当然，他不断修正自己的观点，后又说宗教因素是压倒性的因素，但他似乎只把宗教看作“干扰性因素”而非根本性因素。地理学家，特别是来自格勒诺布尔大学的地理学家，继续研究这些相互关联的因素。他们认为，地理因素在过去是决定性的，但是当近现代发展带来更强大的新影响力之后，地理因素就不再发挥决定性作用了。[6]

历史学家尽管贡献多多，却未能对近现代变迁带来的影响做出哪怕简单的概括。通过对小地方原始文件和要素的深度挖掘和分析，人们会获取越来越多的历史记录，这些记录会反映出小地方的多样性和新奇性，体现了各种势力如何错综复杂地对当地施加影响。热拉尔·肖尔维（Gérard Cholvy）做过一项有关埃罗省的出色的研究。该研究试图弄清 19 世纪政治舆论斗争中的影响力问题，方法是探究办报的情况和办学的情况。政治党派对在报纸上宣传自己的观点极为重视，经常打压对手，视对方为危险人物、破坏分子。但是，如果看看这些报纸在村、镇的销售情况，我们就会发现报纸的影响力实际上非常有限。报纸似乎可以增加某一类读者的忠诚度，而试图通过报纸改变对手的政治信仰却是徒劳。举一个小而具体的例子：在 1907 年的罗屈埃雷东德市镇，有 10 家日报定期售卖，其中 3 家是天主教日报，7 家是共和党日报。由于该教区的宗教气氛浓厚，反教会的报纸对本地读者的宗教忠诚度没有任何影响。农民不读报纸，所以报纸影响的只是为数不多的精英。在一些地方，购买共和党报纸的只有共和党公务员。随着时间的推移，报纸的政治内容越来越少，其读者群却在扩大。19 世纪和 20 世纪报纸的影响力差异巨大。从历史角度看，公众舆论是如何形成的仍然是个谜。

同样，人们一般认为非宗教性的世俗学校及学校的教师们曾是重要媒介，他们曾担负把新一代培养成共和派的重任。但是经过对该地区深入细致的调查研究，我们发现这一观点并不属实，学校和教师在这方面的作用被夸大了。只有少数小学教师在世俗化运动中表现积极，他们的性格、态度有很大不同，其行为在随后一个世纪中也一直在变化。教会认为，建立宗教学校可以帮助“收复失地”，但这种做法只能抑制某种趋势的发展，并不会彻底改变局面。在那些已经脱离基督教影响的地区，这种做法也不成功。城镇的发展这一因素也加剧了人们对教会的敌意和疏离。对城镇舆情的深入研究表明，舆论影响力的扩大并不会带来什么改变。外来移民在本地居民面前都有低人一等的感觉，他们可能会很快接纳本地人所接受的那些观点。这样，全城居民的态度如何就综合取决于移民的过去及本地人对待新移民的方式了。例如，蜂拥进入法国南部的西班牙移民显然来自天主教国家，其宗教信仰的一致性纯粹是社会性的，他们移民到法国是为了摆脱原来的压迫，寻求自由。如果我们想对某个起因不断追溯，就需要一步一步走到历史深处。[7]

还有一个至关重要的历史问题，就是政治生活中统治阶层的构成如何不断变化。菲利普·韦吉耶（Philippe Vigier，研究过 1848—1852 年的阿尔卑斯山地区，其观点极具启发性）阐明了在普选时代到来的时候，旧有权贵阶层的命运是如何变化的。西格弗里德研究过一个贵族居住区，探讨了那里的贵族如何用特殊的方法维持其在当地的影响力。相反，韦吉耶调查的地区只有少数大产业主和贵族。在这里，不同区域的人们摆脱权贵阶层统治的速度都不一样。在某些地区，支持国王路易－菲利普的那一派统治者把精力浪费在琐碎的内部争斗和对圈内人的妒忌上，当普选时代到来时，他们再也不能赢得民众的信任了。早在 1848 年 7 月，农民们就已利用市政选举的方式开启了“农民共和国”时代。然而，在法国西部，在长达半个多世纪的时间里，穷人继续把政治托让给传统的统治者或者知识分子，前者以这种方式快捷参政。但穷人们并没把忠诚全部贡献给某一个派别。支持某个派别的人会到遍地兴起的秘密乡村俱乐部里积极地参加政治活动。可是在孔塔地区，穷人更喜欢受贵族的领导，更支持保王思想。还有一些地方的穷人若想在公共事务中赢取一席之地，就得支持波拿巴主义，反对旧的权力派别。普通大众参与的政治活动是由各种因素决定的，包括历史传统（比如权贵阶层的统治）、农民争取表达权的斗争、地域特点（比如偏僻的山区对政治淡漠）、经济影响（比如 1848 年的经济危机给不同地区、不同阶层造成了冲击）。如果把韦吉耶的研究和近年来几项重要的研究做对比，我们就会发现：普选以多种不同的方式影响了政治，人们不能轻易地断定具体是哪一天、哪个阶层取代了另一个阶层的统治的，特别是在国家层面上。[8]

讨论至此，我们一直用“左”“右”两词来描述政治倾向。法国的一个政治传统是：党派标签层出不穷，但是真正的争斗只发生在左、右两个主要派别之间。“左”“右”两词源自大革命之后法国制宪议会，温和派的保王党人坐在会场的右边，而激进的革命党人坐在左边，从此便产生了“左翼 / 派”“右翼 / 派”两种称呼。法国人发明的这两个概念现在被广泛运用。埃马纽埃尔·伯尔（Emmanuel Berl）曾说，迄今为止，“左”“右”对法国的普通民众来说是最为鲜明的判断标准。西格弗里德说：“人们能凭直觉确切地分辨出谁是左翼、谁是右翼。”一般来说，左翼代表对启蒙思想的接受，对人性本善、人性不完善的观点的认可，对人性可以通过理性得到完善这一理念的接受。左翼还相信社会需要进步，在寻求进步的过程中，应实现多数国民的愿望，满足他们的利益和需求。右翼则代表着满足现状，甚至想重回旧时代，相信社会等级、人人不平等的存在，不相信自由讨论是发现真理的途径，重视以往年代的智慧，并把天主教会看作最大的智慧库。[9]在路易 – 菲利普时期，左翼自称“运动派”，右翼自称“抵抗派”，以此表明各自的立场。“德雷福斯事件”①发生之前，左、右两派的界限已变得很模糊，但是该事件再次将法国分成了两半：那些支持德雷福斯的人是左翼，谴责他的人是右翼。对知识分子来说，这一事件历经的时间之长足以考验一个人的忠诚度。虽然这种区分方式的好处是可以让“政治”看上去更容易理解，但它也会引起混乱和歧义。在整个19 世纪，左翼比右翼更为成功，所以越来越多的人愿意把自己标榜为左翼，尽管他们对左翼的宗旨一知半解。再者，越来越多的左翼人士在掌握政权后，发现很难实现其改革计划，于是花费大量时间回击那些比他们还“左”的攻击他们的“新人”。这样就出现了一种异常现象：有些党派的名字中尽管赫然带着“左”字，但它实际已成为保守派；那些曾经极具革命性的名称也有了十足的反革命含义。曾经的激进派无疑是左翼，1869 年时其纲领还非常激进，但是到 19 世纪末，该派成员就已成为中间派，后来则变成右派。还有些派别，比如“共和党左派”，他们坐在议会的右侧，是十足的保守派，只是在回忆往昔时才提及其“左翼”背景。1885 年，进步分子意味着“先进”；到1898 年，它意味着“温和”；到 1906 年，它的含义变为“积极右翼”，甚至与“教士”关联在一起。在法国南部，曾经有“反集体主义的社会主义者”，实际上，这是一群保守派。区分“左”“右”的标准并非一以贯之。自称右翼的人常常是支持教会的，但也不尽然，有些地区的人在逐步成为右派的过程中逐渐丧失了对宗教的兴趣。20 世纪二三十年代，天主教教徒从保守派中分离。有人认为，一个自称“左翼”的人可能是主张自由、反对极权的，但这也许只是错觉，实际情况远非如此。[10]

简单地把左翼和工业化及工人阶级的崛起联系起来并不可行。法国东部在第三共和国的前半段是激进的左翼，到了后半段时期变为保

① 1894 年，法国陆军参谋部犹太籍的上尉军官德雷福斯被诬陷犯有叛国罪，被革职并终身流放，法国右翼势力乘机掀起反犹浪潮。1906 年，德雷福斯被判无罪。——译者注

守的右翼。东部有不少工业聚集区，但在该地已难觅社会主义和共产主义的踪影。显然，西格弗里德从地理学角度描述过的西部保守派和此处的东部保守派截然不同。不必问工人们那些高高在上的雇主能起什么作用了，他们的宗教信仰与工人不同，除了极个别的情况，他们基本都是“自顾自的剥削者”。正因为东部地区的法国特色并不鲜明，所以决定其政治面貌的因素似乎是：它处于边境地区的地理位置、它对入侵者的恐惧，以及它对民族主义的拥护。当民族主义的代表是左翼时，东部民众就投票给左翼；当民族主义成为右派的信条后，民众就选择支持右翼。东部拥护强大的、奉行权力主义的政府，所以东部的共和政治总带着一种特别的色彩，民众普遍支持戴高乐。在法国北部，工业化的结果全然不同，大家强力支持共产党；而在东部，共产党获得的选票稀少。[11]

“左”和“右”这两种“政治性情”的内部也各自存在巨大的差异。有人建议，这两个词应该用复数表示，因为有多种“右派”和多种“左派”。按照这个思路，右翼应该包括以下三种基本的、不同的“主义”：正统主义、奥尔良主义、波拿巴主义。随着时间的推移，这三种“主义”及其支持者发生了改变，衍生了新的保守主义形态，包括：合作主义、国家主义、人民共和运动、布热德主义，以及戴高乐主义。[12] 左翼应该至少分为两派，其中极左翼派别的功能显然已经彻底改变。这种对“左”“右”二分的新认识虽然有时可能会让我们过于简单地认识政治现象，忽略其间存在的种种矛盾，但是它能够让我们更清楚地了解政治。这样的二分法有助于我们理解新的政治力量，特别是在这些新力量形成的过程中，历史传统起过重要作用。但是，一定要用好二分概念，否则它们最终的功能就是用来给新力量当标签，对它们进行分类，最后剩下的仍然是那两种可能的解决方案和两种基本的心理状态。

人们不会想不到，使用这些标签的目的不仅仅是教导、启发民众，还为了掩盖差异、便于行动、吸引支持者。如果你选了一个标签并以为它能真正传达出你想传达的，那你就错了。标签能让人永远记得荣耀、争执和敌意，但是人们几乎忘了它们起于何时、源于何处，它们的意义也基本只存在于历史之中。这些标签让政治处于恶性循环中，很难吸收新力量、发现新问题。使用标签的党派还会脱离实际。为什么撰写法国历史时不谈那些分裂因素，只谈团结因素呢？这需要一些解释。比如，一旦进入实施阶段，激进派改革显然就会变得比对手想象的温和得多。现在看来，1789 年的大革命远远不是对旧制度的完全颠覆，其颠覆的程度比我们想象的小得多。反教会的左翼曾艰苦卓绝地为政教分离而斗争，结果反而使教会更强大了。尽管党派斗争的目的都是打败对手，但总有一种平衡存在，这种平衡像一台有用的指示器，能够衡量两党纷争掩盖了双方多少共识。双方的共通之处往往比它们愿意承认的多。理解政治对手之间的这种心理共通性，对于理解政治在法国人生活中所占的地位至关重要。正是因为双方都接受了这种共通性，所以它是一种力量，比一个党派独自产生的力量大得多。在整个 20 世纪，法国看上去确实越来越“左”，但是，对反对“左倾”的人来说，他们对“创新”也极其膜拜。例如，激进派善于左右摇摆，这体现了普通人混沌、狡诈的心理，反而使该派一直长盛不衰。法国小资产阶级社会主义者蒲鲁东对大部分劳动者同情之至，却也免不了“骑墙”：他既是保守派，又是革命派。有一点相当重要：认可这些矛盾的真实存在，不用尽力澄清其间的混乱和犹疑。政治党派为之奋斗的目标不一定是它们原先设定的那些目标。激进主义者曾不遗余力地想用世俗的道德教育取代天主教教育，却从未意识到他们主张的道德教育和天主教的道德教育区别甚微。他们是在欺骗自己，还是在欺骗选民？[13]

民众切实关注的那些问题不一定体现在政党的纲领中。不要忘了，法国党派不像英美党派那样组织有序、纲领明晰，只有法国共产党出台过一份这样的纲领。所以，在法国给某个政党投票，情形不太一样。政治术语总是让人误解。因此，凭借选票数量来了解一个选区或地区的民意是不够的。如果说通过选票就可了解民意，那就意味着全体国民都能一致、充分地意识到都有哪些选项可选，大家都能以政客的视角看待这些选项。很显然，这一时期的实际情况并非如此。对每个公民来说，在不同地区、不同社会领域，投票有不同的意义。民意有时代表着不能用政治字眼来表达的雄心和态度。在民意测验被引入之后，对政治表决的意义进行充分的分析才成为可能。1952年的一次民意测验问法国是否应该在战争中保持中立，大多数法国人回答“是”。接下来的问题是法国能否在战争中保持中立，大多数法国人回答“否”。[14] 我们应该敏锐地区分选举的理论内容和实际内容。在法国，这种区分很难做出，因为在回答民意测验问题时，跟美国人相比，法国人一般更愿保持沉默。美国的社会学技巧在法国一般产生不了同样的效果。但是民意测验的使用说明，真正的共识比政治制度让大家以为的共识多。

激烈的党派纷争使世人知道了政治在法国人的生活中起着重要作用。实际上，在20世纪50年代，真正加入某一政党的法国人只有区区1.5%，在此之前人数更少，那时候党派的数量也更少。各党派总认为自己可以吸收党员，而事实是，只有共产党设法吸收了10万党员。有人认为，在20世纪的法国这个热衷政治的国度，国民的政治参与度都没超过路易-菲利普国王在位时期，那时，投票人仅限于富人。这种看法有些道理。虽然查尔斯·莫拉斯不是公正的评论家，但他的话多少是可信的：真正参与政治的法国人只有两三万。[15] 享有盛誉的社会历史学家和分析家阿弗内尔子爵在19世纪和20世纪之交出版的著作曾获得极高赞誉，现在多少被人遗忘了。他在《法国人》一书的开头写道：“在个人生活中，政治占有的地位并不如在报纸、谈话、公共生活领域里表现得那样高。公共生活领域与私人生活领域相比，占比很小。所以，政权的更迭对于人们的生活现状、个人的物质和道德状况，甚至幸福与否的影响，都没有我们想象的大。”人们并不是对政治变迁冷漠以待，而是它对人们来说根本无关紧要。所以，从整体上看，人们对政治不太上心，这种态度其实挺好。假如不是这样，国家就难以治理。[16]阿弗内尔子爵的结论也许有待商榷，但是他的观点有选举和民意调查的数据支撑。1815—1846 年，在符合投票条件的人少之又少的情况下，弃权者有时仍高达 30%，只是在 1830 年降到 10%。在 1848 年大革命后的 4 月，弃权率为 16%，但在 12 月的总统大选时升至 25%，于 1849 年 5 月达到了 35%。在拿破仑三世统治的最开始，弃权率是 37%，之后逐渐降低，于 1870 年降至 18%。在第三共和国时期，1881 年的弃权率高达 30%，1893 年为 29%，1898 年为 27.7%，1910 年为 27.5%。但是，在如 1902 年、1906 年等冲突激烈的大选中，弃权率又下降至 20%。总体来看，弃权率在逐渐降低，20 世纪 30 年代降至 15%～16%。虽然有人认为降低的弃权率（在报纸上的表现最为醒目）说明非政治化这件事不太可能成为现实，但在第五共和国时期，弃权率又攀升至 22%～24%，在 1962 年的选举中达到了 31%。为了真实体现有多少人自愿弃权，这些百分比应该减少 5%，以刨除统计误差和身体原因致使无法参选的人。上文是法国全国的弃权率，下文是地方弃权率，可对比参照：1937 年高达 40%，1952 年为 43%，1955 年为 38%。以上有关数据是全国的平均值，在某些行政区，放弃投票的人高达 60%。

法国人对政治感兴趣这一名声应该始于 18 世纪。可以说，1848 年之后，政治就不再是人们热衷的主要事物了。“人们仍参与政治，在谈话中提及政治，在报纸上讨论政治，出版政治主题的小册子，甚至出版了一些颇有影响的政治著作，但和 18 世纪相比就差得很远了。那时，政治是大思想家们特别关注的事物，有关国家和法律的书籍成了畅销书。”在 19 世纪，大多数思想家，如圣西门、蒲鲁东都痛恨政治，迫切地想把政府职能降到最低。德莫林斯（Demolins）写过一本书——《争权夺势值得吗？》（*Is It Worth Capturing Power?*）。到 20 世纪 30 年代，年轻的知识分子都梦想当诗人和小说家，而不想仿效亚里士多德和托克维尔撰写政治著作。政治的声誉远远比不上文学和科学。1945 年之后，“法国政治学”才真正成为一门独立的学科。[17] 1959 年的一份问卷调查结果显示，只有 9% 的调查对象说对政治非常感兴趣，47% 的人说有点儿兴趣，42.5% 的人说根本不感兴趣。在那 9% 非常感兴趣的人中，男性约是女性的两倍（男性为 12%，女性为 6.5%）。有 35% 来自管理和政府高层的男性说他们对政治非常感兴趣，还有 22.5% 的自由职业者、15% 的中层管理者、14% 在农业部门工作的人、13% 的公司初级职员、12% 的手工业者、7% 的产业工人和 6% 的农村劳动者也说对政治感兴趣。在产业工人中，只有 9% 的人有投票资格；对农村劳动者来说，有资格投票的人更少。同样在 1959 年（当然，在法国历史上，这一年令人兴奋，至关重要），89% 的调查对象说没有参加过任何选举会议，54% 的人甚至没有看过竞选海报，35% 的人没听过任何政治类广播节目。只有 19% 的人说他们定期阅读报纸上的政治类文章，还有 21% 的人说从来不看这类文章。但是，由此判断 20 世纪的人们对政治的兴趣比 19 世纪的人还低似乎不太合理，毕竟 19 世纪的人更忙，文盲也更多。

在现代法国，“政治弃权”本身通常就是政治行为。某些保守派特别爱摆出这样一种姿态：那些党派把国家搞乱了，我们不得不跟国会站在一边，这样做只是为了把政客搞糟的事情拨乱反正。保守派厌恶“党派”这个字眼，喜欢组织“运动”“联合会”“集会”等。拿破仑三世对党派的批评意见成为其政纲的核心内容。他宣称，党派纷争使改革陷于瘫痪，制造了混乱。他提出要重建秩序、团结一致。1940 年，在第三共和国时期，法国陆军元帅贝当就对毫无意义的党派争论大加挞伐。党派争执极大地触发了个人野心的疯狂宣泄和思想的无序表达，也不断加剧着政治分化。戴高乐总统任职期间担任总理的米歇尔·德勃雷积极倡导非政治化，他认为党派之间停止对大问题的讨论就是对国家好。圣西门和孔德等思想家主张专家治国，反对肆意放纵的政治。公务员、军人、某些领域的商人都对滥用政治的现象表达了不同程度的厌恶，认为这种做法会误导大众，徒劳无益。即使是学校好不容易才开设的道德教育课，也在引导学生认识这种政治乱象。这一课程设置的初衷本是教导学生接受爱国主义。20 世纪 60 年代初有一项调查，让一群孩子回答历史上对法国贡献最大的人是谁。48% 的孩子说是化学家巴斯德，20% 回答说是圣路易国王（即路易九世），12% 说是拿破仑，9% 说是戴高乐，4% 说是科尔伯特（路易十四的财政大臣），2% 说是路易十四，1% 说是甘必大，1% 说是罗伯斯庇尔。由此可见，最受欢迎的英雄不是政治家。[18]

再者，那些对政治感兴趣的人不一定总是对政治问题感兴趣。在乡村，政治只是人们无聊时的消遣，特别是乡村中产阶级，因为他们有闲暇、爱虚荣。在法国西南部，政治可以只停留在思想意识层面，还带有一种游戏的成分。人们尤其明白：选举结果和外来政策不会对独裁式经济产生实质性影响，天气变化对其的影响可能更直接。在法国西部，社会结构稳固、难以撼动，想用新的精英层替代老一代精英会引发仇恨和愤怒，因为传统的至尊地位和一整套生活观念会同时面临挑战。有的村庄有自己的政治联盟，那是经过家庭、宗族和主顾之间激烈的竞争确立的。它们之间争取影响力和荣誉的竞争从未间断，且名目繁多、花样百出。

选举的结果容易公布，选举的后果却很难评估。在第三共和国的选举制度下，国会大多时候代表不了多数参与投票的选民的利益。例如在 1881 年，450 万张选票投给了最终选出的代表，但是有 560 万张选票投给了其他候选人。[19] 选区大小和选民人数的不对等加剧了公众和国会之间的意见分歧。[20] 1963 年的一份问卷调查结果显示：49% 的受访者认为，没有哪个党派会为民众的利益着想。[21]

尽管对政治行为的研究取得了长足的进步，特别是在过去几十年，成果丰硕，但是研究仍处于初级阶段。人们获取政治观点的途径，父母、同学、朋友的影响，自身所面临的与日俱增的各种压力等还没有得到充分揭示和探究。在美国，据说人们在孩童时期就已经做出了党派选择。在现代法国社会，虽然人们对政党的认知没那么早，但是人们在学生阶段似乎已对国家大事上的政治分歧了如指掌。政治和家庭之间的交互作用，人们在孩童时期就认知的那些权力模式，权力模式之间的互动及其对民众日后行为的影响，都值得研究。与此同时，不能简单地把法国政治看成两种或多种意识形态之间的冲突。确实，从政治对公众的影响程度上看，我们似乎不应该把太多的注意力放到政治上。但是，假如意识形态的冲突可以预示或揭示其他冲突，那么异常丰富的政治素材势必会使我们产生独特的洞见，而其他素材无法让我们获得这种认知。对历史学家来说，能获取的民众的家庭生活信息肯定是有限的，而政治档案和报纸素材种类繁多、取之不尽。本章通过对政治的探讨，试图让读者了解法国人表达个性、抱负和忧虑的方式。那些政治催生的观念和行为本身就足以让人着迷，要想充分了解它们的意义和产生的前因后果，就需要把其放在整体环境中看。尽管各部分之间的衔接和各生活侧面的联系令人难以捉摸，但就是在寻找这些衔接和联系中，历史才变得引人入胜。

第 2 章 国王和贵族

1848年后的保王史充满了戏剧性，比如秘密的策划、紧张的危机、持久的对抗等。这些事件的主角包括各式各样的极端分子、精力旺盛且坚忍阴郁的煽动者，还有那些远离现实、行为古怪的人。人们通常认为，保王派的结局是参与者的失误、管理不善与机会错失导致的。1873年，君主制差点儿得以恢复。1889年，布朗热发动的政变差点儿成功。这样看来，倘若保王党的领导者没有出错，党派内部没有分裂，法国早就恢复了君主制。本章将探讨这个时期许多人眼中的“大悲剧”有多少是意外因素导致的；尝试分析保王党的领导者为何为之所为，谁拥护他们，为什么拥护他们，以及后来为什么不再拥护；探讨倘若君主制得以恢复，它是否会长盛不衰。通过深究这些问题，我们可以对法国社会的一部分有粗略的了解，这一部分社会所关注的绝不仅仅是如何忠于世袭君主制，其关注的事物远比这深奥复杂。

保王运动的目的绝不仅仅是复辟君主制，因此支持它的就不只是腐败的宫廷或追忆旧日荣光的衰败贵族，还有其他众多势力。在历史上，我们不能简单地将保王运动归为一场失败。不可否认的是，到19世纪90年代，保王派这股政治力量已经不比从前。20世纪，保王派以“法兰西行动”之名复活，但发出这种保王声调的只是极少数人。

如今，保王势力已经消亡。然而，保王运动的参与者并不只是为了改变政体或只为了坚守意识形态而斗争，因此出现了一种矛盾的现象：许多为国王复位不遗余力的人实际上也是反对国王最激烈的人。19 世纪，布列塔尼的贵族以坚定地支持保王事业而著称，但在 18 世纪，他们曾是国王的劲敌。他们并非前后矛盾，只是因为在这两个世纪，这些贵族是政治控制力和地方影响力的代表。18 世纪时，贵族敌视国王；大革命之后，他们认为共和政体的危害更大。保王运动有诸多表现形式，在地方分权、国家统一、统治阶层发展壮大的进程中都可见其身影，迷恋权力的人在巴黎和地方省份之间进行平衡的时候也可见其影响。从这个角度来看，保王事业并未完全失败。共和国因为吸纳了保王党的部分理念和做法，所以算不上彻底打败了保王党，也谈不上取得了纯粹的胜利。共和国逐步形成了独特的分散权力和限制中央集权的方式。它结束了贵族统治，但又用一个新的精英统治阶层取而代之，并且该精英阶层仍然保留着世袭的色彩。保王派和共和派水火不容、势不两立，双方都不承认它们之间有共通之处。在反对君主制的运动中，各种联合力量并不是无缘无故地走到一起的，各种敌视对立情绪也并不像表面看上去的那样不可化解。

人们普遍认为，保王党分裂成了两个基本派系。1830 年“七月革命”后，查理十世被迫逊位，但拥护他的保王党人继续奉他和他的子孙为王，这一派被称为正统派或主系派。路易 - 菲利普在 1848 年“二月革命”后退位，奥尔良王朝终结，但他的支持者也继续拥护他和他的子孙为王，这一派被称为奥尔良支系派。我们先从正统派说起。该派成员自己都未意识到他们已经分化为三个派别，每个派别倡导不同的复辟方式。第一个派别主张使用武力，该派成员是第一次革命时期朱安党人[①]的后继者，他们发动内战以反对革命，反对拿破仑，相信国王和贵族仍然可以以西部地区为大本营组建起一支有一二十万人的

① 朱安党人，指法国大革命时期西部诸省保王党叛乱分子。——译者注

队伍，把象征王室的鸢尾花形纹章重新带回巴黎，复辟王室。卡尔斯公爵则是这些秘密行动的策划者和领导人，他个子矮小、体格健壮、精力充沛、少言寡语。他是个梦想家，沉醉于自己的幻想，只把那些不着边际的幻想吐露给他事先就知道会赏识其想法的人。他外表冷静沉着，但内心激情似火，有时甚至热烈到鲁莽的境地。他顽固死板、谨小慎微，又坚持不懈、积极主动。他是沙龙的敌手，也是议会的对头。他从未能踏入上流社会。他的挚友通常在清晨五六点迎接他的到访。[1] 1832 年，贝里公爵夫人采纳并尝试实施他提出的起义计划，但精心布局的起义还未开始就暴露了。卡尔斯公爵的计划算不上真正的失败，还存在可行性，因而得以保留。布列塔尼地区和旺代省由于境内新修了公路，新开通了铁路而开始与外界联通，先前的禁区开始有军队驻防，经济发展促进了新的社会繁荣，贵族与平民之间建立了新关系，产生了新阶层。这一切与反革命时期的环境已大为不同，但在很长一段时间内，保王党人仍坚持着反革命时期的老一套做法，奉行专制主义，然而他们并不擅长对这种主义的理念做出解释。

正统派的第二个派别是议会派，该派成员坚信君主制不仅能够也应该通过议会方式恢复，通过竞选赢得多数人的支持，从而让国家重返君主制时代。该派别的领导者是贝里耶。他算不上贵族，勉强可算法国人。他像德国人，但他实际上来自法国东北部的洛林。他父亲的名字是米提尔伯格。正如英国托利党会为爱尔兰政治家埃德蒙·伯克购置地产一样，正统派也将贝里耶打造成乡绅。由于贝里耶从未担任过公职，如今人们几乎已把他遗忘，但他是 19 世纪最有政治天赋、最有价值、最为强大的雄辩家。“在他的鼎盛时期，没听过他演讲的人绝不会知道雄辩术是什么。”[2] 38 年间（1830—1868），尽管觊觎王位者发出了拒绝投票的指令，但是贝里耶率领着庞大的正统派队伍进入议会。贝里耶支持君主立宪制，但当时的环境不允许他阐明他心中的君主立宪制应该开明到何种程度。他的同事法卢伯爵写过一本书来歌颂路易十六，将他奉为真正理解那个时代的智者。由此可见，该派别的宗旨是复辟旧制度，同时又想按他们的另一个“英雄偶像”安-罗伯特-雅克·杜尔哥所制定的法则进行改革。可见，正统派从未有过清晰的目标。

正统派的第三个派别被称为左翼正统派，也称民众正统派。在某种程度上可以把它看作激进托利党/保守党的前身。其战略是“打击辉格党”，抢夺左翼的风头，并通过全民公决以合法手段和附加的议会手段恢复君主制。他们的方法与激进共和党人的方法相似，并愿意与后者结盟。他们最先提出要扩大投票范围；他们深入群众，宣传自己的思想；他们希望与贵族结盟，共同对抗资产阶级。最重要的是，他们利用媒体，把它变成一个强大的煽动工具。该派的领导者是《法兰西公报》的主编热努德神父，他是个非同凡响的男子，不符合一般人心目中贵族的形象。在王政复辟时期，他挣了一大笔钱，1830年后，他用这笔钱发展他的报业。妻子去世后，他改做牧师。他既没有削发，也不穿长袍，在圣沙佩勒教堂布道，以自己重要的文章为布道词。他在布道时直接宣读印好的文章校样，第二天早晨拿去发表。他的同道者拉罗什雅克兰侯爵是赫赫有名的舒昂家族的侄子。热努德神父做过骑兵军官，1830年后成了企业家。他宣扬人民主权，主张全民公投，以此来决定走共和制还是君主制路线。他的公投要求在拿破仑三世统治时期得到采纳，他自己同意成为参议员。此人本身就说明党派之间的区别并非十分清晰。[3]

只有从三个派别的领导人身上才能明显地看出三派之间的分化。若再深入一步看那些没什么名气的成员，我们就会发现分化情况复杂，远不止三个派别。正统派的地区差异尤为明显，各派领导人之间的差异反映的只是一部分地区差异。在西部，正统思想主要存在于乡村地区，这种思想的形成有赖于贵族和农民之间的密切联系及教会的支持，远离新闻的干扰也有利于正统思想的形成。这股正统力量的表现形式是消极抵抗。南部的情况正相反，在那里，1830年后就基本上没人辞去在政府部门的工作了。正统派主力集中在城市，图卢兹是正统派的大本营。城市的正统派对周边乡村地区产生的影响甚微，因为富裕的“乡村资产阶级”的影响力超过了前者。正统派会带着煽动性的热情参加竞选。在尼姆、蒙彼利埃和蒙托帮地区，正统派与新教的冲突进一步加剧和毒化了正统派这种激进的态度。马赛的正统主义表现又不一样，它的根基不是传统主义，表现为少数贵族与平民、多数商人与平民之间的联盟合作。作为反对派别，它反对巴黎政府和政府公职人员。该派的领导人之一是贝沙尔，他是分权化的重要理论家。也正因如此，狂热的正统派和雄辩家贝里耶才得以数次重返议会，鼓励和支持人们对“王室事业”进行各种诠释。从整体上看，南部的正统主义更宜叫作反动派或反革命派，它使得原有的敌意更加根深蒂固。而在里昂，正统主义弱化成了一种体面的保守主义，它温和之至，乐意与任何维护公共秩序的政府结盟。在诺尔省，正统派与天主教联系密切，成员不仅积极参与政治组织活动，而且热心于慈善工作。[4]

觊觎王位者信奉哪种形式的正统主义呢？答案是哪派也不信。这也是君主制的支持者们的软肋之一：他们不遗余力地想说服觊觎者听命于他们，结果却不断受到对方的抵制和阻挠。于是，正统派和其所支持的觊觎王位者之间几乎不可避免地会产生矛盾。正统派一方面想给予觊觎王位者权力，另一方面又因为主张分权而反对后者行使权力。这不是正统派和其领导人之间存在的唯一问题。王权和党派组织很难融合与共。除了追随者，觊觎王位者总觉得还需要吸引更多的支持者，这样才像一国之君。他不得不竭尽全力，以摆脱党派本身的牵制（当年众党派纷纷成立的时候，英国的安妮女王就意识到了这一点）。以上种种问题被正统分子的神秘效忠掩盖，他们在效忠觊觎王位者的同时也批评他们，跟“效忠”相比，“批评”始终未能占据上风。忠诚对觊觎王位者来说至关重要，因为其履历中的失败程度让人吃惊。路易十八不受人待见。他肥胖到行动不便，堕落、自私、自负，只关心自己的身体健康；对他有利的时候便取巧投机；痴迷于繁复的宫廷礼仪并严格遵循。他因夺回了王位而赢得了睿智的声誉，但是这声誉实在跟他不配。他精心设计、小心调节和平衡各党派之间的关系，但其主要目的是维护自己最高政治仲裁人的地位。他对国情和民意变化知之甚少。他的弟弟查理十世倒是比他举止优雅，比他有吸引力，且心慈良善，有时甚至悲天悯人。和哥哥不同，查理十世不急于表现自己的重要性，他言语和善，待人温暖。谁跟他打交道，都会对他喜爱有加。但是，他同样属于无知愚昧、缺乏教养之辈。他热衷于一丝不苟地履行责任，但恰是这一点导致了他的毁灭，因为他不懂得妥协让步。他认为反对就应该是硬碰硬。尽管他自认对公共事务鞠躬尽瘁，但其在位期间灾祸重重。

查理十世的孙子尚博尔伯爵（1820—1883，即亨利五世）做觊觎王位者长达 47 年（1836—1883），他对追随者来说同样是个矛盾体。他是在目光狭隘的保守派贵族的影响和教育下长大的。据说，他学习过政治经济学、宇宙学、三角学和植物学，因此他对当时的新观点极其敏感。他的传记作者还讲到了另外一件事：他对欧洲所有朝代的历史了然于胸，能够熟记重要日期，还把自己的家谱追溯到了罗马时代。历史可能更接近他本人的兴趣。他的老师被告知不用教他 1788 年以前的历史。尽管尚博尔伯爵知识广博，但他的主要活动是狩猎。1841 年，他在骑马事故中摔断了腿，从此以后就瘸了。从外表看，他不是一个特别有魅力的人。他长得几乎和路易十八一样肥胖。他的毛发异常浓密（奉承他的人说“他的毛发系统发达”）。他懒惰且不算聪明，不会系鞋带，也不会系领结。他极其忠诚地维护旧制度的礼仪，虔诚地把路易十六和玛丽王后的遗骨保存在玻璃盒中。但是他的寓所并不富丽堂皇，而是暗淡无光，他的住所布置单调、了无生气，这使访客大失所望，他们觉得这座房子的风格过于“资产阶级”。尚博尔伯爵在打猎和彻夜打牌豪赌中得到放松，从有关兵营的黄色故事中得到乐趣。他缺乏慷慨大度之气，被催得紧了才进行慈善捐助。他的婚姻也惨淡黯然。他的新娘是摩德纳公爵 27 岁的女儿，她外表丑陋，一边脸大一边脸小。她是一个激昂的反动分子。她受控于一个耶稣会信徒，据说那个信徒把她所有的秘密都出卖了。她的人生核心话题就是朝圣。尚博尔伯爵的府第位于奥地利的弗罗斯道夫。在那里，由于极度无聊，一帮贵族的随从忙着干那些吸引他们的事，比如再现路易十四时期的宫廷礼仪。无论如何，从尚博尔伯爵身上看不到男子气，看到的只是一条“原则”：他的追随者们不但不会指出他的缺点、愚钝和粗俗，反而对他崇拜有加。终极决定权就交给了这样一个人，他的追随者们实际上比他能力强。

因为住在奥地利，所以尚博尔伯爵更容易保持自主性，不过分依赖法国正统派，也不用理睬他们的提议。其政治决策也由他忠诚的伙伴们代为做出，包括布拉卡伯爵、沃萨伯爵，特别是莱维斯公爵。莱维斯公爵的态度可用一个词形容：审慎。他最大的目标就是防止尚博尔伯爵做出什么承诺、承担什么责任。事实上，他曾数次让尚博尔伯爵对外宣称：作为王位继承人，他不会做出任何决定，所有问题都将放在他登基之后再议。这种表态可以在最大限度上少树敌，但是此举团结不了新力量，更赢得不了民心。无论如何，尚博尔伯爵都认为自己的角色不应该是煽动者，他在等待法国人自己觉醒、自己发现错误。每次发布公告，他都反复重申一个基本原则：世袭君主制就是“法国人最终的归宿，是获取和平的不二之选”。他呼吁重建信任，等待法国人“把命运托付给他”。他坚信任何其他形式的政府在法国都扎不了根，只有君主制具有道德合法性。对他来说，道德意味着摒弃个人欲望，维护天定的秩序。共和制政体会造成社会混乱，会“助长各种贪婪和乌托邦式的幻想”。他将耐心等待，直到人们抛弃自私的欲念，因为在他眼里，君主制几乎等同于宗教，清除私欲至关重要。在当时所处的 19 世纪，要想恢复君主制，社会就会不可避免地经历巨变和动荡。尚博尔伯爵有时迫于时局的压力，会做出表面的妥协。他发表声明，否认他想拥有“无限的权力”。“为什么人们还是怀疑我不想做别的，只想做特权阶层的国王？或者用他们的话说：做旧贵族、旧宫廷、旧制度的国王。”他确实希望当好整个法国的领头人，承诺会“清除任何形式的专制统治，尊重法律，依法治国；处处做到诚信与公正，各方利益都能得到充分体现；征收投票税，在立法时协同合作，真正控制支出；财产、个人自由、宗教自由神圣不可侵犯，要逐步审慎地进行宗教的、团体的和部门的分权管理，人人都有赢得荣誉和社会利益的机会”。但是，这些承诺都被自相矛盾和他有所保留的态度抵消了。他虽然说过“会放心地让自由选举出来的代表真正管控政府行为”，但也曾清楚地表明政府必须由国王掌控。他虽然有时提及“审慎之自由”的重要性，但更经常强调的是：需要有“强有力的当局”来维护安全、稳定和秩序，因为这最为重要。虽然他否认想重回旧制度，但是他宣称：任何人以任何名义都剥夺不了他合法王位继承人的权利。他的这种担忧源于当时大革命风头正劲，他恐怕复辟王位一事有变。他承诺要进行分权管理，一部分原因是防止1830年“七月革命”式的事件再次发生。那一年，巴黎的“七月革命”一夜之间推翻了君主制。另一部分原因是“建立一个自然的、体现平等精神的社会等级”。这意味着要创造出一个新的地方贵族精英阶层，以稳固当时日益败落的贵族阶级。他鼓励成立工人协会，但心里想的是法团主义。一方面，他说工人协会将体现“重要的集体利益，它有权选出自己的代表，有权发出自己的声音”；另一方面，他认为协会可以利用这些权利获取“有效保护”，可以借此不再充当“动乱和革命的工具”。他模仿拿破仑三世的话说，自己一定会“当排头兵，走在社会运动的前列”，但只将给予“温和、有益的引领”。他相信最终会有总体上的宗教回归。“基督教工作者群体”是他圆“社会复兴”之梦的支柱。他也坚决支持教皇拥有俗权①，因为“世界上最有威严的君主一旦衰落，其他君主也会随之衰亡”。但是，他迫切地想让法国的

① 俗权，即基督教教会中教皇处理世俗事务的权力。——译者注

教会臣服于他，为此禁止他的“朝臣们”用“阁下”称呼主教，只让他们叫“先生”，因为只有他自己才是“阁下”。凡此种种，与他同时代的人很难看明白他究竟代表谁，他们担心“他要重回旧日”，这一担忧不无道理。尚博尔伯爵从未清晰地阐述过他的政策。比如，他在农业公告中提到，农民的苦难“值得关注”，却只字未提实际的解决办法。所以，当他在 1871 年宣称“我只恢复了宗教、和谐、和平”时，许多法国人认为，这说明他也许做得太多了，也许做得太少了。[5]

正统主义的信奉者众多，但这并不意味着正统派只是一股政治力量。那些建议尚博尔伯爵保持沉默或鼓励他进行模糊表述的人之所以这样做，是因为他们明白，正统派不像一个有施政纲领的党派，而更像一张个人和社会关系网。正统派的衰落与贵族的没落有关，因为贵族构成了正统派的主体。很多人认为 19 世纪的贵族已经处于垂死的边缘，但贵族真的“垂死”了吗？实际情况远非如此。诚然，贵族在大革命中经受折磨、损失惨重，但是他们挺了过来。1789 年，约有 12 000 个世袭贵族家庭，共计约 6 万人。此外，大约 10 万人有（不能传给后代的）私人贵族头衔。到 20 世纪中期，真正的贵族家庭数量在 3 600 至 4 400 个，总人数约 3 万。还有约 15 000 个家庭声称他们是贵族，但实有讹误。尽管如此，在大多数情况下，人们也不深究，姑且认之。这意味着加封贵族的行为并没有随着大革命的到来而停止。在大革命前，国王能够通过卖官鬻爵得到巨额回报，他使官位附带贵族封号，将其卖给急于得到荣誉和国家认可的资产阶级人士。在 18 世纪，法院和财务部门深得认可，这些部门的职位本身就带贵族封号。甚至大学里的教师或管理者也主张凭借博士学位获封贵族，但未能实施，只有法国南部阿维尼翁教皇大学的相关人员加封了贵族封号。如今[①]，这所大学有 15 个家庭凭借传承的法律博士学位享受贵族待遇。虽然贵族阶层具有排他性，但是长久以来，贵族身份可以用钱来换取或通过其

① 这本书的英文原版首次出版于 20 世纪 70 年代。——编者注

他方式得到认定。很大一部分传至今日的真正的贵族封号就是购买而得的。只有20%的封号可以追溯到15世纪或更早之前，19%可回溯至16世纪，17%可回溯至17世纪。这样算来，有约40%的贵族封号是18世纪及以后取得的（约20%在18世纪；约8%归于拿破仑时期；约12%是1814—1870年产生的）。[6]1848年，贵族封号被废除，禁止公开使用，但是拿破仑三世允许使用证明为真的贵族封号。他在1858年颁布法律，对假封号进行处罚。时至今日，该法律仍是法学体系的基础。无数条主张废除贵族封号的议案被提交到议会，但都没能通过。拿破仑三世允许人们自请司法部委员会来鉴别贵族封号的真伪，但是要缴纳一笔不菲的费用：公爵要缴5 000法郎，侯爵或伯爵要缴2 000法郎（如果是旧时代遗留下来的封号，就要缴税；如果是在帝国时代获得的封号，那么公爵爵位的花费仅为200法郎，男爵爵位只要65法郎）。这笔收入虽小，但也颇为可观。第四共和国发现很值得在这上面做文章，于是在1947年统一费用，不管封号的种类和级别，鉴定一次要价10万法郎。很多人用这种方法在君主制灭亡后仍得以找回他们的贵族封号。

除此以外，人们也可以通过法律手段使自己看上去更像贵族。法律允许人们更正出生证明，于是大批平民向法院申请在自己的名字前加上冠词de（德）。这一冠词不是贵族的法律标记，但是它能给人一种贵族后裔的感觉。因此，来自资产阶级的洛朗·德拉特（Laurent Delatre）在1829年请普瓦捷法院将其名字“更正为”德拉特·德塔西尼（de Lattre de Tassigny）。他通过在名字中加上一块自有土地的名称，以和亲戚们区别开来。“马歇尔”（Marshal，原指级别较高的主事官、元帅）这个姓就由此“旁门获封法”而来。同样，在1864年，某个叫米永（Millon）的人改名为米永·德蒙泰朗（Millon de Montherlant），后成为作家亨利·德·蒙泰朗[①]。在1914—1918年的第

① 一般法语译名中的“德”字与后续部分连写，不加中圆点。此处遵从名人的通俗译法，后同。——编者注

一次世界大战中，如果有士兵战死疆场，国家就允许把其名字加入他们后代的名字。据说用这种方式获封的贵族要比路易十四加封的贵族还多。因此，费利克斯·加亚尔（Felix Gaillard）就变成了后来的总理加亚尔·戴梅（Gaillard d'Aimé）。用过假名字的人如果成名了，就可以把假名字加入自己的真名。贵族世袭如果断了线，就可以公开招继承人，这样在1864年，M. 阿希尔·拉克鲁瓦（M. Achille Lacroix）被最后一个叫作维默尔·德罗尚博（Vimeur de Rochambeau）的贵族收养之后，变成了拉克鲁瓦·德维默尔·德罗尚博（Lacroix de Vimeur de Rochambeau）。这样，尽管君主制不复存在，贵族加封仍在进行。共和国没有打击使用虚假贵族封号行为的立法，因此封号的数量猛增，增长幅度前所未有。许多真正的贵族家庭使用的封号又没有得到法律认可。比如，谱系学家发现，尚布伦（Chambrun）家族的各个支脉没有理由、不加区别地混用侯爵、伯爵、子爵封号。大批平民选用某个贵族名号只是为了鼓励自己，使实现社会抱负的过程更加神圣。当时有一部指南书，任何人都可以付费在其中登载个人信息，在名字中加入自选的贵族头衔，写上自己别墅的地址，也可以把他愿意叫作别墅的任何住址写上去。[7]

假如这种贵族身份的存在和再生与贵族财富的保存和增长无关，那么这件事也就没有太大意义了。在大革命中，贵族失去了土地，但是失去的显然要比大家想象的少得多。迄今为止，有关贵族财富的研究集中在旧政权时期，之后再没有相关的充分论述。抽样研究显示，贵族在大革命之后仍然是一股强大的经济力量。这样，在19世纪40年代，有530位选举人各缴纳了5 000法郎的投票税，其中238人是贵族，78人声称有贵族身份。在58名上税1万法郎的人中，有39位是贵族。尽管人们认为路易－菲利普国王的即位代表着资产阶级的胜利，他在位期间，贵族的影响力仍然很大。[8]有人研究过19世纪卢瓦尔－谢尔省贵族的命运。1848—1914年，该省的贵族只失去了他们所拥有土地总量的十分之一，失去土地的贵族也只是少数。贵族失去土地的结果是，小块土地所有权拥有者的数量迅速增长。有少数拥有大庄园的贵族没落了，主要没落的还是拥有小庄园的家庭。在各个市镇，贵族土地减少了10%～50%，但是实力强大的家族的地位更加稳固了。于是，在1914年，该省最大的庄园主仍然是尚博尔伯爵家族，它有超过5 000公顷①的土地。罗什-艾蒙伯爵继承了沙莱-佩里戈尔亲王的庄园，将庄园面积扩大了600公顷，总面积达到4 500公顷。罗什富科-杜多维尔公爵把从蒙莫朗西公爵夫人那里继承的3 200公顷的土地又扩大了1 100公顷。维布雷侯爵在1848—1914年将他拥有的土地面积扩大了一倍。移居到此地的德布罗意亲王买入了埃切瓜扬（d'Etchegoyen）家的土地，到1914年，他的地产达到了2 079公顷。[9]

富裕的贵族阶层不仅把农业领域经营得风生水起，许多人还开始在工业和金融业施展拳脚。1902年，30%的铁路公司董事长、23%的大钢铁公司和金融公司的董事长是贵族。1939—1945年的战争后，在国有化中幸存的保险公司，其20%的董事长是贵族。[10]精于算计的婚姻会带来滚滚财富。在19世纪中期，美国女继承人纷纷来到巴黎。1887年，迪诺公爵先与伊丽莎白·柯蒂斯离婚，然后迎娶史蒂文森的遗孀桑普森，据说桑普森嫁过去时，带着一笔700万美元的亡夫遗产。1888年，德卡兹公爵为了200万美元和桑热小姐结了婚。博尼·德卡斯特拉内伯爵的新娘安娜·古尔德给他带来了1 500万美元的嫁妆，在当时造成了轰动。罗斯柴尔德家的女继承人们被几位亲王和公爵竞相追求。对一个不断扩大财富的阶层来说，联姻带来的真是意外之财。罗什瓦特-莫特马尔家族在19世纪末期列出了124个同系的贵族家庭，[11]所以贵族遗产落到平民手中的可能性微乎其微。

审慎明智地进行有利可图的联姻是成为贵族的重要“艺术”手段，这也是为什么贵族的主要学术活动常常是研究家谱、家徽、家族封

① 1公顷为0.01平方千米。——编者注

号和财产买卖——贵族身份和生计都依附于它们，贵族需要懂得这些知识。有的家庭花大笔资金证明其贵族身份，聘请所谓的专家来做调研，出版装帧精美的书籍，上面详细描画出隐蔽的谱系关系，这种做法让人联想起17世纪的英国贵族。人们认为贵族极度自私，只关注自己的家庭问题，但是从他们自己的视角看，这又合情合理。对一个依靠世袭的“荣光”过活的阶层来说，维护家族荣耀，给家族增光添彩是必然之事。贵族享有的财政和封建特权凸显了他们的与众不同。在失去这些特权之后，把注意力放在自己的生活方式上就变得尤为重要。贵族用自己独特的方式管理叛逆的下一代。贵族之家虽然有家族崇拜的传统，但是家族内部的矛盾和纷争也可能极其尖锐、暴烈。在实行旧制度的时期，贵族使用大量的“封印密信”① 来控制他们的子孙。在19世纪，他们请教会和学校给他们的下一代灌输“顺从”的思想，但作用有限。

正统派得以“存活”源于贵族的支持，这种解释规避了很多问题。贵族与国王世代为敌，因为他们痛恨国王的集权；贵族与平民相互敌对，因为他们用苛捐杂税压榨平民；贵族与资产阶级势不两立，因为他们厌恶资产阶级在城市中的权力，害怕他们醒悟。19世纪正统主义背后各阶级的联合并非自然而然发生的，也不是历史必然，这恰是正统主义的一个主要缺陷。即便是与贵族有千丝万缕的联系、支持国王的教士阶层，在历史上也常常与贵族较劲儿、对抗。在旧制度下，尽管没有引人注目的大冲突，但是小的纷争不断，纷争起因包括乡村的控制权、贵族侵占的什一税②、来自主教的干涉等。19世纪，贵族回归宗教，进一步加强了贵族和教会的联盟。人们认为这种联盟策略高超，是出于对大革命的恐惧，也是因为双方都相信，若都想维持在面对平民时的权威性，团结一致是最好的保全自身之策。不久之

① “封印密信”是由国王签发的秘密逮捕令。——译者注

② 什一税指的是旧时按固定比例给教会的税款。——编者注

后，教会就看清了：这种联盟不是什么神圣之事。贵族和国王的联盟也是如此，双方本是宿敌，都认为可以从联合对抗共和派中获利。但是随着时间的推移，贵族发现了榨取共和国的方法和从中获利的方式。在一个伪平等的社会，贵族学会了怎样做新式的权贵、大亨。19世纪富裕贵族经济地位的提升，不可避免地导致了他们对保王事业的背叛，“忠心不二”可能只留存在口头上。20世纪的小贵族发现很难依靠地产维持生计，于是他们和中央集权政府“和解”，接受行政部门的公务职位。贵族虽然一直主张分权制，但从未联合起来实实在在地争取分权。没有地产的年轻贵族子弟离开家乡，在别处接受封爵，只是偶尔返回原省，去落实与家族利益相悖的国家政策。在某一地区，处于这种情形之下时，国家和贵族谁占主导地位取决于政治形势，取决于本地贵族的经济实力，取决于抗衡的各方如何评判彼此。假如国家官员慑于地方贵族“影响力”之威，就更可能选择与他们结盟，公务员可能就成了该地的诉讼委托人。也就是说，法国某些地区由贵族管理，国家也维护这种管理，但这种维护是国家出于惧怕而实行的。

在普选时代，贵族能否得到权力最终取决于能否得到民众的选票。穷人有许多理由去推翻从前的主人，摆脱其束缚。正统主义信奉者，特别是居住在边远地区的正统派，害怕城市里的进步和现代化，恐惧城市里的教育、奢华和物质利益。1852年，罗什富科－杜多维尔公爵写信给拿破仑，敦促他削减国家奖学金的数量，以防止野心家为了得到更好的工作机会而闹革命。[12] 许多地区的贵族通过和农民建立互惠互利的关系，长期控制农民。即便人们在一定程度上痛恨这种做法，它也能起关键作用。在面对未知而危险的外来势力时，作为本地居民的贵族显然是充当安全保卫者的上佳人选。只有在如下情况下，才能说农民摆脱了贵族的控制，得到了自由：他们要么融入了一般的国民生活，要么建立了自己的管理机构，这种管理机构能够带给他们凭一己之力争取不到的自主性。如果做不到以上两点，农民们就仍需顺从和尊重作为本地领导者的贵族。德科曼热伯爵在上加龙省的一栋别墅中度过了青年时期，他描述道："该地的习俗还保留着封建色彩。"他还说，"即便父亲像对待黑人一样对待农民"，他们还是对他俯首帖耳。那时，法律早已废除了封建式的服侍，但贵族还是要求农民伺候他们。"我父亲如果想找一些石块，就会在弥撒结束时喊出这个要求"，随后农民就帮助他干这件事，而且觉得花时间干这个非常值得。[13] 双方关系能够维系，是因为贵族也给予了农民有效的保护和帮助。1830年后，贵族重新回到庄园，他们和农民的关系变得更加牢固。贵族可以从经济上控制佃户，但相比之下，与其建立互惠互利的关系是一种更加牢靠的控制方式。

正统派影响力的强弱主要取决于他们做了什么事。在西部，他们主要从事农业活动、社会活动和集体活动。在南部，他们活动的主要内容是密谋筹划，而贵族专门从事秘密结社活动。那些组织的名称五花八门，但它们的共同点是有层级性、保密性和繁复的仪式，其中保密性程度之高不亚于革命组织。西南部的"大修道院"由富人开设的众多"小修道院"组成，穷人只要发誓遵守规定、保守秘密，无须纳捐也能进入这些修道院。这些组织还常常分发武器。[14] 间或有共济会分会转为正统派组织的情况。沃克吕兹省有个组织自称"秩序之友协会"（Association of the Friends of Order），他们采用罗马军团的组织架构，划分为百人组或十人组，随时准备武装反叛。这些组织在乡村竞争、家族世仇争斗或宗教仇恨纷争等方面大显身手。许多村庄欢迎它们，不是因为当地信奉什么主义，而是因为共和派需要它们起平衡作用。共和派和正统派针锋相对，但有时离不开彼此：法国应该建立君主制还是共和制这一根本性问题变成了一个标签，在该标签之下，老对手看上去都显得彬彬有礼了。正统派这些组织的架构本身清晰地展现了该省的家族结构，明确反映了人们的政治倾向。[15] 在城镇，贵族还利用一个有效手段聚拢各色人等，将他们组织起来为自己的目的服务，这就是建立慈善组织和共同利益组织，并赋予它们政治导向。这类组织中影响力最大的是“圣文森特德保罗协会”（Society of St. Vincent de Paul）。到1859年，它有1 300个分支，3万余名会员，该组织因此成为复兴正统主义有力的工具。由于其力量过于强大，拿破仑三世下令解散了它。它吸收的成员包括店主、工匠、侍者、马车司机、教堂雇工、办事员、差役，还有不少工厂的工人。在选举中，这些人往往能充当有力的宣传员，特别是当热衷政治的神职人员参与其中的时候，宣传员最有干劲儿。中产阶级假如加入了这些组织，就有希望进入贵族沙龙。[16] 正统派能吸引各种势利者和利益追逐者。

但是正统派的吸引力有限，原因有两个。第一，正统派成员隐藏不住对中产阶级的傲慢和蔑视，也忍受不了总是口是心非地说自己所属的是一个开明的、面向所有人的全国性党派。该党派中的许多人明确地表示过，只有农民才具备真正的美德，而城镇是罪恶和伪善之源。第二，正统派借用政府影响力来扩大自身影响力的时候，总是优柔寡断、犹豫不决。尚博尔伯爵曾要求他们全都辞掉工作，辞去当选的职位。有些人辞了，有些人退出后并没有损失什么，但是多数情况下，辞去职位等于给对手创造了机会，使对手得以在全体选民面前亮出互惠互利条件。不管怎样，大约有半数的正统派成员决定留下做省议会的议员。1852年，2 500人中有450～500名正统派成员被选为议员。[17] 1848年后，他们仍然在地方政治生活中起着重要作用，特别是在西部。在20世纪50年代，西部地区民众的后代中仍然有许多人担任市长之职。

在一定程度上，正统派的衰落是其成员辞职退位导致的，是贵族放弃传统领导者角色导致的，也是国家和其他阶级与其不同的领导方式导致的。贵族在法国各地的分布极不均匀。在30多个省中，每省的贵族人数寥寥可数。国家可以轻而易举地垄断权力资源，职业政治家成为中间人也易如反掌，于是形成了这样一种规律：贵族一旦被当作棋子来对抗其他力量，或者一旦失去了政治主动性、积极性，就很快会被排挤、替换，这一规律很快流传到全法国。民众寻求个人利益的进程有时快得惊人，比如在1848年，但一般情况下，该进程的推进是缓慢的，比如保证个人利益的普选习惯需要慢慢养成。在某些地区，波拿巴主义者在摧毁贵族势力方面起了关键作用，但有时看到贵族势力弱至不堪一击，他们也就无心与其再战。第三共和国时期当然不存在每个选区都提名候选人的全国性政党，所以，选举人一般没有可选择的候选人，贵族可能当选也可能落选。这也是贵族势力衰落的速度时快时慢的原因。[18]

成熟高明的领导者可能会延缓自身所在派别衰落的到来。有丰富政治经验的正统派贵族怨声载道，埋怨尚博尔伯爵无能，认为他根本没有任何领导能力。他们批评他的理由包括：他拒绝清楚地表明支持哪个具体的政策；他对正统派实行专制，无视比他更熟悉时局的人提出的建议；他不擅长管理人，不能充分利用别人对他的无限忠诚；他疑虑深重、小心翼翼，把所有积极热情的追随者逼走；他在处理公共关系上缺乏技巧，而拿破仑三世在这方面则显得游刃有余。尚博尔伯爵更喜欢摆布各种力量，以便把它们牢牢地控制在手中。他有一个12人组成的中央委员会，名曰"路易十五御桌"，至少从理论上讲，成员应该每周在巴黎开一次会。成员由尚博尔伯爵选定，会议由莱维斯公爵主持，如果莱维斯公爵不在，就由卡尔斯公爵主持。尚博尔伯爵并没把它看作一个咨询组织，而是明确了它的行政功能：执行他的命令，倾听有关法国的情况和建议。[19]在第三共和国时期，这种管理形式进一步得到了加强。法国分成了三个区域，每个区域由一人负责。1877年，这三个区域实现了统一，由德德勒－布雷泽侯爵总负责，与尚博尔伯爵的来往信件和交流也由他负责。在德德勒－布雷泽侯爵下面是各省的省委会，它由20人组成，成员由尚博尔伯爵直接任命。省委会成员每两个月在省城开一次会，以讨论政治形势、组织选举、募集资金，以及促成当地保王报纸的创立。会后，他们要把会议记录送到尚博尔伯爵手中。每个郡都建立了与省委会类似的地方委员会。地方保王报纸的基调要符合保王通讯社的既定路线。保王通讯社成立于 1848 年，创始人叫圣谢龙，他把当天的政治新闻撰写成报道，每天晚上以信的形式发送给地方报纸。到 1867 年，有 7 家保王报纸订购了该通讯社的服务，成为它的用户。随后，一些有钱的正统派成员联手确保该通讯社的新闻能够送达全国所有的保王报纸，这一做法持续到 1883 年。1873—1883 年，《圣谢龙通讯》吸纳了《新闻周刊》的前身《 A—Z 通讯》。《 A—Z 通讯》由保王派代理人成立，目的是给地方报纸提供议会简报。此外，在保王派的组织安排下，请不起一流作者的报纸每天都可发表一则全国性的头条新闻。同样重要的还有保王派组织的宴会，这为正统派提供了相聚和吸纳成员的机会。接受邀请赴宴，在宴会上向国王祝酒，是进入贵族圈子的常规方式。组织这些活动的经费往往捉襟见肘。众所周知，定期捐赠不是法国特色，用这种方法募集资金不可行。1879 年终于成立了中央财政部门，它根据国情采取特别的方式募集资金。它请求正统派成员以 3% 的利率把钱借给尚博尔伯爵，同时保证：在尚博尔伯爵去世或登基时，这笔钱才能被索回。这些人非常清楚，尚博尔伯爵可以自由使用这些资金。阿蒂尔・德鲁热伯爵被派往各地收费。这样，尚博尔伯爵就建立了一个全国性的组织网络，并且牢牢地把控着它。反叛者没有插手的机会。[20]

当 1848 年的革命爆发时，尚博尔伯爵的机会真的来临了，因为这次革命对共和派和正统派来说都意味着胜利。临时政府首脑拉马丁请贝里耶出任临时政府的部长。至少有 100 名正统派成员获选立宪会议代表，但总体看，正统派不占多数。假如他们追求的是君主立宪制，那他们至少需得到奥尔良派的支持，因为奥尔良派拥立的是信奉君主制的路易 - 菲利普。但这种联合为什么从未实现呢？

从理论上讲，奥尔良派和正统派有四个关键的不同点。第一，他们否认大多数正统派认可的“君权神授”。当然，他们也反对另一个极端——“主权在民”，至少在 1830 年，他们曾击败一场宣称“主权在民”的运动。像1688年的英国辉格党一样，奥尔良派也曾艰难地试图隐瞒查理十世被驱逐的事实：他们宣布王位空缺，把路易－菲利普作为继承人扶上了王位。如果非得问主权应当属于谁，他们会说属于议会。第二，他们不想让国王亲自治理国家。他们大大增强了议会的权力，还赋予它制定法律的权力。他们废除了世袭贵族制，还夺去了路易－菲利普非常时期的紧急权力——查理十世在1830年行使过该权力。但是对于国王究竟应该拥有多大的权力，奥尔良派内部难以达成一致。路易－菲利普和首相基佐认为，国王应该在政府中扮演积极主动的角色，而梯也尔和他的追随者们则认为，国王应该统而不治。除去分歧，各方都认为应该建立某种形式的议会政体。第三，奥尔良派于1830年宣布，天主教不再是国教，不应规定国王必须进行宗教仪式。他们把很多无信仰者和新教教徒吸纳为成员，尽管1848年之后许多无信仰者又回归宗教，但至少他们慢慢看清了宗教在维护秩序方面能起重要作用。然而，这种对宗教的重新重视与宗教吸引力的减弱相伴而至。第四，奥尔良派接受法国大革命，而正统派总体上排斥大革命。尽管奥尔良派也是保守派，但它不属于旧制度。

从个体来看，奥尔良派的领导人都雄心勃勃。虽然其他人能够与他们达成原则上的一致，但是奥尔良派不轻易做出妥协。该派成员个性丰富、观点多样，常常看上去如海市蜃楼般变幻莫测，或者像变色龙一样善变无常。

路易－菲利普虽然在革命军里服过役，但他不是激进派。他反对上一任国王查理十世，一方面是因为竞争关系，另一方面是出于自己的原则。他虽然喜欢谈论年轻时代的事，但是几乎从不提及大革命，因为有关它的回忆充满了恐惧。路易－菲利普不想置欧洲于水深火热之中，他最由衷的愿望是让欧洲主权国家承认他是真正的国王，而实现这一愿望的手段就是在法国国内实施保守主义政策，对外实行和平政策。做国王，他乐在其中：他热爱权力，对自己的政治能力自信满满。他认为必须紧握权力。假如他像“宪法国王”（国王权力受宪法制约）一样将政治完全交给政客，就会造成混乱、发生革命、爆发战争，他也会被推翻。所以，他努力对政策施加影响，沉溺于和政客打交道，以致忽略了民众。他认为欧洲的支持对他保住王位至关重要，故重视对外政策，当然也只读外国报纸。他因为远不满足于只当“宪法国王”，所以对禁止他在国会演讲的规则懊恼至极。为了赢得广泛支持，他为自己树立了“资产阶级国王”的形象。他对一位大使吐露说：“我懂法国人，我懂得怎样管理他们。”他的雨伞、著名的假发都成为宣传噱头。他不带卫兵，没有陪同人员，会独自穿过巴黎街道，这不是资产阶级的典型做法，而是一个勇敢者深思熟虑的决定，因此他可能是遭遇暗杀次数最多的皇族。一个真正的资产阶级会待在家里，不会如此出行。他表面看来行事简单，但其实善于谋划、志向远大。他深信恭维的强大功效，认为可以用它达到各种目的。他经常把该技巧用在他的大臣身上，在国家层面也能看到它的影子，比如他的资产阶级做派就是某种意义上的恭维和讨好。一位工作人员总是带着档案盒，随时供他查阅，这样不管见到谁，他都能友好地和对方谈起其家人。他虽不是资产阶级，却是法国最富有的人之一。路易－菲利普的财产基本上都继承自路易十四的私生子德波旁－庞蒂耶夫尔公爵，公爵也是他那个时代最富有的人之一。大革命后，路易－菲利普通过诉讼成功收回他一度失去的地产，这一过程花了他很多时间。他主要的休闲活动就是修复岩块剥落的凡尔赛宫，在那里，不用征战，无须冒险，他就再现了祖先的荣光。他绝不信任议会政体，还竭力用统治权阻止议会政体的建立，采用系统的手段削弱首相的权力。他让政客之间互斗，使他们难以把议会的最高权力强加给首相。

路易－菲利普在位期间最著名的大臣是基佐。他看上去阴郁寡言、悲观消极。他深信人性有弱点、有缺陷，认为 18 世纪人性本善、人无所不能的观点是错误的。按基佐的想象，好的政体应该能体现上帝的意志。这意味着应该用公正和理性来治国，不应该用基佐所憎恶的“人民主权”治国。他所面临的问题不是怎样了解民意，而是怎样发现什么是合理的。他相信，有一群人为数不多但能力超群，他们从众生中脱颖而出，有能力识别、判断什么是合理的。在他看来，由上层资产阶级治理国家合情合理，因为这一阶级的人实行的是“美德管理”：人不应该要求得到一切，只应该要求得到应得的。他们代表着义务和公正，而不是意志和权利。虽然基佐以提出“代议制理论”而著称，但他对该术语的使用具有误导性。他设想的不是人们随心所欲地找出权力代表者，恰恰相反，他设想的是把个人意志从权力中排除、阻止普选、遏制人民主权。对他来说，自由就意味着一切合理的事物。他区分了政治权利和个人权利。在他看来，人人平等的含义就是：人人一样，都有受国家保护的权利；人人一样，都有在不干扰他人权利的基础上自由行事的权利。由于政治决策的制定和执行除了涉及决策者和执行者本身，更涉及他人，所以制定者和执行者应该是能够胜任这些重任的人。基佐混淆了合法性和自由这两个概念，在他看来，自由是遵从上帝的意志，而不是人的意志。例如 1830 年的革命没有给人们带来新的权利，反而制造了危险的无政府状态。虽然基佐认可 1789 年和 1830 年的革命，但是他觉得革命已经足够深入，不能再鼓动“革命精神”了。他提出了著名的劝诫语“充实自己”（get rich），意思是说：努力赢得必要的时间，努力拥有必要的品质，以把自己变成“被选择者”，变成洞悉理性的人。它不是人们通常理解的“发家致富”这一物质主义口号。基佐的主要改革领域是教育，因为教育是获取知识和理性的途径。但是改革并没有极端到让农民变成知识分子的地步，只是对他们进行道德教化，教他们明白为什么应该满足于现状。干扰社会和经济秩序不是国家该干的事，国家该做的只是创造能够实现上帝意志的自由环境。基佐说：“管理机构‘真正的美德’在于其能够号召公民担负起那些适合他们担负的责任。”人们很难让秉持这一理念的基佐做出妥协。我们基本上可以把他的理论理解为对现状的合理化。他是一个纯理论家，能够把意外事件变成原理。他有理有据地为富人而辩、让富人安心，因此获得了他们的鼎力支持。他可能是个盲目的政客，但并不能就此断定他是个完全脱离时代的人。他的弱点是他只代表了那个时代的一个侧面。对于推翻他的1848年革命，他说那是“上帝的安排”。[21]奥尔良派在不同时期代表着截然不同的理念。在路易－菲利普时期，奥尔良派代表的是权力主义，它的基础是少数有财产的选民；国王、议会和大臣们为最高权力而争斗，争斗方式却优柔寡断；它缺乏健全的政党制度；在地方省份，它的表现更是令人费解、难以捉摸。1848年后，奥尔良派代表自由主义，代表着议会政体和对英国的模仿。[22]反对者谴责奥尔良派是任性、傲慢的中产阶级，是物质主义者，对外唯唯诺诺，对内盲目愚钝。这些说辞都有一定的道理。奥尔良派当政时和在野时完全是两副面孔。假如用“中庸”来概括该派，就是说它代表着妥协，该派通常的做法是具体情况具体分析。奥尔良派是最直言不讳、最擅长表达的党派，它用层出不穷的方式阐释奥尔良主义。该派的许多理论家都是杰出人物，比起那些从实际出发的政客，他们对党派如何执政有更高深的理解。当然，在他们自己真正遇到权力问题时，也就做不到那么“高深”了。我们最好不谈“奥尔良主义”，只谈“奥尔良派成员”，这样就更能清楚地看出该派如何必然地走向了凋零。

奥尔良派有些成员是君主政体拥护者，他们不赞同极端保守的波旁主义分子对君主制的理解。该派通过评判国王的个人品行，评论他的施政方针，招致人们对君主制的随意评说，让君主制看上去脆弱不堪，以致很难说他们是君主制坚定的支持者。有些成员是自由主义者，结果他们既不反对自由帝国政体，也不排斥自由共和国政体。实际上，他们中的许多人不管是否情愿，都靠向了其中一边或两边都靠。有些成员本人忠诚于奥尔良家族，但是这群人中有人曾为拿破仑效力。实际上，许多在大革命和帝国时期的剧变中声名鹊起、积累了财富的家族都有不止一个效忠对象。拿破仑的追随者自1815年开始流亡，1830 年的革命对他们来说也是一场胜利。如果从社会等级看，奥尔良派显然属于贵族阶层，他们热衷于成为所在地区有影响力的人物，并渴望得到政府的支持。虽然他们和正统派在争取地区影响力方面是竞争对手，但在某种意义上，双方也可以成为盟友，因为奥尔良派也赞同分权。他们需要人们崇拜他们的社会地位，赞美他们的美德和财富。他们的自我满足之下隐藏着深深的不安。他们需要强有力的政府来制衡民众和革命给他们的地位带来的威胁。他们认为奥尔良王朝曾经看上去是一个不错的政体，但是王权一旦丧失，它也就失去了价值。这些贵族可以被归为“政体的朋友”，实际上只要对方愿意，他们可以和任何政体成为朋友。由于持有适度的保留意见，他们可以轮流支持帝国与共和。商人、产业主、怀有抱负的人、虚荣做作的人，谁也不能永远和中央集权制国家作对，毕竟他们从国家得到了诸多支持。鉴于以上这些原因，奥尔良派一直是立场不定、左右摇摆的盟友。

奥尔良派同时也是影响力日渐衰微的盟友。许多奥尔良主义者是军官出身，但他们是否有军队可以统领，不得而知。在路易－菲利普执政时期，他们没有机会专门去赢取民众的支持。1848 年后，他们努力适应新的政治环境，但结果并不总是尽如人意。在全法国约一半的城市，1848 年革命前就在任的市长在 1848 年 7 月都要重新选举：南部和西南部变化最大，而在北部和西北部，原班人马当选的人数还比较可观，普选权还没有即刻摧毁他们的统治权。在保守主义的浪潮中和席卷各省的恐慌中，那些于 1848 年被驱逐的奥尔良派一两年后又返回了。因为意识到单打独斗的危险性，他们常与正统派和保守的共和派联合起来结成某种“温和的”联盟。在某些选区，社会党人和波拿巴主义者设法提名了新的领导人，把奥尔良派踢出选区。在没有这种阻力的地区，奥尔良派得以继续执政，他们执政的时间持久是因为他们知道在新情况下如何参与政治游戏。在此过程中，他们变得越来越不像奥尔良派，其所秉持的奥尔良主义最后就像久久挥之不去的香水味，只标志着一种家庭出身、一种品位、一种曾经的自由观。如果将奥尔良派成员定义为财产丰厚的、受过教育的、在大众时代追求结果和尊重的人，那么符合这一定义的人寥寥无几。

1848年后，人们普遍期望王政复辟，但这一期望是建立在一系列幻想之上的。奥尔良派和正统派之间的分歧远比共识多。两党的领导人都知道他们不能共事。梯也尔也不指望君主政体会给他提供什么职位，因为他“不遗余力”地推翻了它。德布罗意亲王知道，尚博尔伯爵根本就没机会实施真正的立宪制，因为他把奥尔良派看作叛徒，和他们难以交流。奥尔良派一方派密使去和他谈协约，哪怕是协约的基础，他都拒绝讨论。拿破仑三世的风光激怒了奥尔良派，于是他们竭力复辟王政。尚博尔伯爵作为王位继承者资质不足，但奥尔良派还是主动帮助他复辟王政，因为只有这样，没有后代的尚博尔伯爵去世后，奥尔良派才能拥立巴黎伯爵。只有这样，才能弥合他们违背本意所受到的“创伤”（指支持尚博尔伯爵）。在对待尚博尔伯爵的态度上，奥尔良派一直审慎以待、有所保留，我们从1857年路易－菲利普的儿子写给尚博尔伯爵的信中可以清楚地看到这点：“我们衷心希望有一天法国会将您召回王位，我们将竭尽全力确保这一天早日到来。我过去对您的支持不是盲目的，也不是犹疑不定的。我们有必要签订一份初步协议，以明确双方的（即位）条件。条件可以归结为三点，我们的信念和我们对家族历史的尊崇决定了我们永远不会放弃这些条件。第一，坚持使用三色旗，在法国人看来，它是当今社会新阶段的象征，是1789年以来革命成果的神圣化身。第二，重建立宪政体。第三，复辟王政和重建立宪政体都须符合民意。”[23]

王政复辟推迟的时间越久，成功的希望就越渺茫。1849年和1851年，正统派和奥尔良派各自谋划了军事政变，但都没能付诸实施。拿破仑登基后，复辟王政就更没有希望了，这主要是因为作为皇帝的拿破仑给予了奥尔良派很大的自由，没有禁止他们做煽动之事，也没有把他们逼入绝境。1871年，奥尔良派的机会终于来了。在国民议会中，保王派占多数席位，但这种“繁荣景象”只是表面现象。当时法国正值普法战争期间，国家动荡，需要和平。当时波拿巴派导致了普法战争的失败，而共和派又想继续战争。假如保王派当时成功恢复了王政，法国民众也未必能接受这种做法，也许还会引发内战。人们通常从个人角度或用议会的那套说辞解释尚博尔伯爵为什么没能登基复位。1830年后，许多人都对政治形成了新的看法，也许这才是导致尚博尔伯爵未能复辟王政的必然因素。保王派内部在磋商时也缺乏足够的信息交流和清晰的表述，因此，1873年的复位失败也就不令人惊奇了。那一年，法国君主派推翻共和派总统梯也尔，欲推举亨利五世（尚博尔伯爵）为王，但他突然宣布坚决不使用三色国旗，而坚持使用代表王室的白色国旗，否则就不接受王位。虽然功败垂成令人惋惜，但我们不能把他这种行为看作心血来潮之举。相反，他对白旗的执念由来已久，只不过他的许多做法掩盖了他的执念。首先，他总是对外宣称，等复位之后再考虑选用国旗一事，所以人们就忽略了他的想法；其次，他深居简出，外人不了解白旗对他意味着什么。尚博尔伯爵在1871年就说过他坚决不接受三色旗，只是他的随从对此三缄其口，防止有关复辟王政的磋商谈判陷入僵局。实际上，磋商从未取得进展，甚至还没开始就结束了。

因为复辟王政具有重要的象征意义，所以尚博尔伯爵即位时才遇到了这一棘手难题。奥尔良派遇到的问题同样棘手。正统派拥立的王位继承人尚博尔伯爵和奥尔良派拥立的继承人巴黎伯爵之间曾尝试和解（后者支持前者即位），但这一和解没有得到奥尔良派的全力支持。在1871年的国民议会上，至少有四分之一的奥尔良派代表选择支持共和制，反对以尚博尔伯爵为国王的君主制——他们不在意尚博尔伯爵做出了什么样的保证。

德布罗意亲王对尚博尔伯爵的权力主义非常厌恶，他对后者提出这样一个“非分”的要求：恢复君主制的条件是尚博尔伯爵把王位让给巴黎伯爵。路易－菲利普的第四个儿子奥马勒公爵曾任阿尔及利亚总督，他名声显赫、财富丰厚，不仅曾暗中图谋对抗尚博尔伯爵，也曾暗中策划反对过巴黎伯爵。他希望两人都不能复位，这样国民议会就会把他选为共和国总统或者王国中将。他发表声明说，如果法国建立共和国，他愿意为它效力。1871 年，他被选入议会。他的行为举止极具共和党人的做派：平等待人，与其他代表融为一体。当他在 1871 年被选入法兰西学院时，他要求别人以“先生”而不是“阁下”来称呼他。他拒绝拜访尚博尔伯爵。最后，他没有把大部分财富留给子孙，而是捐给了国家。

其实，尚博尔和巴黎这两位伯爵在 1873 年 8 月的和解不如人们想象的那样彻底。尚博尔伯爵同意和巴黎伯爵见面，但条件是后者得发布一则双方商量好的声明，在声明中必须说：“巴黎伯爵要恢复其家族之位。”在最后一刻，巴黎伯爵删掉了这句话，代之以“尚博尔伯爵没有家族竞争者”。这说明政治分歧仍然存在。他们会面的时候对政治只字未提，因此他们的和解只是表面文章。这也许是不错的结局。如果尚博尔伯爵假心假意地成为国王，可能会引发更大的骚乱。他的诚实使法国免于再次陷入 1830 年那样的革命。1873 年的失败让他对那些既跟他合作又不同道或试图改变他的人产生了更深的怀疑，于是他要求追随者远离所有的选举联盟。许多跟他站在同一立场的追随者被他的固执伤了心，退出了政治圈，再未露面。1883 年他去世时，其党派犹如留存的遗迹，衰弱败落，相反，共和派的力量强大而稳固。尚博尔伯爵一去世，他的铁杆支持者们就宣布西班牙的唐·胡安为法国王位继任者。二人的关联是唐·胡安娶了尚博尔伯爵的妹妹。这样，这些铁杆支持者开创了一个新的正统主义宗派，但这没有什么实际意义，因为绝大多数正统派把巴黎伯爵认定为新的领导人。正统派和奥尔良派最后联合在一起，这本应意味着保王力量的大大加强，但是正统派没有兴趣和巴黎伯爵发生太多的关联。尚博尔伯爵的组织机构不再运转，募集的款项退还给了捐款人。一个新的时代开启了。

巴黎伯爵从1883年到1894年去世一直充当觊觎王位者，他精力充沛、灵活机智。他是路易－菲利普国王的孙子，他的父亲是前景大好的奥尔良公爵。奥尔良公爵以充满活力、思想开明而闻名。巴黎伯爵的母亲是一位德国公主，信奉新教，不过他从小便被培养成虔诚的基督教教徒。巴黎伯爵生于1838年，从10岁起流亡英国，在英国接受教育，由此对英国产生了热爱和崇拜，一生中大部分时间都生活在英国。尚博尔伯爵更愿意住在奥地利。在哪儿生活对两个人日后产生的影响非同一般。巴黎伯爵行遍世界。美国南北战争期间，他作为志愿兵在麦克莱伦将军的参谋部工作。他参观过英国兰开夏郡的棉花加工厂，这引发了他研究社会问题的兴趣。1869年，他出版了一本关于英国工会的书，提出“分红”的主张。他把“将慈善提升到社会责任和政治权利的高度”赞誉为“我们这个世纪最完美的一种进步”。1872年，他被允许返回法国，并参观了法国的工厂。他应该属于第一批社会主义百万富翁——“社会主义”的说法有失准确，“百万富翁”却是千真万确、实实在在的。据说，他的年收入是50万法郎。后来由于有了保王派支持者的遗产，这一额度得以大幅增加。1888年，他接受了一笔来自德加列拉夫人的多达2 000万法郎的遗产。[24]

巴黎伯爵首先是一个机会主义者，这与尚博尔伯爵截然不同。尚博尔伯爵的原则总是一以贯之的，而巴黎伯爵不一样，他决心无限扩大自己的吸引力。人们并不能轻易看透他“不惜代价求取权力”的人生信条。他外表严肃虔诚，家庭美满，无可指责，有人说他看上去就像一位学术范儿十足的德国教授，实际上雄心勃勃、抱负远大。一开始，他从奥尔良主义者变为正统主义者，试图实现保王派各派别的真正融合。1873年，他与尚博尔伯爵和解，支持他登基，自己为其后继者。此后，他变为坚定的世袭制支持者，拒绝了所有让他取代尚博尔伯爵的建议。尚博尔伯爵去世时，巴黎伯爵接受的封号是菲利普七世，而不是路易 - 菲利普二世。他竭力把目的不同、各有诉求的天主教教徒、新教教徒、怀疑论者团结起来。天主教教徒怀疑他曾反对圣职者，新教教徒希望他不要忘记母亲一方的宗教信仰，怀疑论者需要人们对他们隐忍、宽容。巴黎伯爵竭力想让那些追随梯也尔拥护共和的原保守派回心转意，想让正统派和奥尔良派都保持初心、忠心保王。融合各方似乎是一项不可能完成的任务，但是到 1884 年 2 月，至少有 24 个省的保王派成功融合。但同时，至少有 13 个省的正统派之间彼此疏远、不相往来。在另外 13 个省，根本没有任何保王组织或活动。巴黎伯爵还获得了保王媒体的支持：130 家保王报纸支持他，反对他的只有 13 家。[25]

其次，巴黎伯爵是积极的行动者，而尚博尔伯爵的处世之道是弃权和戒绝。作为党派领导人，巴黎伯爵精力充沛、勤奋努力。他意识到大多数法国人不是保王派，却可能是保守派，所以在 1885 年的选举中，他要求君主主义者以保守派的身份参选，不要亮出君主制拥护者的名头，这样他就可以对君主制和其他右派力量进行新的融合。融合的基础是当时人们对共和政体普遍不满：议会制低效无能，财政赤字严重，殖民花费巨大，反教会干政政策令人感到恐惧。1885 年 10 月，巴黎伯爵的“保守联盟”获得了 177 个席位，而共和派获得了 129 个席位。但是，保守派这一“光辉的胜利”是由共和党内意见不合造成的。在第二轮投票中，共和派又联合起来，成功赢得了最后的选举。为了清除威胁，共和派驱逐了巴黎伯爵，于是他退隐英国。

在英国里士满附近的“希恩之屋”（Sheen House），巴黎伯爵通过发布施政纲领，决心继续推行他“人人受益”的政策。对于那些纯粹的保守派，他承诺要重建秩序和强有力的政府。为了避免遭到反对，他承诺会把历史传统和现代管理相结合，建立一个易被民众接受的君主政体，但该政体不会当“数字主权”（选举票数决定一切）的奴隶。他将为天主教教徒提供教育，终止他们受到的迫害。为了取悦波拿巴主义者，他提议举行一次公民投票，或者至少要召开一次国民代表大会来支持他复辟王政。事实上，巴黎伯爵的大部分施政纲领都是从波拿巴主义者那里借鉴的。他还想利用人们对议会政体的失望（议会政体曾深得奥尔良派的支持，然后就被共和派接手了）达到他自己的目的。他说普选权会让君主立宪制看上去像老古董，法国好像回到了1815—1848年的旧时代；他说议会不应该拥有最高权力，应该是国王在“议院”（chambers，波拿巴派在宣言里也使用该词）的配合下治理国家，大臣也不应再听命于“大多数”。但是对于“神权”、经济和社会政策，他却闭口不提。[26]

然而，巴黎伯爵不想通过政变回归。他本就不长于密谋造反或使用暴力。王政如果得以恢复，他坚信有能力将它保持下去。所以他希望共和国倒台，然后法国人就得指望他来收拾残局。1888年，他打出最后一张牌来实现他的计划。“保守联盟”主席马科男爵和记者阿蒂尔·梅耶尔以前信奉波拿巴主义，后转为保王主义。在这两个人的影响下，巴黎伯爵决定支持布朗热将军。德于泽斯公爵夫人是保王派的重要支持者，她拿出大笔资金支持布朗热推翻共和党，终结议会政体。但是在最后时刻，布朗热退却了。这一行动的失败是1873年以来保王派遭受的最沉重的打击。复辟王政的希望昙花一现，再难复燃。由于失败，不仅有很多人远离、抛弃了保王派，保王派内部也出现了致命的分裂。在奥尔良派的眼里，议会政体神圣庄严，必须维护，他们意识到觊觎王位者巴黎伯爵已经代表不了他们所看重的这类原则。他们想要的不是纯粹的君主制，而是君主立宪制，而共和派看上去倒是议会的真正支持者。巴黎伯爵曾发出指令，让奥尔良派支持布朗热，但遭到拒绝，于是巴黎伯爵恼羞成怒，公开诅咒、羞辱他们，因此奥尔良派无论如何也不会再支持他。巴黎伯爵同时也被那些鼓动他加入布朗热派的人激怒，于是保王党内部的关系变得极为紧张。巴黎伯爵本是有能力的觊觎王位者，但是遇到逆境和挫折时，他的不足就显现了。他不能忍受背复辟失败的“黑锅”，也不知道失败后怎样在党内重燃希望。有一位熟悉他的人写道："他不能容忍别人反驳他。他享受别人的奉承，永远不会认错。科学家和大学者的那种优越感都会让他不悦，似乎他们也是他的竞争对手。"[27] 为了对他公平，可能还得补充一点：在命运大转折的1889年，医生告诉他，他得了不治之症，将不久于世。

君主制最后在各方的再联合中灭亡。共和派放弃了对教会的攻击，给予君主制和帝国联盟的支持者们机会。罗马教皇利奥十三世鼓动天主教教徒接受共和国，因为它能把各方凝聚在一起。巴黎伯爵本人尽管痛恨教皇如此干政，但他承认保王事业无望，转而潜心于宗教。他认为，假如法国不再有基督教精神，就永远没有希望。1894年之后，保王主义不再是一种主要的政治力量。之后，它化身为始于1899年的右翼运动"法兰西行动"，但是这一运动的起因已经大为不同，需要另论。

巴黎伯爵的继任者是他的儿子德奥尔良公爵，但他始终站在政治的边缘，从未真正涉足其中。德奥尔良公爵曾在英国的桑德赫斯特皇家军事学院学习。他是狩猎专家，和政治相比，他更热爱美食和女人。他懒惰、迷信、优柔寡断，所以不能把他看作严格意义上的觊觎王位者。他的观点不合时代、不着边际，梦想恢复墨洛温王朝的绝对君主统治。他甚至听不了"民主"这个词。德奥尔良公爵的追随者基本全是正统派分子，头号追随者是滴金酒庄的庄主欧仁·德吕尔－萨吕斯伯爵。有的追随者希望把德奥尔良公爵的名字和民族运动联系起来，用这一新的"包装"推广他，但收效甚微。[28] 1896年，据警方估计，只有30个省有保王委员会。1908年，一篇有关保王运动的文章中提到：有不到十分之一的选民听说过德奥尔良公爵的名字。他的活动基本成了《高卢人报》社会栏目的素材。虽然他在1911年勉强承认了"法兰西行动"组织，但从未真正推动过它。[29] 下一任觊觎王位者（1926—1940）是德吉斯公爵，他过着安闲的退休生活。他的儿子小巴黎伯爵（1908年出生）一度有复辟王政的希望。1934年，德吉斯公爵办了一份《皇家信使报》，恢复了保王派的组织架构，否定了“法兰西行动”组织，不断地接受报纸的采访，出版了一本详细解释施政纲领的书。在“二战”期间，有计划让他出任阿尔及尔临时政府的首脑，但是被艾森豪威尔将军否决。1945 年 1 月的民意测验显示，全法国只有 6% 的人认为保王党在法国起了重要作用，75% 的人持否定态度。[30]

第 3 章 政治天才

如果不了解乌托邦主义者[①]的作用，就无法了解 19 世纪的法国，正如不了解启蒙运动者这一群体便难以了解 1789 年的法国大革命一样。乌托邦主义者具有历史重要性，因为正是他们把“天才人物”和政治联系起来。“天才”成为一个新阶层的核心力量，他们质疑国家，要求获得权力，声称要肢解传统集权。他们是一群像贵族一样的精英人士，有着类似贵族的自命不凡。在这一时期，虽然人们一般认为“天才”是天生的，无法后天形成，但是，人们可以通过与“天才”发生联系，让自己被同化为“天才”。这如同通过与“贵族”发生联系而获得“贵族身份”一样。“天才”的标志之一是他能被其他“天才”理解、接纳。因此，那些甘受“天才”领导的人也能进入这一“开明的新阶层”。贵族为本地人代言，“天才”则为新的开明群体发声。成为“天才”确实是一种新型的个人理想。迄今为止，骑士英雄、圣人、朝臣、老实人一直是全社会的典范，但他们只是个体行为方面的典范。成为这些典范可以带来自我满足、荣誉和公众尊重，唯独带不来政治权力。与之相比，“天才”可能会给社会带来更多危害。在 18 世纪之前，génie 的意思仅仅是天赋或技能。但是，狄德罗却将

① 乌托邦主义者的英文为 Utopians，也译为“空想家”。——译者注

“天才”（genius）视为超常、离奇的存在，认为“天才”拥有超越时代和人类的眼界，可以发现他人无法发现的真理，因此他们不为一般标准所框定，不囿于伦理规则，更不受谁控制。“天才”总能产出伟大的思想，拉马丁说，他们提出的“每个观点都是与社会的对抗，都是一场革命”。

知识分子担当“天才”这一新角色的基础是在 18 世纪奠定的。在 1700 年前后，文人通常生活在一种不安的状态中，备受管控，深受专制的审查制度禁锢，而施加者就是国王、最高法院和索邦神学院。因此，文人们经常需要假托化名完全隐藏自己的身份。直到 18 世纪后半叶，他们中的少数人才得以靠写作谋生。这些人的成功使作家逐渐成为一种职业，其社会地位逐渐提高。政府开始雇用作家影响公众舆论，他们“为立法铺平道路”，莫罗说他也正是这样做的。可是，彼时文人的意见往往很难得到认可。拉韦迪（L'Averdy）说：“还轮不到一个籍籍无名的作家去教导坐办公室的人。”1764 年，一位作家出版了一本关于文人的书，书中遗憾地承认，他们“被排除在国家之外”。[1]在向上攀升的初期阶段，作家们追逐的是荣誉、尊严和安稳，他们还没有想到权力。他们向政府索取微薄的补贴、低额的养老金和小礼物，政府也就满足他们的这些愿望，因为“满足他们的愿望”标志着对他们及时的支持、适时的蔑视和些许的忌惮。长久以来，作家不过被看成娱乐他人的工具。伏尔泰曾抱怨道，人们对作家的态度模棱两可，对他们过度轻视。孟德斯鸠得知他的儿子渐渐爱上学习之后震惊不已，惊恐大呼：“他将一事无成，最后不过是个文人，成为像我一样古怪的人！”他原本打算帮儿子安排一个体面的公务职位（毕竟他自己真的喜欢在最高法院的工作）。然而，随着审查制度的松动，政治书籍给作者带来了越来越大的权威。特别是外国人对法国作家推崇备至，这大大提升了法国作家群体的地位。外国读者慕名来到法国拜望的是启蒙运动家，而非贵族。这也是作家们敢于自诩是法国文化海外推广人的原因之一。普鲁士国王腓特烈二世邀请伏尔泰到他的府邸赴宴，这让法国国王感到恐惧。1778 年，法国天文学家梅西耶（Mercier）写道：“今天，作家的影响力如此之大，他们可以光明正大地表示已经拥有了影响他人思想的能力和权威，对此，他们不再遮遮掩掩。”[2]

大革命以一种戏剧性的方式证明了作家的力量，其戏剧性尤其表现在大革命的反对者们指责作家是引发革命的主因。当然，历史学家不再认为旧制度的崩溃是启蒙运动者引发的，他们分析旧制度覆灭的原因时将重点放在了贵族寻求复兴、竭力夺取王权上。贵族带来了腥风血雨，随后又把灾难转嫁给作家。作家们所崇尚的一些民主思想把无数新力量引入政治领域，他们的影响力因此达到极盛，然而即便如此，他们也没公开要求过赋权于己，只是自视为当权者的谋士。伏尔泰支持开明专制主义，孟德斯鸠赞同最高法院对抗国王。倘若他们真的想过谋权图利，方式也是极其委婉的。伏尔泰曾写道：“假如观点是掌管世界的女王，那启蒙哲学家就掌控着这位女王。”19 世纪乌托邦主义者的自命不凡即源于此。当时，作家们仍未完全摆脱低人一等的复杂心理，还相信热爱知识的人不会和贪婪野心为伍这一古老的虚言。[3]

浪漫派文学家将这种复杂的心理合理化，让“天才注定要被误解”成为人们的信条。“天才”是预言家，却只是无权无势的在野人士。浪漫派文学家笃信：“天才”就是会遭遇误解，就是会命途多舛，甚至会殉道，只有后人才能认同其价值所在。小说家司汤达觉得他死后 40 年才会有人读其作品。[4] 圣西门却抛开这种“傲慢的谦虚”，大大拓展了“天才”这一概念的内涵。他认为“天才”不仅包括文人的技巧、艺术家的想象力，还包括科学家的新知和声望。以综合的视角看，他实际上阐述了何谓知识分子。浪漫派以为自己首先是天才，是处在金字塔顶的那一小部分人。圣西门当然也认为自己具有天赋，并称自己是国家的精神力量，但是他也认为还有许多人具有领导全人类的天资和智慧。实际上，他提议，应当把知识分子当作一个新的僧侣阶层，数量要与僧侣相当。令人惊奇的是，圣西门赢得了一众追随者，他们是实实在在的精英人士，在历史上成功留下了自己的印迹。圣西门提出的知识分子应该领导国家的多项提议并不只是梦想，而几成现实。圣西门主义者就这样成了某种意义上的新贵族。

总体来看，乌托邦主义者推动了“天才”的大众化，使他们进入大众视野。大量的社会重组方案不断涌现，社会乌托邦派颇有几位有影响力的人物，他们和一众作家没有太大区别，只是名气大些、天赋少些。宗教派别、神秘主义、幻想、预言等各种新观点层出不穷，都在社会上赢得了一席之地，甚至一些旧思想的重新组合都赢得了尊崇，当局再也没有足够的气力谴责、嘲讽或是消灭这些新思潮。大革命证明了社会变革是完全可能的，证明了乌托邦主义者不必完全停留在理论层面。谁都可以有自己的理念，谁都可以自由地发表和宣传这些理念——知识分子正是这样登上政治舞台的。他们赢得了尊重，同时也树了敌，这一事实强化了他们的自我意识。骨相学家力挺知识分子，说从头骨构造就能判定他们是“天才”。而医生们却不以为然，为了捍卫他们的职业优越感，医生们回击说“天才”和疯子没有生理上的差别。莱吕医生批评道，“天才”就是幻想症。莫罗·德图尔斯医生则称之为神经症。他写道：“很多‘天才’的体质特征其实和傻瓜的一模一样。”“天才”和庸人就这样口诛笔伐、你争我斗，从未停战。知识分子也因此永远受到限制，很难大显身手。[5]

乌托邦主义者的作用举足轻重，也因为他们和公众舆论之间具有一种特别的关系，这种关系犹如贵族和本地居民的关系。大多数乌托邦主义者因为善于将民众的愿望表达出来而受到拥护，其中夏尔·傅立叶和蒲鲁东在这方面表现得最为突出。在 18 世纪就有人先于他们做到了这一点，尤其是卢梭。一大批读者从卢梭的作品中找到了共鸣，他们从中看到了自己的影子，体察到了自己的情绪。虽然大多数启蒙运动者把自己看作领导者（而不是舆论的创造者），他们关注的焦点却是如何创造可以自由表达公共舆论的环境。总体来看，他们努力的目标是对政府施加影响而不是探求普通人有哪些困难。关注普通人的困难是他们第二阶段的任务，他们对此也有颇多关注。判断乌托邦派在多大程度上为先前存在的民意发声很重要，判断他们在多大程度上创造了一种新的意识也很重要。这种判断很难做出。理解乌托邦派的要义就像听流行歌曲一样：尽管到处都能听到同样的曲调，但有时也会记不住歌词。这一类比并不完全是隐喻。有许多新观点就是由歌曲传播开来的。[6]至今还没有人对此做过像样的研究。歌曲很可能隐藏着一些指向大众情感和情绪的线索。因此，乌托邦派对知识分子和普通大众这两个群体来说都非常重要。他们将不同的公众舆论带入了政治领域。1848 年，该派观点被接受的广泛程度，从该派成员入选制宪议会的人数之众中可见一斑。比谢当选第一任主席。路易·勃朗和伊波利特·卡诺入选临时政府。皮埃尔·勒鲁、蒲鲁东、革命者巴尔贝斯和马丁·贝尔纳、傅立叶主义者孔西得朗等都当选了代表。不难发现他们的追随者也广泛参与了公众生活。

知识分子在理想国中起了至关重要的作用，因为设计理想国的目的就是以道德和谐的方式将人类团结在一起，其中知识分子必然会承担起“教士”之责。乌托邦主义者反对 18 世纪毁灭性的批判主义，他们代表着大革命后人们对秩序与和平的渴望。启蒙运动家与教会为敌，但乌托邦主义者与之不同，他们对宗教持赞成态度，只是想改良天主教。他们希望被己方称为“新基督教”或“人文宗教”的新宗教犹如精神黏合剂，能够把未来的社会凝聚在一起。所以，“自由”是 18 世纪的口号，“友爱”是 19 世纪乌托邦主义者的口号。“友爱”用宗教字眼表达就是“联合”与“合作”，和“资本主义的剥削”对立。乌托邦派关注的是全体民众，想让每个人都与新时代同步。他们特别看重这种“一统”的道德或精神基础，所以他们作为“新学说的设计师”具有举足轻重的地位。

圣西门这个“天才”不仅有时像个疯子，而且确实在精神病院待过一段时间，接受名医皮内尔的治疗。圣西门的政治观点只反映了他生活的一个侧面，实际上，他的头脑充满各种各样天马行空的念头和计划。他 7 岁丧母，青春期饱受两种情绪的折磨：一方面他与年迈、独裁的父亲作对，另一方面自我折磨，觉得自己不值得被爱，却不断为此自辩。他的人生观首先是一种“孤儿人生观”。他与一位普鲁士伯爵（也是前任大使）有过激情关系，凭借对方的钱成为国有土地投机商。他还与一众年轻人保持亲密关系，并把他们收为学生。他的一生都在不断寻求能够支持他的庇护人和帮助他阐述思想的合作伙伴。他是一个极其热情的人，也极度渴望回报，索要回报时从无半点儿犹豫。他对自己的才华总是自信满满。他乐观积极，只有一次因感到彻底被抛弃而试图自杀。他提倡“友爱”，这也反映了他的性格特征。他用“人人相爱，彼此相帮”概括他信奉的“新基督教”。对此，历史学家往往用政治和宗教术语加以解释。圣西门的这一信条之所以得到普遍支持，可能因为它也是治疗那个时代家庭生活冷漠症的良方，当时的人们不再羞于表达自己的情感。圣西门说：“要做成大事，就必须要有激情。”一些人认为他是现代社会学的创立人，甚至还是《规划》（*Planification*）的先导创刊人，[7] 尽管如此，也不能借口说他的思维就极其理性。他作品中的神秘主义、光照派教义及天启式的写作风格是他的本质特征，与他同时代的许多人也大体如此。圣西门的重要作用在于他切实帮助了人们从理论思维转换到了情感思维。

他还会避离 18 世纪的政治趣味，将更多的注意力转向影响社会和经济的因素。他对党派政治和提升人们的政治参与度都不感兴趣。对圣西门来说，发展和进步就意味着完成实实在在的工作，比如修路，以及大规模地投资建设民生工程。他认为，宪法的目标应该是对“数量最多且最为贫困的阶层进行道德、知识和体质上的改良和提升”，其方式应是鼓励经济发展和提倡公共教育，行使公民权的条件应该是通过“国民问答”考试。圣西门不是民主主义者，他希望剥夺那些闲散懒惰又不能引领社会的当权者的权力。无所事事的贵族、“形而上学大师、律师”等都是他的劲敌。他建议把权力交给“工业家”，即各个阶层的劳动者。但是，他期望由工业家中“最重要的人”，即大制造商、大金融家、商人和农业主，来制定政策。他从未清晰地阐述过应怎样把这些政策制定者选出来，但是他认定宪法应该反映经济现状。他希望废除遗产继承制，但是不包括因功获得的财产和由此产生的财富不均现象。他的口号是："人人靠能力，能力靠功绩。"这即是"英才管理制度"，也有人管它叫"专家治国制度"，这为"管理革命"的爆发打下了基础。但是，圣西门在人生的最后阶段放弃了这些理念，因为富人阶层不欣赏他，于是他转而把更多的关注给予劳动阶级。圣西门的观点得到了各阶层的广泛支持，唯独贵族对其不感兴趣，因为该理论多有模棱两可之处，而圣西门从未给予澄清。他本人对贵族阶层始终抱有敌对态度。不管怎样，其理论的一些模糊之处是能解释清楚的，比如政体。政体的存在对他来说无足轻重，他盼望"国家"真正地消亡，因为一个和谐的社会秩序不再需要通常意义上的国家功能。他反对政府监管。他进行社会变革的方式不是革命，也不是暴力，而是启发、说服，以及完全自由的经济活动。他的理想是和平（虽然政府也打仗）和繁荣（虽然政府也征税）。在人生的后期，他不断表达对"国家"深深的敌意，在一片对"国家"的奉承赞美之声中，他的意见起了平衡的作用。圣西门本人是个矛盾体：他竟然乞求国王成为"工业家的领头人"。

圣西门强调经济的重要性，甚至说政治就是"关于生产的科学"，他也相信精神的力量，认为如果没有"共同的精神追求和道德观念"，任何一个社会都不可能存在。他想让科学家和艺术家享有和工业家一样的权力，这样他们就可以启发工业家、激励大众、鼓励人们为共同利益加倍努力工作。18 世纪的启蒙哲学家认为，人们基本上是一样的，因而人人平等。圣西门则相信医生卡巴尼斯和比沙的观点：个体独特，人人不同。这两位医生在 19 世纪初曾著书立说，表达了这一观点。他们认为人的类型不同，适合不同的职业。圣西门据此区分出不同的社会阶层。他认为，人们不关注是否平等，只关注个性是否得以表达，因此社会的目标就是让这些不平等的人和谐相处。18 世纪提倡的平等观曾引发残酷的竞争和冲突，他希望这种残酷不复存在。圣西门的整个学说体系是对启蒙哲学家所倡导的“毁灭观”的反对。批判主义时代已经终结，圣西门展望着一个和谐的新时代。知识分子的作用因此至关重要：他们的责任就是要照料好新的精神统一体，替代腐败的教士阶层，在某种程度上能长久地延续教士曾起的作用。而对于新制度中的矛盾，圣西门从未加以分析，也许这就是他被称为“乌托邦主义者”的原因之一。他乐观地认为，雇主是工人天然的领导者，但其他乌托邦主义者认为二者是一对需要解决的矛盾体。[8]

圣西门的思想经历了几个发展阶段，同样，圣西门主义运动在不同阶段也呈现出不同的样态。圣西门主义运动在19世纪中叶达到鼎盛。它重视宗教，关注金融投资，主张重视无产阶级和妇女解放。妇女受到了重视，这一群体在之前的政治理论著作中鲜被提及。但是这一运动纲领没能赢得大众的支持。尽管其中的一小部分理念被其他群众运动吸收采纳，但它根本上还是一个为精英阶层服务的纲领。该精英阶层地位显赫、影响力大，包括大约100名巴黎综合理工学院的毕业生。工程师、经理人、金融家、作家都热情地接受它、支持它。该纲领凸显、夸大了这一精英阶层的作用和利益，这使它看上去更像是专门为技术专家官员制定的。这群精英中的某些人还遭遇过感情创伤，这给圣西门主义增添了一种深不可测的色彩。这也是圣西门主义运动没能成为群众运动的又一个原因。圣西门那些异常活跃的追随者是没能进入传统统治阶层的人，其中有许多是犹太人。罗德里格斯曾想就读巴黎高等师范学院，但是他犹太人的身份成为进入该校的障碍，之后不得已成为股票经纪人。古斯塔夫·德艾希塔尔是犹太人、天主教教徒，也是圣西门主义者，他在1866年写道：“信奉圣西门主义的人几乎都是由于家里遇到了这样或那样的困境而加入的。”[9]巴扎尔是私生子，因而受尽屈辱。昂方坦因父亲破产而失去了加入国王卫队的机会。圣西门的赞助者都是有钱人，他们将继承的财产投入宣传活动，大力推广“必须废除财产继承制”的观点。

特别是昂方坦，他把圣西门主义变成了一种近乎修道会的宗教。他仪表堂堂、魅力非凡，具有极强的吸引力，以至于那些高智商的人也会恭敬地听他胡说八道，对他顶礼膜拜。一种神秘的狂热持续发酵，在此期间，昂方坦把一些极其奇怪的观点融入圣西门主义，他让追随者们视他为父亲，称他为“工业教皇”，并将这一名头绣在衣服上。他带着他们去梅尼孟丹的修道院隐居，然后踏上了去东方寻找理想女性——“母亲”的奇幻旅程。他让大家穿上从背后系扣的奇怪制服，表示人是互相依赖的。位于工业城市勒克鲁佐的大钢厂的总经理都辞了职去追随他。追随者中还有数名高官、矿业工程师、公务员，以及一位医学教授。昂方坦的“才能”改变了圣西门主义运动的本质。他是一个虚情假意的忏悔者，根本不可能成为下层民众的领头人。因此，他反对支持者和圈子以外的人过多接触，更倾向于建立一个封闭的团体，其成员由狂热的情感黏合在一起。在这个团体中，“生活充满了热情、友爱、感动、欣喜、希望、惊奇。忠诚者可以品尝到纯粹的快乐，可以体察到无尽的热情”。这种做法的必然结果是：那些有关劳动者要消灭剥削压迫的观点都被推到了次要位置，而这些观点恰恰代表着原初的圣西门社会主义学说。1839 年，有几人提出建立社会党，遭到了反对。到 1848 年，圣西门主义运动已没有任何代表性组织。[10]

圣西门主义的重要性体现在它深深地影响了年轻一代的思维方式，包括后来举足轻重的人物。但是一般认为，圣西门主义的直接影响力被夸大了。的确，在 1848 年，掌管法国教育部的是 3 位圣西门主义者［伊波利特·卡诺，由让·雷诺（Jean Reynaud）和爱德华·沙尔东协助］，但是他们没有做出什么永久性的成就。他们办过短期的“国家管理学院”，意在培养高级公务员，但是看上去更像是用圣西门主义的名头培训一批新的统治者。这一做法的性质就如同：以实施圣西门妇女新政的名义授权法兰西学院为妇女开设讲座。1848 年 3 月，约 60 名圣西门主义者开会讨论其共同行动目标，但没能达成共识。大家对圣西门学说的理解不一，因此无法确定优先做什么。德艾希塔尔认为，建立宗教民主政体的时机到了，首先应该在协和广场上树立一座摩西雕像。罗德里格斯为新建立的法兰西第二共和国起草了宪法。宪法废除了立遗嘱的权利，以避免遗产总是由直系亲属继承。他提出工人应参与分红、妇女应参政，但与此同时，他又把国家管理者的角色指派给大学和研究院。昂方坦提议说，国家应该把所有的铁路买下来，然后买矿山，之后买所有生产铁路产品的工厂，并且应该接管产业规划。不过他又说，建立“上帝王国”的时机已到。这些提议显然脱离现实，不可能立即实现。他随后办了一份报纸《信贷》(*Le Crédit*)，办报花掉了他大笔资金。1848 年，在第二共和国总统选举中，昂方坦一开始支持候选人卡芬雅克，见他大势已去，又转而站在路易－拿破仑这边，因为昂方坦希望可以借此增强自己的势力，推行产业主义。他自认为顺应天意，给予社会底层的无产者和妇女以新的地位，但这一观点并没怎么得到认可和响应。他本人最后成了一个小商人。

圣西门主义者并没有像人们通常认为的那样，经营了第二帝国时期的新工业。他们从来没能实现用通货膨胀进行金融扩张的目标。他们插手的铁路网与他们没有染指的铁路网打了个平手。他们确实对拿破仑三世的阿尔及利亚政策和墨西哥远征计划施加了影响，但是影响者并非只有他们，还有别人。况且拿破仑三世不能算是真正的圣西门主义者。圣西门主义者总是能用极其强劲的方式利用媒体：他们是公共关系专家。他们留下的遗产不是什么丰功伟业，而是一个传说。他们最大的胜利也许是使某些信条、学说不再带有圣西门主义的特征，故没人排斥它们，反而人人相信它们。[11]

夏尔·傅立叶代表着另外一个社会阶层。他从一个完全不同的视角审视社会。他是一个卑微的旅行推销员和办事员。从本质上说，他的乌托邦是为小人物、消费者、小资产阶级设立的理想国。他声称他的发现像牛顿一样始于苹果：他无数次地看到巴黎的苹果价格和产地的价格一样，于是他开始推测产业机制肯定有什么地方出现了严重问题。他在 7 岁时因讲真话而受到父亲的惩罚，他的父亲是个布商，认为讲真话的傅立叶在商业上永远也成不了器。从此以后，傅立叶发毒誓要永远以商业为敌，这种情绪逐渐演变成了他对整个社会体制的批判，于是他提出要进行一场彻底的社会改革。“和谐”必须代替文明社会中的对抗，“合作”必须代替盲目和恶意竞争。必须铲除商业寄生虫。让农民变得昏沉迟滞的辛苦劳作必须变成一种快乐。人本性善良，但是现有的组织结构让人堕落。完全是社会因素导致了私人和公共利益的冲突，使人们饱受压抑、遭遇挫折。傅立叶的目的不是要改良民众，而是要解放他们，让他们按自己的喜好做事。与他同时代的罗伯特·欧文希望通过改变环境来改变人的本性，但是傅立叶的路径不同，他希望让环境顺应人性，使之满足人的需要和情感诉求。他否认人具有罪恶的、堕落的情感，人也不应该压抑情感（这一认识是现代心理学不可忽视的理论基础）。他梦想在一种和谐的状态中，所有的情感都能得到表达与调和。人的根本欲求就是要吃好喝好，还需要进行一定量的劳动，做自己喜欢的工作，当然，人们不一定总是从事一种职业。人人都需要独立性和安全感。

为了实现这些目标，傅立叶构想了一个理想世界：人人参与其中，没有纷争，人数不多的富裕群体也不会被排除在外。社会应该以“法郎吉”为组织单位。每个“法郎吉”的人数是 1 600，由不同年龄、不同性格、财富多寡不一的各类居民组成，因为居民的多样性越强，他们之间就越能快速建立和谐关系。最理想的人数应该是 1 620，因为按照傅立叶的测算，男女应各有至少 405 种性格。“法郎吉”里有一个农场（这样全体居民都能自给自足），中间是一座大楼（外形像一座 18 世纪的乡间别墅或者牛津学院）。大楼里有餐厅、公共休息室、学习室和图书馆，楼的一个侧翼里是工作间，楼的其他部分是各种各样的居住舱，从简朴的居室到豪华的公寓，一应俱全。不同阶层的人按自己的方式过着家庭生活，但是有公共厨房，有不同价位的餐食可供选择，人们可以在公共餐厅用餐，也可以将餐食带回各自的居室或公寓中享用。公共厨房不仅可以大大节约燃料和食物，还可以让妇女从家务活中解脱。做饭的工作只由喜欢烹饪的人来承担，其他人都补充进劳动队伍。

当人人都在工作，消除了竞争的损耗时，产量就会提高5倍。只生产质量最好的货品，只种植最好吃的作物。降低农业劳动强度，或用机器代替人的劳作，以便人们有更多的时间和精力从事园艺或树艺。工作日的劳动时间需要大大缩短，人们只是出于喜欢才去工作。但是，由于人本性喜欢竞争、喜欢钩心斗角，所以要意气相投的人结成工作组，在一起工作。每个人都属于不同的工作组，做不同的工作，他可以在一天当中随意换组、换工作，这样就能避免忍受工作的单调性。由奖励培养产生的团队精神能够保证高效生产。阶级差异将会消失，因为人们都不会固定从事一种职业。不受欢迎的工作基本上都会被淘汰。脏的工作就由孩子来做，因为小孩天生就喜欢弄脏自己。在文明社会，孩子们常常因为弄脏自己而受到惩罚，而傅立叶为每个人都找到了社会价值，不管这种价值表面看来多么微小。

傅立叶是行动教育的先驱，是按照儿童的自然本性进行教育的先锋。他建议，孩子应该通过参加初级的工农业劳动学习真知，而不应借助毫无用处的游戏学习。因为很小就能接触不同种类的工作，所以他们就容易发现自己未来的职业爱好是什么。他鼓励人们接受有益的职业教育，反对进行规规矩矩的传统课程的学习，但是如果孩子对传统课程表现出兴趣，那他总会主动提供帮助。换言之，不论男女，傅立叶都尽力让他们能做自己喜欢的工作。他还大胆地把这一观点用于两性关系。有人愿意与伴侣白头偕老，他们尽可以在“法郎吉”里实现这种愿望；有人希望像换工作一样有不同的伴侣，他们也尽可以这样做，“法郎吉”里会有巧妙的计划来消除人们对这种“混杂状况”的歧视。“法郎吉”里有托儿所，所以孩子的看护不是问题。傅立叶实际上更愿意让孩子们在一所真正的综合学校（他也是倡导“综合学校”的先锋）里学习，这样等级偏见就会被消除。[12]

傅立叶希望“法郎吉”由人们自愿建立，每个成员都认购一股建设所需要的资金。他提出给认购者33%的利息。他不想推翻资本主义，而是想超越它，想让它与社会主义协调一致。他相信人人都渴望拥有财富，并观察到：只为自己工作的人，与那些没有股份、只领工资的工厂工人相比，生产效率会高一倍。在“法郎吉”里，人们不再领工资。他要让无产阶级不复存在，只有资本家和工人两类人。那些没有初始资金的人只需通过劳动，就能在“法郎吉”里获得一股股份。之后如果要得到更多的股份，他们可以购买。“法郎吉”的利润将分配给所有成员，人人都是“法郎吉”的业主，只是程度有所不同。人们的资金、劳动、才能都可换来红利。“法郎吉”里不会有金融平等，但是会有社会平等。每个人都会得到最低收入保障，老者和病者会得到养老金和保障金。协作将会替代竞争，大规模生产的优势将会和合作型物主所有权结合。

政府将被彻底废除。“法郎吉”里的领导职位会通过选举确定。傅立叶对政治不感兴趣，认为它没有必要存在。他期待着某个富人愿意出资建设第一个“法郎吉”。他不求助于政府。他预想到：如果自己的方案被广泛接受，届时就会形成实业大军，年轻人将把多余的精力投入建设宏大的公共工程而不是消耗在战争中。他预想的大型公共工程包括：苏伊士运河和巴拿马运河的开凿，以及撒哈拉沙漠灌溉系统的建立。[13]

傅立叶的主要著作是6部长卷。他的写作风格艰涩难懂，有许多难解的新造词，有大量古怪的表述。在书中，他表现出良好的判断力和先知一样的直觉力，但这些都淹没在他几近疯狂的天马行空的幻想中。他的读者寥寥，且对他的思想多有误解：他关于两性关系的论述引起了公愤；他的“法郎吉”被误认为准军营，在其中，从所有权到生活，人们共有一切。尽管如此，他仍然赢得许多赞赏，追随者也比圣西门多得多。论述傅立叶主义的书籍的参考书目长达100页。[14]傅立叶派的报纸发行量在1848年上升到3 700份，读者中就有路易－拿破仑。只是这份报纸不支持圣西门派建立的那种封闭性组织。

傅立叶去世后，接棒领导该派的是孔西得朗。孔西得朗采用了一个与昂方坦完全相反的政策。他毕业于巴黎综合理工学院，因具备出色的新闻天赋，辞掉了委任给他的炮兵队队长一职，转而投身新闻事业。他成功粉碎了傅立叶的门徒朱斯特·米龙企图建立一个类似圣西门宗教派别组织的计划。[15]孔西得朗大力传播傅立叶的思想，是一个强大、高效的传播者。他撰写著作，采用更加生动明晰的表达方式进一步阐述傅立叶的学说。他创立了一本期刊（资助人是来自英国的仰慕者亚瑟·扬），1843年成功地将它变为《和平民主日报》。孔西得朗丢弃了傅立叶臆想的那些荒谬和尴尬的观点，悄悄地删除了诸如“15 000年后，人类会长出尾巴，尾巴尖上会长一只眼”这样的怪论，断然抛弃了傅立叶有关两性关系的观点。他着力激发中产阶级对傅立叶学说的兴趣，清楚地表明：傅立叶社会主义不是革命性的，它实质上是在寻求一种对立观点之间的妥协和阶级仇恨的和解。孔西得朗说，“联合”意味着“在不损害既定利益的情况下，将所有新权利（即大众权利）整合起来”。他警告中产阶级，假如任由自由主义政体继续，那他们很快就会失去自己的财产和小公司、小企业，之后它们会被集中到为数不多的几个大资本家手中。“法国资产阶级一定不允许别人肆意地剥夺和掠夺自己，以致失去财产，变成无产阶级。”[16]此外，孔西得朗还设法吸引下层社会关注傅立叶主义。傅立叶对政治冷漠，他却反其道而行之，逐渐变成了民主政治的拥护者。

一开始，孔西得朗接受了路易－菲利普的君主立宪制，当时他只是认为：虽然人人都有参政的权利，但是民众的参政权可以延迟行使，在他们能够理解相关问题之前，应该将他们视为未成年人。[17]在1848年2月25日，他转而支持共和国，不久之后，他就不顾一切地加入了左翼。“社会主义者联合”成为他的口号。在众多的社会主义者中，他出类拔萃，以大度、谦逊的态度对待和他意见相左的反对派，和那些出言不逊、争吵不休的人形成鲜明对照。[18]1849年，孔西得朗与蒲鲁东和法国政治家赖德律－洛兰一起，在巴黎建立了“民主和社会主义委员会”。尽管孔西得朗一直主张用和平的方式解决问题，但是1849年7月13日，他还是参加了另两人发动的起义。[19]

至此，傅立叶主义者减少了对民间方案的依赖，转而让政府承担新角色、发挥新作用。孔西得朗要求政府出资进行“法郎吉实验”。痕涅昆是1849年立法议会成员，他对傅立叶学说做了大幅修正。他认为，“法郎吉实验”的想法已经过时。在“七月王朝”安定的环境中，这一设想是可以理解的。但是，“七月王朝”垮台后，社会陷入混乱，这就意味着需要设计一个更宏观、更全面的重建计划。孔西得朗建议，政府应该接管和直接经营重要的工商企业，这些企业往往权力滥用成风，政府不应只是用控制工人工资和确定产品价格的方式解决问题。煤炭价格奇高，但矿工收入很少，政府应直接进行煤矿开采，当然不必将所有煤矿都纳入开采范围。政府应在如何高效公平地经营企业方面做出榜样，它的作用应像乐队指挥——“他不一定会演奏乐队中的每一样乐器”，只是起带头作用。政府也应该买入所有的铁路和运河，它们是“社会的命脉”；买下保险公司，因为它们能使国民团结一心、彼此依赖。痕涅昆竭力提倡建立市政社会主义的社会形态，里面设有市政托儿所、老年旅社、肉店、面包房、公园、银行。为了清除寄生虫一样的中间商和零售商，该社会形态里还设有农产品贸易中心。痕涅昆一方面相信社会的重建需要依靠乡村地区的农业重组，另一方面关注产业工人面临的问题。他提出人人都应得到养老金或保障金，肯定工会和劳资联合会对工人的激励作用：这些组织会遇到很多困难，但是它们会“满足工人的精神需求，因为工人们渴望有归属感。这些初级形式的协会能带领他们重建一个新‘公社’，在其中找到一种真正、彻底的‘联合’，尽管这一过程或成功或失败”。痕涅昆坚定地说：“我们的字典中没有‘充公’‘废除’‘摧毁’这些字眼。”[20]

痕涅昆的关注点是建立一个“保障之国”是否可行，它是傅立叶所设想的“和谐之国”之前的社会形态。但问题是，两个理想国的建立都耗资巨大。在法国，人们有几次尝试建立傅立叶设想的理想国“法郎吉”。但是，傅立叶运动的领导人否认和这几次实验有任何关联，因为他们认为实验并不彻底——实验者做了许多折中。最终，这些实验或由于资金短缺或由于耐心不足而宣告失败。最接近建成“法郎吉”的一次努力是戈丹做出的。戈丹本来是个普通的铸铁工，1834 年他在环法旅行时被工人的贫困和低效的生产方式震惊了。他决心建立一家基于公平原则的工厂，并从建立一家小厂开始自己的事业。他发明了一种铸铁炉制作和上釉的新工艺，生意由此红火起来，工厂逐渐扩大。他看了圣西门、欧文、卡贝等人的书，最后认为傅立叶的观点能对他的组织生产起最大的指导作用。1859 年，戈丹有了建立“群乐宫”（social palace）的足够资金，宫殿挨着他的工厂，他通过给工人分红的方法把大家凝聚在一起。他抽取本金的 5%，外加一份管理者的工资和一股普通工人分红。所有的工人除了工资，还有分红。这不是百分之百的傅立叶主义做法，因为工人们还有工资，工人也分为四个级别。戈丹从此声名鹊起，于 1871 年入选议会。1888 年他去世时，给“生产合作社”留下了一笔约 250 万法郎的巨额财产。他的 1 200 名工人都是工厂的“主人”。[21]

还有一些实验也在不同程度上借用了傅立叶的理念，比如名为“劳动”（Le Travail）的油漆工联合会基本上按照傅立叶的分配原则分发利润。但是这些实验不久就都失败了。在法国，从没有实验真正成功到可以当作样板。[22] 傅立叶实验在法国以外做得更多：在美国至少有 30 个实验地，最著名的是美国作家纳撒尼尔·霍桑在 1852 年发表的小说《福谷传奇》里描绘的“布鲁克农庄”，霍桑曾在该农庄生活数月。[23] 傅立叶的思想在俄国也很有影响，但有意思的是，1848 年由俄国乌托邦理论家米哈伊尔·彼得拉舍夫斯基建立的“法郎吉”被热爱传统生活方式的农民们烧毁了。[24]

左拉的小说《劳动》对傅立叶的“法郎吉”进行了生动的描写。欧仁·苏在 1851 年发表的小说《儿童的悲惨世界》（*Les Misères des enfants trouvés*）中对索洛涅地区真实存在过的“法郎吉”进行了细节描写。傅立叶主义就这样逐渐进入了文学领域，成为法国的公共遗产。但是作为一个党派，它迅速消失了，只有合作派领导人查尔斯·纪德承认傅立叶的影响。1895年，乔治·索雷尔写道：“十分之九对社会问题感兴趣的法国人都是不完全的或乖戾的傅立叶主义者。没有人看傅立叶或孔西得朗的书，但是他们的理论精华，或者说他们提出的解决方案，已经融入一般的领域。”[25]社会主义者和激进派都认可傅立叶的观点，因此他们之间的分界线变得模糊起来。孔西得朗是一个非常灵活的人，他顺应形势的方式非常有意思。第二帝国的大部分时间里，他致力于在美国得克萨斯州建立一个“法郎吉社区”，但没能成功，随后在第三共和国期间，他拒绝担任议会代表。他坚称不想再重复做建立“法郎吉”这件事了，而需要在“绝对科学的基础上”进行不一样的尝试。晚年，他去索邦大学和法兰西学院听讲座，以便更好地把新知识和新科学与过去的理想结合起来。傅立叶主义的核心理念穿上科学的外衣之后，在连带主义这里得到重生。因此，巴黎在1900年立起傅立叶的雕像绝非偶然，其时，连带主义的影响力达到顶峰。[26]

傅立叶的理想国是为小资产阶级设立的，而傅立叶主义者路易·勃朗心里装着的是实业工人和失业手工业者遇到的困难。和前辈傅立叶主义者相比，路易·勃朗的观点根本算不上有独创性，他只是借用了傅立叶有关联合的理念，并将其和圣西门关于权力的论述结合起来，提出了“国家支持的社会主义”这一概念。无论如何，他的作用不容小觑，因为他努力使前辈的观点与共和国以及普选权联系、结合在一起，从而提出第一个“民主型社会主义”理论。勃朗的父亲曾是公务员，1815年后被解雇。勃朗的母亲是科西嘉一位律师的女儿。勃朗靠着奖学金完成了学业。他后来给阿拉斯市一位铁器制造商的儿子当家庭教师，铁器厂有600多名工人，勃朗从他们那里了解到该行业存在的一些问题。1834年，他进入新闻界，很快就成为改革派的带头人。他写作能力超群，写作风格异常生动，感染力强。他的五卷本《十年历史：1830—1840》扎实厚重，细节描写生动，可读性极强，本身就有永久性价值。出版于 1839 年的《劳动组织》受到了民众的追捧，它介绍了一个无须革命就能实现社会主义的实用纲领。勃朗的理想是：国家的权力部门最终不再有存在的必要，但同时他也把权力部门看作解放劳动阶级的工具。他还建议募集一笔巨额贷款，用收益建立“社会工场”，即有合作社的工厂。利润由工人们均分，但是要留出可观的资金作为养老金和病者扶助金，再留出一部分资金用来帮助其他工人购买生产工具，以便他们能用同样的方式建立新的合作社。如此这般，这种模式就会慢慢在行业内发展壮大。“社会工场”一开始会和资本家的工厂同时存在，生产同样的产品，但是前者的优势很快就会将后者逐出这个行业。政府只是在初始阶段帮助启动生产，任命第一批管理者，之后全交由工人们自己处理，自己选出管理者。勃朗跟傅立叶的不同之处在于勃朗不给资本家利润股，只给他们比较优惠的固定本金的利息；跟傅立叶的相像之处是勃朗也需要在资本家的帮助下实现重组。像傅立叶一样，他也认为竞争会毁掉资本主义，会使工人越来越穷。法国一味地和英国竞争就意味着“战死”，除非它只发展农业。勃朗不建议废止所有私有财产权，而是把私有财产权看作一种天然的权利，当然，不可以利用它来谋取特权。[27] 他批判了圣西门的“按能分配”原则，把它换为更加强调平等的“按需分配”原则。他不喜欢圣西门学说中有关等级制度和权力主义的论述，因为他相信没有普选权就不会有进步——他把“正义”定义为“平等”。[28] 不可思议的是，勃朗的政治理念竟然和 17 世纪英国的平权主义者有诸多相似之处。他担心长期议会可能会在政府和民众之间竖起“不信任”之墙，故他希望每年都进行选举，以不断提醒当权者其权力的来源——大众。因此，他强烈表示：有些不属于当权者的重要权利，如普选权，永远神圣不可侵犯。[29]

路易 · 勃朗是 1848 年人们最常提起的人物，因为他提出了一个简单的方案——“劳动者的组织”，它似乎为重大的社会问题提供了一个一揽子解决办法。但是，由于有段时间发生了经济危机，他失去了为其实业计划募集资金的机会。他建立的工人合作社极其朴实低调，基本上没引起任何注意，只有一小部分工匠知其原委。倒霉的是，人们把“国家工场”（该组织与他的理论没有任何关系，这个组织让失业者干些无意义的工作，付给他们极其微薄的薪水）和他的“社会工场”混淆了，这彻底败坏了他的名声。他因此无法促成设立发展部或劳动部，也无法得到预算支持，无法继续他的事业。遇此困境，他反而有时间静下心来起草一份议案，目的是“逐步地、和平地、不动声色地为社会革命做准备，来革除以拿工资为目的的无产阶级”。他主张政府应该买下全部铁路、矿场、法兰西银行和保险公司，建立全国批发和零售商业链，再用这些领域的利润建立工人合作社，和私有企业竞争。勃朗的这些计划非常重要，它们是1848年大多数社会主义者共同目标的浓缩版。[30] 勃朗在英国流亡了20多年，1870年回到法国，虽然这时他仍然为大众所喜爱，也有足够的影响力入选议会，但他完全放弃了20多年前那种居间调停的立场。他反对“公社”制度，仍然相信国家集权制。他虽然对普选权感兴趣，但是并没有过多关注普选权的主要行使者农民，及其组织结构。他对“禁止教会干政”这件事倒是极其痴迷，和社会改革相比，他给予它的关注更多。[31] 他引用梯也尔关于财产的观点时甚至持赞赏态度。[32] 勃朗虽然是民主政体论的先驱，却厌恶第三共和国的议会民主制，也不认同政党组织的观念。他总是嫌恶小选区，认为那里的选民很容易被迷惑而走入歧途。他怀有一种美好的幻想：假如“所有法国人都聚集在一个公共场所”，他们肯定会赞赏他的观点，他一定会成为胜利者。[33] 他此时自称“激进分子”，不再属于极左阵营。他虽是1848年失败的标志，但他的一些观点值得尊崇，从这点看，可以说他做出了不朽的功绩。[34]

1848年最广为人知的“主义”是卡贝提出的。他的《伊卡利亚岛游记》一书在1840—1848年一共出了5版。虽然厚达600页，但该书仍吸引了大批工人读者。卡贝虽没有强大的思辨力，但这挡不住他写的书生动有趣。书中用最直接的方式反映了普通劳动者的朴素愿望。他尤其展望了繁荣富裕的生活图景。为了追求平等，他宁可全然舍弃自由。他自己就出身于劳动阶层，他的父亲是第戎的制桶工，卡贝形容他是"一个老实勤奋的工匠"。靠着各类奖学金，卡贝先成为一名教师，后成为律师，他那时最大的抱负是得到法学教授的职位，但是波旁王朝复辟阻碍了他晋升的通道。与波旁王族相比，他更喜欢拿破仑。他加入了烧炭党①，在1830年之前争取自由的斗争中表现积极。但是，"七月王朝"建立之后，他在烧炭党中找不到自己的位置。卡贝被任命为科西嘉岛的首席检察官，但是由于盲目地打击那里有权有势的特权阶层，他很快就被免职了。当选第戎的代表后，他猛烈地批评路易－菲利普，说他跟贵族和特权阶层划不清界限。卡贝想要的是一个真正的共和国，民众都有投票权、受教育权，人人生活体面。他办的《人民报》以极低的价格派发给劳动者。[35] 卡贝写道："我们不想抢夺富人的财富，但是想让穷人通过劳动掌握变富的本领。"只要穷人还有一间小屋栖身，富人爱盖多少宫殿随他们便。[36] 政府几次三番起诉卡贝，最后他被迫流亡。

卡贝在英国加入了共产党。有人说他可能受到罗伯特·欧文的影响，还有人说他这样做要归功于巴伯夫（Babeuf，他信奉的共产主义代表着贫苦农民对资本主义之前旷野农业时期公有组织的向往，以及传统的对草场、木柴公有权的向往）。[37] 卡贝坚信人类烦恼的根源在于不平等，由此得出结论：只有共同所有权才能消除这种不平等。在《伊卡利亚岛游记》一书中，他以当时类似科幻小说的形式描绘了这一理想社会，并把它叫作伊卡利亚。伊卡利亚首先是一个富饶之地，在

① 烧炭党，19世纪前期活跃的秘密民族主义政党，追求成立一个统一、自由的意大利。——编者注

巴黎、伦敦能见到的所有奢侈品，那里应有尽有，但并未集中在少数特权阶层手中。一切为国家所有，国家也为所有人提供吃、穿、住、工作等一切所需。所有工作岗位都一样受到尊重，报酬全部相同。人人都尽其所能做出自己的贡献。机器不仅不会停用，数量还会大幅增加，因为机器剥夺人类工作机会的威胁不复存在：使用机器的目的就是大大减少人类劳动。所有住房一模一样，由国家统一提供奢华风格的装修，都配有浴室、化妆台、地毯。一家有一套公寓，大家庭住的公寓按配比要大些。这里完全不存在傅立叶式的自由主义。全社会都恪守严格的道德标准，鼓励婚姻和生育，独身会受罚。工人的“自由联盟”也不复存在。所有人着装相同，服装优雅美丽，因为不允许有“奇怪、低俗的设计”。当然，每种职业、每个年龄段的服装有所区别，这样也不会缺少变化。时尚没有过时一说，女士的帽子将由最具聪明才智的设计师设计，设计巧妙之至，适合各种头型、头围的女士佩戴。商业活动将被废除。政府的基础是民主选举，但是几乎没有产生分歧的可能。真理是唯一的，所以只能发行官方的报纸。新闻自由只是针对国王和贵族而言，大众民主社会不需要它。小说中的一个人物说：“没有任何一地的警察数量之多赶得上这里，因为所有公职人员，甚至所有市民都有法律监管之责，都有义务检举、告发他们看到的犯罪行为。”

卡贝不是一个革命者，他在烧炭党的经历让他对秘密结社充满厌恶。在《伊卡利亚岛游记》的第二部分，卡贝提到，在伊卡利亚实行共产主义之前，有约 50 年的过渡期，书中描述了过渡阶段的举措。在这一阶段，人们不必非得工作。虽然私有财产会通过征税和合作社的形成逐渐减少，但它仍然存在。国家将管控工资，消除贫困，使年轻人接受免费教育，为未来的平等打下基础。卡贝思想的吸引力在于：在没有冒犯道德和宗教的前提下清晰地描绘了一个理想世界。实际上，他说他的计划只不过是原始基督教的延续和发展。他阐述的“共产主义”具有改良主义和自然神论的特征，很快就成为最受欢迎的理论学说，超过了泰奥多尔·德萨米领导的革命唯物主义派（这一派带有意大利乌托邦社会主义理论家博那罗蒂的色彩）。政府难以区分这两个派别。当被放在一起看时，它们很具威胁性。1848年1月20日的《论坛报》写道："共产党正在崛起。有3万人准备拿起武器推翻政府。他们已经选出首领，他一定会带领众人均分财产。"实际上，卡贝在第二共和国时期影响力极小。像勃朗和赖德律－洛兰这样名气甚大的社会主义者千方百计地和他脱离干系，不愿支持他当议会候选人。1848年4月，卡贝在巴黎只得到2万张选票，次年6月得到6.8万张选票，这两次的票数都不足以使他入选。[38]在1848年2月的革命爆发前，他就召集追随者离开法国，到美国建立实验性的乌托邦。第一批追随者有69人，他们在1848年1月29日离开法国，当年12月，卡贝到达美国。他的权威型性格以及他对个体独立性的蔑视，使他遇到诸多实际问题。1856年，他在美国圣路易斯去世，从法国政治的视角看，他的时代已经过去。尽管如此，他梦想建立的理想世界不会被世人遗忘。[39]

另外一位社会主义者勒鲁一度受到关注和欢迎，之后几乎名誉扫地。1848年之前的那批人对他极其爱戴。[40]拉马丁曾预言："将来人们一定会像今天看《社会契约论》那样读勒鲁的著作。"[41]1843年的《英国和外国评论》写道："我们认为他的著作比其他任何现代思想家的著作都值得关注。"[42]

勒鲁是一个小咖啡店店主的儿子。从查理曼中学毕业之后，因家庭贫困，勒鲁没能进入巴黎综合理工学院继续深造。他当了一名印刷工，后来成为一名记者。他创办和编辑了《环球报》(*Le Globe*)，宣扬自由主义和圣西门主义。1831年，他和昂方坦分道扬镳，去创建自己的理论。虽然他本人一点儿派性心理都没有，但他可能是第一个自称"社会主义者"的法国人。他在年轻时加入过烧炭党，但他厌恶该党使用的暴力手段。用他自己的话说，他想成为一个"和平的革命者"。

他观察到无产阶级和资产阶级的冲突日益加剧，但他想避开这种冲突。他给出的解决办法是给予劳动阶层一种特殊的议会代表权。他的目标是使双方和解。他不仅发明了“社会主义者”一词，还有“亲和”这个词。“亲和”替代了“慈善”，是不同阶级之间的纽带，因为平等必将取代等级。他谦虚地自称“第四位社会主义者”，因为他把圣西门、傅立叶和欧文看作社会主义学说的创始人。在他看来，他们三人分别代表着平等、自由和真挚的友爱。1848 年，勒鲁提出了一份民主和社会机构计划。和勃朗相比，他更强调对民主的需要。该计划的副标题是：在不损害自由的前提下，用最可靠的方式管理国家。[43]

在某个时期，勒鲁似乎是他那个时代各种愿望的综合体。他的理念和构想完全不同于 18 世纪百科全书式的知识结构，给人们带来了无限希望。人们期望他能提出一种新的行动纲领，但是勒鲁拐进了死胡同，其《人道的宗教》一书虽然与当时的流行观点“基督教需要革新，社会需要新的道德基础”保持一致，但最终变为集神秘主义和胡说八道于一体的混合体。他开始宣扬转世重生（虽然当他的朋友让·雷诺认为转世的灵魂可以进行星际穿越时，他与朋友决裂了）。勒鲁还推广了一种用人粪生成食品的方法。1848 年，他作为代表提出的宪法法案遭到一致否决。他的皮肤油腻，身材肥胖、臃肿，脸色赤红，身体裹在一件松垮肥大的大衣里，顶着一头脏乱的头发，像一头来自森林的野兽。尽管他“一根小手指头上的智慧”就超过 10 个议会同僚相加的才智，但他永远是大家的笑柄，是嘲笑的对象。[44] 他去世时，没人响应给他立像的捐款提议。他所在的市镇决定派两个代表参加葬礼，但他们明确表示自己是为其“人民护卫者”的身份而不是“神秘主义”的身份而来的。[45]

布歇兹创立了一个新的社会主义派别，特别有意思的是，该派别逐渐远离了社会主义。布歇兹开始时是个无神论的革命主义者。法国烧炭党就是在其巴黎的房间内成立的。然后，他变成了圣西门主义者。但是在1829年，当昂方坦把圣西门主义变成一种宗教并对女性表达出一种非正统的看法时，布歇兹就和昂方坦绝交了。布歇兹致力于将社会主义和天主教融合。他相信进步，相信民众的命运会越来越好，相信有一天他们不再遭受盘剥。但是，他强调“重塑道德”的必要性，并认为天主教可以在这方面发挥作用。虽然他的许多追随者最后成了牧师，但他从来没有真正地遵从过天主教。布歇兹认为，信奉、遵从基督教有助于解决社会问题，他的意思是劳动者应该把积蓄放在一起，并且通过借贷建立协会，协会里人人平等，人人当家做主，大家领取同样的薪酬。凭借节制和节俭，他们很快就会还清贷款，还能扩大协会的资本金。他认为，协会的资本金是浑然一体、不可分割的。后来不少生产合作社成立了，其中几家是布歇兹帮助成立的。最著名的就是“吉尔特珠宝工人协会”，该协会从1834年一直活跃到1873年，在巴黎的分会不少于8家。问题是：虽然协会繁荣昌盛，集体资金增长，但工人们仍然过着极度贫困的生活。这个协会更像是一个具有广泛吸引力的“圣人协会”。

布歇兹深受两个不同群体的爱戴和尊敬。温和的共和党报纸《国民报》代表其中一个群体，该报支持布歇兹的观点，报纸的支持者加尼耶－帕热斯、朱尔·巴斯蒂德、勒屈尔等人尤其拥护布歇兹的理念，这几个人在1848年全都当选了部长。大革命结束后不久，布歇兹就被任命为巴黎副市长。1848年4月，他被选为立宪会议主席，他的学生科尔邦成了副主席。布歇兹把能够选任主席的功劳归功于温和的保守派，而并未归功于喜爱他的广大工人阶级。资产阶级的赞助和支持使他与社会主义渐行渐远。

对布歇兹忠心耿耿的另一个群体是经营月刊《工作坊》(*L'Atelier*，1840—1850）的能工巧匠。他们人数不多但引人注目，因为在十年间，他们不间断地宣传布歇兹的观点。该刊物的副标题是“只由普通工人编辑，专为劳动阶层服务”。该刊将“社会主义”定义为“一种本能、一种情感、一种需要……一种劳动阶层想改善社会境况的强烈欲望”。这一模糊的定义意味着哪一派乌托邦主义都不是唯一真理。在现实中，“社会主义”的含义要丰富得多：它承认工人和雇主之间存在利益冲突，主张工人之间要团结一致，但它不愿工人反抗雇主，也不支持成立工会。这些都没能触及问题的根源。问题根源涉及两方面：首先，全部劳动成果应归工人所有，工人们认为雇主和工头就是剥削他们的寄生虫；其次，“主人”与“从属”的区分对于工人是一种侮辱。该刊对这个话题特别感兴趣，它愤怒地控诉：“下等阶层”这一形容工人的说法极尽侮辱之意、愚蠢至极，那些“上等人”对待“下等人”的方式哪怕是无意而为也极具侮辱性。1846 年，一些工厂主成立了“奖励委员会”来奖励、酬谢那些“行为端正、道德高尚”并表现突出的工人。该刊物以讽刺的口吻说，应该成立一个“激励委员会”，给那些在各方面的表现堪称模范的工厂主发奖。该刊提出：必须铲除“主人”的姿态，“工人不能再是工具，应该成为人”；因为财产是自由和尊严的必要保证，故所有工人都应拥有财产。该刊主张在工人协会里，生产工具归集体所有，消费性财产归个人所有。它提出：尊严使然，工人应该靠自己的努力获得解放。它反对勃朗提出的“信任国家”的观点，也反对参与分红的提议，因为它们撼动不了已存的社会等级。在成立工人协会之前，该刊要求调节工资，让贷款变得方便，还要求充分利用劳资调解委员会，作为过渡阶段的临时性措施。

《工作坊》把布歇兹的学说做了大幅改动，改得越来越背离圣西门主义。布歇兹主张“反个人主义”，遵循该概念的原初意义，强调“社会需求”，从这些角度看，布歇兹是个社会主义者。该刊物开始时追随他的这些理念，但是逐渐发生了变化，特别是在 1848 年之后，它转而强调“人的价值”，强调个性解放。该刊还主张将俄国农奴和美国公民进行对比。[46] 它基督教式的悲悯胜过了社会主义式的同情。它认为和物质追求相比，道德追求更为重要。它和资产阶级的《民族报》意气相投，力挺其提倡的道德观念；对有关经济和劳动组织的社会主义观点，它仅表示了同情和理解。这恰是导致它毁灭的祸根。它主张的苦行主义、节制主义，它对所遇实际问题的敏感性，以及它的天主教倾向，都把工人阶层排斥在外。最后出现了一个反常现象：这份工人阶级刊物的读者（从未超过1 500人）主要是中产阶级。蒲鲁东在文章中提到过这一刊物，说“工人们没有真真正正、实实在在地喜欢过它”，因为它没有反映人们的情感，而是用“文绉绉的语言、绝对性的理论”对人们表示出怀疑和不信任。该刊的影响力是间接获得的，因为该报编辑同时担任劳动立法委员会主席，于是他在1849年通过政治影响力，鼓励人们支持建立工人协会，因此意欲成立生产合作社的工人们获得了300万法郎的贷款，该刊把这看作一场胜利。但该刊把布歇兹“资本金不可分割”的理念强加给工人，使人们多少对该理念产生了反感。总之，在1849年这一年，布歇兹追随者的辉煌达到了顶点。[47]

但是布歇兹的追随者并没有对后期的社会主义理论发展做出贡献。这些人中有一位叫吉朗的人是个锁匠，他宣称：“我喜欢这一行，喜爱我那套工具，即使用笔可以吃饭，我也不会扔掉我的手艺。”他出版了一本故事诗歌集，小说家乔治·桑为该书写了序。吉朗还对民主事业矢志不渝。而其他工人记者的发展道路不太一样。科尔邦先后做过织布工、招牌撰写人、检验员、排字工、木雕家和大理石雕刻家。虽然他干什么成什么，在每个领域都有建树，但他并不友善，冷漠、易怒。他在1848年和1871年两次成为议员，1875年成为终身参议员，最后在新闻界工作。1863年，科尔邦出版了一本让人充满好奇的书——《巴黎人的秘密》，意在揭示劳动阶层的真实本性，但该书令人失望，缺少有价值的内容。至此，他完全脱离了自己所在的阶级，也抛弃了社会主义和天主教。他在《工作坊》编辑部的同事凯诺，原是个制帽工，后来成了老板。到1865年，凯诺的工厂已是巴黎最大的工厂之一。同样，他也忘记了他原来所持的一切信念，甚至成立了一个家长式的友好协会，来对抗成立已久的、纯属工人阶级的“帽子协会”。[48] 布歇兹派的结局证明：它偏离了工人阶级为之奋斗的社会主义。

在早期社会主义思想者中，蒲鲁东是实实在在的草根出身。他是乡村手艺人的儿子。他父亲做过制桶工、客栈老板，开过小啤酒制造厂，当过小佃农。但是蒲鲁东没有步父亲的后尘，因为当时人们开始打破顺从逆境、听天由命的传统。蒲鲁东的父亲在生存的边缘挣扎。由于缺乏商业头脑，他差点儿垮掉：他卖东西时过于实在，只能收回成本，勉强维持家用，没有“以备不时之需”的余钱。父亲的境遇给蒲鲁东留下深刻印象，因此在阐述自己的政治哲学时，蒲鲁东首先要考虑的问题是：如何让他父亲那样的手艺人过活，如何让诚实得到回报，如何合理地定价。童年蒲鲁东的聪慧机敏被当地的一位神父发现，于是在贝桑松中学给他找了一个上学的机会。但是由于家庭变故，蒲鲁东没修完课程就不得不辍学了。后来他成了一名排字工，因此有机会阅览群书。他如饥似渴地学习，最终成为自学成才的匠人典范。他自信十足，基本持保守立场，但是对所有新思想都持开放、开明的态度。

14 岁的蒲鲁东在学校得到了一个奖品——费内隆的《上帝的存在》，这本书第一次在蒲鲁东的心里种下了怀疑宗教的种子。由于主要承担印刷和校对神学著作的工作，蒲鲁东从书中学会了辩论的艺术，也积累了大量的知识，还掌握了拉丁语、希腊语和希伯来语。他开始质疑一切。他印刷过傅立叶的《新的工业世界和社会事业》。有一段时间，他成为傅立叶的狂热支持者。他说：“我对书中所阐述的制度以及那些离经叛道的观点深信不疑。”1830 年的危机使蒲鲁东丢掉了工作，于是他去游历法国。后来他在找工作时屡次失败，这使他对现存社会制度的敌意越来越深。他费尽周折成立的印刷公司迅速倒闭，那时，他父亲也自杀身亡。他得到了一份在巴黎学习的奖学金，因此避免了破产。学习的成果是出版了《什么是财产》一书，但这本书导致他失去了奖学金。这些不同寻常的经历将蒲鲁东造就为一个辩论家和一名记者。虽然写了大量东西，但是他从来没能靠写作真正养活过自己。当然，如果生活没有如此艰辛，如果没有被资本主义社会无情拒绝的经历，他也不可能成为一个反叛者。他写道："我希望在某种体面的商业领域找到一个'避难所'，但是我时时被拒、处处碰壁，好像我是瘟疫。"如果路易－菲利普或者拿破仑三世对他的经济观点给予更多的理解，他原本也可以做出妥协。[49] 1848 年，蒲鲁东从政失败。1863 年，他对当时社会秩序的批判更加猛烈。后来证明，他实际上并不像看上去那样痛恨社会。蒲鲁东的思想特别引人注目之处在于：它结合了激进主义和保守主义，这也有助于解释后期的法国社会主义为什么变得含混不清、模棱两可。

蒲鲁东对一切领域都有话要说。他喜欢谈论，写作天赋超群，总是天马行空，甚至离题万里。在有生之年，他出版了 14 本书信集、26 本著作；去世之后，有 12 本著作出版。他的观点缺乏原创性，这并不意外。恰恰是这一点在一定程度上成就了他，他之所以受欢迎，是因为他表达了大众的心声，至少替他们表达出了大部分心声。他坦率地承认自己没有太大的志向。他说："我们是人民的代表，去督促他们表达意愿，去解释他们的行为。向他们提出疑问、启发他们思考，是我们唯一的人生信条，是政治的唯一目的。"他自称其主要工作是"拓宽群众的视野，为他们扫清道路"。他的建设性思维较弱，分析性思维更强。他从既有观点出发，揭示其意义，层层论证，得出逻辑结论，意在创建一种"人民的哲学"。他指出当时社会的种种缺陷，但很少提出解决问题的方案。他宣称，人民无论如何都不想要一个乌托邦社会。他是怀疑论的代表，永远在"攻击、指责别人"。[50] 蒲鲁东揭示了社会中存在的种种矛盾，但他并不希望能将它们融合，使其变为一个综合体。他的世界是多元的，在这一世界中，真理具有多面性，其中的主要问题是如何让不可避免的差异和谐共存。他真正预见了第三共和国的变化和最后的"停摆"。

蒲鲁东认为，大众的主要目标就是取得独立、赢得自尊、获得尊严感。他关注的是社会的组织结构能否促成这一目标实现。他认为，社会首先需要有公平、平等和自由。他把“公平”定义为对彼此尊严的相互尊重。也就是说，人们之间的往来需要以互惠互利为基础，这样才能避免压迫。蒲鲁东对“平等”孜孜以求，在这一点上，他不同于圣西门、傅立叶和卡贝。圣西门认为应该存在社会等级，傅立叶认为应该特别优待资本家和有能力的人，而卡贝主张财富的绝对均分。蒲鲁东最爱的是“社会平等”。他认为，如果受同样的教育、得到同样的机会，在聪明才智上，人们就会变得更加平等。但是，他并不要求同酬，只要求人人按劳取酬。他也不主张男女平等。他对高深的理论不感兴趣，认为群众也不想理会那些理论。他认为妇女的位置应该在家里。对他影响至深的思想和观点来自《圣经》《拿破仑法典》，以及他挑拣出的一些零散的《罗马法》法条；失业者对女性竞争者的恐惧也深深地影响了他。他还认为家庭生活是人性尊严的基础，并不认为它是自由的羁绊。[51]

一个有自尊心的男人不仅要主宰自己的家庭，还必须拥有财产。尽管蒲鲁东提出了“拥有财产即偷盗”这一使他声名鹊起的观点①，但实际上他无意废除“财产”。他的意思只是那些不劳动的剥削者才是偷盗犯，因为不劳而获等同于偷盗。蒲鲁东主张将土地拿给农民耕种，并与他们建立某种平等关系。他谴责“绝对的财产所有权”，主张人们拥有不那么极端和绝对的“所有权”或“用益权”——他从《罗马法》中借用的观点。蒲鲁东认为，完全的所有权应该归社会所有，以保证公平分配，并防止地主通过剥削佃农获得暴利。一开始，他将社会等同于国家，将财产归属社会即归属国家，但是后来他提出土地分配以及土地税应由市镇一级的民众管控，这样邻里之间可以直接而

① 蒲鲁东并不是第一个使用这个短语的人。布里索在法国大革命时期也说过类似的话。或许蒲鲁东在写书时并没有意识到这一点。

友好地就某些问题进行协商。随着时间的推移，他越发对先前偏爱的由社会管控财产的观点产生怀疑，越来越坚持认为财产应该具有继承性（以避免家族毁灭），甚至认为土地在疏于管理或无人耕种的情况下也不应该被收回。他最终提出的一项重要改革议案是针对“解放佃农”的：只要佃农偿付相当于土地价值的资金，外加20%的租金，就可认定他买下了土地所有权。到去世时，蒲鲁东放弃了他早年提出的有关土地所有权的观点，转而主张绝对的土地私有权。他算了这样一笔账：一个农民家庭维持生计大约需要12.5英亩①的土地，其中包括耕地、牧场、葡萄园，并附带公地和森林的所有权。他的这一理想显然来自他对自己家乡弗朗什－孔泰大区的记忆，只有在那里，土地才会呈现出那种多样性。他想要建立一个小农私产者和谐共处的社会，公共物权对他来说是诅咒。他曾写下这段话：“农民从不空想，他们最为务实。他们像爱自己的乳母一样热爱自然，他们不太关注自然的美（尽管他们也能觉察到自然之美），而更关心土地是否肥沃。农民爱自然因为它具有强大的喂养哺育的能力，也因为它能源源不断地喷涌生命活力。”蒲鲁东完全能接受农民的自私，因为他从来不是空想之人，并不指望建立一种基于虚无的利他主义制度。[52]

尽管蒲鲁东信奉保守主义，也自称“保守派”，但他还是对许多既定的价值观发起了挑战。不要忘了，蒲鲁东反对的“财产所有权”是19世纪初的“财产权”，是没有任何社会约束的“财产权”，当时也不可能存在强制购买和租金管控。他的同代人拉布莱将“财产所有权”称为“神圣的制度”。依据惯例法条，任何提出反对“财产权”法律的人都会被处以死刑。蒲鲁东对“财产权”的看法与他对天主教教会的态度有关。教会认为贫穷不可避免；教会的目标不是帮人们获得财产权；慈善值得褒扬。蒲鲁东认为教会的这种态度和观点与人的尊严和平等格格不入，因此对其大加批判。

① 1英亩约为4 047平方米。——编者注

但是，农民和工人即使拥有了财产，也远不能随心所欲，因为他们缺乏资金且常常负债。通往自由的第一步就是经济自由，达此目的的手段就是低息贷款。蒲鲁东声称发现了一种能轻松提供低息贷款的制度。结束“金钱暴政”的方法就是废除金钱。他主张建立一种新的交换制度——货物的价值应该按投入其中的劳动量来衡量；应该建立中央银行，为所有能生产某种商品的人提供贷款；应该消除利息，或者至少将其降至 0.5%；公共和私人债务都应该被取消；所有人都应该享受到真正无条件的信用；农民应逐渐变为业主居住者；工人应获得所生产产品全部的价值。这就是蒲鲁东的“互助论”，它的要义就是把公平带入经济关系。

蒲鲁东希望通过“互助”拯救小农和手工业者，因为他认为他们是法国社会最健康的部分。他的经济观点通常都是守旧的，不主张发展，不提倡工业化。有很长一段时间，他甚至反对“工人生产协会”，这也是路易·勃朗诟病他是反社会主义者的原因之一。蒲鲁东担心工人协会会限制工人的独立性，因此他设计了“人民银行”，意在帮助工人独立。但后来，他逐渐接受了大众观点：认可工人协会的积极作用，认为它是“人民银行”这种互利互惠制度的预备阶段，甚至将协会看作取代资本主义企业（如煤矿）的理想形式，因为在那些企业里，工人们往往孤立无助。[53] 我们需要了解的是：蒲鲁东只想铲除少数富有且游手好闲的资本家，他对于其他资本家抱有积极态度，并且不遗余力地调和资产阶级和无产阶级这两个群体的关系。他希望，对尊严的敬畏以及对快乐工作的追寻会带来社会平等，视角广阔的教育将会使这种敬畏和追寻更加多元、有趣。到那时，工作不再涉及对他人的剥削。他不仅主张工作的权利，而且主张不工作的权利。

这种经济关系重组使得传统意义上的政府成为多余。蒲鲁东接受了圣西门的观点：统治人的法则应让位于管理事务的法则，在这种意义上，蒲鲁东成为无政府主义的开路先锋。他痛恨各种权威，憎恶各种对人的独立性的控制，并认为独立性是人内在的属性。他想要建立一个松散的联邦，由自治市镇和行政区组成，以取代中央政府。在他看来，中央政府就是压迫者，而不是促进进步的工具。因此，他反对意大利、德国的统一，反对它们的中央政府。他主张人与人之间的一切活动都应基于平等和自由契约。他反对卢梭的《社会契约论》，因为它主张放弃责任、屈服于权力，主张建立一个凌驾于个体的政府。蒲鲁东还强烈抨击民主、普选权、暴力、革命。政治行动对他来说远远不够。他还对教会充满敌意，因为在他看来，教会代表着权威和压迫。蒲鲁东是最早强烈反对教会干预政治的人之一。他想要剥夺教会对教育的控制权，但他不愿将这种权力转交给国家，而主张将它转交给父母，让其自由处置。他认为，不管从哪个角度讲，国家教育的代价都太大了。他期望能减税，但不希望建立一个福利社会。蒲鲁东在许多方面都和同时代的社会主义者有着根本的区别。

蒲鲁东有志成为一名活跃的政治家，但他并没有这方面的天赋。1848 年 4 月，他在议会选举中落败，在当年 6 月举行的补选中获得了一个席位，但他从未担任过政党领袖。他创办的刊物给他引来无数官司，让他多次遭到监禁和流放，但这些时期都被他用来投入写作。他的政治路线走得摇摆不定，其观点几乎总是相互矛盾的。他对 1848 年的“二月革命”并不热心（因为他的观点没被接受），但是在 1851 年 12 月波拿巴发动政变、宣布称帝之后，蒲鲁东重燃希望。由于对帝国态度轻慢，他的信用曾一度扫地。在 1863 年的选举中，他意识到自己与其他共和派成员意见冲突，因此改变战术，鼓动大批选民放弃投票。他的号召没有得到响应：他与工人的接触寥寥，这一点从他费力地为他的选委会招人时就能看出来。实际上，只是在他的最后一本书（未写完，在其去世后不久出版）中，他才成功地把他的观点与政治运动结合起来。他在谈到 1863 年巴黎 60 名工人的宣言时，调子又有所变化，呼吁工人停止选举资产阶级候选人，只能选出代表工人利益的自己人。他宣称新时代的曙光已经到来：工人开始觉醒，意识到他们与资产阶级不同，与资产阶级有着完全不同的思想。蒲鲁东主张，就像无神论者不进教堂一样，工人也应该停止进入资产阶级政治这座“教堂”，应该致力于进行经济上的改良，不应该试图接手中央政府的权力，而应废除它。

蒲鲁东去世之后的影响力之大显而易见。他常被描述为各种“灵感来源或精神鼓舞的源泉”。19 世纪下半叶，他犹如早他 50 年的卢梭，也被人们从各个角度解读。第一国际法国支部常常引用他的著作，该支部成员的“互助观”也和蒲鲁东的“互助论”如出一辙。有一种看法是：1871 年的巴黎公社就是践行他思想的结果。工会运动中许多工团主义的思想准则都来自蒲鲁东，费尔南·佩卢蒂埃和列翁·茹奥提到他时都充满敬意。蒲鲁东和巴枯宁都被视为无政府主义运动的发起者。甘必大将他奉为自己的导师。蒲鲁东与 19 世纪末至 20 世纪初的激进主义显然也存在千丝万缕的联系。他的名字还不断地被法国行动派提及，他也是维希政权的支持者之一。有一个“蒲鲁东之友”协会专门研究蒲鲁东的著作，他的著作在过去 30 年间出版了豪华版。因为他的名字出现在历史的“各个角落”，所以弄清楚以下问题非常重要：他真正的影响力到底几何，他的名字在多大程度上只是被当作了“幌子”。

“民众不读我的书，”蒲鲁东自己曾说，“但他们不用看书也能听见我的声音。”[54] 19 世纪 60 年代，鞋匠鲁利耶总是在他的衣袋里装着一本蒲鲁东的书：书页未经切割，显然他还未读，但他仍然认为自己是一个蒲鲁东主义者，[55] 因为蒲鲁东说出了这些工匠想到但说不明白的道理。若果真如此，那么蒲鲁东给予人们的直接影响就会比人们认为的小得多。当代蒲鲁东研究者越来越接受这样的观点：要么是事物和观念的发展方向恰好符合了蒲鲁东主义，要么是他的影响力在某些领域确实存在但并不全面、彻底。参加 1866 年第一国际日内瓦会议的巴黎工人代表在回忆录中不断提到蒲鲁东的观点，但他们并不盲从蒲鲁东。蒲鲁东谴责罢工行为，但工人代表作为工会的实际领导人发现罢工必不可少，随之实施。蒲鲁东一生的大部分时间都在谴责政治行动，但工人们发现政治行动中蕴含着机会，于是积极参与。不久，工人代表对马克思和巴枯宁似乎表现出一种支持的态度，而不仅仅是接受他们的影响。实际上不存在什么真正的影响：组织存在的问题促使这些代表接纳了一种新的政治思想，新的政治思想又引导他们去接受另外一种改良的或新的思想体系。[56] 巴黎公社内部也有这种情况。社会主义和蒲鲁东主义的局限性将在下文讨论。

如此看来，乌托邦主义者在政治生活中所起的作用不是创造一些政治思路明晰的新党派，相反，是要根除传统、制造混乱、激发希望、筑造梦幻世界，帮助法国人跳脱现实，发现现实的缺陷，但又能得到安抚。从长远的历史角度看，与乌托邦主义者提出方案的具体内容相比，他们提倡的那种态度可能更为重要，因为人们对他们观点的整合和重组方式总是多种多样、不一而足的。他们的成就在于给理想和理论以崇高的地位。照亮人们、打动人们的往往是他们呕心沥血构筑的理论，而非他们的政治党派身份。如此，他们对人们按部就班的体面的政治生活造成了破坏。他们把自己置身于组织规整的社会之外，并预测到了它的终结，越来越多的后继者也沿袭他们的这种做法。他们一边断言自己在社会中起着引领方向、影响众人的作用，一边诅咒着社会。他们所确立的传统成为法国人生活中最强大的力量之一。他们的理想主义，即使很少付诸实施，也反映了普遍的抱负和追求。把玩理想主义，不管是语言上的还是深层次的，就是那个历史时期的常态。

第4章 共和主义

共和政治的重要性在于它反映了社会关系的变化，这给政治增添了一个新维度。正是有了共和政治，受到大众欢迎的政治组织才似乎可以取代此前的赞助人和委托人制度，贵族和保王派的权力正是建立在这种制度之上的。共和党人因此得以将法国社会中的其他力量调动起来。贵族和社会名流曾经依靠自身的财富积累、关系网络和对权力的疯狂追求操控政治。共和党人抑制了这些人的影响力，将其与选举委员会、政党和各种社会团体的影响力进行了平衡。社会各界的普通民众团结起来，勇敢地挑战贵族、社会显要和名流对政治的垄断。共和党人为普通大众提供了一种前所未有的选择，他们还会将某地的反抗力量团结在民族的旗帜之下。

但是，共和政治并不是简简单单的群众运动。它有多种变体，带来的各种后果也是矛盾的。它在吸引普通民众的同时，造就了一个新的社会名流阶层。共和政治的模糊性解释了它为什么能够吸引如此多的支持，也解释了为什么围绕它会衍生出如此多的迷思和谬见，给本已面目模糊的共和政治笼罩了一层阴云。共和主义带着一种神秘感，这种神秘感使得人们长期以来无法对其进行公正的审视。直到现代，这个话题才从那个激情澎湃的年代和当时的党派纷争中浮现。1940 年以前，共和国已经确立一种普罗大众能够接受的政府形式，但是在那之后，它开始摇摇欲坠。因此，有许多关于它的“传说”需要被打破。

其中一个传说便是有关 1848 年法兰西第二共和国是如何建立的。这就引出了几个问题：法兰西第二共和国的建立在多大程度上是民意的自然表达，当时席卷整个欧洲的经济危机对这种民众意愿产生了何种影响，以及君主制为何瓦解。现在来看，很显然，君主制在经济危机爆发很久以前就已经相当脆弱。可以想象，即使没有爆发经济危机，路易 – 菲利普也可能会与他的追随者一起退出政治舞台。[1] 但是，1848 年 2 月 22 日至 24 日所发生的一切又显示：无论如何也没有迹象表明，路易 – 菲利普政权会在那个特定时段被推翻。因为反对王朝的宴会总共才举办了 70 余场①，参加者不足 1.7 万人。[2] 1848 年 2 月 22 日，示威刚开始时，参加的学生和工人刚超过 1 000 人，之后有人陆续加入，但最后也只有大约 3 000 人。示威游行的口号是反对警察的，并不针对君主制。点燃示威者怒火的是军队的介入，如果当时军队迅速撤出，可能会导致事态向截然不同的方向发展。

共和党人是准备接受摄政的，[3] 因为他们对自己的实力不抱幻想：他们只是一个规模很小的少数派别。虽然这起事件中的胜者可能是“七月王朝”的反对派，但他们不能掌控时局。共和国的建立是由于旧的统治阶级退位，并不是因为旧的统治阶级被推翻。共和派最先立足于巴黎，在那之前几年就已和政府势不两立，大多数共和党人都是反对派。“二月革命”期间，法国其他地区没有发生对抗事件，旧的政府自动下台。这可能标志着旧政府承认了自己的弱点，但也可以证明共和派的胜利是肤浅的。在 2 月的那 3 天里，约有 350 人死亡，500 人受伤入院治疗，这是法国所有革命中流血最少的一次。[4]

托克维尔预言过这场革命，但这并不意味着他具有非凡的政治洞

---

① 1847—1848 年，反对“七月王朝”的法国自由主义者以举办宴会的形式呼吁改革选举制度等，史称“宴会运动”。——译者注

察力。很多人都预见到了此次革命，这种预测实际上是一种司空见惯的讨论。国王本人比任何人都更担心革命的到来。然而，当“二月革命”爆发的时候，许多人都受到了惊吓。作为1848年临时政府的一员，加尼耶－帕热斯也参与了那次革命。他认为，如果路易－菲利普能够马上投降或者从首都撤军，换句话说，如果他愿意选择立宪，那么就不会爆发任何革命。[5]保王派人士法卢伯爵的观察也十分敏锐，他认为这场革命带来的影响与这场革命爆发的原因完全不成比例。[6]英格兰的布鲁厄姆勋爵在这场革命中扮演了伯克在1789年革命中所担当的角色，前者宣称，这一切“突如其来，没有任何事先的计划，没有任何麻烦事作为起因，也没有任何抱怨之辞宣布它的开始……没有理由，没有借口，没有一种情况可以为它正名或者对它做出解释，有的只是它的精于变化和暴力倾向。……只是在印刷厂相遇的6个工匠生出的事端……只是一个鞋匠和一个助理编辑带领一小拨拿着武器的流氓无赖闹事而已”。[7]

当时的法国首相基佐对自己下台没有那么极端的看法，但他在中产阶级中找到了自己下台的原因。中产阶级中出现了分裂，这种分裂破坏了君主制。卡萨尼亚克是基佐的门徒，但是后来他转而支持拿破仑三世。卡萨尼亚克认为政客之间的竞争和他们自己的野心会造成灾难性的后果，他由此得出结论：议会政府是行不通的，因此，路易－菲利普是在做一件不可能实现的事。整个法国没有任何一个地区对“七月王朝”政权表现出强烈的支持，这也是一场暴动就足以推翻它的原因。梯也尔在主政的早期曾以镇压类似的暴乱而闻名，他认为，如果当时军队撤出巴黎，随后再发起进攻，夺取这座城市，革命本来是可以避免的。他就是用这样的方式在1871年成功地镇压了巴黎公社的。

但是路易－菲利普本人并没有这么乐观。他下台后接受了记者的采访，认为革命运动比这些支持者预想的强大得多。他自己的政权岌岌可危，是因为新闻自由致使他本人遭到了非常多的抨击（他对这些抨击也非常敏感)，以致君主制的权威和君主政体的权威被大大削弱，在这种情况下，君主政体自然很容易被推翻。路易 - 菲利普曾于 1848 年说道，公众舆论已经不像 1830 年那样支持他。在统治期间，他一直试图压制革命精神，同时落实由 1789 年的《人权宣言》确立的法国制定宪法的基本政治原则。让革命运动获得胜利，就等同于让革命者掌权，这会使欧洲陷入战争——他宁愿自己退位也不愿做革命的国王。路易 - 菲利普害怕法国爆发战争，也害怕法国与其他国家爆发战争，所以他不愿使用武力。此外，他并没有分析公众舆论不再支持他的原因，因为他把所有的反对意见都当作革命的一部分。[8]

除了那些围绕中产阶级纷争所进行的解释，还有历史学家试图分析共和政体出现的更深层次的原因。玛丽·达古伯爵夫人先是贵族，后成为共和党的一员，是音乐家弗朗茨·李斯特的情妇，她以丹尼尔·施特恩为笔名完成了一部最优秀的有关那个时代的革命史著作，称颂共和国是普通民众和资产阶级自发结合的产物。这不是一场意外，而是几股强大力量自然作用的结果。18 世纪的哲学始于人们为追求自由思想进行的革命。1789 年以后，普通民众越来越热衷于赢得政权。持续的经济危机和失业让工业无产阶级的生活越来越悲惨，与其他阶级的富足形成了鲜明的对比。丹尼尔·施特恩说："起初，几乎没有人意识到这种冲突。"只有傅立叶和圣西门指出了这些不公平的存在，但是人们对这些观点充耳不闻。"盲目无处不在。"但是，那部分还没有富裕起来的资产阶级通过反对议会表达了群众复杂的情绪。政府的腐败"导致冲突提前爆发……当战争打响时，人类的本能战胜了科学，民众的情绪战胜了政治智慧。在民主的法国，民众在爆发愤怒的过程中推翻了法国资产阶级的政权，宣布建立自由的共和政体"。这是一个非常微妙的分析。丹尼尔·施特恩谈到了共和政体出现的社会因素和智性因素，但又非常机敏地阐述，这些因素作为革命导火线的作用有限，因此她实际上并没有给出切实的解释。一方面，她说公众舆论要求建立共和政体；另一方面，她得出结论说，人们不久就可以发现革命到来得太早了。她也没有解释为何人们对共和政体失去了信心，为什么共和国在1848年6月还是对人民实行了镇压。她后来所说的话也自相矛盾，她暗示说：共和政体并不像“二月革命”时那样受欢迎，人民并不是共和国的主人。[9]

卡尔·马克思写了一些关于此次革命的出色的新闻报道。他认为，路易－菲利普的政权主要掌握在“金融贵族”手中，即掌握在银行家和拥有很多土地的大地主手里：法国仅仅只是一家股份公司，他们都在攫取国家的财富，部长、内阁成员、2.4万名投票者及他们的追随者可以从这家企业的股息中分一杯羹。路易－菲利普政权的反对者是马克思笔下的工业贵族，也正是这些人在1848年的“二月革命”中夺取了政权。因此，对马克思来说，革命并不是无产阶级的革命。无产阶级并未在革命中掌权，就如同在1830年的“七月革命”中一样，无产阶级又被骗了。1848年的“二月革命”从哪方面看也比不上1789年的大革命。此次革命真正的意义在于：在当年（1848年）的6月，资产阶级对工人实施镇压，导致了资产阶级和工人阶级联盟的自然瓦解，也为无产阶级反抗资产阶级打下基础。马克思预言，下一次经济危机到来时，这场对抗就会随之而来。马克思没有太强调粮食歉收以及1845—1847年出现的农业和商业危机。不过正是经历了这场危机，革命情绪才得以“加速高涨”。倒是马克思的学生更多地聚焦于对经济因素的探讨，也正是由于他们，人们才进行了大量的研究，揭示了民众的疾苦。[10]

在对1848年2月21日至24日这4天的详细研究中，阿尔贝·克雷米厄于1912年猛烈抨击了“革命是一次意外”这一观点。他谴责了先前的历史学家，这些历史学家非常关注部长、议员和政党在“二月革命”中扮演的角色。克雷米厄指出，路障是人们自发设置的，而不是受这些人的命令完成的。因此，“二月革命”本质上是一场人民的革命。他还提出了大量证据，这些证据来自警方对此次革命的报告和革命参与者的陈述。克雷米厄把人民对政治的干预归因于经济危机、社会主义学说的蔓延以及人民普遍的不满情绪，但他并没有分析这些因素在“二月革命”这一关键时刻对他们自身的行为有多大影响。[11]

新近的研究表明，对“二月革命”任何单一的解释都站不住脚。1845年收获季节过后，爆发了农业危机。到1847年春，面包的价格大约是正常水平的两倍左右，但价格也会因地区不同而产生很大的差异。例如，1847年5月，瓦尔省每100升小麦的价格为34法郎，而上莱茵省每100升的价格则为49.5法郎。1847年的收成很好。到革命时期，粮食价格已经比之前的平均水平还要低，在整个法国都是如此。因此，革命并不是由于食物短缺直接引发的饥饿革命。1847年发生过一些“面包暴动”，但规模都不大，没有对政治造成任何影响。同时，也不是所有人都经历了相同的苦难，大规模小麦种植者因收成不好而获得了高额补偿。小规模小麦种植者却没有办法等到价格有利时再出售小麦。在繁荣时期以高租金租用农场的佃农也陷入了困境。最受打击的是劳动者，尤其是当他们的雇主不再给他们提供食宿时。由于法国爆发的普遍危机，陷入困境的雇主解雇了手下的劳动者，他们无法获得至关重要的补充性工业就业，所以他们经历了19世纪最糟糕的几年。1848年，一个重大的问题便是失业。人们不仅处于挨饿的边缘，而且其中大多数人陷入了债务危机。因此，即使收成恢复正常水平，他们的苦难也绝不会结束。当小麦价格下跌时，其下跌的情况是农民自1787年以来未曾见到的。劳动者成了受益者，但生产者只能获得微不足道的回报。因此，危机在1848年之后又持续了几年，各个群体都受到了影响。例如，1847年，葡萄种植者收成不错，但在随后4年遭受了前所未有的损失，如表4–1所示（卢瓦尔–谢尔省）。

人们也不应该认为是危机导致了繁荣时期的结束。在之前的统治期间，相比其他群体，农民遇到的问题更多。这场危机造成如此严重的破坏的原因在于它延伸到了整个经济领域。

表 4-1 卢瓦尔 - 谢尔省 1843—1854 年葡萄种植者的收入

年份	收入（法郎）
1843	96
1844	96
1845	176
1846	87
1847	143
1848	72
1849	66
1850	41
1851	59
1852	136
1853	143
1854	87

多年来，纺织业工人的工资一直在降低，并且由于不加控制地过度生产，该行业一直在自掘坟墓。据当时的预测，需求暴跌可能导致35% 的纺织工人被解雇，金属行业的比例也大致如此，20% 的矿工可能被解雇。铁路停止建设，房屋建筑的订单越来越少，许多小型农村工业发现其市场正在消失。金属产量减少了一半。其中最严重的可能就是金融危机了，因为它让经济复苏看起来成了一件不可能完成的事情。股市也崩盘了。1848 年 2 月，3% 的定期利息为 75 法郎，在此后的 3 年中，一直保持在 56～58 法郎。法国银行的贴现数量下降了40%，直到 1851 年仍然比正常水平低三分之一。绝望之中的制造商以低廉的价格倾销产品，这对小店主造成了灾难性的打击。卡尔·马克思说："因此，巴黎这些破产的资产阶级在 2 月进行了革命。"[12] 然而，破产者数量翻倍的严重性不应被夸大。对巴黎来说，1845 年是极其普通的一年，这一年，691 人破产。1846 年 8 月至 1847 年 7 月，1 139 人破产。这并不是一个庞大的群体，但是农业、工业、商业和金融业的危机一起爆发，不仅让大批人失去工作、忍饥挨饿，而且

让中产阶级陷入困境，作为社会基础的上层阶级的意识也被动摇了。1847 年 1 月，德卡斯特拉内伯爵在德加列拉夫人（她是当时最富有的铁路巨头之一的妻子）举办的舞会上注意到人们已经预见到政权的更替，于是伯爵说："我们会因社会变革而受到威胁。"[13]

然而，这并不是说那些遭受了最多苦难的人，即饥饿的失业者，在革命中发挥了重要作用。对法国工业化地区的研究显示，这些人几乎没有发起什么起义活动。在法国里尔，接受公共援助的穷人比例确实增加了。1828 年，6 个穷人中有 1 个能受到援助，到 1846 年，4.2 人中就有 1 人会得到援助。但是，工人阶级似乎并不是要煽动叛乱，他们是屈服和顺从的一方。在这里，教会被保留，它对"穷人要接受苦难和不幸"的宣扬十分成功。1848 年，工人并没有起义，他们进行的政治活动——如果可以这样说——仅限于针对外国工人的示威活动。他们的示威尤其针对比利时人，因为比利时人是经济萧条时期与他们竞争工作的主要对手。所以最重要的是，革命似乎是一个驱逐外国人的机会。1851 年 12 月 5 日，诺尔省的工人发动的政治暴乱是政变之后唯一一次暴乱，而这次暴乱的规模也只局限于昂赞县的 50 名矿工。[14] 在阿尔萨斯，社会主义思潮几乎只局限于资产阶级内部。工人阶级的生活条件差到令人震惊，但是在路易－菲利普的政权之下，没有任何证据表明他们在发动暴乱。卡安－勒贝克女士对阿尔萨斯 1830—1848 年的情况进行了全面的研究，得出了这样的结论：阿尔萨斯人并没有深刻地意识到"要进行深刻的社会改革"的必要性，这首先是因为那里的工业雇主自己进行了一些改革，其次是因为阿尔萨斯人非常尊重既定的秩序。在 1847 年的危机期间，即使工人遭到了非常严重的打击，他们也只在 6 月发动了一次起义，当时，有三四百名工人对异常高昂的面包价格表示不满。[15]

作为一个整体，法国工人完全有能力对他们的工作条件提出抗议。在路易－菲利普掌权的 18 年中，在 121 个不同的地方共发生了 382 次罢工（实际罢工次数可能更多）。但罢工发生最频繁的领域并非大型工业行业，最激进的罢工者是建筑工人、裁缝和木匠等。里昂丝织工人便是一个例子，他们拿起武器来进一步捍卫自己的需求。当然，也有很多有组织、有计划的工业行动，矿工和羊毛工人更是如此。政府经常派军队镇压罢工者，许多工人因参与罢工锒铛入狱。但是，工业行动和政治行动之间的联系仍处于萌芽状态。虽然这些罢工让一些工人为积极参与建立第二共和国做好了准备，但程度还远远不够，不足以使这些工人具备作为一个整体的政治主动性。无论如何，最活跃的群体是城市里的工匠，而不是工厂里的工人。在那些条件最恶劣的地区，几乎没有爆发过工人抗议。同样，1846—1847 年，由面包的高价引发的土地骚乱主要发生在法国西部地区，而不是在 1849 年投票支持社会主义的那些地区。共和国时期所具备的独特的自由，使人们得以发泄一直隐藏的不满情绪，而这些不满的情绪和革命爆发前人们的心境不尽相同。[16]

共和国的建立首先是因为君主政体失去了勇气与自信，失去了对自身使命的信念。共和国的建立是大众发泄不满的结果，其发泄方式极其特别：它不是一场新闻宣传，也不是受到了政党的煽动，而是普通的巴黎人打破常规进行的一场没有组织、不受约束、无可比拟的抗议活动。需要解释的正是这一点，不过，只能从更广的角度和视野出发去解释它，而不是只关注当时的经济危机或“二月革命”。要想了解第二共和国的特质，就不能只是单纯地审视点亮它的火花。正因为这场革命在很大程度上是一种愤怒情绪的表达，所以它的意义并不明确。共和国的本质也有待确定。

此外，这是一场巴黎人的革命。在有些省份，没有真正的权力斗争，也没有类似的民众示威。地方当局和行政长官没有反抗。在法国北部和西部，许多城镇平静地接受了共和国的建立；旧君主政体的官员宣布了新政权的建立，但执政方式和以前并没有什么不同。在法国西南部的波尔多，反对路易－菲利普的势力比较弱，富裕的奥尔良葡萄酒商和船主这些上流人士的势力非常稳固，当时只有驻防部队的将军服从来自巴黎的命令，所以直到 2 月 29 日，这里才宣布成立共和国。在隆勒索涅市，国民警卫队仍然效忠于国王，君主政权的领导者和革命委员会为了权力针锋相对了数日。直到 3 月 3 日，共和国才最终取得胜利，国民警卫队上校做出妥协，勉强接受了共和国领袖。[17]

在 1848 年以前，共和思想就已存在良久，有一定的组织机构传播这种思想，它也产生过一定的影响，但影响范围并不是很大。1848 年“二月革命”的重要意义在于，人民群众参与了政治，并且他们赢得了这场革命。但是，并非全法国范围内都是如此，共和党人只在某些地区成功地赢得了农民的支持。法国西部的人并不是很清楚共和党人扮演的角色，那里的许多人仍然在贵族的领导之下，与贵族结盟对抗那些爆发革命的城市。相比之下，法国南部地区则成功地从君主政体的大本营转变为坚定的共和主义支持区。瓦尔省的例子是这一转变过程最好的说明：1815 年，瓦尔省还是一个“白色恐怖”肆虐的地区，这说明此地的政治领导者是活跃的贵族阶层。然而，1848 年 12 月，该地区有 12.2% 的选票投给了共和党。1849 年 5 月，这一比例上升到了 27.4%。到 1850 年 3 月，这一比例达到了 31.5%。1851 年 12 月，路易－拿破仑·波拿巴发动政变，解散了国民议会和参议院，宣布法兰西共和国改为帝国，他的称号为拿破仑三世。民众起义反对政变，瓦尔省是起义规模最大的地区。在接下来的一个世纪里，该地区一直是共和运动的先锋。1936 年，这里选出了两名共和党代表。然而，瓦尔省属于农村地区，那里并没有大型工业。该地区向共和主义转变，源于 19 世纪早期不同形式独立的群众运动的发展。直到 19 世纪 30 年代，山林周围的村民们才有希望阻止那些封建贵族后代篡夺他们林地的公共权利，因为林地对穷人来说不可或缺。在那之后，越来越多的市镇对富人提起诉讼，而且它们往往能够胜诉，因此，一种新的地方权力意识形成了。贫穷的市镇负担不起诉讼费，但富裕的市镇能够进行斗争，它们不仅反对贵族，甚至还扩大斗争范围，对抗国家，而国家则以林业法规和无穷无尽的税收折磨这些市镇。

该地区还有一些人口在1 500～5 000的村庄，村庄里有制革厂、造纸厂、丝织厂、软木生产厂和榨油厂等小型工业。这些小型工业极具技术性，所以与城镇的工业并没有很大的差别：村庄之间的差别也难以察觉，因为它们并非不同的类型。这些村庄可以说有个古老传统——宗教兄弟会之间相互结合。19世纪，这些兄弟会发展出了新的结合形式，尤其是友好团体和饮酒俱乐部。人们通常把饮酒俱乐部叫作“房间”或“小房间”，那是法国南部地区特有的一种俗称，指的是专供男子饮酒、赌博和聊天的俱乐部。这些俱乐部之所以具有政治色彩，是因为它们逃避缴纳酒税，还违犯了关于禁止赌博和公开集会的法律，所以很快就陷入了与政府的冲突之中。确切地说，正是因为这些俱乐部服务于一个重要的社会目的，所以即使各方面都在压制它们，其数量仍然在不断增长。在路易-菲利普统治时期，每个市镇都有1～7个这样的俱乐部。

年轻人以团体形式聚集是一个老传统，但这些俱乐部通常不会存在太久。对所有年龄段的男人来说，饮酒俱乐部逐渐成了一个永久性的组织，在很大程度上，它是对资产阶级俱乐部的模仿。长久以来，资产阶级俱乐部就是上层社会的组织形式。这种对资产阶级越来越多的模仿很可能是教育普及的自然结果。1831—1851年，该地区具备读写能力的新兵的比例从33%上升到了60%。农民逐渐有了参与国民生活的渠道，也有越来越多的人更了解法语。除了古老的关于民间传说的戏剧，村子里的剧院还开始上演经典戏剧。音乐社团也开始用法语表演合唱作品，而不仅限于民谣。他们的音乐表演通常与实践活动结合，尤其是互助保险，这样做便于他们称自己为双重身份社会机构。有些人还把他们的社团命名为“慈善-和音”社团。因此，1842年，仅仅在卡布里这一个村子里，就有5个不同的俱乐部：一个文学俱乐部（其中都是专业人士和当地拥有最多土地的人——公证人和医生）、一个工匠俱乐部和三个农民俱乐部，每个俱乐部都有不同的主题。

所有为南方地区建立的俱乐部都为民众参与政治提供了良好的发展环境。

然而，从名人影响力到群众独立性的过渡并非一蹴而就。在持有不同政见的资产阶级人士的干预下，这些社会团体在很大程度上被政治化了。19 世纪中期，一类素来很受欢迎的英雄人物是律师，他们代表市镇参与反对封建贵族后裔的诉讼案件；另一类则是资产阶级慈善家，他们因为给所在村庄做出了贡献，所以得到了人们的崇敬，如果哪位慈善家是白手起家，人们对他的尊敬就会更上一层。但最重要的是，“村里的波希米亚人、失败的毕业生、没有病人的医生、所有发家致富的农民的儿子厌倦了城里无聊的工作，然后便辞职，把自己的薪水或父辈的财产挥霍一空，而他们的长辈还愚蠢地为这些奇怪的行为感到骄傲”。这是 1870 年土伦市的一位市长提及的，他写了一些东西，描写了 19 世纪 40 年代青年的生活。新兴阶级包括年轻的小资产阶级、知识分子，以及无所事事的、放荡的和善于交际的人，他们将巴黎思想传播到各地，起到了非常重要的作用。资产阶级里的单身人士也同样重要，他们由于思想自由或道德行为不检点而受到他们那个圈子的俱乐部的排挤；因为害怕结婚会分割自家的财富，所以他们只和情妇同居而不结婚。这些人经常光顾咖啡馆和俱乐部，并在不同的阶级之间建立联系。许多农民和工匠的俱乐部里，都有一些资产阶级人士是荣誉会员，这些人或是俱乐部的领导者，或是建言人。大工厂、大制造商自然是支持路易 - 菲利普的政权的，但是，也有许多小制造商——几乎都是工匠——对大制造商在商业和政治领域的独霸地位提出挑战。富人或者社会地位上升的人不一定站在同一阵营里，特别是制造商的儿子，他们接受的教育比父辈更多，所以他们一旦回到自己的村庄，通常就会和工人们站在一起，成为支持共和的领导者。人们再度认为，家庭问题对政治具有十分重要的影响。

但是，共和主义也可以和一些传统力量联系在一起。1851 年的起义与扎克雷起义①有许多相同之处，变化了的仅仅是表达方式而已。1848 年以前，农民通过市政府来表达自己的观点。1851 年以后，他们选择与党派共同采取行动。这是共和党人的成就，但并不是任何政党都能有这样的作为。常常发生这样的事情：一个村庄里的大部分人开始的时候选择支持共和派，但是事态会因为一个狂热分子的孤立行为发生逆转，该狂热分子会订阅一份巴黎的报纸，自称当地的圣人。思想的种子如何撒向风中，如何在法国各地发芽，其过程充满了偶然性，并且这些种子不一定都来自巴黎。共和主义的一个复杂之处是：当地事物冠以国字头的大名，但该事物并未因此失去自己的个性。路易·舍瓦利耶写道："'巴黎革命'是引发法国农村地区问题的一种情形，但这不是真正的原因。'巴黎革命'没有向这些地区传达自己的运行节奏、当前任务或意识形态，它只以一种更为猛烈的方式提醒农民存在土地问题，而人们对土地问题的狂热要追溯到大革命时期。在那之前，巴尔扎克、托克维尔和蒲鲁东都描述过的这种狂热几乎从未减退过。"[18]

青年和学生在共和政体的创立中起了重要作用，推动了社会的发展，这也有一个非常有趣的理论基础。在 1968 年以前，学生们早就已经参与政治。法国的第一部《学生政治史》出版于 1850 年。[19]"二战"以后，大学生的数量是以前的一两倍，这带来了新的问题，也产生了一个新的阶级。所以，19 世纪中叶，仅仅在一代人之中，单身的人数和被解雇的人数就是以前的一倍以上。19 世纪 40—70 年代，每年获得高中毕业文凭的人数从 3 200 上升到 7 200，获得本科毕业文凭的人数从 1842 年的 338 增加到 1876 年的 865。这一新的知识精英阶层的人数并不是很多，少到在这一阶层里可以建立个人关系。每批来自巴黎和其他大城市的毕业生都认识彼此，他们拥有相同的想法，也会采取相同的行动。友谊的纽带或者共同的经历让他们凝聚成一个整

---

① 扎克雷起义是 1358 年发生在法国的反封建农民起义。——译者注

体。因此，毕业的学生和在读的学生加在一起，形成了支持共和的年轻力量，其中，毕业生的人数比在读的人数多。此外，也不应该忽略那些没能拿到高中毕业文凭的学生，因为有大约一半的高中生没能通过高中毕业会考。巴黎还有很多“曾经年少的人”，他们在17岁的时候，人们才得知他们有学生身份。这群人很容易辨认：胡子拉碴、穿着邋遢、发型古怪，除了儒勒·米什莱和埃德加·基内等名人的讲座，他们几乎不去听其他课程。[20]

作为学生，这些人在某种程度上成了先锋，是第一批领导精英。但是，培养他们的国家却忽视和压制他们，从而疏离他们。这些人声称自己的存在使巴黎成为“最强大的中心，最活跃的文明载体……一片讨论的热土，一个巨大的思想实验室”。[21]法国伟大的艺术家、科学家、作家以及大革命时期伟大的政治家，都是从他们的队伍中走出来的。早在1830年的革命中，他们就已经发挥了重要作用。巴尔扎克认为，文学作品喜欢把这些年轻人描绘成懒惰、古怪、贪图享乐的人，但是人们应该认真对待他们身上那种不可忽视的新生力量。他说，“七月王朝”就是依靠“智者”和“青年”得势的，但这个政权随后忘记了这一点，拒绝青年进入议会，甚至拒绝给了他们投票的权利。巴尔扎克曾预言：青年将像蒸汽机的锅炉一样沸腾……这些新的“野蛮人”其实是知识分子。

政府无法为这个不断壮大的阶层提供更多的就业机会。政府的招聘充满了激烈的竞争，裙带关系和政治偏见进一步加剧了竞争的残酷性，结果是大家的雄心受挫，满腔抱负化为沮丧。政府找不到和善温良的教师去教导年轻人，因为对这个职位的要求特别高，而薪水又十分微薄，更别提社会地位和受到他人尊重了。55%的中学教师的父母是农民、工匠或者商店店主，而这部分教师之中只有14%的人的配偶是自由职业者（律师、医生、作家等）。[22]因此，在法国的公立中学，是这些工人阶级的聪明的后代教导着资产阶级的孩子，这种异常现象不可避免地引起了一种紧张和不安。在那个时期，教师们无法跻身中产阶级：他们挣扎在生活的边缘，大多数人都是单身，工作和社交都得不到保障。从某种程度上讲，他们是国家为了对抗神职人员而引入的闯入者，因此，他们对那些自己本来应该支持的传统秩序构成了威胁。这种情况的矛盾之处在于，这些境况可怜的教师大都相当保守，他们执着于经典著作，通常情况下，视野相当有限。他们如此保守，以至于也像神职人员一样谴责那个时代的物质主义和腐败现象。政府不知道如何应对。教师们的这种思想反映了人们的焦虑和孤立感，后来政府任其发展，使它最终变为政治中的反对势力。在教师群体中诞生的共和主义遭到了残忍的镇压，镇压反而增强了它的势力，使它看起来比实际上更具革命气息。迫害和镇压结束之后，共和主义才显露了它真实的一面。共和党的激进主义等同于保守主义，这不是背叛，而是证明了一直存在一种对传统价值观深深的依赖。

19 世纪初学生暴动的显著特征之一便是这些暴动都是由教师带领的，那些遭到迫害的教授往往成了示威的英雄。基佐在这之前就已是一位自由主义派的教授，人们只要听听他的演讲，就会明白这些演讲为何能被视为政治纲领。还有许多人利用他们的立场去宣扬当权者不喜欢的学说。在 1848 年的革命爆发之前，巴黎的两份学生报纸一直在组织示威活动，试图对米什莱、基内，以及波兰诗人、革命家密茨凯维奇被停课进行抗议。在法国的“复辟”和“七月王朝”时期，议会外经常有大批学生示威，支持反对派，学生也频繁地参加罢工活动。所以，他们成了发动“二月革命”的核心力量一点儿也不奇怪。1848 年，米什莱在法兰西学院发表演讲，鼓励学生采取行动，而不是一味地学习。米什莱告诉学生，他们背负着其他任何阶级都无法完成的使命。作为青年，学生有时间、有激情，也有能力和所有的阶级自由地相处。单是将知识分子的思想传播给民众这一行为，就能使他们统治兄弟会这一国家性的道德联盟。学生们还没有确定自己的职业，所以还没有被职业责任和职业前景束缚，才可能纯粹出于兴趣关注有关人的问题。因此，他们应该是中间人，是“城市的调停者”，因为只有青年才能最好地起到群众和资产阶级之间桥梁的作用。米什莱说，文人的问题在于，他们是为了其他文人才写作的，甚至那些工人作者也按照文人的风格写作，他们都不是为了人民而写作。所以，人民群众仍然处于被孤立的状态，诸多方言成了隔离人民的屏障。青年应该帮助大众摆脱这种境况，应该将智者的观点传达给民众。[23]

米什莱这样的教授由于遭到了迫害而成了英雄人物。在法兰西第二共和国和法兰西第二帝国时期，一些直言不讳的教授并没有宣誓效忠于拿破仑三世政权，他们因为追求独立而被解雇，或者主动辞去了职务，从而成了年轻人眼中的殉道者。其中最出名的是瓦舍罗和朱尔·西蒙，瓦舍罗曾经是巴黎高等师范学院的副院长，产生了巨大的影响力，朱尔·西蒙从索邦大学辞职了。许多没有这么出名的教授从国家教育体系辞职，又在私立学校担任了较低的职位，巴黎最好的学校之一——圣巴伯学院就聚集了许多这样的人。仅仅在第二共和国时期，被解雇或者自己辞职的中学教师就有 700 人。在小学里，教师们受到了同样的管制和迫害，他们最开始也属于保守派。这就是“教师共和国”的起源。

共和主义的思想也吸引了许多医生和律师，其中一部分原因是这些职业有可能实现政治独立。前文讨论了医生面临的问题，而律师面临的问题与之类似。19 世纪中期，标准的通识教育以学习法律收尾，因此律师行业人满为患。在大多数城镇，没有客户的年轻律师是受过教育的无产者的主要组成部分，他们靠当私人教师或搞文学创作勉强糊口，这些人生来就是弱者。律师界和政界的共同点是两界都使用花言巧语，因此，律师是掌权者和人民群众之间的另一类中间人。他们本应在共和国最终建立的过程中发挥重要的作用，这也绝非意料之外的事情。1881 年，众议院中有 41% 的人是律师，如果加上那些上过法学课程但没有律师从业资格的人，这一比例则为 45%。1906 年，这一比例仍维持在 37%（或 40%）。1873—1920 年，政府的所有部长中有 52% 拥有法学学位。但是，法学教育并没有促进创造力和想象力的发展。律师的本领是妥协，他们是那些无法理解对方的不同阶级和掌权者之间的传话者，并且在无政府的状态下管理国家，维持表面上的秩序。这也就是他们能在法兰西第三共和国早期得到高度评价的原因。律师们巩固了政权，而且通过他们的领导，法兰西第三共和国免于变成一个激进的国家。1920年之后，国会中律师的比例下降了，这并非偶然，因为当新出现的挑战要求人们做出改变时，律师能发挥的作用就变小了。相比于由教授构成的共和国，由律师构成的共和国会对既定价值观和传统思维方式产生更小的威胁，但是律师的滔滔辩才和年轻稚嫩使得他们很难认清自己的目标。[24]

从1848年开始的3年里，几种不同形式的共和主义开始显现。首先是由拉马丁提出的乌托邦式的、友好的共和主义。1848年革命爆发后的头几个月，这种共和主义在无政府的状态下得到了发展。君主政体的覆灭创造了一种全新的自由，因为取而代之的是由全体人民掌权的政府，至少在名义上是这样的。顷刻之间，人们可以随心所欲地发表言论而不用害怕被警察逮捕，可以出版自己喜欢的任何图书，可以在不缴税、不支付保证金、不经过审查的情况下发行报纸。当时在巴黎发行的报纸约有300种。仅仅在诺尔省就有17种新发行的报纸。截至1848年5月，巴黎单是面向工人阶级的报纸的发行量就达到了40万份。[25]人们可以不受约束地见面或成立各种联盟，巴黎一个月内成立了145家俱乐部，三个月后的俱乐部数量达到了300。在法国其他地方，俱乐部的数量更是成倍地增长。人们给这些曾经是非正式、机密的组织赋予了新的意义，这些组织通常会发展为选举机构，甚至不仅仅是一个进行讨论的组织，还是生产协会——由人民经营的公司。工匠社团也突然复兴，在公开举行的仪式上，不同的行业都有自己的正式代表。强大的政府和孤立的个体被各种规模的组织取代，这些组织相信它们能够主宰自己的命运。乌托邦式的自由要求人们团结，所以一种兄弟情谊淹没了社会上那种不同职业之间长期存在的敌意。短时期内，人们不再把无产阶级当作被抛弃的人，而是把他们理想化为革命英雄。一些资产阶级女性甚至认为穿着笨拙的工靴是非常时髦的打扮；男人们开始留胡子，他们把工匠衣服罩在亚麻衬衫之外，还以“公民”互相称呼。

拉马丁任临时政府的首脑，同时担任外交部部长，在他身上，这种欣喜若狂的气氛被体现得淋漓尽致。这种共和主义并不希望看到一个阶级战胜另一个阶级，而是希望看到阶级之间的融合与阶级界限的消除。拉马丁尤其适合领导这场革命，因为他的层面在派别冲突甚至阶级矛盾之上。他是一个破产的贵族，喜欢把自己称作酿酒师。拉马丁还是一个在法国非常受欢迎的诗人，他能够接触所有阶级的人，因为他曾经效力于所有人。拉马丁在查理十世掌权期间是一位外交官，起初，他接受了路易－菲利普的领导，而后又反对他。在君主政权时期，他曾经宣称自己是民主派人士，但又不加入当时存在的任何党派。他还声称自己最重要的政治天赋就是与生俱来的对民众的同情心，自称能够以某种神秘的方式与他们交流，所以拉马丁比任何人都了解当时最重要的“和解”思想。拉马丁一直认为，自己是上帝精心挑选出来去实现民意的人：为了在斗争中成就辉煌，成为英雄，他甚至渴望暴风骤雨的来临。拉马丁并不否认，对他而言，政治在本质上是一种情感问题，因为他认为历史上所有的伟大成就都是能够感动人民的情感的产物。与其说人们希望政府进行政治或经济改革，不如说他们更向往对人类道德的再次培养，更向往回归原始美德和纯真，更向往用爱解决一切问题。拉马丁坚信通过演讲可以让当时这些已经被社会束缚和抑制了的东西重现。结果便是，他常常因为自己使用华丽的辞藻发布了声明、宣布了某一要实现的目标，就认为这一目标已经实现了。但是，他这种天真的热情赢得了大批支持者。在1848年的选举中，巴黎有25万人投票支持他，在其他9个省，有150万人自发地举行选举并将选票投给拉马丁。他成了第一个普选的英雄，没有人可以与他的人气匹敌。然而，人们很快就看出，拉马丁无法认清现实，所以，如同他迅速地获得了权力，他也迅速地失去了权力。但是，拉马丁的态度十分强硬，尽管他的共和主义有如此多的不足之处，但它反映了大众的理想主义和宽宏大量，所以这种共和主义并没有就此消亡。拉马丁想在民众之间建立自己的人气，而不是寻求政党之间的支持——他蔑视议会制政府。他的理想是建立一个混合制政府：它既受百姓欢迎，又有英雄气质；它将由一位对他这一代人的思想无比热爱的伟人领导，他的国家将是一个强大的中央集权国家，这样可以提高穷人的生活水平；它将基于民族原则，采用立竿见影、令人称道、公正合理的外交政策，最终建立欧洲国家联盟。这一切都是其施政纲领的一部分，也是他坚持下来的原因。拿破仑三世掌权时期施行的许多政策都与拉马丁时期的政策如出一辙，第五共和国也与之有许多共同之处。在这两个时期之间，许多政客十分钦佩拉马丁，例如埃米尔·奥利维耶、瓦尔德克－卢梭、埃米尔·孔布和路易·巴尔都。大多数情况下，拉马丁传统已成为共和党潜意识中不可忽视的一部分。共和派人士总是倾向于发起一些超越阶级或私人利益的人道主义和慷慨大度的行动。有时候，共和主义和波拿巴主义十分相似。这种模糊性经常会造成内部分歧，有时候对革命来说是一场灾难，但是这种模糊性永远不会消失，因为它已根深蒂固。共和政治对诗人、演讲家和梦想家一直很有吸引力，即使他们在 1848 年以后对科学发展和现实主义只是在口头上表示赞同。[26]

民主社会主义者将他们所提倡的共和主义渲染成了“红色”，这种共和主义在某些方面非常模糊。这一灵感一部分源于 1789 年的法国大革命，另一部分源于“乌托邦”的观念。人们对法国大革命的记忆十分模糊，“乌托邦”观念吸引的追随者更少，正如前文所阐述的那样。然而，社会主义式的共和主义远远超过了乌托邦主义。这种共和主义被引入工人和农民的传统制度，变成了一场群众革命。这使它在理智和情感方面具有吸引力。此外，这不是一种新奇的事务，而是普通人集体生活的一部分。不过，对这种共和主义的反对总是十分强烈的。共和主义运用这种形式让群众参与政治事务，而公开宣传共和政体和普选却没有做到这一点。它把农民用这种方式组织起来，这样就能够推翻当时掌权的那些显要人物，即便只是暂时的推翻。

1848 年共和国的建立始于城市中发生的一些事情。历史学家一直在关注发生在巴黎的事件，但是那些事件不会造成永久的影响。1848 年以前，巴黎的工人们已经建立了许多不同形式的组织。他们建立了工匠公司，这些公司一个世纪之后仍然在正常运作。他们建立了互利社团：1846 年共有 262 个这样的社团（其中 60% 与贸易协会有关，共有 2.2 万名成员）。他们还为自我提升或娱乐成立了夜间学校和唱诗班。在“七月王朝”时期，巴黎的工人举行罢工的次数是其他城市的 6 倍，有关乌托邦的书深深地触动了他们，巴黎工人甚至发行了属于自己的报纸。可以说，1848 年的共和国在很大程度上是巴黎工人自己建立的。

他们满怀热情地参与政治生活。在某些情况下，他们对联合行动的支持给人留下了深刻的印象，正如在 3 月 17 日的示威活动中，有多达 20 万人参与了城市游行。法国贵族曾经在卢森堡举行集会，他们设有一个政府工人委员会，有 150～200 名不同行业的代表参加，旨在为工人制定新的制度体系。他们在俱乐部和咖啡馆中也进行过无休止的讨论，成立了一些非常有效的组织。在那些日子里，巴黎是一座充满活力的城市，这种状态只在以后的两三个关键时期再次出现过。但是在最开始的时候，大多数工人都支持拉马丁建立一个浪漫的共和国，这些人当时也不知道之后要平衡自己内心的不满是多么困难的事情。他们在给政府递交的请愿书里混淆了要实现的短期目标和根本目标；他们既怀念旧时光，又对未来的变革充满模糊的渴望，在二者之间犹豫不决。这些工人的所作所为和他们的人道主义背道而驰，他们热衷于驱逐外国人、限制女性和修道院的工作，以及压制学徒，因为这几类人都是他们的竞争对手——这些工人最想要的就是就业，“工作权利”是他们的口号。不知为何，这些人认为政府可以保障他们的就业。此外，这些工人的另一个口号是要成立“工作组织”（工会），这意味着工人可以参与行业的管理工作，但他们并不清楚是否需要国家带头或协助成立这种组织，也不清楚资本在组织中的重要性。他们当即为了增加薪水、改进支付薪水的方式和设置最低薪水额度进行了谈判。[27] 在 1848 年 4 月进行的选举中，拉马丁赢得了 25.98 万张选票，在巴黎民调中遥遥领先。在他的部门中，温和派共和党人各赢得了 20 多万张选票。但是，赖德律－洛兰仅仅获得 13.1 万票，排名第 24 位，路易·勃朗获得 12.1 万票，巴尔贝斯获得 6.4 万票，卡贝获得 2 万票。并不是所有巴黎工人都步调一致地追捧某种极端的共和主义。巴黎是革命思想和先进学说的摇篮，它曾经是这样，在 1848 年以后仍然如此。但是，一旦宣布实施普选权，巴黎就不能再决定法国的命运。巴黎是一个多元化的城市，这里有太多复杂的关系和传统，所以这里的人不可能只有一种意愿。

1848 年 6 月，当 10 万名失业的工人得知社会对他们的现状无能为力的时候，起义就这样爆发了。这是 19 世纪最可怕的事件之一，它不仅仅是一场简单的工人与资产阶级之间的斗争。之后，雷米·戈塞对被捕者的档案进行了研究，其结果显示，当时并未发生阶级之间的斗争。路障的两边站满工人，镇压起义的国民警卫队里有各行各业的人：业主、商店店主、工人和知识分子。在苏夫洛街设置的路障处，守护秩序的人是由科学家阿拉戈和印刷工人帕斯卡尔（《工作坊》的作家之一）领导的：他们与对手的讨论表明，体力劳动者对知识分子的不信任远远超过穷人对富人的嫉妒。工人和知识分子的关系疏远、陌生，还不如和他们雇主的关系近，因为工人和雇主毕竟工作、生活在一起。青年工人在镇压中起着主导作用，尤其是那些来自各省的年轻工人，他们是那些上了年纪的、有工作的工人的天敌——这些年轻的工人都是单身汉，他们因此可以接受较低的工资，以此排挤那些年长的工人。这些年轻人中的大多数加入了别动队，仅仅是因为他们需要工作。年轻工人和学生的利益诉求并不总是相同的。另外，从整体看，参加起义的人并不都是巴黎的工人，他们之中只有七分之一出生在巴黎，而被捕的人里出生在巴黎的只占九分之一。此外，他们并不一定都是贫困的工人，大多数只是前往巴黎完成职业培训的人，他们想要在这个世界里拥有一席之地，而其中很多人都已经达到这样的目的：暴动者中有工头，甚至有雇主。的确，在机械建筑行业和有铁路车间的大型工厂里，这种起义更类似于阶级战争，这些工厂里的工人在起义中占据主导地位。但是，也有工头、工程师，甚至是主管带领工人起义。反叛者中有各种各样的人，包括失业者、流浪汉、记者，甚至还有一些贵族和破产的银行业者。两个党派的各个阶层都有各自的代表，他们的领导者也不是以无产阶级为主的。妇女在起义中发挥了至关重要的作用：这是男性的起义，也是女性的起义，但这一点并没有被人们铭记，对此展开进一步的调查也是有难度的，因为很少有妇女被逮捕，因此也没怎么留下女性的口供。如果要说有一类人是所有起义者都十分憎恨的，那就是他们的房东。大多数起义者都拖欠了租金："二月革命"的爆发给了他们推迟支付租金的借口。在随后的逮捕行动中，房东们的告发成了警察的主要情报来源。代际冲突、工人和老板之间的敌意、人与人之间的紧张关系、家庭主妇的失望和沮丧，都在这场浩劫中扮演了各自的角色。当然，工人们也为此付出了代价：有 11 000 人被监禁或驱逐出境，另有 1 500 人未经审判就被枪决。镇压起义带来的后果和起义本身一样具有破坏性。俱乐部、罢工权利、言论自由都走向了终结。人们不会忘记自由地成立组织、规划未来带来的那种既兴奋又沮丧的经历。工会和共和运动都深深地受到了 1848 年革命的影响。巴黎是革命的中心，这再一次得到了印证。但并不是整个巴黎，也不是所有工人都支持民主社会主义。1851 年 12 月，巴黎再次爆发了起义，反对路易－拿破仑·波拿巴发动政变、武装夺取政权。在全民公决中，有 8 万人投票支持共和派执政。但是，有 13.3 万投票人支持波拿巴，第二年他称帝，建立了法兰西第二帝国。[28]

1848—1851 年，共和党人在农民群体中取得了巨大的胜利。在

1849年5月的选举中，民主社会主义赢得了34.8%的选票，共计235.79万票。他们赢得了16个省的大部分选票，在索恩－卢瓦尔省，民主社会主义的支持率竟高达67.6%。在另外27个省，得票率在34.8%～50%。这些胜利都是在农村地区取得的。民主社会主义在巴黎只得到了37.8%的选票。[29] 这场乡村抗议活动的有趣之处在于：农民们逐渐意识到只有他们才能实现的各种可能性，然后有条不紊地、特意地利用这些可能性，制造出一种巨大力量正在慢慢被释放的感觉。革命爆发后的最初几天，他们只注意到政府消失不见了。农民的第一反应和政治无关。他们抢占了公地和林区，声称要夺回曾经被富人夺走的传统权利：谁要是反抗，农民就将他的房屋洗劫一空。税收人员和警察也被迫躲藏起来。农民还拒绝缴纳税金和通行费，这和城镇中发生的情况十分类似。在城镇，使用手摇纺织机的纺织工人毁坏了对他们的生计构成威胁的机器，四轮马车车夫和摆渡者在火车站放火，破坏了新修建的铁轨。但是，总的来说，农民很晚才注意到普选产生的影响。在1848年4月的立宪选举中，他们没有采取任何独立行动。真正的变化发生在几个月以后地方举行选举的时候，在路易－菲利普任命的市长和副市长中，有一半以上的人通过普选连任。有许多地区的农民接受了传统的等级制度。但是，在法国的某些地区，主要是东南部、南部和巴黎，选举成了群众举行的不同寻常的起义，他们把领导者赶下台，自己接管了政权。在1848年12月的总统选举中，这变成了公众的一份独立宣言。当时的农民无视那些支持卡芬雅克的显要人物的命令，大多数农民都投票支持波拿巴，所以他以决定性的优势赢得了选举。

可以说，属于农民的共和国就此诞生，只不过农民对于他们到底想要一个怎样的共和国存在分歧。大多数人与当权者达成了一致，接受了波拿巴主义者的“理想国”，于是把农民从这种状态中拉出来的任务就留给了甘必大的下一代。然而，约有三分之一的人选择了赖德律－洛兰的民主社会主义，这个群体已经相当庞大了。在总统选举中，赖德律－洛兰只获得了5%的选票，而卡芬雅克和波拿巴分别获得了 19% 和 74% 的选票。但是，在接下来的一年里，波拿巴和名人的联盟越来越紧密，赖德律－洛兰从中获得了巨大的利益。洛兰的支持者走遍乡村，上访议院，让一个又一个村落里的人转而支持洛兰。他们让古老的烧炭党[30]的传统得到复兴，也扩大了他们的队伍，支持者不再只限于精英和资产阶级。由饮酒俱乐部和友谊社团发展而来的秘密的社会组织因为政府的镇压转变为地下活动，它们进行了大规模的招募，拥有自己完整的接头暗号体系、秘密标志和入会仪式。蒙塔格纳德协会、团结共和国协会和其他地区的协会都拥有非常活跃的宣传力量，从而让这些本质上属于各个地区的俱乐部成了一股席卷法国的巨大的力量，其中一部分还源于对农民、工匠和知识分子的领导有效的结合。1849 年选出的这些共和主义代表共有 211 人，其中包括 127 名“知识分子”（76 位律师、25 位医生、13 位记者、13 位教师和作家），他们的具体信息都有记录。[31]

共和主义人士相信他们能赢得 1852 年举行的大选，这一想法过于乐观，因为他们仅仅在法国的某些地区取得了胜利。但是，他们对自己实力的判断在 1851 年 12 月被证明是正确的。当时，一个农民发动了起义，呼应了城镇里发生的起义，紧接着爆发了政变。当时，被逮捕人数最多的正是南部地区和东南部地区——共和主义的思想已经深深地扎根在那里的农民心中。这些逮捕行动让共和主义者的领导层至少空缺了十年。但是，在第二共和国时期，这些地区的共和主义者极大地挑战了贵族的统治，他们使用了一种新的政治体制——真正的大众参与。[32]

然而，共和主义者仍然未能夺取国家的最高统治权，其中有一部分责任在于领导者。赖德律－洛兰的父亲是一位十分富有的医生，所以他继承了非常可观的个人财产（每年约 3 万法郎）。他也得以出资购买了最高法院大律师的职位（约 30 万法郎）。一到适选年龄，他就试图在奥迪隆·巴罗的保护和支持下进入政界。奥迪隆·巴罗是路易－菲利普执政时期“王朝反对派”（即反对君主制）的领袖。但是，洛兰最终被萨尔特省的共和党人选择为接替加尼耶－帕热斯的候选人，帕热斯是该地区共和党早逝的领袖之一。仅凭洛兰一个人的财富就能够补贴当地报纸的运营，更何况他还愿意发表十分激进的言论去支持它们。洛兰在 1841 年做出了他一生都在遵循的声明："我是他们的领导者，我必须追随他们。"他利用自己的财富，再加上有一半英国血统的妻子的嫁妆补贴最重要的民主报纸《改革报》。他的号召力和影响力都十分强大。洛兰还是一个和蔼可亲的人，但是他冲动鲁莽，容易发表一些慷慨激昂的演讲。在第一次的选举中，人们认为洛兰的宣言过于大胆，导致他被起诉。但是，他不是一个创新者，因为他把自己受欢迎的部分原因归于他有着和工人阶层相同的偏见和迷信。洛兰要求举行普选、按照比例征税、建立更加平等的征兵制度，以及在外交政策上追求辉煌的成就。他看到了城市工业工人所面临的主要社会问题。洛兰说："多亏了不朽的革命，在土地上劳作的农民的物质生活条件相对来说可以让人接受，虽然它仍然有很多不足之处。但农民的依赖性并没有城市工人那么高。"工人这一真正的无产阶级应该有建立工会、举行罢工和提高薪水的权利，但是最终应尽可能将这个阶级消除。洛兰反对大规模工业，他认为这是贪婪的产物。正如英格兰所发生的一切，大规模的工业带来了过多的苦难。从本质上讲，法国应该继续扮演农业国的角色，发展工业是次要的。就像法国重视陆地军力而将海军规模限制在较小的比例一样。洛兰主张让工人返回农村，成为小型的自耕农户，他认为这有助于法国的农业复苏——当时的农业由于大量农民涌入腐败的城镇而受损。当所有的工人都拥有自己的财产之后，他们就会变得"更加镇静、更有道德"。洛兰拒绝接受共产主义，并且努力地让自己不和共产主义产生一点儿联系。他反对国家进行干预，说："我不想破坏工业自由，也不希望国家成为生产者或制造者，我只希望它成为一个聪明的保护者。"洛兰还认为，议会政府也不应起什么作用，因为他想要的是人民按照 1793 年的传统对国家进行直接的统治。他的思想最能吸引追求过一种普通乡村生活的小人物（激进主义在当时已经成为小人物的信条），但是他已经忘了这一点，它被淹没在其激烈的言辞中和对以往“白色恐怖”的回忆里。洛兰是为数不多的认真穿戴共和国民用制服的人之一，那是罗伯斯庇尔式的套装。在成为法国内政部部长之后，洛兰给地方行政长官写信说：“你们是革命政府的代理人，同样，你们也是革命者……如果要问你们的力量有多大，答案是，你们的力量是无穷的。”洛兰是一位天才，他能在无意间让中产阶级感到恐惧。有人认为洛兰缺乏敏锐的洞察力，甚至有人说他缺乏智慧或意志力，而他华丽、炫目的外在掩盖了这些缺点。他的政党变得十分可怕，而他要对此承担相当大的责任。[33]

从民众层面来看，共和运动包含着使其自身成为一种永久性革命的元素。这场运动最大的问题之一便是共和派人士在夺权和掌权过程中做出的“妥协”。共和运动一旦取得成功，建立共和政府，它就会不可避免地与那些支持者发生冲突。由于性情使然，这些支持者无法与当权者统一战线，因此，共和政府就失去了这部分群众基础。之后，他们转而支持社会主义，后又转向共产主义。这种情况尤其发生在新一代的共和派显要人物成长起来的时候，这群人发展出了第三种共和主义（不同于前文所述的乌托邦共和主义和人民共和主义）。因此，共和主义代表了三种相互矛盾的事物：一是相信可以建立一个理想、完美的政府，但这样的政府不可能存在；二是人民反对各种政府的建立；三是建立一个新的政党，它可以承担责任、肩负荣誉，并做出妥协。最后这种共和主义中的“妥协意愿”由来已久。“激进”这个词有时候意味着“极端”或者“革命”，但是在路易 - 菲利普的政权之下，它也意味着温和的共和主义，因为这个词是从英语演变而来的，代表了一种能够与君主政体和议会政府兼容的民主关切。人们必须把“激进分子”和“纯粹激进分子”区分开，因为只有后者才是路易 - 菲利普的死敌。1847 年，共和主义的忠实拥护者卡诺出版了一份宣传手册，公开表示国王支持民主改革。卡诺说，在君主立宪的体制框架下完全能够成功地进行民主改革。如果政府此前能够扩大公民的特权，改善大部分民众的生活条件，那么有很多共和党人本来是会接受君主政体的，就如同在埃米尔·奥利维耶的领导下，大量的民众也接受了拿破仑三世建立的帝国。共和党的历史学家一直想自然而然地淡化这种被视为“背叛”的妥协意愿。[34]

这些共和党人掌权后，与先前那些君主政体下的掌权者并没有本质上的不同。共和党人上台后也会为工作机会和升职机会而争斗，也会驱逐政治对手并安排自己的亲戚朋友填坑入位，这与路易-菲利普执政时期并无不同，而当年，他们对那个时期的腐败和裙带关系曾大加挞伐、猛烈抨击。从大众的角度来看，新的共和国地方行政长官、市长和公务员代表的只是一个新的派系而已，他们取代了上一拨人，也许和上一拨人相比，他们的财力只是没那么雄厚、经验没那么丰富，但他们仍是资产阶级。对一无所有的普通人来说，这个派系一旦掌权，将和其他任何一派的当权者一样难以应对。在朋友和追随者的环绕下，新的掌权者可以像贵族一样排除异己，他们能够毫不犹豫地在选举中施压，施压方法恰是他们先前公然抨击过的专制政权所用的方法。新的掌权者甚至会使用激进的方式动用武力镇压民众的反叛。问题便就此出现：如果共和党人有这种认清现实的能力，有这种使用权力的能力，那么为什么他们没能在1848年成功地建立共和国呢？这些人完全可以建立类似华盛顿或梯也尔所缔造的共和国——体面的、可靠的、安全的共和国。但是，出于种种原因，他们并没有这样做。

首先，他们从未赢得过这个国家大多数人的支持。1848年以前，共和党仅仅是一个小团体，他们在“二月革命”之后执政了几个月，只是因为当时是一个权力真空期。在4月的几次选举中，人们认为共和党会获胜，但事实恰恰相反。人们常说大部分制宪议会的议员都是共和党人，但只有把所有自称共和党人的成员都视为共和党人，才能进行这样的计算。许多人只是表面上说自己是共和党人罢了。近年的研究显示，只有三分之一制宪议会的议员在1848年以前是共和党人，即在851名议员当中，有285名共和党人。在这些人中，有55名是激进的共和主义者或社会主义者，所以温和派共和党人只有230人，他们是颇具影响力的历史学家塞尼奥博斯口中的选举胜利者。议会中有一半以上的议员都是君主主义者。[35]温和派共和党人在赢得普选之后掌权，因为这些君主主义者还没有做好准备颠覆政权：普选把他们分裂开来，这些人也不清楚普选到底是什么东西，他们自身也毫无秩序可言。这些新的显贵需要很长的时间才能确立自己的地位，更不用说永久地推翻旧势力了。

其次，他们最大的弱点是还没有准备好接管政权。他们不仅仅是一个反对党，在这种新的局势之下，他们还没有找到属于自己的身份。这些人之中既没有能力出众的人，也没有品格出众的人。最终，大家推举卡芬雅克担任法国总理。虽然卡芬雅克曾经作为一名正直、令人敬佩的将军远征阿尔及利亚，但他的当选并不是因为他具备什么独特的优点，而是因为他的兄长戈德弗鲁瓦·卡芬雅克是法国君主政体之下最著名的共和派记者之一。卡芬雅克说，他也像父亲、兄长一样是共和党人。他的父亲曾反对波拿巴发动军事政变并遭逮捕，因此也是共和党人。时任教育部部长的卡诺也是同样的情况。共和主义也包含了家族传统的因素，不论是在乡镇还是在中央政府，一直都有家族恩怨的存在。加尼耶－帕热斯也是政府官员，他能获得官职同样是由于他那已经去世的英雄兄弟，他的兄弟是法国马赛人、共和党最杰出的演说家之一。这些人尚未赢得人气，需要建立更广泛的网络吸引更多的人加入他们有待扩大的圈子，于是他们在采取行动时始终小心谨慎、充满试探、优柔寡断。6月的骚乱发生之后，他们逮捕了一大批人并且拒绝对他们实行大赦，实际上，大约有250名被关押的人和450名被送往阿尔及利亚的人被逐步释放。因此，他们既是弱者又是压迫者。此外，这些人对社会问题的看法与那些被压迫的人并没有什么不同：二者都相信工人合作社和国家会援助失业者。即使在6月的骚乱结束以后，他们仍然在这两个方面持续拨款，还为农业信贷领域、教育领域（包括公立的世俗小学等）设立了许多高级项目。第三共和国的立法在这里埋下了种子。

有人把卡芬雅克政府（1848 年 6 月至 12 月）的建立看作对“二月革命”临时政府的对抗，这种看法是不对的。卡芬雅克政府持续开展工作，并且保留了许多工作人员。因此，该政府大约运行了 8 个月，时间足够用来评价共和党的表现。共和党所表现出的是他们还未学会政府的执政之道，他们的征税政策十分戏剧化，这使得共和党人失去了赢得农民忠心的机会。共和党人原本想要进行改革——他们还做出过承诺，但是最终共和党人被那些传统的金融理论吓倒了。此外，共和党人把君主政体时期发生的一系列财政赤字全部接盘，并拒绝宣布破产。他们并没有减少税收，相反，共和党人只是简单地告诉人们累进所得税能够带来的好处，而且征收了额外的土地税，即 45 分税。共和党拒绝免除穷人的税金，他们的首批举措甚至包括处罚不缴税的农民，城市居民反而能免于处罚。这引起了民众的极度不满：许多人拒绝缴税，一些省份只收缴到应缴税额的四分之三，另外一些省份甚至只缴了 2% 的税，截至 7 月中旬，缴纳的税款还不到应缴的一半。其他类别的税收政策也凸显了类似的执政技巧缺失。虽然废除了盐税，但要等 1849 年 1 月 1 日才开始实行这一政策。酒税被取消了，但又换了一种方式征缴，因此，不满的情绪从酒商转移到了生产者和消费者身上。取消肉税几乎没有任何效果，因为大部分利益还是被屠夫收入囊中，并没有转移给零售商。对富人征收 1% 的抵押贷款税也是一个软弱无力的尝试，无法具体实施：借款者可以借机向税收机构投诉其债权人。如果共和党人能够采取行动帮助农民摆脱债务，他们其实能够取得更大的成就。[36]

共和党对新闻审查的态度也同样模棱两可。最初几个月出现的新闻自由很快就结束了。报纸行业重新引入了保证金机制，尽管新的税率远低于路易-菲利普执政时期的税率，但这仍然使媒体对共和党充满了敌意。最后他们还参与了宪法的起草工作，相当于为自己的灭亡铺平了道路，因为宪法重现了他们本来想要避免的许多事情。该宪法宣布了人民的主权，并且天真地认为这会保障人民的自由。宪法做出声明，三权分立是建立自由政府的首要条件，因此，它一方面选举了执政的总统，另一方面建立了由 750 人构成的立法议会，总统和议会成员都经人民选举产生，总统和立法议会之间彼此独立。这种体制本来是用来反对和取代路易－菲利普的英式议会制政府的，他那个时期形成了各种软弱和腐败的联盟，但是在这一新体制下，总统的权力比国王的权力还大，因为部长们完全依赖总统。但是，总统的任期只有 4 年，修改宪法会十分困难。在如此之短的时间内，总统和议会的意见难以统一。只有武力才能解决问题，而是否要动用武力的决定权恰好掌握在总统手中。因此，宪法几乎不可避免地造成了专政。结果，法兰西第三共和国走向了另一个极端，那就是将所有权力集中到议会，但是这同样造成了灾难性的后果。

同样重要的是，共和党也未能处理好宗教问题。总体来说，他们并不反对宗教，还认为，即使不信仰天主教，人们也需要至少信奉某一种宗教，例如，圣西门的新基督教、勒鲁的人道教或者布歇兹的基督教社会主义。他们中的许多人把兄弟会定义为践行原始基督教教义的组织。普选加强了宗教的政治权力，但是共和党人在“反对教会干预政治”上犹豫不定。神职人员和波拿巴适时形成了联盟，表明了在此事上的态度，这使得共和派对他们恨意满满。[37]

最后，温和的共和主义起源多样，并没有形成统一的意识形态。教科书里对《改革报》和《国家报》的追随者所做的区分仅仅停留在表面，两份报纸的不同之处在很大程度上是个性的差异，二者更重要的区别在于它们所描述的共和主义各自有不同的起源。有的人把共和国当作用美德统治的国家，把古希腊人当作他们的英雄。对许多人来说，共和主义意味着爱国主义、民族荣耀的复兴和法国在世界上的领导地位。很难将这些人同波拿巴主义者区分开来，其中最杰出、最直言不讳的便是卡雷尔。直到 1830 年，共和主义都一直同波拿巴主义紧紧地联系在一起。后来，一大批拿破仑一世时期的将军、公务员和他的崇拜者都被路易－菲利普任用，他们中的有些人还转而相信奥尔良主义，各党派之间的区别并非一目了然。那些反对派从来没有认真思考过波拿巴主义。有一份共和党的报纸上刊登了路易－拿破仑·波拿巴在狱中完成的文章。卡雷尔是第一个自称“保守派共和党”的人（朱尔·西蒙在自己的回忆录中将卡雷尔描述为“19世纪三四十年代震撼年轻人思想的人”），他反对革命和暴力。卡雷尔宣称，他宁愿要一个哪怕只有一点儿自由的君主政体，也不愿要一个没有任何自由的共和国。他心中的英雄是年轻时期的拿破仑一世，他理想中的国家元首应是一个首席领事，或者一位美国式的、拥有强大权力的总统。[38] 在法国人眼中，美国革命也和法国革命一样，是理想的典范。[39] 法兰西第一共和国带给人们许多不愉快的记忆，对此人们不愿回忆。但完全忘记那一切也是不可能的，源于那个时期的家族仇怨不管已经变得多么模糊隐秘，仍然有迹可循。梯也尔是奥尔良党人，从波旁王朝复辟时期开始为第一共和国恢复名誉，但直到19世纪40年代，有关第一共和国的历史记录才真正多了起来。在那之前，第一共和国一直是“恐怖”的同义词。但是现在，每位作者都在撰写它不同的侧面，其崇拜者对它的看法也差异巨大，这是令人痛苦的事。[40]

这些内部敌意的产生与共和党对启蒙运动越来越多的解释有关。伏尔泰的作品深受读者的喜爱：1784—1877年，他的作品全集共出版了36个版本，其中22个版本出版于波旁王朝复辟时期，有些版本的卷数多达125卷。伏尔泰的这些作品都被摆放在那些自命不凡的知识分子经常光顾的书架上——他们买得起。伏尔泰有些作品的价格更低。他的作品中再版次数最多的是《查理十二史》（1815—1880年出版了74版）；相比于《哲学通信》《老实人》，伏尔泰的戏剧更受欢迎，所以人们不知道怎么判定他的身份。伏尔泰的崇拜者可能是奥尔良派，也可能是共和党人。伏尔泰喜欢讽刺、反叛、怀疑和调侃，但表达想法时也会有力而清晰，这使他很难确定自己的立场。[41] 对卢梭的信徒来说更是如此，他们可以从卢梭的作品中得出截然不同的解释。此外，许多共和党人转向了实证主义，在20世纪下半叶彻底成了卢梭的反对者。[42] 杜邦·德比萨克曾经说，他认为自己同时继承和延续了多个思想家的传统，他的著作也证实了这一点：他形成了一种复合、复杂的思想体系。[43]

在对待普通人方面，共和党有时注重提高他们的物质生活条件，有时注重提高他们的教育水平。但是，有些人利用某种精英主义冲淡了共和党的民主倾向。例如，瓦舍罗认为，“自由思想”是人类在心智完全成熟时所能达到的最终目标，但是只有极少数精英具备实现这一目标所必需的“哲学精神”，即把自己从所有偏见、情欲和利己主义中完全解放出来。智力水平一般的人需要具备一种成熟的批判意识才能接近这种“哲学精神”。但是，即便是这种人也已经十分罕见：大部分是雅利安①男性。瓦舍罗把适用于精英阶层的主义、学说与普通民众能理解的简单谚语、俗语区分开来，他在作品中表达了对未受过传统教育的资产阶级的偏见与轻蔑。[44] 当这种精英主义再次和新教教义（下文会进行阐述）联系在一起的时候，它就成了共和主义的组成部分。新教对天主教进行了抨击，即便一些不是新教教徒的共和党人也对此表示赞同。但是，加尔文教教徒的心态很复杂，他们竟然在共和主义中找到了救赎的方法，因此饱受折磨。然而，在共和主义的形成过程中，宗教是一个非常重要的问题，因此必须把它区分开来对待。

亚历山大·托马·马里是这些温和派共和党人的典型代表，他是临时政府的公共工程部部长、卡芬雅克执政时期的司法部部长，在1848年6月还担任立宪会议主席。现在知道他的人很少，但是他在1848年广受欢迎，以超过神父拉梅内一倍多的票数当选议会议员。马

① 雅利安人，即讲印欧语系语言的人。——译者注

里的家族在200年前就已经进入律师界，他的父亲是其祖父的小儿子，是一个贫穷的档案管理员。马里很小的时候就成了孤儿，他凭借自己的努力成了一名律师，到1840年，他成了巴黎的首席律师。为了获得参加选举的权利，他不得不工作很长时间去赚钱，在此过程中，他感受到了侮辱，于是加入了共和党，与他们一起要求普选的权利。他的一般观点和基佐的基本一致。他认为，理性应该是至高无上的，但应该通过大众而不是精英来体现理性。马里谴责资产阶级“新贵族”的“疯狂的梦想”。他表示，民主是一种“社会必需品”，因为在斗争了几个世纪之后，民众终于摆脱了统治阶级，自身力量也得到了加强。民众要求获得尊重，那就应该给予他们尊重。但是，马里反对暴力，十分厌恶俱乐部和革命者的煽动行为。他没有迫切地要求立即宣布共和国的建立，因为他认为一个政党没有权利给一个国家强加上一种特定形式的政府。马里之所以同意加入临时政府，是因为他想要帮助维持社会秩序，阻止无政府状态的出现。当回忆起临时政府接连镇压了几次民众起义时，马里感到十分自豪。他认为，这些人都是孩子，必须证明他们的乌托邦主义是行不通的。因此，马里批准建立国家实践项目，在项目失控时立刻将它终结。他写道：“为了把那些虚假神明拉下神坛，必须付出血的代价。”相比于其他阶级，人民群众需要更强有力的管理。“一千个人的专制比一个人的专制可怕一千倍。”自由必须与秩序相结合。马里支持新闻自由，但是随后又宣布：当新闻滥用自由并攻击社会基础时，就需要对它加以控制，在新闻自由的幌子下，人们会傲慢无礼地“质疑过去所有的传统”。马里赞成民主，因为民主不是为了寻求某些人的利益，而是为了满足所有人的精神和物质需求，但是他同时也赞成现实主义。博爱是一种“崇高的思想”，但是“人类的心胸是否足够宽阔，能够容纳如此多的仁爱、奉献和英雄主义”？他认为，将国家分成群组可能会更加实际，祖国就像一个“大家庭”，公民能够在这里得到所有的保护和爱，犹如他在自己家中得到的一样。从马里身上可以看出，温和派共和党人仍然在努力理顺他们与民众的关系。[45]

在共和党人明确找到自己的位置之前，他们需要向其他党派学习很多东西。共和党在拿破仑三世统治时期所经受的失败和苦难，都会对他们的态度和思想产生深远的影响。到 1870 年，他们在很多方面都做出了改变。[46]

第 5 章 波拿巴主义

一个多世纪以来，波拿巴主义一直是知识分子的噩梦，因为它意味着对自由辩论的压制、军阀统治、粗暴的官僚统治，以及对文人的诽谤。相反，它却对实业家甚至是农民给予支持。因此，即便有时候波拿巴派赢得的选票比其他党派都多——不论他们是如何获得这些选票的——作家们也总是步调一致地对他们进行强有力的抨击。法国有一些精明能干的波拿巴主义宣传者，但是这些人只擅长面对公众进行演讲。除了极个别人，几乎没有严肃的波拿巴派历史学家或理论家能够创立令人信服的学说或者用通用的术语为该派的纲领进行辩护。其结果是，人们对法兰西第二帝国的研究远远少于对其他政权的研究——看看年度书目中寥寥无几的文献就能明白这一点，而且迄今为止没有将波拿巴主义作为一场运动的完整历史记载。[1]

波拿巴主义的最简定义是：认为拿破仑一世的思想永世不朽，对拿破仑一世的才能狂热崇拜，以及用拿破仑一世的方法解决法国的问题。基佐把波拿巴主义优势背后的奥秘归结为：它既象征着国家的荣耀，也拥有维护革命成果、确立权威原则及维持秩序的能力。波拿巴主义既不反对改革，也不实行议会制度，它以这种方式平衡了民主与权威。就如何应对无政府统治、如何面对名誉扫地的议会等问题而言，波拿巴主义本身就是答案。波拿巴主义领导人会呼吁全体国民反对那些为自身利益而垄断权力的政党和派系，这样的领导人由全民选举产生，对整个国家负责。保王派声称自己也是民族的党派，能够维护秩序、保护公民的财产安全。与此不同，波拿巴派希望确保人人平等、人才享有工作机会、废除世袭的社会等级和大企业拥有的特权，以此保存革命成果。

但是，如果认为波拿巴主义的定义在整个19世纪都一成不变，可就大错特错了。尽管波拿巴主义领导者对拿破仑一世顶礼膜拜，但他们对拿破仑一世的思想进行了多样化的阐释也是不争的事实，他们这样做是为了将波拿巴主义应用于各种变化的环境。一些政治学家和历史学家试图探索波拿巴主义的本质，提炼它的个性特征，他们就像研究一种时不时会暴发的疾病一般，如果发现病症不一样，有特例出现，他们便会把它当作反常现象予以剔除。因此，菲舍尔（H. A. L. Fisher）在关于波拿巴主义的演讲中断言“法兰西第一帝国和法兰西第二帝国的建立在很大程度上受到了同一种主义的启发，依赖于同样的智慧和社会力量基础，激发了人们同样的欲望，并且炫耀着同样的虚荣”。菲舍尔的演讲十分具有说服力，产生了极大的影响。然而，除了对托克维尔将法兰西第二帝国描述为“嫉妒者与平庸者的天堂”表示赞同，菲舍尔并没有详细地探究这些力量和欲望究竟是什么。近来，有人总结了拿破仑三世和戴高乐的相似之处。法国共产党前总书记雅克·杜克洛在书中将二人都描述为：信奉独裁主义、蔑视民意、渴望权力、傲慢不逊且自私自利。波拿巴主义的本质特征是公民投票。1962年，戴高乐获得压倒性胜利之时，《快报》引用了埃米尔·奥利维耶在1870年说过的话：“如果一个人获得了几乎所有人的支持，这便是这个人最为脆弱的时刻。”安德烈·西格弗里德将“真正的”波拿巴主义以及在他眼中已经被破坏了的波拿巴主义区别开来，前者由拿破仑一世提出，后者在拿破仑三世及其妻子欧仁妮在位期间已经演变成一种行政的、有贵族政治色彩的、反动的主义。因此，在西格弗里德看来，波拿巴派在19世纪的大部分时间里根本不是它原本的模样，它不再是能代表民族的党派，和其他政党别无二致。1870 年，波拿巴派开始任用自由派成员，实行议会制度，这背离了它“真正的本质”。事实上，波拿巴派发现，政府如果允许民众对其品头论足、自由评说，无异于自杀；如果压制这种言论自由，那么它就会失去自由主义者和工人的支持，就要被迫与保守派结盟。故此，它不再代表民主，也不代表左派，而成为教权主义的囚徒。要想看出波拿巴主义何时才能显露其“真正的本质”并非易事。也许有人会怀疑波拿巴主义是否真的存在。拿破仑三世是否说过“皇后是正统主义者，我的兄弟是共和主义者，莫尔尼是奥尔良派，而我是社会主义者；唯一的波拿巴主义者是培尔西尼，而他已经疯了”这样的话呢？[2]

只需要看一看波拿巴主义在不同时期、不同地区所获支持的分布图，就能明白这种支持并不是一成不变的。诺曼底地区在复辟时期支持保王派，但在第三共和国时期坚定地支持波拿巴派。法国东部地区在复辟时期拥护波拿巴派，在 1848 年将选票投给了路易－拿破仑，但是 1870 年之后，该地区变成了共和派的堡垒。法国西部地区一直被视作保王派的大本营，但在第三共和国时期，该地区却把选票投给多名波拿巴主义者。南部地区在整个 19 世纪始终对波拿巴主义持有敌对态度。1848 年几乎没有波拿巴主义者存在的法国西南地区成了 19 世纪波拿巴主义者的领地，直到那里再次变成了共和派激进主义的中心。人们需要对这些地区差异做出解释。这些差异表明，人们面对的不是同一个一成不变的人，也不是同一个一成不变的学说。另外，这些差异引出了一个问题：波拿巴主义在法国的不同地区是否意味着不同的事物？

当人们认为自由波拿巴主义不过是腐败的奥尔良主义时，这就意味着人们把二者区别看待了，认为它们是截然不同的概念。从理想的理论视角看，可能确实如此，但是从实际角度看，二者就像亲兄弟一样，有嫌隙，但毕竟同根而生。1815 年后的一段时间，复辟时期的反对党派之间的区别尚不明显。后来被定义为奥尔良派、波拿巴派和共和派的人都为路易－菲利普王朝的建立做出了贡献。1830 年以前，波拿巴主义者经常自称自由主义者，这一做法与他们的盟友如出一辙。[3] 1830 年的革命之后，在 1815 年拿破仑一世在位期间下台的一大批将军和公职人员重新掌权。拿破仑一世未被公开承认的遗产之一便是奥尔良主义。正是拿破仑一世首创了“社会普查”这一方式，即根据个人财产情况选举显要人物来管理国家。也正是他废除了普选制，确立了“只有拥有私人收入的男性才能进入更高级别的公务员队伍”这一规则。拿破仑一世不会赋予任何贵族财政特权，但是当他给贵族授衔时，只要接受头衔的贵族足够富裕，这一贵族头衔就可以世袭。他本来或许能够提出比基佐更严格的“致富禁令”。[4] 如果说奥尔良派是开明的，那么 1815 年的《帝国宪法附加法》也足够开明，传说中拿破仑一世在圣赫勒拿岛上建立君主立宪制也是如此。路易－菲利普政权和拿破仑一世政权的不同之处在于，1830 年之后，显赫人物占据了上风。这些名流从他们一手扶持上位的皇帝路易－菲利普身上获得的权力远远超过了军事征服者拿破仑一世统治时期他们所拥有的权力。但是拿破仑一世离世之后，他们似乎越发对他衷心了。正是在路易－菲利普在位期间，这些名流将拿破仑一世的骨灰带回了法国，并且为了纪念他的光辉历史修建了纪念碑。然而，他们仍然坚决反对结束对拿破仑家族的流放。1840 年，审判路易－拿破仑的成员由拿破仑一世时期的 4 位前部长、6 位元帅、56 位将军、14 位国务顾问、19 位地方行政长官、7 位大使和 21 位内侍组成，这 21 位内侍在路易－菲利普掌权期间是贵族院的成员。正是这些人通过对路易－拿破仑的审判创造了后来的波拿巴主义，这些人不愿意与路易－拿破仑分享“战利品”——“七月王朝”给他们带来的那些好处，而路易－拿破仑如果能分得一点点好处也会非常知足。[5] 为了回到法国，路易－拿破仑必须选择与共和派结盟，以全民投票作为基础，打破拿破仑一世的传奇。波拿巴主义可以被称作离经叛道的奥尔良主义。

我们也可以把波拿巴主义看作各式各样的共和主义。1848 年以前，共和派的一个本质特征是军国主义，对荣誉和国外冒险充满激情。军队被视为自由主义和革命的危险温床。直到后来，军国主义因为含有波拿巴主义色彩而遭到共和派的指责。当时的军队就如同名流一般，形成各自独特的团体精神，忘记了其革命源起，成了等级制度和秩序的捍卫者。路易－拿破仑修改了奥尔良派对波拿巴主义的阐释，他将两种共和主义学说——普选制度和积极的外交政策引入波拿巴主义。[6]共和派领导人不怎么喜欢路易－拿破仑，但是共和派的其他人也没有把他视作敌人。[7]直到1848年路易－拿破仑与共和派的敌人结盟之后，路易才与共和派彻底决裂。1851年之后，路易－拿破仑十分严厉地制裁了共和党人。他掌权后，他的学说和支持者都发生了变化，波拿巴主义在不断演变。重要的是，不要把人们的刻板印象强加给波拿巴主义，对待奥尔良主义和共和主义也是如此。这些主义随着时间的流逝开始区别于彼此，需要探究的是为什么会发生这些分化。如此一来，人们将明白法国能否避免政治分裂，分裂是不是内在的、固有的，是否一定会陷入势不两立的状态，是否一定要遵循相互矛盾的法则。这些也是许多评论者想知道的。值得人们提出的问题有：党派的分化是不是逐渐产生的？是否遵循了某些原则，任由个人原因或者偶然原因导致的敌意肆意滋生？换言之，政客和理论家是否对这些分化起了推波助澜的作用。有人认为，波拿巴主义可以推动社会变革，它对共和主义的演变做出了巨大贡献。然而，共和主义自身无法独立发展，因此，波拿巴主义成了共和主义最大的敌人。对波拿巴主义的猛烈抨击也阻碍了共和主义自身的发展。

我们有必要先了解拿破仑三世对待民众、知名人士和各个党派的立场与态度，以及他的统治会对各方产生何种影响。拿破仑三世在位21年，是法国近代史上在位时间最长的一位君主。大众观点认为，拿破仑三世是一个善良的空想家，他的远见脱离了现实。他还是一个糊涂的假行家，想要效仿叔叔拿破仑一世，但他的模仿十分拙劣。他是一个冒险家，但他的虚张声势和孤注一掷注定会走向灾难。拿破仑三世之所以获得这样的评价，一部分原因是他在外交政策上再三地惨败，另一部分原因是当时大多数知识分子都反对他的统治。他一直没有从知识分子对他诙谐且尖锐的攻击中恢复过来。20 世纪，这种恶意解读几乎会不可避免地产生反作用。一些历史学家并不认为拿破仑三世在模仿先辈，而是将他刻画成一位遥遥领先于当时那个时代的君主：他十分关心法国的经济发展，也是提出“技术统治论”和“现代独裁者”的先驱。这样的描述言过其实了。对拿破仑三世来说，人们不能将其简单归入任何一个单一的类别，不能把他当作一个只是拥有某些固定观念的人。拿破仑三世在书中对自己的观念进行了阐述，在上位之后，他还将这些观念付诸实际行动。人们如果仔细阅读拿破仑三世的书，就很容易发现矛盾几乎无所不在。在书中，他属于共和派，反对贵族，支持实行贸易保护，认为无须建立殖民地，教堂也不应和教育混为一谈。但是在他掌权之后，他宣告了帝国的成立，封了公爵，与英国等国签订了自贸条约，在远东地区建立了帝国，还支持教权主义者法卢伯爵。还是有人声称拿破仑三世仍然信仰圣西门主义，他们指出，拿破仑三世关心穷人，推动工业发展，对通信行业和苏伊士、巴拿马运河航运十分感兴趣，对建立等级制社会满怀信念，支持建立农业殖民地。由于拿破仑三世从未提到过圣西门，所以他们认为他一定是从路易・勃朗和所读报纸中汲取的灵感。拿破仑三世也可能读过昂方坦的《阿尔及利亚的殖民化》，因为书中的观点和他的十分相似。他或许也受到了圣西门主义者维埃亚尔的影响。没有直接的证据能够证明这些猜测，这些猜测反倒引发了许多疑问，因为拿破仑三世自己写道，他反对工业革命，建立农业殖民地的目的是让城镇工人返乡从事农业生产。后来，他本人解释道，他的所作所为都是模仿了外国的实践［大概是在模仿范德博世（van der Bosch）在荷兰和比利时的做法］；经济方面，他并不是追求尽可能多的产量，而是为了维持群众就业，因为他不希望法国被工业家统治；关于自己的著名言论“政府不是腐败的根源，而是社会发展的动力”，拿破仑三世发布了许多官方宣言，将英国作为典范，赞扬个人主动性。事实上，在拿破仑三世掌权期间，有许多圣西门主义者都是成功的工业家，但这并不意味着拿破仑三世也信仰圣西门主义。相反，拿破仑三世经常批判那些教条主义者、党派人士和乌托邦理论家。[8]

拿破仑三世的政治思想在本质上属于机会主义。他最狂热的信念源于对叔叔拿破仑一世的钦佩，但这种钦佩并非不加批判。他认为，拿破仑一世是一位伟人，因为他给予了人们想要拥有和本应拥有的东西。同样，他也十分钦佩英格兰的威廉三世。威廉三世给予了英格兰它在追求的自由和宗教权力，结束了其长达一个世纪的革命。正如拿破仑三世本人所说，对他来说，政治并非模仿过去的奴隶制，也不是追求历史的复兴，而是让历史的警钟长鸣，为当前的统治提供经验。[9]这也解释了为何他的大部分作品都是有关历史的，其中包括对拿破仑一世、威廉三世、恺撒大帝和炮兵部队的研究。历史揭示了政治家们成败的原因，也展现了诸如经济发展、追求自由、民族运动等无法抗拒的潮流，这些都展示了伟大的政治家的贡献。拿破仑三世的浪漫主义让他对这样的政治家满怀敬意，他的神秘主义又注定使他自己也成为一位伟大的政治家。他在哈姆要塞监狱中写道："我相信，有些人的出生注定就是为了人类的前进和发展，在我看来，我自己就是这样的人。英格兰的历史无疑在清楚地告诉国王：行走在当前这个世纪思想的最前端，这些思想便会追随你、支持你；如果你走在它们之后，它们就会成为你的障碍；如果你反对这些思想，那么它们便会推翻你的统治。"一位伟大的思想家的标志是：他能够发现人民的愿望，将自己视为人民的一分子，然后带领人民实现目标。[10]

这并不是说拿破仑三世没有自己的规划，也不是说他把自己看作被动的、人民之间的调解人。他认为，政府的职责是倡导正确的思想、建立普选制度（这是他在位期间的政纲核心）。他掌权期间支持的思想也不一定是正确的，因为瑞士的例子表明，群众是保守的，他们怀有偏见，拒绝任何改良。[11]尽管如此，拿破仑三世仍然密切地关注公众舆论，并且在制定政策时充分地考虑公众舆论，[12]但他并不期盼这些公众舆论能够主动为他带来好的政策。他将“自由”定义为“执政者基于全体意愿进行统治”，通过“意愿”，他理解了卢梭提出的“公共意志”。[13]拿破仑三世认为，只要人民成为权力的源泉，即便他们无法控制权力的运行，民主也能由此产生。因此，要想创建良好的政府，首要建立的是普选制。从这一点来看，他想要实行的是人民专政，但这并不意味着他主张的是专制而反对共和派的自由主义。路易－菲利普在位期间，很少有人将自由与民主区分开来。人们普遍认为，普选制能够确保二者的实现。在现阶段，拿破仑三世与共和派的不同之处仅在于他更偏向于个人统治的政府，而非一个党派委员会统治下的政府。他引用了叔叔拿破仑一世的话——“宪法应该具有灵活性”，因为不可能留给后代很多修改宪法的机会。的确，随着时间的流逝，个人统治的政府权力强大，会让公众逐渐开始尊重法律和公众精神，就如同英国那样，这为追求更大的自由奠定了基础，也提出了要求，而实现终极自由一直是拿破仑一世的目标。[14]

因此，拿破仑三世的社会目标自然而然地融合了他那个时代最平凡的思想：给予人才工作机会；阶级融合；除了有功人士，其余人不再享有特权；实现不以牺牲富人利益为代价的全民共同富裕；确保工人阶级的就业和社会福利；向有房屋抵押贷款的农民收取低息贷款和低税收；人人都有财产；自筹经费修建市政工程并改进通信方式，这将增加国民财富，是一种和平且光荣的举措。至于大众心理学，他认为，民众将满足于名义上的主权、阶级间的政治平等，以及拥有社会等级制度上升的机会和追求更好生活的机会。

然而，他在1848年12月当选总统，1851年12月再次确立了自己的总统地位，一年后称帝。这并不是因为他的纲领得到了全体选民的支持，而是因为大部分选民都将希望寄予他。拿破仑三世是农民的皇帝，他反对城镇工人和资产阶级。虽然的确有许多农民将选票投给了他，但是也有许多人没有这样做，尤其是在牧师集中的法国西部地区和共和派集中的中部和南部地区。尽管有一些城镇工人反对拿破仑三世，但更多的人选择支持他。无论是农村还是城市，都有工匠反对他，但需要重申的是，并不是每个地区都如此。1848年，议会的许多领导人都支持拿破仑三世担任总统，但是大部分资产阶级似乎更倾向于选择卡芬雅克。1851—1852年，这些领导人开始反对拿破仑三世，但是他们害怕爆发另一场革命会威胁他们的军衔和地位，所以大部分人基本上接受了拿破仑三世的独裁统治。1848年，有许多正统主义者支持拿破仑三世，因为他们是反对共和派卡芬雅克的保守派。但是后来，在拿破仑三世即将获选成为总统时，这些人又在投票过程中弃权了。在法国的各个地区，选举投票都因为地方问题的爆发变得复杂，其重要意义将在下文做出解释。拿破仑三世的成功不仅在于宣传，更在于社会的自发反应。A. J. 蒂代制作了一些十分有趣的地图，展示了1848年12月法国不同地区的投票情况以及当地报纸支持哪位候选人，这二者之间几乎没有什么关联。[15] 拿破仑三世在选举中胜出并不意味着其纲领的胜利——波拿巴主义的重要性仍然需要解释——它在很大程度上取决于事件的发生和人们的看法之间的相互作用。

无论如何，拿破仑三世作为君主，并没有按照自己心意行事的权力。他保留了以前的机构、习俗和法律，因此，他只是对先前的政府进行了改革，并非重塑。宪法实行的三项变化是降低大臣的独立性、削弱议会权力，以及加大审查和压制反对派的力度。但是，拿破仑三世必须获得拥有不同背景和思想的人的广泛支持才能够采取行动。因此，与“七月王朝”时期为扩大影响而爆发的混乱相比，拿破仑政府的凝聚力可能更低。的确，拿破仑三世要求他的政府成员必须拥有极高的忠诚度，他本人也有独特的魅力，能够吸引那些与他有所联系的人。拿破仑三世能够让他的政府成员感到满意，并且他的行为看起来一点儿也不虚伪：他十分慷慨大方，是一个很好的聆听者。但是，他总带着些许神秘的气息，因此，想要跟随他的领导绝非易事。在当选之后，拿破仑三世的沉思冥想以及对公众舆论的神秘感知让他带上些许巫师的气质。拿破仑三世年老时因为疾病饱受折磨，尽管有时他的判断依然精明，但更多的情况下，他的决定都因身心疲惫受到了影响。个人、政府和民众之间的交流从来不是一件易事。

1852年，拿破仑三世成了法国绝对的权力拥有者，但是绝不能只根据他的个人传记去了解他在位期间的法国历史。诚然，他亲自确定了政策的大体方向，但他并不是一位勤政的皇帝，也没有在细节问题上花费太多心思，因此，他并没有多少意愿得到了切实的执行。宪法的确赋予了他对行政机关的全部控制权：大臣只对他一人负责，拿破仑三世还规定，未经他的批准，大臣不应该采取任何行动。在定期主持的内阁会议上，拿破仑三世主导着他们的讨论，并且负责做出最终决定。大臣的更换和调动是常有之事，但是拿破仑三世必须这样做，这表明这些大臣只是他非常容易就能利用的工具罢了。

以培尔西尼为例，他是一个地位不高、已经破产的贵族。在拿破仑三世刚刚上位时，他是其身边的一位谋士。培尔西尼为拿破仑三世奉献了极大的热情，但是他的这种热情使他采取了比拿破仑三世想象中更为极端的政策。1852年，担任内政大臣的培尔西尼组织了示威活动，要求拿破仑三世宣布建立法兰西帝国，这使得后者建立帝国的速度比预期更快。在选举期间，尤其是1863年，培尔西尼猛烈地抨击神职人员，拿破仑三世认为培尔西尼滥用行政压力的行为实属失格，培尔西尼也因此被撤职。此人致力于建立一个具有凝聚力的波拿巴主义政党，所有权力和回报都应该被限制在政党之内。但是，皇帝希望通过和知名人士做出某种妥协来赢得奥尔良派和正统主义者的支持，即便他们并没有培尔西尼忠诚：事实上，拿破仑三世政府的大多数大臣都没有培尔西尼那么忠诚。[16]

应该说莫尔尼是典型的奥尔良派成员，他是政治人物塔列朗的孙子、拿破仑三世的私生兄弟。莫尔尼在路易－菲利普执政时是一名士兵，还开过制糖厂。他还是一位艺术赞助人，放荡不羁，喜欢投机取巧，但他也满怀雄心壮志，萎靡的外表下是一个冷静沉着的莫尔尼。

他在确保 1851 年政变的成功方面起着决定性作用。他从未在第二帝国得到过自己梦寐以求的领导职位，但是在 1854—1865 年，他作为立法会主席为提高该机构的地位和扩大其权力做出了巨大贡献，并且坚持不懈地协助拿破仑三世建立法兰西自由帝国。阿希勒·福尔德是一位信奉犹太－新教的银行家（1852—1860 年任国务大臣，1861—1867 年任财政部部长），同样也是一位奥尔良主义者。大律师皮埃尔·马格尼（1854—1860 年及 1867—1869 年任财政部部长）曾在路易－菲利普在位期间任政府公职。福尔德和马格尼互相攻击，但都以不同的方式对拿破仑三世的财政政策产生了影响。[17] 在如何集资重建巴黎的问题上，豪斯曼男爵（1853—1870 年任塞纳省省长）一直与福尔德和马格尼存在争执。在规划新城市时，豪斯曼男爵在许多细节之处都遵照了拿破仑三世的个人指示，但是在执行这些指示的过程中，他采用了权力主义的方法。[18] 沙瑟卢－洛巴侯爵（1858—1859 年任阿尔及利亚及殖民地大臣，1860—1867 年任海洋殖民地大臣，1869 年任行政法院院长）生于世袭贵族之家，是法兰西第一帝国一位将军之子。在路易－菲利普在位期间，他担任行政法院法官，也是路易－拿破仑任期时的议员。1852—1857 年，他在路易－拿破仑第一届议会中担任独立派领导人。在长长的任职期内，洛巴侯爵的主要成就就是将越南南部的交趾支那变为法属殖民地。他在一份备忘录中有理有据地说服了拿破仑三世接受他的这一殖民计划。1869 年，当洛巴接到为自由帝国起草宪法的命令时，他遵循了拿破仑三世的指示，但他所做的绝不仅限于此，他还赋予了议员参与宪法制定的权利。尽管为帝国服务，但洛巴侯爵仍然保持着自己的独立性，以至于在 1871 年的议会选举中，他成了少数当选为议员的波拿巴主义者之一。之后，他被任命为 1872 年《军事法》的起草人。[19] 维克多·杜卢伊（1863—1869 年任教育部部长）是一位历史学家，他反对教会干预政治。他也是督学，一边为法兰西帝国的国王服务，一边坚持他那众所周知的共和主义理想。他是又一位个性特征得到广泛认可的人。[20]

巴罗什[21]和鲁埃[22]是法国政府两位重要的大律师，人们指责他们轮流为拿破仑三世颁布的每项新奇的政策辩护、助威。实际上，巴罗什是较为温和的执行拿破仑三世意志的工具人，他并不会帮助拿破仑三世做出决定，只是单纯地执行这些决定。但是后来，他对拿破仑三世产生了极大的钦佩之情，将国王视为社会的救世主，能够应对社会主义者带来的威胁。即便如此，巴罗什有时还是会反对国王：他反对克里米亚战争；1862 年，他以辞职的方式抗议赋予神职人员特权——巴罗什能以这种做法削弱神职人员的权力。鲁埃的态度则更加保守，尽管在 1860 年和 1867 年自由主义者让步之后，鲁埃仍然供职于拿破仑三世的政府，但他毫不掩饰自己对这些自由主义者的反对。鲁埃极强的工作能力、对复杂法律和经济问题细节的掌控、极富气势的演讲能力都让他成了拿破仑三世的政府越来越不可或缺的人才，人们把鲁埃称为“副国王”。他确实赢得了议会和公职人员的认可，这些人依附于鲁埃，鲁埃也因此巩固了自己的权力：据说，如果得不到鲁埃的建议，一个人就无法获得工作，无法取得荣誉，也无法谋得任何好处。1870 年，自由帝国的末日来临，鲁埃也在这一年退休，不过他仍然有能力组织反对自由帝国的运动。鲁埃的所作所为在人们的脑海中刻下了拿破仑三世政权独裁主义者的印象。

拿破仑三世在位期间，立法工作是由行政法院进行的。该机构成员由国王任命，但是拿破仑三世本人抱怨道，要想通过这些十分保守的委员推动改革是十分困难的。法律只能十分苍白地反映他个人的思想，这在很大程度上要归咎于该机构。① 1864 年关于工人联合的法律便是很好的例子。拿破仑三世想要利用这部法律赋予工人特权，行政法院却添加了许多附加条件，使其变得一文不值，只有拿破仑三世、莫尔尼、奥利维耶三人之间的某种秘密沟通和协商才能让它有点儿意义。保守派很快就发现，阻挠改革最简单的方法是提出许多技术上

① 樊尚·怀特在这段时期正在写一本关于行政法院的书。

合法的反对意见，拿破仑三世在面对这些时，总是会做出让步。很明显，许多公职人员也是国王动用权力的工具，他们的灵活度十分有限。

法兰西第二帝国被称为“警察国度”，但论其警力的规模和结构，都与第二帝国之前和之后的政权没什么两样。1852 年，国王尝试建立“警察部”，但这一部门 15 个月之后就难以为继了，这主要是因为受到地方行政长官的阻挠，他们都拒绝接受“警察部”的领导。无论如何，它只是一个工作人员不多的监督机构，真正有意义的是这一部门的建立本身，以及它在第二帝国早期展现的独裁主义特征。但是，拿破仑三世保留了之前无序的、构成复杂的警察部队，就如同第三共和国也保留了他留下的大多数东西。不同的警察部队对不同的省负责，他们之间的合作不情不愿。1854 年，巴黎地区的巡警只有 450 人，即便是在当年进行改革之后，巴黎地区也只有 4 000 名警察，并没有超过伦敦地区的警察数量。马赛市约有 30 万难以管教的市民，但警察仅有 213 人。拿破仑三世进行的最重要的改革便是将高级警官的数量翻了一番，增加至 1 745 人——原本只有超过 5 000 位居民的城镇才有高级警官。但是，这些警官的分布并不均匀，有些人负责的区域面积甚至比一个市镇还要大。他们的薪水微薄，声望不高，也得不到尊重。在农村地区，政府主要依赖业余卫兵（年薪几百法郎），这些人不穿制服，通常都是当地市长或知名人士的傀儡。与现代的极权主义政权相比，第二帝国的警察是业余的、混乱的。1858—1866 年，警署署长由布瓦泰勒担任，他的办公室里堆满了画作，其中大多数都是美女画像。他还在办公室后面安排了一间画室，他在那里可以修复画作以自娱自乐。人们需要担心的不是警察的效率，而是警察使用权力的任意性和随意性。警察会用暴力镇压政治反对派，但是他们并没有采取积极行动打击轻微犯罪。通常情况下，警察会在不经审判的情况下监禁政治敌人。当时，政敌仍然可以在狱中写书，抗议监禁：这些人可以发表攻击性言论，但之后通常会受到惩罚。有时，长时间的审判也是一种极具价值的宣传。警察有宪兵队作为补充力量，他们由前陆军士官组成，接受军政部的管理，主要存在于农村地区。例如，路易 - 菲利普在位期间，约有 1.4 万人的宪兵队的主要任务是维持西部保王派的秩序。拿破仑三世将宪兵队增加至 2.5 万人，并且底气十足地将他们作为选举代理人以阻挠政治动乱。因此，人们认为，宪兵队（实际上也是警察）成了波拿巴派的主要组成部分之一。但是，在真正重要的危机爆发时，拿破仑三世也需要军队，例如在 1851 年和 1858 年大规模逮捕政敌的时候。[23]

第二帝国的独特之处并不是警察，而是军队在国家生活中的新地位。但这并不意味着第二帝国是一个军国主义政权，因为军队并没有统治这个国家。在 1848 年 6 月公共秩序得以维持之前，是国民警卫队在危机时期一直维护着公共秩序。在路易 - 菲利普统治期间，国民警卫队被看作一股资产阶级力量。但是，要从广义的视角来理解何谓资产阶级，因为这一队伍征招的对象是除了“危险阶级”（即让爱好和平的公民感到恐惧的流浪汉）的所有人。19 世纪中叶以前，“人身安全”是一个切实需要解决的问题，只有解决了这个问题，才能进一步解决“社会问题”。国民警卫队的作用是利用武装维护国内和平，而军队则肩负着保卫法国边境安全的使命。但是，1848 年，国民警卫队在路易 - 菲利普的统治下已经衰败，不再能维持社会秩序。与此同时，中产阶级竭尽所能地避免履行国家强加给他们的各种义务。军队逐渐成为社会的保护者。在 1851 年 6 月和 12 月，军队都扮演了社会秩序维护者的角色。相比于亲自处理革命问题，资产阶级似乎更乐意让精于此道的军队做这些事，这可能也是要建立一个军国主义国家的原因。

但我们应该记住的是，第一个“军国主义”政权是第二共和国的政权：卡芬雅克将军得到了拉莫里西埃将军和在阿尔及利亚接受过军事训练的官员的帮助，成了共和国的救星。当路易 - 拿破仑成为总统时，他让尚加尔涅将军担任指挥军队和国民警卫队的军事司令。第二帝国时期实际上是一个过渡期。第三共和国适时实行了普遍征兵制，以一种新的方式武装国家。这些士兵要服从军事纪律，军官的选举也不像以前国民警卫队那样。以前的军队是自由的、革命的。为了提高军队的威望，拿破仑三世极力满足自由爱国者的要求。但是在他统治期间，军队因为成为他专制政权的支柱而首次被指责为反动军队。参加1851年12月武装政变可以等同于服一年的现役。国家给予军队大量的恩惠以赢得他们对波拿巴主义的忠诚。1858年，巴黎卫戍部队的上校们向部队军人宣布："军队……在危急时刻要响应号召、发挥政治性作用。"帝国卫队士兵身着华丽的制服，像一支新古罗马禁卫军来保护这个政权。

但矛盾的是，当时的军事体系最大的捍卫者竟然是奥尔良反对派。拿破仑三世十分清楚军队的缺陷，他想效仿普鲁士人建立征兵制。但是，梯也尔等人抗议说，这样的做法无疑会把法国变成一个巨大的兵营。资产阶级相当重视他们不用服兵役的权利，农民则希望能像抽彩票中大奖一样免除服兵役。据说，要求全民服兵役就等同于再一次建立徭役制度。最支持建立一支职业军人队伍的不是波拿巴主义者，而是梯也尔。这一时期，整个军国主义的定义都在发生变化，这是一个很大的主题，本书暂且不做详细展开。人们还会看到，在直接进行军事统治的阿尔及利亚，与其说波拿巴主义加强了对军队的控制，不如说它增强了资本家的力量：大公司被给予极大的特权，可以启动大规模的公共工程。[24]

在拿破仑三世统治的第二帝国时期，议会由忠诚的贵族组成的参议院和有260名成员的"立法团"（即下议院，共和国期间约有750人）组成。该下议院成员由普选产生，但是相比于1848年宪法确立的立法议会权力，这一时期下议院拥有的权力更少。预算和法律的通过都需要下议院的批准，但是下议院被剥夺了提出议案的权力。它能够提出修正案，但是政府没有义务一定要接受它的建议。下议院每年的会期只有3个月，在最初的8年间，下议院的辩论记录只是一份苍白的摘要。由于新闻和公开会议受到严格限制，下议院的作用十分微弱。然而，下议院在1870年开始成为国家的重要力量。这一变化是波拿巴主义演化的核心特征之一。需要指明的是，这并不像一些人所认为的那样，代表着这一体系的崩溃。议会对拿破仑三世施加了各式各样的压力，这也说明了支持拿破仑三世或者同意与他合作的那些人，对波拿巴主义有多种不同的解释。还有人坚持认为，波拿巴主义本质上是“保守的”，政治不是民众需要关心的问题，他们应该把国家大事托付给有责任感的人，然后继续完成自己的本职工作。这一派的人认为，自由是必需品，但是通过自由，他们理解了废除特权的理由；他们支持革命，但秩序是高于一切的要求。许多人认为波拿巴主义抛却了路易 - 拿破仑式的胆小谨慎，认为它是一种民族复兴，在外交方面和物质方面都是一场伟大的爱国主义运动。这种爱国主义因素非常强烈，但并非每个人都会接受它所带来的社会影响。有人坚持认为，当时的帝国并非民主的化身，它并没有将共和主义思想放在重要的位置上，帝国实行的是君主制。一部分人希望这种君主制能被贵族制度、分权制度缓和，权力也应该由那些本应支持“社会道德力量”的名人共享。也有人声称波拿巴主义在本质上是民主的，它是新贵的统治，消除了旧集团的影响，通过改善人们的物质生活、增加人们的财富使得普选制度没有成为煽动者用来蛊惑人心的说辞。有人认为，是强大的中央集权带来了这种繁荣，也有些人更相信自由主义是繁荣的根本原因。[25]

中央集权

如果把注意力集中在第二帝国的议会历史、外交政策或者宫廷阴谋上，人们大概率会得出这样的结论：第二帝国政权目的混乱、行动浮躁，除了再次显示一位独裁主义君主在处理国家问题时的无能，它在法国历史上不具有长久的重要性。第二帝国的重要性在于其他方面，它是民主会议和中央集权的催化剂，后者是法国社会最显著的特征之一。托克维尔的著作表明，中央集权并非由拿破仑一世提出，它的历史可以追溯到古代政权。这使得历史学家开始研究这些起源，其中一些关于旧君主制度权力增加的研究十分有趣，已经得以出版。但是，并没有对于 19 世纪中央集权的发展的类似分析，当时中央集权面临一场令人关注的危机——普选权的宣布及实施。事实上，波拿巴主义是中央集权解决问题的手段，至少在一定程度上是这样的。波拿巴主义之所以能够做到这一点，是因为拥有选举权的农民通过它找到了在中央集权国家摆脱贵族名流统治的办法。在法国南部的城镇和类似城市的村庄，正如人们亲眼所见，共和主义带来了自由。在部分农村地区，人民建立联盟的可行性有限，波拿巴主义国家就为他们提供了推翻旧等级制度的杠杆。这样的代价是中央集权得以幸存，与新出现的民主制度并驾齐驱。第三共和国不得不吸收旧君主制度和帝国的传统，这也是不能将波拿巴主义视为与共和主义完全不同的东西的原因：波拿巴主义仍然被包含在共和主义之中。这也是不能将二者视为象征同一种力量的原因：第二帝国影响了社会变革，而第一帝国没能做到；同样，第三共和国做出了妥协，但 1848 年那些幼稚、乐观的先驱对这些妥协不感兴趣。在路易 – 菲利普在位期间，科尔默南是共和派倡导普选制度的主要人物之一，也是著名宣传册《政权》的作者。为什么他会捍卫中央集权，然后成为拿破仑三世统治时期的议员？这个谜题从上述角度来看便能逐渐清晰。科尔默南说，如果中央集权不能带来自由，那它也会带来独立，而独立似乎是最先需要实现的目标。[26]

波拿巴主义在农民中能获得多少支持的关键在于村庄的贫困程度。中央集权的原则是所有村庄一律平等，至少在公共机构中是平等的。法国有 3.6 万个市镇，平均每个市镇有 1 000 名居民。① 在拿破仑三世统治期间，有 8 000 个市镇的居民还不到 300 人，只有 1 300 个市镇的居民超过了 3 000 人。这些底层民众能够独立参与公民生活的

① 相比之下，意大利市镇的平均人数为 2 845。

可能性微乎其微，特别是他们几乎没有钱参与独立活动。每个市镇为了维持自用，征收的税款都由当地的行政长官严格控制。法国人缴纳的大部分税款都归国家所有。为了市镇的利益，只有极小的一部分被加入税收。较大的城镇可以征收消费税，也叫货物入市税，不过只有1 500个城镇采取了这样的做法。对村庄自身来说，它们还有一项更古老的赋税，那就是每位居民每年需要进行为期3天的筑路劳动，本人不参与劳动的话就要缴纳税款，以便市镇雇用其他劳动力。直到1903年立法通过，才将这种劳动税改为货币税，但是人们仍然有选择权。1911年，仍然有17 947个市镇保留着旧的缴税方式（即劳动税）。货币税和劳动税加在一起构成了市镇的税收来源。此外，市镇的税收（财产）带来的收入也给自身带来了各种各样的好处。对整个法国来说，市镇的财产在当时占国家总收入的11%（尽管事实上有些村庄更加幸运，它们比其他村庄继承了更多的财富：私人收入在本应平等的市镇和人民之间造成了不平等）。补贴是市镇收入的最后一个来源，补贴金额由政府决定，这大大地加强了政府的统治能力。

市镇不能随心所欲地支出自己的财产，国家已经规定好这些钱应该用来做什么。国家规定，某些公共服务本来是属于市镇的责任，所以市镇必须为此支付费用。因此，初等教育、警察的薪水、道路建设和公共财产修缮等费用由市镇承担。地方长官的工作是确保市镇支付了这些费用。国家以追求进步的名义实施的法律越多，市镇的负担就越重，但它们的权力并没有相应地增加。校长（1833年以后，每个市镇都必须聘用校长）由地方长官任命，他的薪资由国家支付，但市镇必须为校长安排任职的学校并解决住宿问题。很明显，一个500人的村庄负担不起建一所学校的费用，因此需要国家补贴。村庄微薄的资源越来越多地被用于那些微不足道但品类繁多的费用上，这些费用累积起来足以成为市镇的沉重负担。当国家的权力增强、活动增多时，一个过时的、不完善的地方税收制度就会严重束缚市镇。如果一个村庄想要筹集和花费不会被强迫上缴的资金，它就必须获得国家的授权去征收额外的税款。但是，法律严格限制了能够征收额外税款的村庄的数量，因为这是在向国家借权。

国家议会一直保持着警惕戒备的状态以确保市镇没有过度的野心篡夺国家的职权。国家议会长期以来都是地方自治社会主义的敌人。议会这样做造成的结果是，与其他国家的情况相比，市镇并没有大量借贷。1890 年，法国各市镇每位成员的债务是 84 法郎，而英国地方当局每位成员的债务为 180 法郎。但是这些借款大部分是由大城镇提供的：246 个城镇的债务占地方债务的 84%。如果把巴黎排除在外，法国市镇每位成员就只有 37 法郎的债务。巴黎、鲁昂和马赛的人均债务分别为 798 法郎、389 法郎和 285 法郎，而纽约、波士顿和罗马的人均债务分别为 288 法郎、650 法郎和 398 法郎。总的来说，农村市镇与国家达成了补贴条款协议，城市则被资本家包围，这能充分解释二者不同的历史。[27]

农村的经济问题也可以通过个案来解释。法国西部德塞夫勒省普里布（Pliboux，1846 年约有 801 人，1911 年约有 522 人）的居民本着追求不断进步的原则，过着一种城市生活，每次追求的“进步”所涉及的开支都十分巨大。第一个问题便是牧师。直到 1840 年，该村[①]才有了自己的牧师，终于不用使用邻村的牧师，但是这意味着每年要为牧师支付 100 法郎的房租。出于体面，牧师需要有一处自己的宅邸，对于此事，他们争论了 20 年。终于，市镇议会在 1851 年通过投票决定给牧师购买一栋价值 2 962 法郎的住宅。但这项开支数目巨大，金额相当于市政全年的预算支出。市镇议会无法负担超过 1 500 法郎的费用，便提议通过征税的方式在每个地区征收额外的税款。地方长官出于良好意愿，首先拨付了 1 000 法郎的国家补贴，又从省级财政拨款中划拨了 1 087 法郎。在牧师宅邸购买完成之后，人们发现对房屋进行修缮还需要高昂的费用，这也成了一场噩梦。牧师向主教提出上

① 法国文化中，“村”是比较抽象的概念，强调该市镇的乡村背景。——译者注

诉，而后主教说服地方长官向政府申请 2 000 法郎，但最后获批的只有 500 法郎。所以，需要征收新一轮税款。直到 1860 年，大约 7 500 法郎的费用才最终结清。该市镇在接下来的 10 年内财政吃紧、负担沉重。有时资金用尽，市镇长不得不自掏腰包给工人和供应商（有可能碰巧是他的叔叔）支付薪资。在这场危机中，市镇长和地方长官的关键作用自然充满了政治色彩：他们带领村民走向文明，也使村民没有陷入破产的境地，如果没有他们的帮助，村民必然会破产。而村民们迎来牧师的过程就像娶一位彩礼昂贵的妻子一样困难。1859 年来了一位新的牧师，他说这所房子太小了。这位牧师想让市镇把隔壁的房子也买下来，这样他的谈话就不会被别人偷听，也可以防止他的宅邸变成客栈或“丑闻之家”。若牧师的要求得到满足，就显示出他的权力到达了巅峰。但是市镇议会无法承担由牧师的这一“妙计”产生的购房费用，所以拒绝了他的要求，并且补充说他们不知道什么是“丑闻之家”，而且无论如何，如果仅仅是为了防止子虚乌有的“污染”而购买邻近的房产，一般房主也不会这样做。尽管如此，经过多年的争论和拖延，这位牧师还是在 1878 年成功地获得了修复教堂的选票支持。2 300 法郎由国家提供，另有 3 152 法郎来自自愿捐款。这项工程的费用在施工过程中像往常一样大幅增加，达到 9 852 法郎，市镇为此捐助了 2 217 法郎。这再次表明，乡村的发展进步多么依赖国家支持。

1878—1888 年，第三共和国宏大的建校项目使市镇一级花费了大约 3 亿法郎，国家还增加了 2.16 亿法郎的补助金。1878 年，普里布市镇制订了修建学校的计划，预计耗资 35 800 法郎，这是它规划过的规模最大的项目。地方副行政长官说，要想实施这一计划，首先要获得 1.2 万法郎的贷款，他们可以向每位居民额外征收 14 生丁[①]的税款，在 31 年内偿还 1.8 万法郎。市镇议会十分谨慎，他们拒绝了会捆绑整

① 100 生丁为 1 法郎。——编者注

整一代人的提议，根据最后的投票结果，他们只贷款 6 200 法郎。但普里布成功地从省里和国家分别获得了 1 万法郎和 2 万法郎的补贴。1910 年，所有的贷款都还清了。学校就像一座宫殿。这是一个很好的例子，一方面说明国家鼓励市镇大力消费，另一方面说明市镇能够利用国家补贴实施大项目，这些项目比它们在财政上独立时想要进行的宏大得多。学校的建设使该所小学教师的重要性达到了巅峰，他生活得十分富足。1840 年，一名牧师每年有 100 法郎的住宿津贴，一名小学教师每年却只能得到 40 法郎的住宿津贴，这一数字在 1855 年涨为 50 法郎，1856 年为 90 法郎，1870 年提高到 120 法郎。小学教师的工资由市镇和国家共同承担，1834 年的工资为 200 法郎，1872 年增加到 1 444 法郎。与牧师不同，小学教师在一定程度上受雇于本地，为乡村服务，直到第三共和国时期，小学教师才完全成为国家公职人员。

但是，市镇议会花在预算主项目——道路维护上的钱，要远远多于花在小学教师身上的钱。大家投票决定每年用 1 000～1 400 法郎进行道路维护，但大部分税款是以劳动的形式缴纳的，乡民们在冬天有很多闲暇时间，因此他们修路的成本十分低廉。但是，他们很快就开始利用政府的补贴去修建新的道路。当他们为自己修路时，就很少将钱转手了。当议会投票通过了宏大的筑路计划并提供大量贷款（1868 年后的 10 年内，每年提供 1 000 万法郎，1880 年提供 8 000 万法郎）时，这些村庄提出了自己的要求，批准了计划，迅速获得了大量补贴（1868 年后，普里布市镇每年能获得 500 法郎的补贴）。同时，在新公路穿过他们的土地时，村民会绞尽脑汁地提出所有可能的赔偿，然而如果是一个纯粹的公共事业投资项目，他们几乎不会这样做。加上财产价值增加带来的个人收益，普里布才用了成本的五分之一就修建好了道路。然而，不能认为只有这些大笔补贴才对村民有意义。人们付出大量精力往往只能获得很少的国家补贴，特别是为穷人争取利益的时候。公共援助是市镇的另一项职能所在，但它依然需要请求地方长官予以补贴：1855 年获得了 150 法郎的补贴，1865 年和 1869 年补贴的额度低至50法郎。1884年，市镇通过投票决定给予一位老人15法郎的补贴。庞大的官僚体系可以影响社会底层赤贫者的生活。[28]

自治市是国家提出的概念，是国家的一部分。与其说它是一个传统的机构，不如说它是一个地理单位。国家统一意味着地方政府并没有多少自治权，它们应是中央政府在边远地区的前哨，国家需要有清晰的权力等级链条进行自上而下的管理。因此，尽管乡村有民选的市镇议会，但其功能十分有限，它的议程是准备好的，会议（非公开的）时间非常短，只在固定时间召开，或者在市镇长召集时才举行。如果议案内容超出议会权限，议案就可能被取消不议。如果议会没有执行国家的计划，那么它就会面临被解散的后果。乡村真正掌权的人是市镇长。市镇长戴着三色的饰带（不同于英格兰当局的装备），表明他是国家的代表，也是市镇的领导者。市镇长的职责是执行国家法律、维护市镇利益。起初，市镇长是由国家任命的。1831年后，市镇长由市镇议会选举产生，因此，“七月王朝”时期开始实行选举制。第二共和国在人口超过6 000的城镇、省会城市和市镇保留了这一制度，在其他地方允许自由选举市镇长。拿破仑三世时期，所有市镇长由国家任命，这强化了国家的独裁主义特征。即使1871年之后恢复了市镇长选举制（巴黎地区除外），中央集权传统的力量对于自治区仍然有不可颠覆的支配地位。议会选举出的市镇长的任期为6年，与议会成员的任期相同，但他们无法罢免市镇长。如果市镇长和议会发生争执，那么失败的通常是后者。每年都会有许多地方长官命令解散议会，以此打破议会和市镇长之间的僵局。

第二帝国时期，市镇长认为自己是政府的代表，是控制公众的重要手段，市镇长的这一想法比任何时期都要强烈。市镇长没有薪水，但是这让他们认为自己更重要了。在洛特省的乡村地区，就有一位这样的市镇长，他也是一位村医。他在人们的赞誉中写了一本书，在书中将市镇长描述为“一种神职，如果一个人没有感到自己内心的变化，那么便不能被授予这一职位。这种变化是必须要超越自己，赢得别人的尊重……市镇长有时候看起来十分高贵，这要么是为了满足人们对他普遍的期望，要么是他的职位给他带来的自然而然的感觉”。用他的话说，市镇长的智商高人一等，财力雄厚，承担着“约束村庄”的责任，只要得到国家的支持和帮助，他就能取得很多成就。但是，与地方长官相处并不是一件易事，地方长官只把市镇长当作一个勤杂工而已。此外，村子里有三股力量——市镇长、牧师和教师，他们之间的竞争让市镇长的工作变得复杂。市镇长面对议会的时候毫不费力：“政府对议会的忽略是完全合理的。”但是，当市镇长试图控制一切时，就会无法避免地招致反对。在与牧师争论之后，这位市镇长便被免职了。他指出，当牧师支持市镇长或者对他忠心耿耿时，市镇长是最成功的；当市镇长可以担任牧师和校长之间的裁决人或者牧师和校长能团结起来让学校变成一种整体优势时，市镇长也是最成功的。市镇长的目标应该是“消除内讧，管控民众，通过给村子带来利益赢得人们对这种‘管控’的热爱”。[29]

国家给了市镇长很大的权势，他可以巧妙运用这一权势，以让村民把他当作对抗外部力量的保护者和村庄内部利益的代表者。在一个社会有大量文盲存在，甚至许多市镇议会成员都是文盲时，市镇长就有十分明显的优势。市镇长可以让任何拒绝与他合作的人的生活变得非常困难：例如，他可以阻碍签署文件的过程，或者不让民众修筑通往自己农场的道路。村民按照市镇长的要求投票便是他成功的标志。正如一位信仰波拿巴主义的地方副行政长官所言：“如果一位市镇长没有足够的影响力，不能让他的臣民（市镇长以此称呼辖区内的村民）为一位政府候选人投票，那么他就不应该继续担任市镇长。”[30]市镇长需要让村民明白：只有把选票投给正确的人，他们才能获得补贴。一位市镇长在他的办公室外张贴了一张海报，敦促村民为政府候选人投票。海报上写着：“我亲爱的臣民，我以最为坚定的信念为你提供建议，只有明智的父亲会给他的孩子提供这种建议。”[31]在农村，市镇长很容易就能见到每位选举人，也能向他们说明选举中重要的实质性问题和地方性问题。为了帮助自己达到目的，市镇长组建了一支自己的官员队伍：副市镇长、乡村警察、筑路工人、收税员、邮递员、依靠市镇长取得营业执照的旅店老板、烟草商（烟草行业属于国家垄断行业）等，其中相当重要的人物是校长，通常他也是市镇长的秘书。这些人形成了一台选举机器，他们的力量渗透每个村庄，任何反对党派都无法轻易与之抗衡。这也就是这么多村庄能几乎毫无异议地以政府要求的方式进行统一投票的原因。而市镇长们却小心翼翼地指出，村民们这样做是想获得补贴或者优惠这样的物质奖励。如果担任市镇长的人是一位机智圆滑、天生就能赢得民心的新人，而非出身于世代统治村庄的家庭，那么村庄里社会力量的平衡就会发生根本性变化。波拿巴主义可能意味着建立一种新的追随者体系，对贵族和名人构成挑战。

守护地方民众利益的是地方行政长官或省长。第二帝国将地方行政长官的权力和威望推到了新的高度。一位地方长官写道："地方长官手中集中了国家的一切力量、国家所有的道德力量，以及市镇的所有市政自由。"他代表着大革命时期所倡导的团结与平等的原则，是"市镇的监护人"，维护市镇公民的权利，同时也把他们当作未成年人一样防止他们犯错。地方长官必须批准自治市的所有预算，但当自治市没有履行义务时，他可以征收税款。他还要负责监督本省所有印刷物、出版物、书店、集市和监狱。正是通过地方长官，当地工程师草拟的各种修筑公路、铁路和桥梁的项目都必须上报至公共工程部。尽管地方长官要服从内政大臣的命令，但作为所在省份的领导人，他统管本省一切事务。地方长官还可以任命市镇长，这是赋予地方长官最大权力的标志。拿破仑三世将地方长官准确地称作"小皇帝"。即使地方长官在1871年完全失去了对市镇长的掌控，但他们的势力仍然极为强大。当选的省议会本应与他们分权，但这些省议会从未取得重要地位。省议会很少被解散，是因为省议员从不为难和阻碍地方长官。省议员倾向于私下采取行动，他们会与行政长官达成私人协议，为自己代表的那个区争取利益。1871年，分权者试图建立常务委员会，想让议会在任期结束后仍然能够作为监督者继续存在，但常务委员会从未变成像地方政府一样的机构。1964年，要对整个体系进行改革的承诺已经持续近一个世纪，最后这一承诺成了法条。地方长官不仅成了省领导者，他作为本省各项工作协调者的角色也得到了加强。[32]

“七月王朝”时期，地方长官的至高权力受到了议员的挑战，议会将“为政府投票”作为条件，要求政府为议会的利益服务。第三共和国时期也面临同样的挑战。由于这两个时期选举活动蓬勃发展，地方长官的任务变得更加困难。但是在第二帝国时期，地方长官有时也能够促进社会力量的平衡。因此，在1870年之后，他们开始面临不同的问题。路易－菲利普在位期间，议员的权力十分强大，其中一部分原因是他们是知名人士，能够独立于政府，利用自己的社会地位对别人产生影响。宣布实行普选制度之后，人们怀疑群众是否会继续被议员的影响力支配。拿破仑三世不得不任命路易－菲利普在位期间接受过国家公职人员培训的许多人担任地方长官，而这些人自然而然地认为名人是不容忽视的。这些地方长官认为自己的工作是调节好名人之间的关系，把他们召集起来共同支持帝国，因为地方长官相信，名人仍然会对群众产生影响，政府只有得到了他们的支持才能获得群众的选票。他们帮助贴着波拿巴主义标签的奥尔良派和正统派的议员在选举中胜出，仅仅是因为地方长官认为这些人注定会获选，与其让他们反对帝国，不如让他们至少在表面上支持帝国。害怕名人的后果便是这些名人的实力得到了进一步的巩固。然后，议会中就会渗透这些“为帝国效忠的人”，但他们的忠诚令人怀疑。一旦革命带来的危险有所减轻，他们就会对国王施压，要求制定更加自由的宪法，这不足为奇。然而，也有一些地方长官野心勃勃，他们想要消灭名人的影响力，然后自己取而代之。1852年，上卢瓦尔省的地方长官写道：“直到现在，政府一直由多个派别统治，现在是这个，一会儿又是另外一个……现在，是时候夺回本就属于政府且不应被他人窃取的最高权力了；政府必须控制好群众的激情，既不追随他们，也不躲避他们……40年来一直利用权力的平庸之才永远不会原谅使他们失去了权力的地方长官……但是，有力的政权可以赢得农民的信心，一个有力的政权知道惩罚和保护的方式是什么。”[33] 1852年和1863年担任内政大臣的培尔西尼长期以来一直流亡国外，他并不相信奥尔良主义，因此他鼓励这些地方长官尽其所能地消除名人的影响力。培尔西尼说：“投票的人是群众，而不是这些旧势力……重要的是，政府应该摧毁每个地区中旧势力赖以生存的基础。”[34]

这种波拿巴主义的结果是，农民习惯了忽略村庄里的贵族和富人。如果地方长官没有让正统贵族担任市镇长，而是找到一个能干的、没有背景的人担任此职，20年后，正面效果就会显现：其管理方式会受到群众的喜爱，公共工程项目也能得以推进，如此一来，贵族的地位就会大大降低。这些地方长官不怎么注重意识形态的灌输，他们在很大程度上将农民的愿望理解为物质需求至上，并且认为农民对政治漠不关心。的确，地方长官可以利用这种政策取得成功，尤其是在农民的确有这种想法的地区。不过，这也是这种政策在南部地区没有什么效果的原因，因为该地区的农民有自己的政党辩论机构和革命机构。但是，在萧条的法国西部地区，地方长官坚持追求当地的发展，通过修建道路和铁路打开有利可图的新市场，为希望在社会上青云直上的人创造教育和就业机会，给那些被高利贷套牢的人提供低息贷款，这些措施让许多农民都不再效忠当地的贵族。西部地区的一位地方长官在1853年写道：“60年前的农民一无所有，今天，每个农民都拥有自己的土地。从此，农民的兴趣凌驾于旧传统之上。当荒地被分割时，农民总是能发现旧贵族制度是他的敌人，要么是因为它让旧的债权再次问世，要么是因为它挖出了老的地契，要么是因为它让贵族利用已经拥有的大量财产的事实要求占有更多的财产。农民的记忆和怨恨没有消失。他们能够进入市镇办公厅，能够有控制贵族后裔的权力，因此感到十分高兴。农村贵族的影响力首次受到了这样的冲击，每次选举胜利（击败了正统主义者）都在一步步地削弱贵族的影响。贵族依靠他们的资本生活，无法从商业和工业中获利，也无法从政府办公处获得工资，于是逐渐陷入了债务危机——抵押登记处会告诉他们债务的具体金额。最后，贵族背弃了‘效忠拿破仑三世’的誓言，不再参加议会审议和集会，这给了他们自己最后一击。这些情况都在农民的持续关注之中……20多年来，在宣布延期复辟的承诺和帝国的举动之中，培尔西尼改变了自己的观点，这些观点每天都带来新的进步和利益，他也立刻变得活力十足、富有仁心。”[35] 在神职人员影响力不大的地区，农民往往会利用管理省的杠杆作用将自己从贵族的控制下解放出来。在法国南特的葡萄种植区，波拿巴主义有时会被看作折中的共和主义。有许多小业主的南特地区周围都是正统主义者：一些人为了维护自己的独立成为共和主义者，也有一些人出于同样的原因成为波拿巴主义者。同样，旺代省巨大的、金碧辉煌的修道院蓬勃发展，取代了地主，农民们害怕再次被征收“什一税”，这是他们选择与政府结盟以反对保王主义的一个重要原因。农民的后代在革命时期对抗了保王党的叛乱，购买了教堂土地或通过国家就业维持生计。萨布勒地区的波拿巴主义者警告农民，如果他们把选票投给保王派的法卢伯爵，那么“什一税”制度将会重新生效。比起任何与小农土地所有制的简单联系，农民对这些传统制度的恐惧更加重要。因为许多农民仍然将选票投给天主教教徒和保王派，但是一旦与旧寡头政治执政者发生冲突，农民就很难再回到过去的生活了。[36]

同样，法国西南部地区在1848年仍然被正统主义者、一些有影响力的奥尔良主义者和激进的中产阶级共和分子的核心人物统治，波拿巴主义者除外。第二帝国改变了这种局面，地方长官致力于削弱名人的影响力。上加龙省省长彼得里写道：“我们的目的是消除一切赋予党派或小集团领导人重要性的东西，在拿破仑三世和群众之间建立一种没有中间人的、直接的交流。任何想要恢复寡头政治和赞助人制度的尝试以及打破行政等级的尝试都是有害的：如果它现在看起来是力量之源，那么以后无疑会成为祸患。”所以，他在公职人员的任命方面小心谨慎，即使在任命最低级别的小学教师、护林员和乡村警察时也是如此。彼得里密切地监视着他们的行动，防止公职人员有任何专制或者无理的举动，尤其是在税收和森林犯罪方面。此外，他坚持公正平等地对待每位公职人员，保护谦卑的人，当然，前提条件是他们要对省长的保护致以敬意。每份工作的授予、每家公共企业的建立都是出于同一个目的。[37] 结果，正统主义者的影响被严重削弱。19 世纪 70 年代，这是波拿巴主义者获得的重大胜利。当然，共和派也受益于旧派系势力的坍塌。1871 年共和派掌权之后，实际上改进了一些波拿巴派地方长官使用过的技巧。这也是法国西南部地区在忠诚于波拿巴派一段时间后又成为激进主义大本营的部分原因。这两种学说的重要性也有相同之处。加斯科尼地区的人适时成了坚定的激进分子，有一部分原因是第三共和国制定的补贴政策达到了第二帝国无法企及的完美巅峰。人们不应该认为第二帝国在这种间接的选举腐败上花费了更多的钱：相反，相比于第三共和国，第二帝国的补贴的确十分微薄。第三共和国的补贴金额从 1880 年的 1 800 万法郎增加到 1947 年的 288 亿法郎。作为实干家，福利性国家取得了进步。规则也在逐步形成，以便在地方机构之间按照某些固定标准分配补贴，例如人口、领土或者富有程度。到一定的时候，我们就能看到共和派是如何改进而不是完全抛弃波拿巴主义方法的了。[38] 在第三共和国时期，法国西南部地区有全国最多的公职人员。政府给农民提供了摆脱土地束缚的手段。该地区的农民的伟大志向是拥有一匹马和一辆马车，解放自己的双脚，离开这片土地，找一份小商贩的工作，或是在运输行业或者商界谋一份事做。“在一些村庄里，某些时候很难找到身强力壮的男性耕作”，[39] 他们经常让女性忙于农活，而自己却游手好闲，想要投机取巧地获得一些收入。因此，公职人员和铁道工人这两类工作极大地引起了他们的兴趣。

如果波拿巴主义者一直依赖于政府的恩惠，这自然就意味着一旦他们不再掌权，那么他们作为一个政党的前途就会变得岌岌可危。在法国的科西嘉岛上可以看到这一幕，在人们眼中，那里是最忠诚于波拿巴主义这项事业的家园。然而，1881 年，它放弃了对波拿巴主义的忠诚，转而把甘必大的支持者举荐到了议会。人们对此的解释是，在科西嘉岛的历史中，决定性的时期是法兰西第一帝国：拿破仑一世给予了科西嘉岛长达一整个世纪的、至关重要的财政豁免权。1910 年，一个接到命令调查科西嘉岛的委员会发现，由于继承税和销售税的削减、低廉的间接征税，以及烟草税、进口税方面的优惠，该岛每年能够节省 350 多万法郎。这就是科西嘉人避免与巴黎政府发生冲突的充分理由，他们在很长一段时间内没有提出修建大型公共工程的要求。但第二帝国并没有给予他们任何特殊的好处，例如在公路、铁路方面的大额开支。所以科西嘉岛十分贫穷、落后，那里的居民想要的是“走出去”的机会。科西嘉岛向法国输出了大量的劳动力，但他们并没有进入工业、商业和家政服务领域，而是选择当警察、军人和公职人员。只有在这些岗位上，科西嘉人才能体验指挥的乐趣、享有尊严，这和他们的战争传统有关，这一传统为他们赢得了最高程度的尊重。波拿巴主义之所以有吸引力，是因为它提升了这些公职的声望。后来，第三共和国也提供了同样的机会，科西嘉人对此不能无动于衷。科西嘉岛的波拿巴主义是被共和国吸收后的另一种波拿巴主义，共和国的警力由延续了第二帝国专制传统的科西嘉人补充。作为一种政治力量，波拿巴主义从科西嘉岛逐渐消失，演变成了一种圣人崇拜。1910 年，拿破仑的出生地阿雅克肖的市镇长（他也是拿破仑阵营中最后的一个人）想要进入议会，他不得不将自己变成共和派的一员。科西嘉岛成了一个安全的激进派阵地，甚至连甘必大的老朋友阿蒂尔·朗克和埃米尔·孔布都被选为当地理事。[40]

提出把中央集权作为解放群众工具这一理论的是杜邦－怀特，他写了许多引起激烈争论的著作，捍卫国家对民族生活的干预。他还是把英国哲学家、经济学家约翰·穆勒的书翻译成法语的人。在怀特看来，中央集权与自由是相容的。怀特反对托克维尔，他认为地方自治并没有使人民在参与国家事务治理中变得更有责任心，因为它所培养的“地方精神”让人们无法看到更加重大的问题。怀特反对英国宪法的崇拜者，他指出英国正在一步步地走向中央集权。他还反对将法国体制描述为“中风的大脑和瘫痪的四肢”的拉梅内，他表示中央集权是摧毁特权、世袭社会等级制度和罪恶的自由主义的必需品。怀特认为，巴黎可以培养出政治精英，比起领导腐朽的地方贵族，政治精英更适合引领民主。他称赞巴黎是新贵的发源地、战场和学校。[41] 因此，在许多人看来，中央集权是反对“封建主义复兴”和贵族复辟最安全的堡垒。法国最高法院院长特罗普隆写道：“中央集权是法国历史最重要、最富意义的特征。罗马绘制了中央集权的框架，但只有法国发挥了中央集权的全部效力。”中央集权之所以得以保留，是因为太多人害怕废除中央集权会将国家统一置于危险之中，他们也害怕一旦废除法国历史中延续了几个世纪的特征，反动派将是其中唯一的获益者。当一小部分人加入奥尔良派和正统主义者的领导队伍中要求实现中央集权（即 1865 年的“南希计划”）时，他们遭到了许多主流共和派报纸的抨击，被描述为“反动派的受害者”。1871 年，当选为法国国民议会共和派联盟主席的阿方斯·佩拉说：“正是因为中央集权，法国才拥有了其他国家无法比拟的优良的国家特质；正是通过中央集权，那些在法国历史上独树一帜的成就才得以实现。”不论是在 1848 年还是 1871 年以后，所有想要推动“去中央集权”的共和派委员会的行动都收效甚微。我将在其他著作中阐述这种怯懦背后更深层次的原因。[42]

然而，第二帝国一面将中央集权推到了新的巅峰，同时又像其他政权一样在推动“去中央集权”的进程。当时的法律只是简单地将一些权力从中央部门移交给地方长官，但没有人接受这一点。人们不应忘记，拿破仑三世是自由主义和强硬政权的信徒。他说过：“现代有可能出现的最大威胁是错误的观点，人们被灌输了政府无所不能的观念，他们还认为任何特定的体系都必须满足人们的一切需求并消除一切罪恶。”拿破仑三世认为，由政府提供的工作数量应加以限制，因为这通常会让自由的国民变成国家的马屁精。这种灾难性的倾向应该避免，因为它会让国家去完成个体能做且做得更好的事情。利益和主动权的中央集权具有专制主义的本质。1849 年，委员会遭遇了“去中央集权”的滑铁卢。1863 年，拿破仑三世要求政府重新开启这一进程。在写给鲁埃的公开信中，拿破仑三世说道：“尽管中央集权体系有它自己的好处，但是随之而来的巨大不便带来了过度的监管。”因此，如果一个小小的市镇想要完成一件大家一致同意的事情，它就必须向 11 个部门提出申请，经过两年的等待之后才能得到许可。因此，法国颁布了两部法律，扩大了省议会和市镇议会的权力。但是这些都没有涉及政治问题，例如市镇长和行政法院院长的任命方式，因此，这些法律已经被人们遗忘了。尽管如此，它们仍然是市镇财政权力解放的重要标志。1802 年，市镇能够在有限的范围内对额外的“什一税”进行投票，最终由市镇长投票决定。1867 年颁布的法律规定，一旦市镇履行了应尽的义务，它就有权力更加自由地决定自己的开支。市镇可以借钱为自己的发明计划提供资金，可以在未经地方长官批准的情况下购买土地，可以进行维修和保养，也可以批准租赁——所有活动的进行都有限制条件，但至少条件是由法律规定而不是由地方长官决定的。1870 年，自由帝国在等待权力下放委员会关于“去中央集权”的报告时通过了一项法律，要求市镇长必须从市镇议会议员中选出。第二帝国时期，“去中央集权”是个一直处于激烈争论中的问题：仅在 19 世纪 60 年代，在不计入小册子和文章的情况下，仅出版的书就至少有 77 本。[43]

这些犹豫不决的折中措施反映了波拿巴主义根本上存在的矛盾。在摧毁地方寡头的政治行动方面，它的措施是有限的。其中的一些限制也并非它的本意。因此，尽管波拿巴主义做出了很大的努力，但它并没有给城镇留下深刻印象。一旦市镇长们要管理上千位选举人而不是几百人时，他们就无能为力了。帝国从未找到摆脱困境的办法，它唯一可用的手段就是施压。尽管帝国在尽其所能压制反对派，它还是未能赢得城市报纸的控制权。因此，在1861年的巴黎，5家亲政府的报纸的发行量只有5.2万份，其中还可能包括1.7万份主要刊登法律和议会辩论的《政府公告报》。与此相反，巴黎“进步人士”的报纸卖出了9.1万份，奥尔良派的报纸销量为3.6万份，正统派和牧师的报纸卖出了3.8万份。这与法国各省的情况非常不同，在各个省份，有202家报纸支持政府，订阅者共计20.7万人；共和派和奥尔良派各自仅获得了13家报纸的支持，订阅人数分别为2.3万和2万；有34家报纸支持正统派，订阅者共计3.1万人。1868年颁布的新闻法放宽了审查制度，一年内各省新创办了150家报纸，其中120家都对政府怀有敌意。[44] 令人怀疑的是，报纸到底能在多大程度上改变人们的信仰，但它们确实是躁动的中心——以它们为中心，大律师和记者带领中下层资产阶级组织建立了反对委员会，卖报者和酒吧老板是他们的选举代理人。

城市大众作为一个整体并不一定对帝国怀有敌意。工业化增加了无产阶级的数量，但并没有自动减少波拿巴主义的拥护者。相反，巴黎新郊区有许多大型的工厂，那里的工人对政府并没有敌意。巴黎的工厂很少，这里的反对党由贝尔维尔领导。住在巴黎的不只有工厂的工人，还有巴黎出生的本地人和从市中心来的流亡者，因为那里的租金对他们来说太高了。他们中的大多数人每天都去市中心的小手工艺品店工作：他们对巴黎西伯利亚贫民区的人们反对现代化而提出抗议。[45] 1869—1870年席卷法国的罢工浪潮有时被解读为工人爆发了对帝国的不满，特别是在一些社会主义国际成员参与罢工之后。然而，这些罢工只是一种轻微的政治性罢工，主要是抗议生活成本的增加。有一些罢工的规模堪比1870年7月在阿尔萨斯爆发的罢工，参加者达到1.5万人，新闻界也对罢工进行了史无前例的宣传。但正如对这些事件进行认真分析的历史学家所说的那样，工人们不是共和派，他们几乎得不到共和派代表的同情——共和派代表们和其他人一样，都十分害怕他们的罢工。事实证明，工人们最好的后盾是政府，特别是在阿尔萨斯，勒克鲁佐政府也可以这样说：当地方长官和雇主谈判时，他们听到了工人们的欢呼和喝彩，以至于有人指责波拿巴主义者将罢工当作对付工业巨头的手段，而工业巨头通常属于自由主义反对派。拿破仑三世从未失去他作为《论消灭贫困》的作者而获得的名誉。[46]致使工人们成为共和派的原因并不简单，因为尽管马克思将波拿巴主义和投机商业联系到一起，但工人们并不一直这么看。因此，波拿巴主义在马赛市从未取得任何进展。但后来，马赛成了一个拥有持续的选民弃权记录的城市（1969 年为 35%，1958 年为 33%），这是一个正统主义者反对中央集权的古老传统，是持续的人口迁移和飞速的经济增长，以及同化外来人口方面的特殊问题。且不谈阶级斗争，在这里，除了殖民地科西嘉岛，波拿巴主义的意义不大。[47]

波拿巴主义体制在乡村地区通常也不能取得成功，因为它的成功依赖于一个很少能得到完美执行的方案。市镇长必须与村里的其他官员和睦相处才能使乡村正常运转，但这并不容易实现。牧师和校长常常自命不凡，乡村的每一场辩论都可能会引发分歧和不满，而那些想要满足私欲的人则会加剧这种不满。一位被开除的前市镇长经常会成为反对派的焦点。随着 19 世纪 60 年代政治讨论的再次兴起，那些目光不仅仅局限于村庄的人很容易挑战整个体系的意识形态。地方长官在选择自己所支持的派系时并不总是能做出灵活明智的决定，而他们的决定也不是始终如一的。因此，对乡村生活的一致看法也不可能一成不变。无论如何，这并不是政府采纳的唯一概念。尽管拿破仑三世定义的波拿巴主义旨在满足大多数阶级的利益，但它也在试图赢得上层阶级的支持。[48]即使是认为国王在群众中“除了最底层民众的支持，一无所有”的培尔西尼，也想赢得“社会最高阶层”的帮助。[49]结果便是，人们没有一直落实废除名人的政策。这取决于地方长官的精力和雄心壮志。因此，在许多情况下，第二帝国的市镇长与“七月王朝”或共和国时期的市镇长是同一个人。不幸的是，还没有人承担起分析市镇长政治身份和地位变化的巨大任务。人们也无法对于波拿巴主义者巩固或消除了名人影响力的比例做出统计说明。

我们从一组有关 1870 年省议会议员的数字可以发现一些非常有趣的事实。当然，这些人的重要性无法和市镇长比较；他们的权力和成形的建制也无法和上议院相比，因此自然要选出显要人物担任议员。不过令人震惊的是，1870 年，贵族在省议员中的比例是 27.6%，1840 年只有 17% 的议员是贵族，1848 年“二月革命”之后，这一比例为 21.5%。这凸显了一个已经存在的事实：贵族阶级的重要性不会随着革命或复辟走向终结。他们中的有钱人成功地活了下来，变得更加富有。有些贵族通过帝国提供给他们的工作和授予他们的荣誉来提高自己的威望：1869 年，45% 的将军、32% 的上校和中校、34% 的行政法院官员、34.5% 的立法机构成员都是（或者自称）贵族。1870 年，省议会中共有 317 名贵族议员，其年收入超过 3 万法郎。其中约 26% 的人在巴黎有住所，因此他们看起来仍然是国家精英。他们比非贵族身份的国会议员富有得多。人们可以用两种方式来看待这件事情：这要么意味着名人的统治仍然存在，议会也承认他们的统治力量，要么意味着贵族的财富必须是平民的两倍才能进入这些议会。尽管如此，和拿破仑一世的波拿巴主义一样，拿破仑三世的波拿巴主义显然也包括一个愿意与旧贵族阶层结盟的组织。还有很多波拿巴主义者自己也准备成为贵族。贵族对 1871 年国民议会的统治不应被视为一种反常的行为，人们也不应认为他们最终随着“公爵共和国”的结束而丧失了权力。1882 年，他们仍然依靠省议会生存，并且明智地接受了共和国，许多贵族便存续得更久。第二帝国并没有对如下群体的社会构成产生任何深远的影响（参见表 5-1）。

人们需要注意的是，制造业者和银行家还未超过总数的 1.5%。1870 年以前，甘必大的“新社会阶层”还未进入这些机构，第二帝国也没有被投机者接管。然而，不应该利用这些统计数字得出普遍性结论，因为像省议会这样的机构在反映政治或社会变革方面始终是迟缓的。但是，这些数据仍然可以用来揭示：巴黎宣布的那些政策在改变地方风俗习惯方面的效率多么低下。[50]

表 5-1 省议会议员的组成

（单位：%）

	1840 年	1848 年	1852 年	1870 年
商人	14.3	14.1	14.5	15.5
自由职业者	23.7	35.8	30.4	29.95
律师	38.2	36.5	33.2	30.5
公职人员	28.2	17.5	19.2	20.95
地主	33.8	32.6	35.8	33.6

注：由于个人会有多种职业，故百分比之和大于 100%。

波拿巴主义面临了共和主义在 1848 年遇到过的同样的问题，那就是缺少领导者。绝大多数受过教育的人都曾经服务于其他政权，并且受到相应的恩惠，从而在事业上获得成功。因此，1852 年，被视为傀儡集合体而被频繁解散的议会中有不到三分之一的人从任何角度来看都是波拿巴主义者。其中有很多人在 1848 年以前是奥尔良派。能清白地追随国王的人并不多，他们要么是拿破仑三世的个人追随者，要么是社会等级低下的人，拿破仑一世一点儿也不喜欢这些执法官和地方长官的后代。在第二共和国时期，内政大臣莫尔尼解散了这些小规模煽动者成立的波拿巴主义委员会，因为他们干扰了莫尔尼拉拢大资本家的政策。在这个委员会里，正统主义者、奥尔良主义者和波拿巴主义者一样多——这是事实，但如果要改变这种政权的性质，就要支持它。新出现的白手起家的人、商人、实业家和律师这些帝国寄予厚望的人只占总数的六分之一。波拿巴主义轻率地看待正统主义这一现象是至关重要的。正统主义者有时被波拿巴主义者用来打击他们共同的敌人——受过教育的自由主义者。有时他们也互相欺骗对方，目的是破坏保王党的传统基础。然而，有时正统主义者和奥尔良主义者都被留在原处，因为波拿巴主义者觉得无法赶走他们。因此，波拿巴主义者的影响力在不同地区差别很大。第三共和国时期，共和派甚至从未尝试去赢得他们从未留下深刻印象的半数选区的支持。[51]

此外，虽然有些省份的地方长官增加了行政权力，从中央集权的统治中获得了政治优势，但政府并没有继承旧贵族的影响力。波拿巴主义者也创造了自己的新名流阶级。随着帝国进入一个更加自由的阶段，政府也放松了对各省的控制，政府的支持者发现他们不得不更多地为自己考虑。他们苦心赢取的支持者变得更加独立，甚至越来越有个性。他们的忠诚成为一种"新型封地"的核心。通过私下的接触交往，选民已经被波拿巴主义灌输了很久，根深蒂固的波拿巴主义足以在第三共和国继续存在。特别是一些地方长官在接触群众方面有着特殊的天赋，这一点与贵族和拿破仑三世都不相上下。例如，莫特将军为农民们举行了盛大的宴会，将他们选为村里的消防队队员，这几乎是一支能对抗正统主义者宗教团体和共和派俱乐部的私人军队。他对名字有着非凡的记忆力；他总是乐于帮助任何愿意接受他的领导的人；他花了两任妻子的大量嫁妆，辖区陷入了巨额赤字，正如他所说的那样，"绝不拒绝任何事情"。他把曾经隶属于奥尔良、帕西和德布罗意家族的诺曼地区改造成了波拿巴主义者的大本营。1876年以后，他在议会中担任代表。在其他地区，立法机构的成员迫使软弱的地方长官为他们的目的服务，他们也以同样的方式运用国家权力。因此，波拿巴主义者增加了名人影响选民的方式，同时也摧毁了名人这一概念。

自由帝国

在共和史上，第二帝国被认为是法国历史上的一个缺口，是议会政府发展的中断时期，是自由被压抑了近20年后的一个反动时期。

这种观点亟须改变。法兰西第二帝国在保障公民自由方面取得了重大进步，这一点十分重要，因为第二帝国同时也在加强对政治自由的限制，二者是相互矛盾的。从历史上看，法国在大部分时期都是一个奉行保护主义的国家。1860 年，拿破仑三世与英国签署了一份通商条约：法国将征收进口关税的英国商品减少到总数的 30%，英国则降低法国葡萄酒的进口税。随后，第二帝国与德意志关税同盟，以及比利时、意大利、瑞士、西班牙、荷兰、奥地利和葡萄牙签订了自贸条约。但是，法兰西第三共和国迅速恢复了贸易保护：直到 20 世纪 70 年代，拿破仑三世才被视为推动法国加入共同市场的先驱。拿破仑三世的意图在一定程度上带有政治色彩：他希望巩固与英国的同盟，但侧重于经济领域，目的是通过竞争刺激法国的农业和工业，通过降低价格造福民众。然而，这次关于自由贸易的尝试存在严重的管理问题，由于政策失当，工业还未做好准备迎接这一颠覆性的变化，也未能从中获得政治资本。因此，在工业适应自由贸易的过程中，各种巨大而无法调和的反对意见产生了。这造成的结果是，虽然法国对英国出口的葡萄酒翻了一番，但是其影响仅限于优质葡萄酒，普通葡萄酒的大型生产商几乎没有获益。丝绸业获得了巨大的经济收益，尤其是美国南北战争期间市场关闭以及高关税的限制，使得英国市场变得空前重要。在第三共和国时期，干邑白兰地、阿玛尼亚克酒和苏特恩白葡萄酒的产区一直是波拿巴主义者的领地，但是并不确定这应该在多大程度上归功于第二帝国的商业政策。因为早在 1848 年，夏朗德省[①]就为路易－拿破仑投了赞成票，而里昂市的丝绸工人却始终对他怀有敌意。

法国工业总体上处于转型期，修建铁路极大地促进了钢铁生产，并且大大降低了运输成本。1860 年以后，高产的钢铁公司不再从英国进口生铁，甚至还能出口大量的铁制品，尤其是火车头和其他机械设备。那些现代化程度较低或者由于高生产成本、运输不善、矿山资源

① 夏朗德省是全球最优质的干邑产地。——译者注

枯竭而止步不前的公司却强烈反对自由贸易。在棉花行业，自由贸易问题和美国南北战争问题混淆在一起——美国停止了原棉供应，并且要求法国改变从印度进口棉花的政策。许多小公司没有足够的资金应对这些变化，产品价格的快速波动使它们处于不利地位，有很多企业因为没有获得贸易保护而破产。19 世纪 60 年代，鲁昂地区 32 家印刷厂中有 12 家倒闭，但这与英法之间的竞争没有多少关系，因为英国也面临类似问题。羊毛和精纺织公司受到自由贸易的刺激，开始使用电动织布机：1856—1867 年，鲁贝市电动织布机的数量增加了 9 倍，该市通过专业生产特定布料，把对英格兰的出口额翻了两番。但是在法国北部滨海塞纳省的毛纺织业中心埃尔伯夫，保守的制造商未能适应新的状况，也正是他们发起了对自由贸易的抗议。自由贸易只存在于部分行业，它留下了足够的保护空间，防止法国市场被英国商品淹没，但是这也足以让拿破仑三世在大部分商人中丧失威信。这些商人为了获得政治自由，积极地参加自由运动，但是在其他方面，他们未必拥有自由。[52]

在其他方面，拿破仑三世也追随着英国的脚步，但他的行动又一次未能获得人们的赞颂。因此，他在 1864 年颁布了一项法律，允许工人联合起来举行罢工，以改善他们的状况（很显然，这是拿破仑一世严格禁止的行动）。实业家们惊骇不已，发起了十分激烈的抗议。工人领袖抱怨说，这会伤害工会，因为（按照 1825 年的联合行动法案）它承认了“工作自由”，并且允许罢工，也就是保护了工贼，而且因为这项法律中存在“在组织罢工过程中禁止进行‘欺诈活动’”这样的措辞，所以它看起来似乎是一个漏洞。事实上，拿破仑三世的主要错误是未经任何考虑就颁布了这项法律：为了让议会通过该法律，他选择了背叛左翼人士埃米尔·奥利维耶。但是充分协商之后，拿破仑三世仍然没能获得工人和共和派的支持。在当时的情况下，这几乎是不可能发生的事情。奥利维耶甚至想要实行强制仲裁，但最终未能如愿。1884 年，法律取消了 20 年前对罢工者施加的限制。但是，历史学家施亨利认为，1864年的法律是“法国社会历史上最重要的一部法律”，在这一点上，他是正确的。[53] 从经济学的角度来看，1867年的法律同样重要，该法律允许自由成立有限责任公司，而不需要政府偏袒。实施的其他措施也“将工业从前政府的束缚中解放出来”，例如工厂安装蒸汽机、开设铸造厂都不需要申请国家批准。屠夫、面包师和出租车司机也从他们所遭受的繁复管理中被解放了。[54]

拿破仑三世统治下发展起来的波拿巴主义深刻影响了共和主义的特性。1870年以后，共和主义发生了巨大的变化。1848年以前，共和派对于他们想要确立何种宪法意见不一。在布朗基和孔德的领导下，共和派中有一股强大的力量支持独裁统治。根据1793年的传统，赖德律-洛兰主张通过公民投票组建政府。一位强大且独立的总统通过1848年的宪法调整了立法议会。在民主党人眼中，贵族化的、封建的英格兰不是法国的榜样，路易-菲利普的议会政府是混乱无序的。拿破仑三世通过展现共和派空想家的幼稚破坏了他们的名声，在很大程度上消除了他们的政治影响力。但是在拿破仑三世执政后期，他制定了宪法，在许多方面实现了这些人以前的梦想——因为他也继承了“二月革命”和浪漫主义时代的传统，这使得共和党人在反应过程中不再对强势的总统和公民投票抱有兴趣。

1870年的自由帝国是1815年在本杰明·贡斯当的启发下法国特殊政权的复活，它远非杜瓦杰这样的政治家所宣称的“奥尔良主义迟来的胜利”。自由帝国想要建立的是代议政府，而非议会政府。这种观点认为，解决专制的办法是分权，而不是把君主的权力移交给议会，因为议会对个人自由产生的危害和贵族一样大。行政机关应当保持独立，行事时“遵循原则而非部长意愿”。立法机构应当举行自由选举，但这仅限于立法机构。[55]

19世纪60年代，政治自由逐渐加强，这通常被解释为拿破仑三世被迫做出的让步，因为外界越来越敌视他的专制统治。毫无疑问，反对拿破仑三世的声音在1851—1852年的危机中被压制了，当时大部分民众真正害怕的是社会主义者接手政府会带来的威胁。这种反对的声音在威胁减弱的时候再次出现，而且对拿破仑三世执政的不满让反对的声音越来越大。拿破仑三世的保守派和牧师联盟开始醒悟，民族主义支持者对其外交政策感到震惊不已，萧条的各行各业也将问题归咎于他，工人阶级的政治活动再次活跃，来自逐渐摆脱审查制度的新闻界的敌意，老党魁重新返回政治舞台……这些加在一起，让拿破仑三世感到自己正走向衰落，正失去声望。他认为，如果想要拯救他的王朝，避免一场企图推翻政权的革命，他就必须做一些十分引人注目的事情。然而，政权内部为实现帝国自由化而努力的独立力量不应被忽视。拿破仑三世一直认为自己不仅仅是在表达公众舆论，他还可以在舆论具有自我意识之前就感受到它的变化。他一直把政治看作妥协和比较的艺术。拿破仑三世既相信自由，也害怕自由。他一直很欣赏英国，因为它赋予国民"尽情表达意见的自由和实现所有利益的自由"，能在激烈的辩论和危险的竞争中维持"完美的秩序"，激发私人企业和个体的主动性，实现商业和工业繁荣。

莫尔尼也认为，正如发动政变是从激进分子手中拯救社会必须做的那样，19 世纪 60 年代也必须进行自由改革，永久地摧毁激进分子，为王朝奠定"不朽的基础"。他坚信，顽固地拒绝变革必将导致 1830 年和 1848 年的革命重演，而 1848 年的革命恰好是由 1830 年的革命引起的，每次革命的爆发都推迟了下一代人迎来稳定的时间。莫尔尼特别热衷于维护公民自由，因为他认为法国政府非常强大，所以需要保护个体的自由免受其害。他不想恢复路易 - 菲利普的议会政府，只想扩大立法机关的权力、放宽限制，以及终结裙带关系。他梦想以实现"黎塞留自由"为自己赢得声誉。

莫尔尼找到了当时著名的记者埃米尔 · 德 · 吉拉丹作为他的重要盟友，埃米尔创造了"自由帝国"一词，这标志着波拿巴主义的新理想。鉴于 19 世纪 60 年代的新形势，之前支持独裁政府的埃米尔敦促拿破仑三世实行君主立宪制。拿破仑三世的许多支持者都是前政权的议会成员，享有相当大的权力。在1852年的危机中，他们不得不接受专制统治。渐渐地，他们觉得可以通过承担一些责任来提供帮助。在1869年的选举中，他们拒绝了之前十分看重的政府正式候选人的头衔，成立了新的政党，介于反对派和始终反对改革的王后派之间。梯也尔很可能是这些自由波拿巴主义者的领导者。难道他没有像其他人一样采取行动来恢复拿破仑一世的荣耀吗？1840年，路易－拿破仑在布伦市登陆时任命梯也尔为首相，目的是夺取他叔叔拿破仑一世的王位。路易－拿破仑和梯也尔进行了一番讨论，但梯也尔提出的条件太苛刻了：他既希望彻底放弃拿破仑三世“民族领导者”的称号，又希望完全恢复路易－菲利普那种由一位首相掌权的议会政府。如果路易－拿破仑的傲慢没有招致如此多的憎恨，那么可能会有更多的人去努力说服他，梯也尔也可能会带领帝国走上一条新的道路，就如同他后来成了自己长期反对的共和国政权的救世主。

最重要的是，自由帝国是通过拿破仑三世与埃米尔·奥利维耶的合作实现的。因为奥利维耶将法国牵扯进了普法战争，更重要的是，法国战败了，奥利维耶受到了后人的苛待。他抛弃了共和派，成了波拿巴主义者，所以他被人们谴责为“自由道路上的叛徒”。如果战争没有发生，奥利维耶现在可能是以“19世纪最原始的政治实验之一的制造者”的形象存在于人们的记忆之中。甘必大在年轻的奥利维耶身上同时看到了“狐狸的激情”和“皮特[①]的政治天赋”，但后来甘必大认为奥利维耶不切实际，是个不同寻常的代表，因此抛弃了他。甘必大说，奥利维耶和拉马丁一样，都是可恶的政客，有着出色的语言能力，是优秀的演说家，但是他们都看不到现实的世界。奥利维耶是一个烧炭党人的儿子。1848年，年仅22岁的奥利维耶就被任命为马赛市的地方长官。他对1848年革命精神最纯粹的表现之一就是寻求各方的团结和阶级的融合，宣扬基督教和兄弟会，改善工人的状况。但

① 皮特父子曾分别担任英国首相。——编者注

是他失败了，因为他无法用言语结束旧时的对立。1857年，他作为共和派反对党的一员进入议会，但他比以往任何时候都更加有意避免对该政权进行纯粹的党派批评。尽管奥利维耶痛恨帝国的专制，但别人的说服使他相信为推翻帝国而进行革命是徒劳的，因为革命不可避免地会引起反作用，使法国陷入动荡的因素也会重新出现。由于共和党人的最终目标是自由，他希望把自由事业放在首位，也愿意支持任何为自由而努力的政权。他不会把党派夺取政权作为首要目标，他内心的榜样不是法国大革命领袖乔治·雅克·丹东，也不是罗伯斯庇尔，而是华盛顿。奥利维耶从心智上来说是一位折中主义者，他了解昂方坦、圣西门和蒲鲁东，读过本杰明·贡斯当、德·迈斯特和蒙塔朗贝尔的著作，也十分害怕宗派主义。从文化角度来看，奥利维耶是一个欧洲人：意大利是奥利维耶的“第二故乡”，他写了几本关于意大利绘画的书，还和画家爱德华·马奈一起游览意大利；他是接受瓦格纳的音乐流传到法国的第一批人之一；他和匈牙利著名作曲家李斯特的女儿缔结了婚姻。他谴责拿破仑三世的外国冒险，但同时也认为的确需要一位强有力的领导者。奥利维耶相信，如果迫于舆论压力，拿破仑三世有可能成为法国自由的奠基者。奥利维耶和拿破仑三世见面之后，经过一系列的迟疑，二人终于能够融洽地相处。1870年1月2日，自由帝国宣布成立。在帝国统治时期，各省的领导者首次由议会的大臣组成，这些人占政府领导者的多数，以奥利维耶为首。通常情况下持怀疑态度的《两个世界评论》表示，这种专制主义的转变“如果不是所有革命中最伟大的革命，则至少是最有趣、最有益和最合时宜的革命之一”。

自由帝国开始实施一项庞大的国家机构改革计划。委员会的成立参照了英国模式，由各党派的杰出成员组成，目的是制定结束中央集权的法律，建立巴黎自治政府，消除大学的垄断地位，为新工业时代制订技术教育计划，改善通信方式，修订《刑事调查法典》，建立“社会治安”制度，团结雇主和工人。政府提出的议案内容包括废除任意逮捕权，停止征收报纸印花税，确立针对新闻犯罪的陪审团审判制，让工人不必携带证件。政府成立了一个新的艺术部，目的是结束“对品位和智慧的蔑视”，这种蔑视会使许多作家和艺术家同帝国逐渐疏远。法兰西学院出人意料地一致同意接受奥利维耶为其成员。在一次公民投票中，67.5% 的选民支持新宪法和改革政权。拿破仑王朝似乎迎来了新的生机和形象。

自由主义当然是有限度的，它整个思想的界定模糊不清。自由帝国遭到共和党领导人的拒绝，极端左翼人士组织了暴力示威，警察对此进行了残酷的镇压，他们接到命令逮捕工人国际协会的所有成员。左翼人士发动革命引发的威胁被用来制造危机感，得到了反对派的支持。后来的事情说明反动派是背信弃义的：一旦公投获胜，以王后为首的反动派就开始破坏新政权。国王也不能完全抛弃独裁时期的盟友，奥利维耶在议会的多数支持者的地位岌岌可危。宪法留下的问题是最终的权力归属。事实上，虽然奥利维耶坚持的首要原则是政府应该以民众的认可为基础，但他也认为不应该由议会、国王或人民任何一方掌握绝对权力。他相信，分权和制衡能够防止任何一种力量的专制。然而，奥利维耶的理论十分难以捉摸，对大多数人来说，他们害怕拿破仑三世因宣称“对法国人民负责”而收回所有做出的让步。普法战争的爆发让这个自由主义版本的波拿巴主义免于接受 7 个多月的审判。[56]

简单地说，波拿巴主义意味着繁荣。有人说，这基本上就是拿破仑三世在法国国内的政策想要达到的目标。当然，1870 年后，人们为第二帝国的一切感到遗憾，也包括它所带来的繁荣。尽管在第二帝国之前，法国的主要活动集中在外交、司法和警务，但是在拿破仑三世统治时期，国家的经济发展是当务之急，取得了引人瞩目的成果。拿破仑三世写道，其思想“不是战争的思想，而是社会、工业、商业和人道主义的思想”。他曾经在经济领域实行的专制主义包括政府完全控制公共工程及其融资，所有大公司董事的任命和面向公众开放认购的新业务都需要政府批准。这样，就形成了中央计划和控制的经济。金融家和实业家获得了新的声望，这似乎实现了圣西门给予他们国家领导地位的梦想。“七月王朝”无休止地讨论铁路应该由国家建造还是由私人企业建造（其中一些人，包括梯也尔，对铁路感到害怕），浪费了数年时间。1848 年修建的铁路里程只有 1 931 千米，1852 年的铁路里程为 3 000 千米，这还是由 24 家不同的公司独立修建的，铁路线路无法相连，此类公司也由于资金不足经常破产。拿破仑三世并不担心主要的资本家变得过于强大。他把庞大的铁路修建项目分给 6 家地方公司，为它们的股份提供国家担保，使得全国主要干线的全面建设成为可能。截至 1870 年，大约有 18 000 千米的铁路投入使用，这大约是已经建成铁路里程的一半。1852 年，法国仅有 17 个电报站，电缆线路总长度为 2 133 千米，到统治时期结束时，电报站的数目增至 1 500 个，电缆线路总长度达 3.7 万千米。因此，不仅国家的通信迎来了天翻地覆的变化，为商业和工业的发展开辟了新的可能性，而且铁路将城镇连接起来，使得城镇走向繁荣，其重要性不断加强。对经济发展来说，降低运输成本要比施加保护性关税重要得多。例如，保护性关税可能使一箱煤的价格上涨 15 生丁，而过去运输一箱煤的成本高达 2～6 法郎。

在豪斯曼的指导下，巴黎发生了天翻地覆的变化：充满古典气息的宽敞、笔直的林荫大道取代了混乱喧嚣的狭窄街道，第一次实现了城市中的快速跨越。新建成的给排水系统消除了弥漫在城市中恶臭的气味，布伦市和温森市从城市中心至边缘地区都修建了英式公园。西岱岛上大部分私人建筑都被拆除了，取而代之的是官方的建筑物；歌剧院和巴黎大堂拔地而起；巴黎综合理工学院、巴黎美术学院、巴黎高等矿业学院和国家图书馆都进行了重建。其他大城市也进行了类似的、较小规模的改建，例如里昂市、马赛市和勒阿弗尔市。法国学者泰纳说，自罗马时代以来，这样的事情是第一次发生。曾经的失业群众变成了匆匆忙忙的建筑工人，这是建筑师和工程师的全盛时期。在城市重建的高峰期，巴黎 20% 的劳动力从事建筑工作。然而，这一切给拿破仑三世赢得的支持实在不值一提。在所有的投机买卖、征用补偿和商业机会中，有些人获得了收益——其中一些人积累了大量财富，但是闪电式的重建活动也引发了嫉妒，带来了破坏和新的问题。城市里的财产价值变得极其混乱，存在很多不公之处：分配补偿时的欺诈行为，商业活动被破坏，以及修建新街道、税收和租金上涨带来的问题。市中心的工人被驱逐到郊区的贫民区，移民大量涌入（例如，里昂市的人口从 1854 年的 25.8 万人增至 1865 年的 35 万人）加大了压力和竞争力度。巴黎的重建花费了约 25 亿法郎，这个数额是政权初期城市正常年度预算的 44 倍。这笔钱是绕开立法机关筹集的，避免了立法机关通过各种策略对其进行控制，其中有些策略是非法的。因此，豪斯曼的工作被认为是专制主义不负责任和专横的缩影。这项工作是在对这座城市进行史无前例的抵押的基础上完成的。正统的金融家们拒绝将城市重建视为一种贷款，他们认为应将其视为投资，而且利息很容易从随后的较高价值和税收中得到偿还。1855 年，豪斯曼直接向公众借款。后来，有些叛变的动产信贷银行对他进行了资助，使得金融界所有传统势力都开始反对豪斯曼。这些城市从第二帝国中受益最多，至少它们是直接受益者，但它们也是第二帝国最大的反对者。

铁路修建也面临相同的情况。政府无力支付这些费用，但它向投机者和企业提供了支持，因此，这些企业能够调动所有阶层的存款，并在这一过程中赚取巨额利润。这一切激起了敌意。政府可以回答说，运河、港口和公路这些只利用传统财政手段修建的工程取得的进展较小。尽管如此，在以合法性和节约为名义反对修建铁路之后，名流最终控制了铁路建设。1857 年，他们成功地获得了小规模铁路的经营权，这些铁路线路不再是法院的宠儿，而是属于社会名流。[57]

第二帝国时期，各个领域都很繁荣。有数据表明，当时国民收入增长了一半以上，工业收入增长了 73%，农业收入增长了 58%。经济学家对这些数字存在一些分歧，由于资料不足，这些数字的确难以计算。在法兰西第二帝国何时达到繁荣巅峰的问题上也存在分歧，有些人认为，早在 1857 年，第二帝国就到达了巅峰，另一些人则认为这个时间点是 1859 年或者 1868 年。但毫无疑问的是，相比于停滞不前的 19 世纪 80 年代，第二帝国的确是一个繁荣时期。不同的省繁荣的程度不尽相同。无产阶级化没有取得很大进展。1865 年，70%～75% 的工业劳动力仍然是工匠。工匠的产值增加了 22%，大型工业的产值增加了一倍。一些行业的年均产量增长率非常高：煤炭为 6.1%，印刷为 8.2%，天然气为 11.8%，橡胶为 12.5%。所有工业产品的年增长率为 2.3%（这些是帝国初期的数据）。[58]

然而，上层阶级似乎从这种繁荣中得到了比大众多得多的好处。[59]

表 5-2 1850—1870 年上层阶级的利润与工资数据

	利润（%）	工资标准（法郎）	实际工资（法郎）
1850	100	100	100
1860	220	113	97.4
1870	386	145	128

因此，尽管昂赞地区矿工的工资在第二帝国时期上涨了 30% 左右，但昂赞矿业公司每年支付的股息增加了两倍。[60] 正如法兰西第一帝国创造的神话一样，任何士兵都有机会成为元帅。因此，人们相信拿破仑三世时期的工人仍然可以实现独立。1872 年进行的调查已经证实了这一点，调查显示 80% 的雇主以前是工人，15% 的雇主是工人的儿子。[61] 第二帝国时期，缴纳专利税的人数增加了 16%，这意味着 25 万人拥有独立的商业或工业机构。然而这一时期的工厂数量并没有增加，尽管它们的建筑价值增加了两倍。这表明大公司表现最好，而且通常情况下它们不会被正在崛起的工人群体收购。储蓄账户（有些是工薪阶层的）从 74.2 万个增加到 207.9 万个。[62] 第二帝国实现繁荣的

原因是，一些人实现了富裕，其他人也拥有追求富裕的希望，但是不完全确定每个人都能实现富裕。城镇工人的物质条件很少得到改善，有时情况变得更糟，但多数情况下是稳定的。[63]从事技术性职业和新工业的人做得很好，但工匠们经常陷入困境。巴黎一半以上的劳动力负债累累，只有四分之一的人在设法存钱。据说，巴黎有100多万人处于濒临饿死的贫困状态。然而，与路易－菲利普和共和国最后几年发生的危机相比，第二帝国确实是一个黄金时代。尽管1857年和1866年之后确实出现了两次经济萧条，但没有发生群众最害怕的灾难性失业。从这个角度来看，第二帝国意味着繁荣——它带来了充分的就业和不断扩大的市场。

自相矛盾的是，相比于城镇工人，给予拿破仑三世更多支持的是农民，但他们并不一定总是比城镇工人更加富裕。例如，阿尔代什省省长在1859年的报告中提到工人们的表现很好，但是农民们陷入了困境，6年来庄稼的收成十分不好；1866年的报告显示农业情况依然不理想。下夏朗德的农民的确很富裕，他们开了很多歌舞厅供自己消费消遣，但其中最富裕的一些农民对政府怀有敌意。不幸的是，拿破仑三世时期没有针对农民进行过研究，因此没有任何一个总体的描述是完全真实的。[64]然而可以肯定的一点是，拿破仑三世并没有给农民发放"贷款"，他自己和许多人都认为这是农民主要需要的东西。信贷银行在土地上的投入少之又少，它一分钱都没有给小人物，也没有取代司法人员控制的抵押体系。铁路确实为农产品开辟了新的市场，但是也吸引农民离开了土地。拿破仑三世从不同阶级那里得到的支持不能简单地与这些阶级从其统治中获得的物质利益联系在一起。

同样，第二帝国也为教会做了大量的工作。它增加了牧师的工资（和增加士兵的工资一样），牧师的人数从4.8万增加到5.2万。它帮助教会开设了更多的学校，甚至赋予教会管理国家教育体系的一些权力。无论如何，第二帝国是建立在与教会结盟的基础之上的。牧师们以牺牲教授们的利益为代价恢复了自己的统治地位，教授们没了话语权，要接受牧师的管理。然而，这是一个非常不稳定的联盟，双方很快就感受不到他们最初表达过的善意了。拿破仑三世帮助意大利新王国吞并教皇国，但是他不敢一直这样做，所以开始支持罗马教皇的俗权。19世纪60年代，拿破仑三世与神职人员冲突不断。1864年的教学大纲谴责自由主义，将神职人员的教皇绝对权力主义、政治野心和反动倾向推向了新的高潮，拿破仑三世与神职人员无法再继续合作。尽管如此，波拿巴主义仍然是矛盾的，在教会内部是分裂的。波拿巴主义和教会痛苦的、破裂的联盟最终成了一个致命的弱点。[65]

第二帝国又一次没有在外交政策上找到可以团结全国甚至能赢得广泛认可的明确方向。人们对拿破仑三世的外交目的给出了各种各样的解释，有些人认为他有一个根深蒂固的目标，尽管他们对于这个目标到底是什么存在分歧，有三种看法是：拿破仑三世的民族主义、将法国扩张到莱茵河畔的愿望，以及和意大利联盟的雄心壮志。[66]弄清楚他的外交目的是不可能的。拿破仑三世推行外交政策的方式十分神秘，以至于他的大臣们常常不知道他在干什么。他雇用了一些似乎与他意见不同的人来领导外交部：外交官德律安·德吕是一位奥尔良主义者，他信奉秩序和传统，反对一切革命政策；瓦莱夫斯基是一名天主教教徒，支持教皇，反对拿破仑三世帮助建立的意大利王国；图弗内尔也是一位外交官，他愿意听从国王的指示，但这种情况并没有持续太久。无数人围绕在拿破仑三世身边，催促他在各种领域展开行动：从主张国家荣誉、尊重教皇的王后，到反对教皇的杰罗姆－拿破仑王子，再到只关心和平与商业扩张的商人，这些人都在不同的方向上敦促他。拿破仑三世似乎在用他沉思和密谋的天赋抵抗所有压力。他的成长经历给他带来了许多希望，也留下了深深的恐惧，因此，他非常痛恨战争。当被卷入意大利的一场战争时，他迅速地结束了这场战争，在普法战争中，他投降的速度更快。在这一点上，他和他叔叔拿破仑一世有很大的不同。拿破仑三世认为解决国际争端的最好办法是召开会议，而且他自己一直在呼吁召开会议。他不想被公众舆论左右。

事实上，拿破仑三世一直无视公众舆论：意大利和墨西哥战争并不是由于他感受到了大众的压力，而且他的大多数随行人员也反对战争。直到1867年之后，他才觉得爱国的自豪感迫使他对普鲁士采取不同的应对方式，而他却为此犹豫不决。与和他有同感的人相比，他更算得上一个欧洲人，因为拿破仑三世是一个世界主义者，7—40岁，他都没有住在法国。拿破仑三世宣称，欧洲国家之间的战争都属于内战。不过，他也是一个爱国的法国人，内心有一种侨民的热情，他觉得由于名望而获得的东西得到了加强。拿破仑三世决心抹去1815年的耻辱，恢复法国原有的威望，终结路易-菲利普的胆小政策。他把这些想法结合起来，形成了一个模糊的希望——在民族基础上复兴欧洲。他的最终目的可能是建立一个由民族国家组成的欧洲联盟。

因此，拿破仑三世是恢复法国荣誉的支持者，但他反对完全自私的国家政策。他宏伟的构想与周围的现实脱节，如果只是用寻常的方法去实现自己的目标，那么他一定会失败。被宏伟的目标冲昏头脑令他陷入灾难，以致看不见眼前的障碍。拿破仑三世的使命感让他在困难面前不肯罢休。正是凭借这种狂热，他不顾一切地夺取了王位。如他自己所说，如果没有烈士精神，他就不可能坐上王位。他努力打造与英国的友谊，以确保自己不会遭遇和叔叔一样的命运。但是，拿破仑三世从未成功地消除英国人对他的戒心。为了保持政策的一致性，他被太多宏大的目标吸引。他不但希望法国能在雅各宾派传统的基础上引领世界，而且想在古代君主制的基础上保护天主教，同时通过发展经济实现欧洲的物质繁荣。本系列丛书的《焦虑与伪善》已经讨论过拿破仑三世复杂的国外冒险历史，此处无须赘述。[67]法国利用这些混乱的目标和个人方法实现了进步，但这些混乱意味着拿破仑三世最终被无能拖垮。[68]

1870 年后的波拿巴主义

1870 年后，波拿巴主义并非完全失去了希望。现在还不确定它的机会是否比保王派的机会少得多，因为尽管第二帝国以一种灾难性的方式终结，人们依然对它忠心耿耿。20 多年的统治造就了强大的波拿巴主义政党。市镇引起的恐惧和其他政党无力建立政权造成的政治混乱让人们开始怀念秩序和强大的政府，波拿巴主义者很快就从被推翻的局面中恢复过来。1871 年，6 位波拿巴主义者成功地进入国民议会。在鲁埃的领导下，一个属于王后的政党组织迅速建立，位于香榭丽舍大道的一栋房子为其总部。尽管警察伪装成街道清洁工，借日夜清扫房屋前面的人行道进行监视，这个组织依然不受骚扰地发展了起来。鲁埃得到了警察局前局长彼得里和帝国最有权力的地方长官之一谢弗罗的协助，这些人都是当时最有权力的人。1872 年，一个由前大臣、地区长官、将军和副手组成的党派委员会成立，该委员会每周召开两次会议。各省还任命了行政区级和郡级的通讯员。有能力的人奉命管理整个地区，例如，埃沙塞里奥需要管理法国西南部的 9 个省。拿破仑三世确信新闻界在他复辟的过程中起着至关重要的作用，他请求获得大量报纸的支持。早在 1871 年 8 月，重要的《高卢人日报》的老板就宣布他是波拿巴主义者。克莱芒·迪韦努瓦曾经是国王手下最有影响力的记者之一，拿破仑三世给了他 10 万法郎用来创办《秩序报》，该报后来成了官方的党派喉舌。省级新闻机构由吉罗多（Giraudeau，曾任法国内政部新闻司司长）领导，而后由芒萨尔（Mansard）领导，芒萨尔创办了《芒萨尔通信》（*Correspondance Mansard*），由一支富有才能的记者团队撰写文章，供地方报纸转载。到 1874 年，共有 70 多家波拿巴主义报纸，其中包括 27 家日报。

通过这种方式，波拿巴主义渗透了不同文化程度的人群，但是它更多的精力放在了更为简单的宣传方式上，即传播波拿巴主义英雄的肖像，尤其是王子的肖像。1874 年王子成年之际，有 30 万幅肖像获得授权，在英国和比利时，更多肖像被制作，作为一种宗教遗产自由地发行。[69] 老战士、被开除的公职人员，以及仍然在任的公职人员都在贩卖这些照片和小册子。在政府机构中，仍然有许多波拿巴主义的支持者，警察队伍更是如此。警察局局长勒诺代（Renaudet）在保王派德卡兹公爵家中发现，有一个睡着的仆人手中拿着波拿巴主义报纸《国家报》。这一具有代表性的情况清晰地说明，1870 年之后，把波拿巴主义者驱逐出政府的难度和 1848 年之后波拿巴主义者除掉奥尔良派的难度是一样的。[70] 军队也是如此，波拿巴主义者也在积极地献殷勤。成立友好协会是为了把支持者聚集在一起；两名上校接到任务，要为退休军官创建俱乐部;《秩序报》被免费分发到现役军官手中；拿破仑帝国的标志——帝国之鹰也被分发给他们，写给王子的信件的签名也被收集起来。朱尔·阿米盖（Jules Amigues）煽动了巴黎的工人阶级，他的名声并不好，曾经处于反对帝国、支持市镇的边缘，还被指控不诚实甚至更恶劣的罪名。他在歌舞厅和咖啡馆成立了波拿巴主义委员会，以一份激进的波拿巴主义报纸为后盾，成立了中央委员会，之后，他将二者团结起来，使之成为一台重要的宣传机器。尽管保守派对于雇用一位如此接近社会主义者的人感到震惊，但这的确是波拿巴主义的一方面。阿米盖是成功的，与其说他在本地的工人中取得了胜利，不如说他在“仍然相信巫术”的省际移民中取得了胜利。[71]

同样，小资产阶级也被鼓励培养对帝国繁荣的怀旧之情。正如格勒诺布尔市一位女厨师的回忆录所揭示的那样，多亏了“美好时光”，她攒够了退休后的生活费。她崇拜拿破仑、军队和“某个年龄段的军官”。1872 年，她访问了英国，向流亡的国王表达了对他统治的感激之情，这意味着像她这样的穷人可以穿丝绸衣服了。雷阿尔地区的一位水果商人说：“过去我们抱怨是出于习惯，现在我们则是出于必要。”[72] 每种怨恨都被这段被抹去的旧日美好历史利用，这相当于士兵们口中关于拿破仑一世战役故事的新版本。退休人员、零售商、农民和公职人员的小额储蓄是由明星保险公司筹集的，该公司的代理人组成了另一个波拿巴主义网络。

这种宣传在某些地区非常有效。第二帝国时期，波拿巴主义的长官或副手往往能够在其所掌握的省里控制住那些他们必须控制的人。在夏朗德地区，埃沙塞里奥一直是基于个人关系的政治专家。他有选区内每个选民信息的卡片索引，所以他知道如何取悦每个选民。[73] 波拿巴主义者是这种选举的先驱者，他们在普选中运用了奥尔良派的技巧。然而，他们的立场也有弱点：有许多省份，即使在波拿巴主义者权力的巅峰时期，也从未成功地打造出自己的政党或地方知名人士。因此，1876 年，波拿巴主义者只提名了 525 个席位中的 320 名候选人，保王派和保守派提名了约 400 名候选人，共和派提名了约 600 名候选人。波拿巴主义者认为自己只能获得 33 个省的支持。尽管他们从富有的支持者那里募集了资金用于宣传，但是他们从未真正获得过大量资金，而且通常情况下能分配给候选人的资金很少。[74]

更严重的是波拿巴主义者内部的分歧。第二帝国之后，波拿巴主义分裂开来，再也无法包容其内部的矛盾。为了避免外国的干涉，德军撤退以后，拿破仑三世才采取行动。他在等待那场他认为一定会发生的、会使临时政权名誉扫地的混乱。他的计划是通过瑞士秘密潜入法国，在忠诚之士守卫的边界集合兵团进军凡尔赛。由于患有膀胱结石，拿破仑三世不能骑马，这也是他明知道手术有风险但依然要做的原因。他的死亡摧毁了波拿巴主义者从厄尔巴岛迅速返回的机会，结束了他们团结的运动，只有像拿破仑三世这样堂吉诃德式的人物才知道如何把人们团结起来。新的领导使波拿巴主义变得更加保守，实际上变得更加反动。鲁埃的政策是联合正统主义者摧毁共和国，当正统主义者发现无法让他们的国王再次上位时，他就会得到正统主义者以及被日益严重的无政府状态吓坏的保守派的支持，从而宣布帝国的成立。他希望再爆发一场“二月革命”。1873 年，正是波拿巴主义者提供了决定性的选票支持（当时议会中大约有 30 票），使保王党能够除掉梯也尔，并任命元帅麦克马洪。麦克马洪可能是保王派，但他也曾经服务于拿破仑三世，并且被封为公爵。[75] 新首相德布罗意为了奖励波拿巴主义者，将 3 个部[①] 划拨给他们管辖。复辟失败后，他们密谋推翻德布罗意，又获得了两个职位。然而，波拿巴主义者取得的成功、在投票中获得越来越多的胜利，以及通过警察突袭总部而发现波拿巴主义者的力量，这些加在一起制造了恐慌。在 1876 年的选举中，他们不得不与各方进行艰苦的斗争。然而，他们赢得了大约 75 个席位，比任何一个保王派赢得的席位都多。1877 年，得益于官方候选人制度的复兴以及与保王派和保守派的结盟，波拿巴主义者的代表人数增加到 105，超过了奥尔良派和正统主义者的总和。尽管这些策略在短期内取得了成效，但不能确定它们是否会带来灾难性的后果。因为结果是波拿巴主义者失去了最重要的力量源泉，无法再吸引左翼和右翼人士。他们成为主要的少数派团体，也为总是少数派团体而自责。

据说，与保王派的联盟能进行到这一步是因为一个提议，即没有后嗣的尚博尔伯爵应该收养王子。王子也许会接受这样的条件，但很难了解他的真实想法。有人说他是个自由主义者，但也有人引用他顽固的反动措辞。[76] 毫无疑问，虽然王子不一定是神职人员，但他是虔诚的天主教教徒。王子接受的教育使他不能结交上层社会以外的朋友，他小时候没有去学校学习，来自巴黎公立中学的老师在给他上课的时候悄悄地教他公立学校的课程，在他的作品上做好标记，与其他同学一起竞争，从而给了他一个不公开的、编外的名次。起初，他在学习上的表现落后，除了绘画（尤其是漫画），没有什么特别的天赋，但帝国垮台后，他仿佛受到了悲剧的刺激，突然成长为一个精力充沛、勤奋努力、雄心勃勃的年轻人。他的父亲送他去伦敦国王学院学习物理，但是他跟不上过于高阶的课程，也无法在那里结交朋友。

---

① 这 3 个部是财政部（部长是马格尼）、军政部（部长是巴拉伊）、农业和商业部（部长是施奈德的侄子塞耶格尼）。

于是，他作为一名候补军官去了伍利奇。在那里，他终于找到了自己真正的天职，与其他人相处融洽，并且为了赶上功课戒了游戏。他表现得比其他人更像一个士兵。他写道：“军队将会是社会大厦的基石、国家的伟大学校……我爱法国军队，不仅仅是因为我在骨子里是一名士兵，是法国人，还因为在我看来，军队的力量首先可以拯救法国社会，然后恢复其伟大。”他反对议会制和君主制，因为这两种制度无法保证这种精神传承。政府追求的稳定应该建立在“仅有的社会力量：宗教、军队、地方法官和财产”的基础上。反对改革的时事评论者声称，王子是为了进行彻底的新闻审查，为了每七年举办一次的三级会议和省级议会会议。不论这些声明有何事实依据，它们都表明王子的一部分支持者无法与尚博尔伯爵最落后的支持者区分开来。

然而，王子本人对自己的所作所为能取得何种成就并没有幻想。他承认全国大多数人对政治漠不关心，只想保持沉默。王子认为，如果他突然出现在巴黎，他的支持率并不会上升，而且他本人会被逮捕。他决定继续等待，等到“全国人民开始憎恶甘必大政府，四处寻找救世主……推翻共和国的并不是我们，但我们可以利用共和国的垮台”。王子不惧怕等待，因为群众并没有忘记1815—1848年的路易拿破仑，他可以等待10年。1877年后，王子说该党派的选举活动一事无成。但无论如何，他不希望通过议会的阴谋恢复自己的地位，因为这会使他成为“某些人和整个政党的奴隶”。王子说：“我绝不会让自己适应这样的职位，我不渴望拥有这个职位，相反，我对它感到害怕……”因此，一切都取决于他自己能做什么。如果他能使自己成为受欢迎或者伟大的人，“帝国党的力量将增加10倍”。他厌倦了招待政客和记者，也厌倦了“与他们合作以激发社会问题”，这正是他的顾问们对他的敦促；他拒绝带着随从“像童话王子一样去欧洲旅行，拜访所有的公主，吹嘘自己政治上的灵丹妙药……也不想让婚姻剪断自己的翅膀，我的尊严也不愿意让自己堕落成高贵的商业推销员。当一个人成为士兵时，只有手中的剑能让他获得认可”。[77] 所以他参加了南非的祖鲁战争。如果他在战争中幸存，那么他就有可能使波拿巴主义者在19世纪90年代后期成为一个更有影响力的团体，并且好好利用布朗热主义者遭遇的危机。但实际上，1879年之后，波拿巴主义者不再是一个重要的政党。

波拿巴主义将其一部分遗产留给激进分子的方式可以从杰罗姆-拿破仑的职业生涯中看出，他是杰罗姆·波拿巴国王的儿子，也是拿破仑三世的堂兄弟。杰罗姆-拿破仑相当聪明，有远大的抱负，行事易冲动，他所有的天赋都因为他不够圆滑、不懂节制、缺少自控力而黯然失色。在他的家庭中，他是以最民主的方式诠释其使命的成员。15岁时，他被送到了一所军校。他拒绝服从军校的纪律，认为“这是愚蠢的，违背了人权和他的民主原则”。他从小就十分叛逆；他是一个优秀的、善于讽刺的健谈者、一个无情的批评家，擅长把人物和行为撕成碎片，喜欢招待文人墨客和艺术家，即使他们反对他的王朝。虽然他和意大利国王的女儿缔结了婚姻，但是在发现妻子的主要理想是传播宣福礼①（如果不是成为圣人）之后，他就公开和情妇生活在一起，但这一发现为时已晚。他强力反对教会干预政治，甚至被称为无神论者，尽管他只是一个唯心论者、一个法国的天主教教徒，只是崇拜拿破仑一世处理与教会关系的方式。他非常赞赏拿破仑一世的原则，而不断地与拿破仑三世争吵，甚至与欧仁妮争吵。在欧仁妮生下儿子并剥夺了他的继承权时，杰罗姆-拿破仑毫不掩饰地表现出愤怒和嫉妒。杰罗姆-拿破仑在军队里不受欢迎，但他渴望获得军队的荣誉。1848年，他进入议会，成为极端左翼人士，几乎始终如一地反对拿破仑三世的政策，这使他受到了公众的指责，其中一项还被载入《箴言报》。杰罗姆-拿破仑代表了波拿巴派作为第一执政官的传统。他认为，只要法国有一个强有力的政府、有一位由人民选举的总统，并且这位总统只被赋予推荐继任者的权力，那么他对于这样的共和国

① 宣福礼是天主教教会追封已过世之人的一种仪式。——编者注

还是感到高兴的。

1879 年，杰罗姆 - 拿破仑成为波拿巴派的领袖，这让保守派感到恐惧。他从来没有试图让保守派忠诚于他，也没有试图赢得他们的忠诚，因为杰罗姆对保守派的仇恨并不是秘密。1880 年，共和国的教育政策面临危机，杰罗姆公开反对神职人员干涉政治，谴责波拿巴主义者和保守派的联盟。他创办了一份新的报纸《拿破仑》，目的是宣传世俗社会的纲领，废除教皇的世俗权力，推翻大金融家的暴政，改善民众生活，实行民主性税收和自由贸易，修改共和国宪法，让人民选举产生总统和参议院议员。他接受了共和国，对保守派来说更糟糕的是，这是个反圣职者的共和国。大约只有 10 个波拿巴主义者的代表愿意在这条道路上追随杰罗姆 - 拿破仑。

该党派的多数人不承认杰罗姆 - 拿破仑是党派成员。若利布瓦（Jolibois）是下夏朗德的代表，他建立了一个由第二帝国的显要人物组成的财团，每年为杰罗姆 - 拿破仑的儿子维克多筹集 4 万法郎，这些人声称维克多是波拿巴主义者的领袖，以此反对他的父亲。维克多的意见和他父亲的恰恰相反。从母系来说，他是路易十四和奥地利女大公玛丽娅·特蕾莎的后代，也是俄国沙皇的表亲。因此，杰罗姆派和维克多派的波拿巴主义者被分开了。在 1881 年的选举中，他们的角色是反对党。在接受革命的人和不接受革命的人之间产生分裂的基础上，前“民主波拿巴主义者”试图与甘必大协商结盟。甘必大疑心很重，但杰罗姆 - 拿破仑依然要求他的支持者在没有波拿巴主义者候选人的情况下将选票投给共和派。他采取的激进计划（彻底分割、政治特赦、废除星期天法定休息）可以总结为：“我们想要的是人民能够管理的共和国、人民能够修改的宪法和人民选举出的总统。我们的候选人是杰罗姆 - 拿破仑。”但是，杰罗姆 - 拿破仑十分贫穷，他只创办了一份报纸，提名的候选人刚超过 30 人，最终只有 12 人当选，而且他们之中没有人是他的私人朋友。朗格莱本来是他们在议会的领袖，但他败选了，因此他们变得不再重要。1885 年，杰罗姆 - 拿破仑没有提名任何候选人，并且敦促他的支持者加入共和派。事实上，他的几个主要支持者已经加入共和派。次年，当所有的冒牌共和派都被放逐时，杰罗姆－拿破仑在巴黎里昂火车站的临别赠言是："共和国万岁。"他的要求只是修改共和国宪法，而不是建立帝国。他说："共和国无法改变的弱点是对行政权力的恐惧。'雾月政变'和'十二月政变'的记忆一直挥散不去。我的目标是改革共和国，而不是废除它。你们怎么能认为像我这样的老民主党人会同意用这种荣耀为代价，换取我自己都不相信的过时的复辟盛况呢？"他和布朗热进行谈判，但没有要求复辟。他认为自己的使命是建立一个永久的共和国，就像拿破仑一世巩固了革命成果一样。杰罗姆－拿破仑坚持认为共和国是普选的必然结果，他甚至对公民投票没有任何盲目的偏爱，他说公民投票在许多情况下只是名义上的民主。人们无法猜测杰罗姆－拿破仑的统治有多么专制。[78]

杰罗姆－拿破仑于 1891 年去世，他剩下的追随者都加入了共和派。王子去世之后，王室最亲密的朋友之一特里斯坦·朗贝尔介入了保王派，许多人都效仿他的做法。不过，虽然波拿巴派已经不再重要，但接下来的 15 年间，剩下的波拿巴主义者仍然在积极地活动。维克多王子仍然在举行会议，发布出版物，听取组织了讲座和庆祝周年纪念活动的团体的报告。据说在 1886 年，波拿巴主义者仍拥有 40 多家报纸，1891 年还拥有 7 家报纸。[79]波拿巴主义者在卡萨尼亚克家族中有异常活跃的宣传者，在战争结束以前，他们的报纸一直以某种方式宣传着波拿巴主义。卡萨尼亚克父子激烈地反对共和派，因为他们认为共和国必然具有煽动性。共和国反对教会干预政治使得他们和共和国之间的矛盾愈加无法调和，因为卡萨尼亚克父子一开始就是天主教教徒。保罗·德·卡萨尼亚克写道："我最大的目标就是摧毁令人憎恶的共和国政权。"他希望用独裁政府取而代之，"只保留必要的自由"，即那些给国家带来物质繁荣的自由（减税，修筑道路和地方铁路）。新闻、演讲和公开会议这样的"奢侈自由"只涉及少数人，直到群众的需求都得到满足之后再赋予他们这种自由。“好好生活”的自由必须先于“说话和写作”的自由。但是卡萨尼亚克不受任何束缚，以至于他无法按照冒牌共和派的要求行事。1894 年，卡萨尼亚克宣布，由于无法重建 1852 年的帝国，他将接受君主制。帝国是君主制的现代模式。但是，“由于冒牌共和派固执地坚持己见”，他对自己失去了希望。“冒牌者并不处于党派的末端，他们是领导者。”卡萨尼亚克称自己是帝国主义者，而不是波拿巴主义者。1917 年，他突然发现克里孟梭是权力原则的化身，因此接受了共和国。[80]

这是波拿巴主义和激进主义最后一次结盟，尽管二者都随着时间的流逝发生了很大的变化。很有意义的是，1875 年选举时，就连极端自由波拿巴主义者埃米尔·奥利维耶都说要团结保守派来反抗共和派。[81] 最后一次结盟时，激进派对社会主义者也有了同样的感觉，克里孟梭镇压罢工的方式与波拿巴主义者镇压的方式如出一辙。波拿巴主义者和保守派的结盟不仅仅是为了谋得方便，二者之间有比他们所知的更多的共同之处。此后，对波拿巴家族的崇拜只存在于古物研究之中。波拿巴主义得以留存，只不过被冠上了其他名字。

第6章 法兰西第三共和国的政客

法兰西第三共和国是最令人费解、最自相矛盾的政体之一。共和国的成立本应标志着民主的到来，实则并未从根本上改变法国的政治体制，在诸多方面，法兰西第三共和国仍然沿袭着君主制甚至是旧制度时期的做法。共和国创立人之一阿兰－塔尔热（Allain-Targé）早在 1867 年就描绘了共和国的愿景：法兰西第三共和国将是一个自由、平等、博爱的社会，在这样的社会中，人们可以通过不断讨论共同利益，促进社会各阶层团结一心，共同维护公平正义。其后，人们不断用美辞润饰这一愿景。实际上，共和政府的权力落入了一群声名狼藉的职业政客手中，共和民主沦为寡头政治。政客们一面安抚比他们自己的影响力还大的选举支持者，并为之提供特殊利益，一面任由政治腐败风气盛行，以此来维持自己的统治地位。第三共和国的存续时间很长，但面临的不稳定因素也空前绝后。政府走马灯似的更换行政部门，并未带来实际变化，对政策的出台和改革的实行无实质性帮助。那些宣称的政治指导原则与实际颁布的法律不能融通。立法即使成功，通常也不能得以执行。有些人一边对祖国的荣耀极尽夸赞之词，一边对它进行激烈的批评和指责，这一现象在法国最为严重。推行的很多方案、规划都声称有理有据、逻辑性强，实则自相矛盾、令人费解。

据历史记载，共和政府反复出现政治危机和政治丑闻，虽然这些“故事”听上去具有娱乐性，甚至戏剧性，但它们不免让人感到困惑。右翼自称左翼，激进派又变成了保守派，这都不是问题的根本，可以说，这一切只是表面上的混乱。从根本上说，法国人分成了泾渭分明的两派——支持大革命派和反对大革命派，大家同场相斗，需要分清的只是谁属于哪一派。从这一视角看，共和党的胜利和壮大代表着“反对‘反革命’运动”取得进步，每代人都在推进这一事业。然而，所谓的进步包含了太多的模棱两可，进步派的态度中也夹杂着太多的自相矛盾。很快，人们就拿不准政治是否真的需要进行改变和改革了。两派在论战中提出的原则完全脱离现实，无法成为行动方针。他们的意图显然是隐晦的。很多情况下，关注政客们避谈的内容比关注他们所谈的话题更有意义。事实上，要想弄清楚为何如此混乱的体制仍能为人们所容忍甚至拥护，从政客对某些话题的沉默中找原因或许容易得多，因为该体制保护了人们可能没有公开承认但内心深处极为看重的那些价值观。

法兰西第三共和国宪法的存续时间远远超过法国历史上的其他宪法，这主要得益于这部宪法有其独特之处。大多数理论学家以及一代又一代政客所建议和推崇的逻辑、清晰、有序、完整等特点，它都不具备。然而，恰恰是这样一部宪法，实现了他们的许多目标。该宪法制定之初就没想着要一劳永逸，是为顺应时势而制定的，是为了某些人在未来重回君主制做准备的。因此，这也是第一部不需要说效忠誓词的宪法，它从一开始就有极强的包容性。究其根本，这部宪法就是君主主义者与共和派达成的妥协，双方都从中获得了某种利益，因此几乎没有死对头想要废除它。由于宪法制定者来自不同的党派，各派对制定宪法所基于的原则和权力都有截然不同的观点，因此不可能从一开始就宣布这些基本原则或权力是什么。① 也正因如此，这部宪法没有被打上“革命”或“反革命”的标签。它还是法国历史上内容最少的一部宪法，整部宪法仅由 3 部法律（共 34 项条款 ②）组成，长度相当于 1848 年宪法的三分之一、1814 年和 1830 年宪法的一半，以及 1795 年宪法的十分之一。这部宪法充其量能称作程序指南，根本算不上一部标准的宪法，因而很少有争议点。法兰西第三共和国的一个特别之处在于其宪法最接近不成文法。[1]

这种状况导致的结果就是，一方面，人们认为应该建立什么样的制度这一本质问题继续成为理论界的主要关注点，政治的核心表面上也仍然是这一根本问题；另一方面，宪法给予成见、个人利益和地方习俗前所未有的自由空间，而这一切构成了人际关系的基础。宪法的易变性使其能够围绕着这些传统不断做出改变，这也是一种“理顺”的艺术，以便得到认可。宪法为人们提供了小小一隅，在这里，人能够感到些许舒适，不受干扰，也不去搅扰别人。当然，有人可能会毫不留情地谴责这一切效率低下，事实也确实如此。议会就像一台嘎吱作响的老旧机器，时不时就会停止运转。各派既得利益都未受到损害，这使得第三共和国几乎无异于中世纪，人们安于现状，敬畏特权。然而，尽管制度极其低效，但它维护了多数人的利益，它的存续正是由于这股巨大的惰性力量的存在。为了使制度带来的回报得到合理的保护，人们需要弥补宪法理论上的缺陷，于是就不得不依附于各大原则，尽管这些原则很少真正落到实处。政治上的乌烟瘴气和政客的花言巧语是必需品，它们可以掩盖现实的残酷和乏味，人们在这种

---

① 因此，关于人权宣言是否有效的问题仍有争议。在共和党获胜后，人们对此没有任何严重的怀疑，但是如果君主制获得胜利，那情况可能就是相反的了。此事直到 1911 年才正式解决，当时国务委员会以“法律面前人人平等”为名，废除了某些卫生法则中对个人有利的情况。(Case of Roubeau, judgement of March 1911.)

② 其中有 8 项条款于 1884 年废止；1926 年新增一项条款。

掩盖之下才能生活下去。许多时候，理想与现实的关系比意识形态本身的冲突更能反映现实、揭露真相。

自由是共和国的首要原则，有些自由权也确实落到了实处。根据《拿破仑法典》，未经警务部门批准，不能擅自召开20人以上的集会。但是1881年以后，只需简单说明集会意图就可以了；1907年以后，这一禁令甚至被彻底废除。根据1884年和1901年的法律，法国公民可以自由结社。1881年，第三共和国废除了审查制度，赋予了出版界完全的出版自由。但这并不意味着个人有了完全的自由权。警察执法的方法和司法部门的权力并未从根本上改变。尽管秘密逮捕令已经不复存在，但未经审判或指控就遭到拘禁、被非法虐待或遭到无休止的审讯的情况可能仍然存在。例如在1899年的一个案件中，75人以密谋罪名在半夜被捕，其中大部分人被拘留了3～6周之后就被无罪释放了，剩下的人在监狱里又待了几个月，最后，仅有3人被判罪。警局继续截取邮局的信件，搜捕和巡查的手段照样粗暴不堪，目无法纪已经是家常便饭。警务系统搜集每个人的不利信息，犒劳告密者，任由违法犯罪者逍遥法外，以此作为他们提供小道消息的回报。为避免引发不必要的抗议，警察行使权力时审慎得恰到好处，很少扰动人惊小怪之人，却总是纵容位高权重之人。

因此，法兰西第三共和国的自由公民仍然生活在拿破仑时代的权势之下。在某种程度上，自由公民更缺乏保护、更易受到攻击，因为审查制度被正式废除后，对于诽谤中伤丝毫不予以控制。出版自由给予记者或报业大亨巨大的权力，让他们得以肆意诽谤他人名誉却不必赔偿由此造成的损失。1894年，第三共和国颁布了《诽谤法》，可惜并未真正实施。法兰西行动党（右翼反共和组织）得以通过报纸大肆鼓动谋杀信奉社会主义的政界人士，自己却不受任何惩罚。事实上，由于报纸舆论，一名部长被逼自杀。虽然名义上规定法律面前人人平等，但还是有些人更擅长钻法律的空子，因为法规建立时本身就具有一定的灵活性。大量道德暴力行为和经济暴力行为得以大行其道。人们普遍对他人怀有宽容之心，但彼此之间又往往展开激烈恶毒的论战。在那个本应美好的时代①，争取自由的战斗还未取得胜利，任重而道远。但是相比之前，法兰西第三共和国给予人们的自由多了一点点，尽管只有一点儿，人们感受到的却是莫大的自由。[2]

正是结合了传统的中央集权制的议会民主制度传播了人民的自由感。或许人们认为自己拥有主权，但他们的这一想法是对是错不得而知，因为拥有主权的是不是议会还有法律上的疑问。法兰西第三共和国给予全体公民普选权，以此让人们产生了价值感。实际上，并非人人完全平等，公民的平等权利很大程度上取决于他们生活的地域。对法兰西第三共和国的大部分公民而言，选举制其实是区域选举制，每个行政区都可选出一位议员。然而，每个行政区人口数量差异很大，一个小的选区可能只有 3 000 个选民。人口超过 10 万的行政区可以选出 2 位议员，人口超过 20 万的行政区可以选出 3 位议员，以此类推。即便如此，人口稀少的大区的议员比例仍然大大超出其他大区。在这些人口稀少的大区，从 1 532 万个选民中可以选出 275 位议员，而全国其他各地还有 2 078.2 万个选民，从中却只能选出 251 位议员。国家曾经尝试把人口因素考虑进去进行选区改革，因此在 1889—1936 年大约取消了 58 个选区的选举资格。虽然在 1926 年对此做了部分修正，但旧选区仍然被强势保留下来。1939 年，议员比例过高的选区达到了 347 个（1875 年只有 275 个）。1931 年，巴黎第一行政区 42 166 个选民选出了 1 位议员，拥有 108 501 人的第十六行政区（第一选区）却同样只有 1 位议员，圣德尼区（143 093 人）同样如此。该选举制度给了乡村的农民一种优越感，以此来平衡贫穷带给他们的挫败感，同时激怒了郊区的工人，由此引发了他们长时间的骚动，试图彻底废除该选举制。[3] 1885—1889 年，第三共和国试行了“名单投票制”，即每

---

① 指第一次世界大战前和平安逸的时代。——译者注

省选出若干候选人，各党派也提供候选人名单，最后由选民集体提名选举。结果，这一制度大大有利于共和党的敌对政党，使之得以集结力量，因此这一制度很快就被终止了。1919—1927 年，“名单投票制”经过修正得以施行，该投票制结合了比例选举法。但这一制度过于复杂，而且常常未必能保证公平，会出现得票数多的候选人因为本组候选人平均票数低而最后落败的情况，因此这一选举制度也被废除了。多数党派在选举制改革上再次失败。

单一选区制的一大特征就是如果没有候选人获得绝对的多数票，一周后就得再进行一次投票选举，到时候选人只需票数过半即可当选。在这两次投票之间，候选人会商讨形势对谁有利，就自动放弃，转而支持他。各党派有时会达成协议，共同支持在第一轮投票中获得票数最多的党派，这就是共和国生存的基础，因为党派分裂会导致候选人数量众多，给选举造成困难。1928 年共产生 2 763 名候选人，1936 年共有 4 815 名候选人（这意味着，在 5～8 名候选人中选出一个席位）。在第二轮投票中，左派团结起来击败了保王党，这样一来，最大的获利者就是激进派，他们稳坐中央，左右逢源，可以同任何一方合作。在整体选举不公平的背景下，激进派仍然是受益者，因为他们代表了小的农村选区。例如，根据统计，在 1932 年的选举中，激进派获选席位比比例制选举下多 42 席，共产党则少了 38 席。二轮投票变得越发重要。1910 年有 227 人当选，在接下来的年份里，这一数字逐渐增加。到 1936 年，达到 424 人：这一年，仅 3 个省在第一轮投票选举中就选出了议员。[4] 从政治意义上讲，议员并不能如实地再现选民的观点，选举中频繁上演着候选人之间的阴谋与妥协。

到底想从选举中得到什么？共和党对这个问题彻底感到困惑了。因为帝国时期实行过单一席位选区制，所以共和党对此表示反对，宣称“名单投票制”才是唯一正确的制度。他们强调原则，反对个性，反对不合理地释放压力，这在大选区中实施起来更加困难。然而，君主主义者于1871年建立了单一席位选区制后，共和党很快学会了操纵它并由此获得选举胜利。实际上，大部分共和党人都对单一席位制形成了一种依恋。由此看，共和体制和君主制、帝国制并无太大差异。共和国既要维持传统势力的影响，又得顾及地方势力，也会顾及个体压力，因此共和党不得不强调国家团结，因为在现实中，他们过于重视局部利益和乡村利益。议员们理应代表整个国家的利益，可他们逐渐倾向于只代表他们自己选区的利益。议员们在言辞上表示他们会重视原则问题，实际上，他们的注意力通常放在处理选区内选民的投诉、要求和邀约上。1926年，议员雷蒙·普恩加莱说："我们不得不把大部分精力花在跑腿和不值得一做的事务中。迫于地方势力施压，我们不得不做这一切，因为这对维持我们的议员身份至关重要。"[5]议员与选民之间保持着极为紧密的联系。议员了解选民的抱负和需求，并对此感到十分自豪。他凭借人品和与选民搞好关系赢得选票，这同他凭借政治观点赢得票数一样重要。这样一来，选民就会认为议员必须依靠他们获得选票并生存下去，于是便会死缠烂打地向议员索取小恩小惠。他们唆使议员利用权力来帮助他们在所有交易中获得利益。议员不得不用一上午跟在部长屁股后面去劝说他同意选民的恳求，为改善每个村庄获取资助。议员不得不花大量时间，就为了给他的选民们写一封回信，并把他们的诉求传达给部长，还要向选民们汇报他的成果。议员沦为选民在巴黎的代理人。有老掉牙的笑话戏谑地称议员甚至不得不为选民去百货商店买一把雨伞，把他们的女儿介绍给富人家当女佣，去调查追踪可能遗赠钱财的亲戚的遗嘱。大部分时间里，议员们不是在关注宏观的政策问题，而是在满足选民的一些小利小惠的要求。[6]

于是，议员成了一种职业，这倒也不足为奇了。议会的成员也不再是那些能够代表人民利益的人。1881年，仅有一位农民和一位工人进入议会，约50%的议员都是上层资产阶级（108位业主、85位退休公务员，以及44位银行家和工业家）。另外约50%包括120位律师、15位法务官及秘书，还有60位医生、药剂师、兽医，10位商人，10位工程师，以及20位记者。法国工人政治家克里斯托夫·蒂夫里埃是一位酒馆老板，他常常在长礼服外面穿一件工装罩衫，尽管他并不是工人。21年后，也就是1902年，进入议会的工人阶级仍然寥寥无几，议会中的主流仍然是其他阶级，包括160位富裕的银行家、公司经理、地主，52位退休公务员，还有252位中产阶级和自由职业者。[7] 议员们的年薪在1875年就达到了9 000法郎，足以同大学教授、上校或法官媲美。等工作32年以后，他们就可以退休了，而且退休以后可以拿到几乎同等数目的退休金。1914年之前，议员的退休金都是由友好协会提供的，之后他们转为公务员身份，退休金改由政府支付。议员之间逐渐形成了某种"团体精神"，这使得他们在公开辩论之后形成了一种默契：对彼此差异巨大的政治观点不再评论、保持沉默。通常情况下，议员之间都会建立亲密、友好的关系。在选举中，他们是水火不容的敌人，等进入了议会，其关系却变得异常融洽。他们拉帮结派，组成各种小团体，并自称官方派。有时，他们与其他阶级的议员间也存在共同利益，比如和金属冶炼厂厂长、殖民主或沙丁鱼生产商达成共同利益。他们有时凭借自己初到巴黎时建立的个人关系加入一些团体。他们初到巴黎时，会感到孤独而迷茫，于是与那些有远大抱负、急于培养追随者的同事交上了朋友。有人加入某一团体，是因为这有利于他顺利进入委员会。还有这样"一组议员，他们哪个团体都不加入"，也有一个同龄人组成的"年轻议员团"。一个人为了获得议员资格而使用的政治标签常常与他在议会中的行为无关。[8]

这种"团体精神"使议员们对投票方式保持一种相当放任的态度。有时候某个议员可能会为了"满足选民的需求"[9] 而有意选用某种方式投票，议员们也会为了保护自己的独立性不受党内纪律约束而抱团支持对方，大家普遍接受了这些做法。长期以来，考虑到每个选区有各自的困难，议员们对选举中的腐败行为睁一只眼闭一只眼。他们靠自己判断选举的有效性，每次议会会议都以冗长的辩论开始，都要倾听愤愤不平的候选人的陈情请愿。这一家丑外扬的行为会破坏人们对选举月的理想化期待，也说明除了政治本身，决定选举结果的还有许多其他因素。在拿破仑三世执政期间大行其道的“政府施压”仍在继续。臭名昭著的一个例子就是在1876—1877年的选举中，自高自大的自由主义者德布罗意批判了法兰西第二帝国这一缺点，但是他自己几乎用同样的方法、同样的力度复制了它。由地方行政官直接公开支持候选人的方式不久就被摒弃了，但经过调整，该方式以一种更为温和的形式出现在一些相对落后的选区。[10]政府不断变化更替，因此候选人必须向他的选民表示，他知道如何获得他们所渴求的官方支持。“官方候选人”的名号没有了，原因是地方行政官和议员的角色互换，议员主动扮演起政府与乡村、个人与其他利益集团之间的中间人角色。因此，1909年，在阿韦龙省圣阿夫里屈埃的选举中，经济学家保罗·勒鲁瓦－博利厄试图将激进派的富诺尔（Fournol）驱逐出选举人之列。富诺尔在为地方争取政府资金支持，并将资金使用落到实处的工作中表现出色。当地报纸特地发表了一篇文章，列举这两名候选人在这个方面取得的成绩。其中一栏回顾了富诺尔的成绩：资助建立学校、增加新教师数量、建立邮局、给敬老院发放福利、建设桥梁、为学校购置图书等。在另一栏里，勒鲁瓦－博利厄的名字下面是用大写字母写着的醒目的NOTHING（一事无成）。文章的结尾写道：“艾蒂安·富诺尔万岁，他是政府的朋友。”勒鲁瓦－博利厄的支持者在议会上大声朗读了这篇文章，试图证明富诺尔没有资格当选，不料却引发哄堂大笑。为了表示反驳，富诺尔的朋友们宣读了勒鲁瓦－博利厄自己的一份竞选通告：“勒鲁瓦－博利厄先生可以为他的选民提供诸多服务。众所周知，有关学校、铁路等一切重要的决定都是在巴黎做出的。那么我们逐一看一看巴黎的各部。首先是财政部，其部长莱昂·赛先生曾四次连任财政部部长，毫无疑问，在不久后的选举中，他会再次当选财政部部长。巧的是，莱昂·赛先生是勒鲁瓦－博利厄先生在研究会的同事、《辩论报》的合作者，他们算得上老朋友。再看一看教育部，中学教育主任布韦松先生曾是勒鲁瓦－博利厄在波拿马中学的同学兼好友。再看看公共工程部，其中主要负责人之一、总工程师谢松（Cheysson）先生是勒鲁瓦－博利厄在政治科学院的同事。还有，司法部主要负责人之一是他的近亲。同时，内政部主要负责人之一埃尔贝特（Herbette）先生是他在波拿马中学和法学院上学时的朋友。米迪铁路公司董事长德艾希塔尔是勒鲁瓦－博利厄家族的老朋友……诸如此类的关系永远也列不完。请问大家，这些不可否认的关系与支持是否对学校、公路、铁路和私人服务有利？是否这一切都是选民所期望的？”

右派议员和反对派议员采取的手段与左派议员如出一辙，但是如果一位议员在政府中有良好的声誉和地位，那么他就可以把巴黎的影响力运用得更加风生水起，他就能在选举之前把选民们渴求的所有补助金及时送到他们手中。乔治・莱格 1898 年在洛特－加龙省的选举中就是这样干的。当时，在 3 个月之内，超过 8 万法郎的资金被分发给孤儿院、教堂及养老院。“数千米长的紫色丝带”“大量的装饰物”适时地被运到洛特－加龙选区。在 1889 年的选举中，地方行政官被指控通过篡改选民登记簿的手段打败了一名候选人，并拒绝向这名候选人公开选民册，还迫使所有市镇长无视该名候选人对选票真实性的抱怨和质疑。[11] 还有好几份造假的选民簿也被披露：在 1902 年尼姆市的选举中，他们似乎将 2 000 多位离世者和搬离者纳入了选民册；在 1914 年里尔市的选举中，选民数暴增，虚构了成千上万个虚假名字充数，几乎占了选民总数的五分之一。

金钱在选举中起着重要作用，朱尔・西蒙回忆，1848 年选举时，花费 3 000～4 000 法郎似乎就已经是巨大的开支，而到 1901 年，选举费用高达 10 万法郎。[12] 法兰西第二帝国的政界里有百万富翁，法兰西第三共和国里同样如此，他们采取的手段也一样。例如，富裕的糖果制造商勒博迪同塞纳－瓦兹选区的一些市长合盟，给贫困选民分发面包和煤炭优惠券，便赢得了这一部分人的选票。他给选区提供私人贷款，用于地方紧急之需，以缓解政府拨款拖延带来的压力，就像是用他自己取代政府，这样一来，市镇长们就觉得亏欠于他，需要感谢他。罗斯柴尔德家族在20世纪20年代的选举赠品可谓臭名昭著，罗斯柴尔德的一名家族成员邀请消防员在投票日当天前往他所在选区的市政大厅量体裁衣，自费为他们购置新制服。每个友好社团、狩猎俱乐部、慈善机构都在恰到好处的时间点收到了一份礼物。那些没有准备好现金的候选人也承诺会办到。1928年，有一名候选人就兑现了自己的承诺，他将自己在议会的全部工资分发给了他的选民，因此被取消了选举资格。提供免费酒饮是拉选票最好的方式之一，但需要小心行事，需要分散地发给个人，不能大张旗鼓。尽管人们在选举中喝了大量葡萄酒，但只有那些过于刻意表现自己慷慨大方的候选人才会遇上麻烦。1906年，有人把乡村护卫队叫来，告知他们酒已备好，可以免费畅饮。还有人在投票站放置了成桶的葡萄酒。据统计，1902年，在加来海峡省蒙特勒伊市镇选举前的两个月内，每位选民平均喝了500杯葡萄酒，超过了正常的饮酒量。对于由此产生的一些投诉，众议院议员们表示"虽然他们公开谴责过度饮酒，但他们认为改变酗酒地区人们的消费习惯并不是他们的分内之事"，甚至最高行政法院都给出了这样的裁决："如果饮酒行为是在酒馆里发生的……投诉者就不能由此证明这会影响投票自由或投票的公正性。"

选票是可以用现金购买的，尤其是在一些贫困的偏远山区。对候选人来说，一般一张选票的成本不会低于10法郎，而生活在杜省的穷人的选票每张2法郎就可成交。1890年有一个臭名昭著的案例，一个叫作博坦的人成立了一个协会，专门把愿意卖选票的人召集到一起，共召集了1 600人，然后他和银行家比朔夫塞姆签了合同，以2万法郎的价格将这些选票出售给他。在选举之后，这一黑幕才被揭露，原因是博坦坐地起价，还想再敲诈比朔夫塞姆8 000法郎，在遭到拒绝后，博坦向议会告发了后者。除了可以贿赂选民，更有甚者还会贿赂候选人。比如，存在一种由来已久的“绅士公约”：进入第二轮的候选人如果要退选，需要由其受益人返还选举费用。这一做法逐渐偏离正轨，许多人会贿赂一些竞争对手让其退出，或者让其作为候选人分流选票，防止选票流向竞争力更强的候选人。因此，在 1906 年的选举中，受人景仰的勒鲁瓦 - 博利厄便向一位竞争对手支付了 1 000 法郎，让其退出第二轮选举。人们会在第二轮投票之前给 500 法郎，之后再给 500 法郎，在当时，真的有人把一张 1 000 法郎的纸币切成了两半。[13]

总体来说，选举不会因为这类腐败和压力而被取消，除非到了过度泛滥的地步。取消选举资格是共和党用来驱逐臭名昭著的政敌的政治手段：事实上，这也是用来帮助建立共和国的方式之一。1876—1877 年，被取消资格的政治对手有 102 人，其中 90 人是“道德秩序败坏的政体”推举的“官方候选人”。1881—1902 年，超过 85 名候选人被取消选举资格，其中大部分是保王派或牧师。而 1906—1939 年，仅有 22 名候选人被取消选举资格。发生在殖民地的选举腐败最为严重，没人对此做过调查，因为大家都明白，即使调查出结果了也无力改变。尊重当地选举习俗成了一条规则。共和国的那些著名的政界丑闻正是在这样的背景下发生的，只不过是地方丑闻扩大到了国家层面罢了。[14]

直到 1914 年，确保投票亭的信息不被泄露的法律才出台，然而并没有对选举过程中资金开支或诽谤等施加限制。但是，金钱从未成为政治的决定性因素。商人们有时确实会斥巨资投入选举，一名美国政治学家调查了不同国家在政治上投入的资金，得出结论：平均每位法国候选人投入的资金远远少于英国或德国候选人。事实上，相比邻国的候选人，法国人在照料选区、讨好选民上投入得少之又少，花在报纸宣传上的钱也少得多，很少有候选人有专门的办公室——他们根本不需要付场地费，因为他们都在学校或咖啡馆开会，最有效率的工作也是通过边喝饮品边交谈完成的。政府为他们的海报提供免费的张贴区域，他们最大的开销是辗转各个选区的差旅费，以及向报纸支付的宣传费。美国候选人自费在报纸上购买版面做宣传，法国候选人则不一样，他们更喜欢寻求编辑的支持，或者自己办报，尽管这些报纸经常免费分发给读者。1914 年以前，海报在选举中起着关键作用：据说布朗热将军 1889 年在巴黎第七区张贴了 130 万张海报，而他的竞争对手只能负担 50 万张，读者当然也就更少。1914 年出台的法律终结了这种全城张贴海报的宣传方式。之后，报纸便成了候选人尤其重视的宣传方式。当然，各个党派的资金从未充裕过，因此它们只会投入小部分资金帮助本党候选人宣传。激进党投入得最少（1928 年只资助了 90 位候选人）。大企业是否进行了选举资助，很大程度上还是个谜，但它们在 1928 年似乎投入了大约 1 000 万法郎用于选举的相关活动。[15]

真正重要的财政丑闻不仅发生在选举中，还发生在选举后。议员们开始意识到，自己作为独立主权国家立法者应拥有尊严，因此，当有人指控他们拿钱为富人办事的时候，他们有时会强烈抗议，有时也会主动揭露丑闻，即使这会损害他们的名声。他们和商界过从甚密，担任后者的董事和顾问，这在本书前面部分已有介绍。[16] 议员们深知，甚至连克里孟梭领导的反腐败、反怠惰的清教运动都离不开科尼利厄斯·赫兹这类臭名昭著的金融家的资金支持。当大部分人遵循的制度因过度的热情、泛滥的正义或漫不经心而失去控制的时候，公共丑闻也会随之爆发。1887 年的“威尔逊事件”并没有新奇之处。威尔逊不是第一个出售奖章的人，但是人们把对其他人的怨恨都加在了他身上。1892 年的“巴拿马丑闻”揭露了议员售卖选票，疑似在投机交易中收受贿赂。此事引起了鲁维埃（Rouvier）的注意，他当时正被指控不诚实，于是就此发表声明：“我所做的事情是所有配得上称作政客的人都做过的。”没人可以否认这一点。被揭露的政治丑闻[17] 只是冰山一角，许多“小”丑闻在私底下仍然盛行，成了政治游戏的一个常见部分：在某种程度上，丑闻是可以用来除掉过于成功的政界对手的一种手段。很早以前，议会民主制的拥趸就批判过以往政体中存在的腐败和压力，但议会民主制并没能让法国远离这些腐败和压力。

法兰西第三共和国与众不同的一点就是议员发挥着主导作用，这也是议会行使权力的第一种方式。议会里几乎不间断地召开各种会议，会议持续时间长达 5 个月。鉴于议会从未如期完成过该完成的事项，甚至没有足够的时间来通过预算，会议时间又延长了三四个月，结果议会就变得和政府一样——几乎是常年运转。议会从未想过要把权力下放给政府或者允许政府独立存在。议会是政府的敌人，而不是它的力量源泉，这一传统源自哲学理论，也源自长久以来议会为从君主政权中赢取权力而进行的争斗。政治家马布利这样写道："每位立法者首先都必须坚持一条原则，即行政权与立法权过去是，将来也永远是水火不容、势不两立的。"1871 年以后，这一传统迅速革新，议会对政府的管控更加严格，这从某种程度上解释了为什么政府做不成什么事，取得不了像样的成绩。[18] 为了监督、检查政府工作，议会质询政府行政部门，这成为议会议员们最重要的活动之　。话题无论大小，他们都会进行无休止的讨论，这占用了大量时间，极大地阻碍了议会的工作进程。于是，到 1909 年，为了节省时间，议会引入了书面质询制度。然而，这成为议员向选民表明自己繁忙程度的手段，他们把每个问题和答案都刊登在《公报》上。1919—1924 年，议员们共问了 2 万个问题，内容通常极具局限性，诸如"为何某位本应得到晋升的警察没有升职"[19]，这种做法耗费了大量时间和精力。尽管此举保护了个人在和政府部门打交道时权益不受损害，但也意味着一些重大的政策问题得不到关注。

议会行使权力的第二种方式是每个议员都必须行使启动立法的权力。历史上，它在争取实现议会政体的过程中起过至关重要的作用。虽然最终确立了议会政体，有了一个对议会负全责的政府，但是议员动议的传统仍然被保留下来。议员有权在任何一场辩论中间起身向发言人提问，也有权提交任何主题的议案。因此，1889—1893 年，议会共召开了 546 次会议，提出了 873 条法案。显然，这些议案几乎不可能得到审议。接下来，1893—1898 年，议会共召开了 633 次会议，提出的议案数量增加到 1 112 条。此外，政府自己提出了 2 216 条议案，其中四分之三有关地方事务。数量庞大的议案带来的影响就是，大多数未经辩论或讨论即直接通过，变成了法律。每次开会一开始都是由议长低声念出谁也不在意的那些议案题目，然后就直接宣布通过，因为不会有人反对。虽然议会表面上负责立法，但起草仓促、审议不严，其后果往往是：所通过的法律的效力很大程度上取决于实施法律的公务员是否心怀善意、关心民情。法律很少按照最高行政法院法律专家所建议的方式通过，所以它通常是表达笼统、忽略细节的，这样就需要由行政条例补充完善。恰恰是在第二阶段（这一阶段没有议会，甚至没有部长的参与），行政部门才得以运用其权力。有一些人怀疑，在流程复杂、效率低下的情况下，议会对预算的控制是否真的有效。法兰西第三共和国成立的头 30 年里，平均每年支出 200 万法郎不等。[20] 在这方面执着于立法就意味着自我毁灭。可能最温和的阶段就是议员们反复提出预算修正案的时候。1895 年的预算经历了 371 次修改，1898 年则经历了 547 次。修改预算本身就意味着额外支出，这又在很大程度上增加了国家的财政赤字，赤字对第三共和国来说也是寻常之事。政府在提出议案时就知道，原封不动地落实议案的概率有多小，甚至连让法案传达出去或者以某种形式通过的概率也微乎其微。因此这一点就不足为奇了：颁布原则十分必要，尝试实施这些原则在政治上反而并不可行。[21]

议员控制政府的第三种方式是通过议会委员会制度实现的。每条法案都必须由议员组成的委员会讨论才能通过。最初的传统是每条法案都会分派给一个临时委员会进行讨论，不过后来常设议会委员会逐渐增多，委员会便不再只讨论某一特定法案，而是讨论某一特定领域的所有法案。先是财政委员会，最早始于 1840 年，其他的还有外事和军事委员会等。到 1902 年，议会里一共形成了 16 个大型委员会。① 该制度的独特性在于这些委员会是永久的，事实上类似于政府各部。委员会主席和委员会报告人是部长的竞争者，当部长下台的时候，委员会主席和报告人便会取代他，这种事情也不罕见。因此，在议会里有两大互相对立的权威来源，财政委员会的权力尤其之大。甘必大正是在 1877—1881 年担任财政委员会主席期间扩大了其势力。有好几次，财政委员会瓦解了政府各部。正如塔尔迪厄所述，“部长一个月内频繁下台，导致实权不再掌握在部长手中，而是落入财政委员会报告人手中，因为他不会下台，只不过是从一个立法部门换到另一个立法部门任职”。这样一来，议会（而不是政府）就成了政策制定者。担任过委员会报告人一职之后，议员自然地认为自己拥有了丰富的经验，足以胜任部长一职，因此，基本上无须其他借口，这一工作经验本身就可对他形成强烈的瓦解、推翻政府部门的诱惑。[22]

议会正是用这种方式统治着法国。议会最初由 533 名成员组成，1914 年增加到 602 名。这一机构的规模相对来说还算小：1789 年三级会议共有 1 118 名议员，1849 年的国民议会共有 750 名成员。1870—1940 年，议员达 4 892 人，其中不到一半（2 271）只加入了一个立法委员会。权力集中在那些连选连任的议员手中。有 2 621 名议员都加入过不止一个立法委员会。在任一时间段，大约四分之一的议员任期达到 20 年，3% 的成员任职时间长达三分之一个世纪。议会成员的稳定性是异乎寻常的。在这 4 892 名议员中，仅有 33% 因为在某次选举中失败而离开政坛，16% 的成员选举失败后不会再参选，19% 的成员则选择继续坚持到成为参议员，13% 的成员逝于任期，12% 的成员被维希政权撤换，仅有 2.5% 的成员在选举生涯中改换了选区。于是我

① 1893 年有 6 个，1898 年有 11 个，到 1920 年，增至 20 个。

们便可想象出一群几乎固定不变的长寿统治者的画面，他们与地方选区紧密联系，在进入巴黎政坛之前常常鲜为人知。直接掌控政府部门命运的正是这些议员，而不是选民，因为四分之三的部长撤换发生在议会会议进行期间，仅有四分之一的部长级人事变动是由民众投票决定的。[23]

1870—1940 年，法国共有 108 个政府部门，每个部门平均存在时间为 8 个月左右。而英国在 1801—1937 年仅有 44 个政府部门，平均持续时间为 3 年零 1 个月。因此，法国留下了政权不稳定的名声，但法国获得这一名声并不奇怪。比利时在 1831—1937 年共有 41 个内阁：到 1918 年，每个内阁平均持续时间为 3 年零 9 个月，但“一战”之后，每个内阁平均持续时间减少至 1 年零 8 个月。意大利的内阁在 1918—1922 年平均持续时间是 1 年零 2 个月。德国魏玛共和国期间共有 21 个内阁，平均持续时间为 8 个月。奥地利在 1918—1934 年每个内阁平均持续时间同样为 8 个月。这种比较很容易有误导性，因为在频繁撤换部长的表象之下隐藏着一种稳定性。首先，法国选民非常忠诚：法国总体上并没有遭受过左右摇摆问题的困扰。其次，政府部门的更替意味着权力掌握在议会议员的手中，他们是政权稳固的核心，如果他们对政府部门产生深深的怀疑，就会为了维持议会的至高权力而宁可频繁地将政府部门推倒重来。然而，英国不是由于选票失衡才推翻政府的，而是因为一些重大的政策问题。法国议员则会因一些细微问题而毫不犹豫地推翻政府，他们之所以能这样做，是因为不用担心议会被解散——议会会持续整个任期。当某个部门解体后，该部门的旧成员会重组，只有少部分新成员会加入，而这部分新成员很有可能就是那些组织质询解散旧部门的议员。

内阁部门的无能也是由于总理办公室在 1934 年才被法律认可。此前总理的事务异常繁杂，结果，总理除了担任政府首脑，就没有时间做别的事了。除了一个职务，他没有自己的职员，没有资助，直到 1934 年才有独立的办公室。通常情况下，他不是大多数议员选出来的领导，甚至连任何政党领导人都算不上。他不能指望议员们对他忠贞不贰。在某种程度上，他被共和国总统盖住了风头，总统有时使用特权来选择总理，以防止野心过大的人获得权力。议员们总是占上风，因为他们可以拒绝总统的选择。[24] 如果有人想要成为部长，总的来说，他不一定要当政党领导人，因为不划算。党派的流动性大，所以依靠党派支持的可靠性不强，部长们必须努力获取尽可能多的渠道的支持，包括党内党外。如果他们彻底放弃党派性，充当党派之间的仲裁人或调解人，胜算可能更大一些。当然，这就意味着他们很少能做到取悦每个人，任职期间必定如履薄冰。因此，他们很难制定清晰的政策。自诩为激进派的议员一旦拥有权力，几乎无一例外地会变成温和派，一旦发生这种情况，他们就会失去左翼和右翼的支持，常常也会失去自己党派的支持。渴望成为叱咤风云人物的党派领导常常会转而反对本党的整个理念，而不断组成的各种联盟把本党理念稀释了。新成立的党派对这种常规变化的自然反应是极端主义和激进主义，因此我们在判断这两种主义的时候不能只看表面。

最成功的部长都是那些懂得投议会所好的部长。有的部长不和议会硬碰硬，他们以退为进，为了重新进入政府任职，就先辞职，且不断重复这一循环，这是因为一旦和议员们发生冲突，他们的职业生涯也就毁于一旦了。于是，部长们的这种进取心成为一种更大的不安定因素。阿里斯蒂德·白里安把辞职的艺术运用得炉火纯青，他甚至常常在投票前辞职，利用频繁爆发的内阁危机巩固自己的地位。因此，只要拿部长的任职期限同政府部门的持续时间稍做对比，便可发现，事实上，有一小部分政府公职人员的任职时间非常长。法兰西第三共和国共有 561 位部长，其中有 217 位任职一次，103 位任职两次，71 位任职三次，48 位任职四次，122 位任职五次及以上。1879—1940 年共有 94 个政府部门，其中 74 个部门中至少有一名成员来自前届政府，而其中40个部门中有超过一半的成员来自前届政府。因此，白里安兼任了25个不同部门的职位，任职时间长达16年零5个月。任期最长的是激进派成员萨罗，其任期长达18年零2个月。任期较长的其他人还包括巴尔都（14年）、莱格（13年）、泰奥菲勒·德尔卡塞（11年）、亨利·克耶（10年）、弗雷西内（10年）、谢龙（Chéron，10年）、亚历山大·米勒兰（9年）和普恩加莱（9年）。

因此，法兰西第三共和国不必分成108届不同任期，每期也不可能都有一套独立的人员配备和工作机制，实际上可以自然地分成几段更长的任期。1870—1879年任职的63人中，仅有5人连任。“公爵们的共和国”是一个界限分明的年代。1879—1885年是朱尔·费里大展宏图的时期，在8个内阁中的5个任教育部部长一职，其间，只是甘必大短暂占据主导地位，但甘必大的内阁只在1881—1882年存在了约3个月。从弗雷西内的政治生涯中可以看到机会主义者是如何持续进行统治的，他曾9次任总理，其中7次都兼任军政部部长一职。正如费里在不断应对内阁危机的过程中积极实施教育改革那样，弗雷西内也竭力推行军队改革。1889—1892年，鲁维埃4次担任财政部部长，后来又两次担任总理。1882—1892年，阿尔芒·法利埃担任部长7次。我们可以将这些投机主义政客当成一个群体来理解，这样对于他们频繁变更重组也就没必要感到困惑和绝望了。法兰西第三共和国中期，内阁期限加长了：瓦尔德克－卢梭总理任期3年（1899—1902），孔布任期2年零7个月（1902—1905），克里孟梭任期3年零4个月（1906—1909）。德尔卡塞控制外交政策长达7年（1898—1905）。到了后期，各部瓦解得越来越快，人员却未改变。1920—1940年，各部平均持续时间仅6个月，但部门之间的连续性增强了，以至于原部门80%的人员都连任到了新部门。1924—1936年，人数不多的左派激进党（32～50人）共有29个部门，平均每个部门有1名左派激进分子。在这12年间，激进派控制教育部、内政部长达12年，控制农业部长达10年。越来越清楚的是，议员们从他们自己当中选择一小部分人担任部门内职位。可以说，这一群体的核心成员仅由 122 人组成，且都是至少 4 次任职部长的人。当然，这些人都必须接受这一政治体制和议员的至上地位，如有人持反对意见，无论他的才干多么出众，也很少能任职长久。[25]

保守的宪法制定者的意图在于，国民议会的议员应该在一定程度上受参议院的制衡。最初设立 300 人参议院的目的就是进一步巩固乡村地区的稳定，限制城镇的冲动冒进。参议员是由市政委员会代表团选出的，最初每个市镇无论面积大小，都只能有一个选举人，只能投一票。1884 年，规模较大城市的选举人增加了：少于 500 名居民的市镇只能有 1 位选举人，而超过 6 万居民的市镇的选举人可达 24 名。这一调整对农村行政区有利，却对人口介于 5 000 和 10 000 的中等规模的市镇极为不利，而共和派精英主要生活在这些市镇。城市选民的代表性仍然不足。在罗纳河口省的马赛市（人口 90 万），可以推举出 24 名选举人，而该省其他市镇加起来（人口 25 万）的选举人竟然可以达到 313 位。在塞纳省，巴黎的选举人名额是 147 位，而人口只有巴黎市区人口一半的郊区，却有 1 032 个选举人名额。法国居民人口不足 100 的农村市镇共有 370 个，可以得到 370 个选举人名额，而人口合计 250 万的 11 个城市，却总共只能有 264 个选举人名额。平均每个参议员选区有 800 名投票者，其中 90% 都是来自市镇的代表，地方议员和地方参士每人可多投一票。75 名参议员由国民议会选定为终身制参议员，不过，1884 年之后，终身制参议员群体开始消失，逐渐被当选议员取代。

第三共和国创立者的意图没有得到实现。共和党人最开始指责参议院并不民主，一些人要求废除参议院的诉求甚至持续了 20 年。然而事实上，共和党人迅速渗透参议院，并使其成为捍卫政客统治的又一坚实堡垒，因为参议院本质上就是一个代表着他们利益的议会。被选入参议院的人大部分都是退休的下议院议员和公务员。事实上，在“一战”后，相比下议院的吵闹和风险，政客越来越喜欢参议院不温不火的辩论，以及可以连选连任带来的稳定感。正如一名英国记者在 1900 年写的那样，“这似乎是一种妥协，因为上了年纪且受过教育的人的才思仍然敏捷，最喜欢的消遣方式就是聚在辩论社，彼此背诵抽象的法律条文或历史论文，时不时地穿插一些热门话题。总统慢悠悠地入座，为下午的日程定下基调，他用赞赏的语气念诵讣告、悼词，以悼念他们这个群体中刚刚逝去的那个人”。[26] 这对于市镇里那些过着悠闲慢生活的人来说也是一种提醒，因为对他们来说，巴黎的骚动不安是一出值得观赏的戏，是茶余饭后的谈资。卡约（Caillaux）在 1938 年说过，“参议院是这个国家的农民议会，这会给参议院招来一些非议，然而，在选民的支持下，参议院泰然地面对来自媒体和百姓的攻击，并对这些攻击不屑一顾”。相比参议院内部的政治极端分子和普通大众，参议院并没有对下议院行使权力设置太多的障碍。

虽然共和政体得到了巩固，但参议院并未受到重视。1880 年，费里著名的第七条款遭到参议院拒绝，于是他直接将法案设为法令。然而，到 1896 年，参议院由于不支持布尔热瓦的激进内阁，拒绝为他提供信贷，于是他辞了职。但是作为激进派，布尔热瓦本可以根据宪法忽略参议院的决定。在那之后，参议院在阻碍通过先进的或社会主义的法律方面发挥着越来越重要的作用。也正是由于参议院的阻碍，收入税和妇女参政权的提案拖了很久才获通过。1884 年，参议院阻止通过离婚法，同时，许多社会立法的提案都石沉大海——许多提案由于审议时间被无限推迟，都被遗忘了。当然，参议院并非一无是处，虽然它对商业和经济方面的立法贡献甚微，但它帮助通过了大量虽普通但影响深远的政策法案，例如 1889 年通过的《国籍法》，1885—1891 年通过的有关罪犯惩处与释放的法律。参议院还对许多提案做了重要补充。在两次世界大战之间，参议院逐渐成为保守共和主义的坚实堡垒，反对一切要求实现现代化的提案。参议院还推翻了爱德华·埃里奥、塔尔迪厄、皮埃尔·赖伐尔和莱昂·布鲁姆的内阁。法兰西第三共和国就像一枚硬币，参议院就是这枚硬币其中的一面，它谨慎、传统，与另一面——下议院议员们的慷慨雄辩旗鼓相当。从某种程度上说，下议院议员之所以敢于如此极端，是因为他们知道那些“长老”将会阻止一切即将发生的实实在在的变化。[27]

在行使权力的时候，议员们有时不得不与共和国的总统进行较量，然后总统可能会再次变为议员。总统职位在很大程度上取决于任职者个人的性格秉性，很显然，（不同于 1848 年的情况）他并不是国家最重要的人。共和党对于法兰西第二帝国的那一套非常反感，他们曾经以为，由人民选举出的总统会代表民主，可如今却对这一观点厌恶至极。总统的权力被刻意削弱：总统由议会选举，无权反对议会；总统一旦被指责不负责任，他就不能再染指政治；总统薪资微薄，是整个欧洲政府机构中最穷的领导者①。但是，在君主主义者的保驾护航下，总统获得了英格兰模式或奥尔良模式[28]下近乎立宪国王一样的权力，于是他得以在政治中发挥十分重要的作用。总统可以任命总理，同时，由于政党分化，很少有绝对人选，所有总统可以借机除掉那些会对自己构成威胁、影响力过人的人士（例如甘必大和克里孟梭），给不喜爱之人安排些无关紧要的职位（例如 1895 年布尔热瓦手下的激进派）以削弱他们的势力，或者提拔资质平平的政界朋友［例如卡诺的朋友蒂拉尔（Tirard）］。总统选任总理的范围不仅限于议会成员，但他不得不格外小心，避免冒犯议会。1914 年，普恩加莱选中了右派的亚历山大·里博，让他在左派议会里组阁，普恩加莱旋即遭到了议员们的谴责，最终不得不做出妥协。总统的影响力有多大，很大程度上取决于他处事是否圆滑老练。总统负责主持在爱丽舍宫召开的各大内阁成员会议。虽然人们也会召开没有总统参加的内阁会议（参会人包括

① 薪资为 60 万法郎，再加上 30 万法郎的家庭开支和 30 万法郎的旅行开支。在大战之间，这些开支是原来的 3 倍，所以薪水跟不上生活费用的上涨。没有哪个总统会因其任职而富裕起来。

各大部长，常常也有一些职位较低的部长参会），但这些内阁会议从未取代过正式会议（这和英格兰的做法相反）。总统仍然保有君主制复辟时期大量的优先特权：可以签署联盟条约，联盟条约与一般的商业条约或和平条约不一样，无须经过议会批准。在这一时期，共和国总统在法国的对外政策上几乎起着和部长同等重要的作用。[29]总统是七年任期制（还可能连任），因此他有更丰富的经验，职位也更稳定，这也是总统的一大优势。

因此，总的来说，国会议员们都愿意选举能力二流的政客担任总统，因为他们不愿面对一个能力太强的主人或者对手。甘必大、费里、卢梭、克里孟梭及白里安都败给了能力不如他们的人。发生过5次这样的情况：大家推选参议院议长的时候，都尽力选出一个大家都认可的平庸之人，以让这个最高职位变为一个专门为老年政客而设的闲职。曾经有3次，国民议会议长的当选是因为当选者此前在权力斗争中失败了。然而，有时人的雄心会起主导作用，平庸者会表现出比大家以为的更多的个性特征。1848年，儒勒·格雷维（1879—1887年任法国总统）提出应该废除总统一职，因为它给共和国带来了极大危险。1879年，当格雷维自己被任命为总统时，他发表了一个历史性的声明，主张大幅削减总统的权力。1877年，麦克马洪（1873—1879年任总统）第一次也是最后一次行使总统权力解散了议会，因为议员中激进主义势头越来越强盛，这是他所不赞同的。[30]经过再次选举，共和党在议会和内阁重新占多数，麦克马洪不久被迫卸任。格雷维随即宣布继任，他说："我真诚地接受议会制的各大准则，绝不违背宪法中所表达的国民意愿。"在那之后，总统的解散权就再也没被使用过，议会被赋予了至高无上的权力，这一事实在其中起了关键作用。然而，虽然格雷维表面上似乎只是名义上的政府首脑，但他的政治表现积极而主动。弗雷西内写道："他假装不对任何部长构成影响，目的是不想同他们分担责任。因此每当委员会提出一个提案时，他都格外小心，不发表任何赞同或反对的言论。他让大家自由讨论，而他自己看上去总是慵懒、缄默，让人觉得他对讨论的内容心不在焉。如果赞同该提案，他只会点头示意并迅速签署，不会对此做任何评论；如果不同意该提案，他就似乎是从投票前的小睡中突然醒来一样，说道：'先生们，毫无疑问，你们已经仔细斟酌了这可能会给你们带来的不利影响。'然后他以一种漠不关心的语气指出这可能会带来哪些危害，并以一种十分礼貌、平静而巧妙的方式描述这些危害，就像一个认真倾听讨论、没有错过一字一句的人一样。'不过，先生们，这是你们的事，你们自己负责，我只是提醒一下，万一你们没有想到这些反对意见呢？你们喜欢怎么办就怎么办。'但很多时候，我们并不能想怎样就怎样，相反，我们把文件拿回，为刚刚觉察的那些反面意见感到困窘不安，于是修改项目计划，有时甚至直接放弃。"[31] 法国放弃埃及，避免在 1887 年"施纳别列事件"中引发战争冲突，这一切当然都有格雷维从中干预。格雷维的继任者卡诺的从政风格则大不相同，为了促成法俄联盟，卡诺想尽了一切办法：任命首相，坚持让首相选择自己认定的外交部部长和军政部部长，因为这些人都支持法俄联盟。[32] 卡诺对内政干预很少，而格雷维对此却极为上心。格雷维全心投入地过着一种纯粹的巴黎人的生活，它以政治密谋为特色，卡诺则首开了环游各省的先例：在 1887 年布朗热危机期间，卡诺的环游大大增强了共和党的宣传效果。

为了避免让总统陷入政治争端，有这样一条惯例：总统的名字和政治观点都不能在议会中被提及，新闻法对此也有相关的保护条款①。甘必大就因为发表言论鼓动麦克马洪接受共和主义或辞职卸任而锒铛入狱。一份报纸刊登了一则麦克马洪骑马的漫画，漫画的图解是："这匹马看起来很聪明。"该报后来被起诉。卡西米尔－佩里埃在任总统一年的经历表明，这种保护在民意沸腾面前根本没有用处。记者热罗－

① 1881 年 7 月 29 日颁布的法律中第 26 条。

里夏尔（Gérault-Richard）因一篇大肆攻击佩里埃的文章而被指控，被判一年监禁，但很快被请回议会，重获自由。议员让·饶勒斯在法庭上为里夏尔辩护，毫不掩饰地把总统府叫作“淫乐窝”。外交部部长霍诺托（Honotaux）拒绝向总统咨询任何事务，也不向总统出示全部政府急件。短短8个月，佩里埃就宣称自己丢了实权，称自己像一名囚犯，只是一个仪典主持人，公然遭受攻击却无力回击，不久便卸任了。卡诺被暗杀后，作为秩序恢复的标志，佩里埃被选举上台就任总统，但作为法国最富有的工业家之一，他和大众的联系已经被切断了。[33]

在他之后，许多出身卑微的草根平民被选举上任，这些人象征着美德的胜利。人人梦想着向他们看齐，因此便有了后来的菲利·福尔（1895—1899年任总统）。菲利·福尔是法国圣德尼郊区一名椅商的儿子。他父亲最开始做制革工学徒，后来在勒阿弗尔的生意做大了，进口南美的皮革，之后又被选为勒阿弗尔市的议员。福尔当选总统后，不仅行为举止像拿破仑，根本就是国王本人。他对拥有至高权力者如果不是低看，也绝不高看。他对狩猎满怀激情，把朗布依埃作为避暑胜地，人送外号“太阳总统”。他非常受百姓拥戴，每每讲话总是这样开口：“我是工人的儿子，我自己也是工人……”事实上，他是资产阶级，他的父亲同一位富裕的葡萄酒商兼房地产商的侄女结了婚。福尔拿着从他叔叔老福尔那儿借来的钱，在博韦又建立了一家工厂。福尔在昂布瓦斯做过学徒，在他和镇长的女儿结婚之后，就结束了学徒生涯，他的岳父后来成了一名参议员。[34]

卢贝（1899—1906年任总统）的父亲确实是农民（虽然是富农）；法利埃的父亲是法务人员，祖父是铁匠。卢贝和法利埃两人后来都做了出庭律师，并当选各自小镇（蒙特利马和内拉克）的镇长，进入政界，交了很多朋友，并步步高升，最终当选参议院院长。[35]福尔是共济会老成员（虽然只是为了取悦女人），推动了“德雷福斯事件”的重审。[36]卢贝属于温和派，他在政教分离时期努力制衡孔布的反教权主义，坚持保住了德尔卡塞 7 年的外交部部长职位。[37]

然而在这段时期，总统逐渐退居后线，菲利·福尔说：“我被人指责毫无作为，你们还想怎样？我现在就像英格兰女王一样（没有实权）。”[38] 法利埃在任时向内阁保证，自己绝不会假公济私，愿意听从内阁的决议，让克里孟梭、白里安和卡约这样的大人物就任总理。[39]

部长频繁轮换引得人们越来越担心权力不稳定，于是人们开始后悔削弱了总统的权力。迄今为止，议会体制已经健全，布朗热式的独裁威胁也不复存在，因此一些共和党人便开始盘算着如何更好地利用总统，丝毫不害怕这会破坏民主。普恩加莱清楚地认识到，总统比总理更有权力，于是便放弃了总理职位，去爱丽舍宫做了总统（1913—1920）。他并不希望修宪，而是指出：“在修宪之前，我们或许应该尝试着应用它……我们首先必须从 1875 年的宪法中发掘其中隐藏的未被使用的资源。此外，共和国总统必须自由行使其历来被剥夺的权力。”[40] 普恩加莱在任期内一直坚信，强者可以改变这种现状，事实上，他一度的确改变了这种现状。他告诉奥地利大使：“我坚信，任何人接替我的职位（外交部部长），都会和我实施同样的政策，就好像我仍然在外交部一样。”[41] 外交大权多年来确实大部分掌握在他手中。1914 年，普恩加莱与新任总理维维亚尼一同访问美国佛罗里达州圣彼得斯堡——普恩加莱在讨论全程占主导地位，维维亚尼倒成了背景板。[42]“在部长委员会里，维维亚尼和白里安都无法进行有效的领导，因此普恩加莱经常进行干预，在委员会里树立了权威。”这主要得益于他十分努力，比其他部长更清楚事情的来龙去脉。他把公务人员召唤过来，让他们直接向他汇报，这样一来，他就撕掉了总统在委员会中温文尔雅的标签，加入了激烈的争论，试图说服别人接受自己的观点。有一次，他甚至对总理白里安大叫：“先生，你在撒谎！”白里安气得当场扔掉文件夹。加斯东·杜梅格坐在两人中间，用近乎荒谬的语气喊道：“这里是法国！”最后双方被叫到一起和解。[43]这和格雷维组织的内阁会议截然不同，但是也只有在总理不作为的情况下，普恩加莱才会占据主导地位。随着整个国家希望积极参战，1917 年 11 月，克里孟梭在公众舆论的监督下继任总理，政治形势彻底改变。总统被抢了风头，立刻回到了以往默默无闻的状态。克里孟梭无视总统的建议和信件，外交部部长皮雄（Pichon）也不再听从总统的命令，而是听从总理的命令。在巴黎和会上，尽管从理论上说，总统具有协商条约的权力，但实际上是总理克里孟梭代表法国谈判的。因此，普恩加莱的实验也失败了，因为他没能从根本上改变总统的角色。但是对克里孟梭来说，这使他看到了 1920 年竞选总统的机会，当然，这也导致克里孟梭后来被议会否决。

德沙内尔被选为总统，他文质彬彬，为竞选总统精心准备了很长时间。他在担任议会会长的 12 年间一直公正无私，一生都不愿加入议会的任何团体（他提倡成立“托利党”，但未能实现），谢绝了部长的职务。和许多政治官员一样，德沙内尔也写书赞颂拉马丁，因为拉马丁兼获了文学和政治上的荣誉，这也正是德沙内尔一直以来所追求的：在他看来，政治几乎算得上文学或修辞学的一个分支。和普恩加莱一样，德沙内尔希望重振总统的影响力，他说：“把共和国总统当作不能转动的齿轮或近似于立宪君主，纯粹是宪政方面的异端。选举的总统不能像世袭的王子一样冷漠地扮演两党的中间人角色。”总统必须给总理提出“有力的建议”。[44]由于身体不好，德沙内尔短短 8 个月（1920 年 2—9 月）后就辞职卸任了，不过，继任者米勒兰（1920—1924 年在任）承继了他发起的运动，并把它发扬光大。米勒兰不是简单要求应该遵循 1877 年要求的方式执行宪法，而是要求修订宪法，赋予总统更大的权力。和普恩加莱一样，米勒兰也是从总理升为总统的。米勒兰担任总统期间，致力于把名义上由莱格总理领导的内阁归于自己的控制之下，以期同时拥有总统和总理的权力，不过这一努力未能成功。即便如此，米勒兰此后仍然经常干预政府日常的政策实施。此外，为了能够修宪，他常常进行公开演讲。在 1924 年的大选中，他公开站队，表示对左派的反对。他反对议会的运作程序，认为国家主权属于人民，而议会篡夺了主权，因此需要强大的总统和代表正义的最高法院来监督议会。米勒兰希望多多使用总统的解散权，引入全民公投体制。这激怒了议会领袖，他们表示只要米勒兰总统在位一天，议会就不会组成内阁。议会以此进行反击，最后米勒兰被迫卸任。[45]

可是，就连这次危机也未能降低总统的地位。据说在格雷维之后，加斯东・杜梅格（1924—1931 年在任）是干政最多的一位总统，他之所以能够干政，是因为他行事老练，在议会又有丰富的工作经验。杜梅格出身卑微，又是南方血统，因此备受百姓拥护。再加上出色的政治才能，杜梅格在民众中颇具影响力。1934 年，退休的杜梅格被召回担任总理，拯救“斯塔维斯基事件”① 之后的法兰西共和国。他提出要修改宪法，赋予总统不经参议院同意便可解散议会的权力。由于丑闻早已爆发，而他的提议太迟，这没能成为他接受重新任职的砝码，无果而终。

在第三共和国的最后几年里，总统的地位再次降低。参议院议长保罗・杜美是铁路工人的儿子，他被选为总统，用来把白里安踢出局。杜美勤勤恳恳，但过于克制和超然，因此影响力不大。不管是因为什么，一年内，杜美就被一名俄国疯子暗杀了，[46] 之后，阿尔贝・勒布伦（1932—1940 年在任）接管了他的职责。勒布伦出身于洛林地区的农民家庭，同样成了参议院议长，他毕业于巴黎综合理工学院和巴黎路桥学院，办事高效，一丝不苟。签署任何文件协议之前，勒布伦都会仔细阅读，这令他特别自豪。他还会保证行政法令得到频繁修正（法令条目也因此越来越多）。[47] 1936 年，法国人民阵线赢得了法国

① 斯塔维斯基是法籍俄国人，因长期从事投机诈骗活动，发行大量伪债券而暴富。1933 年丑事败露，翌年年初，其诈骗和曾先后贿赂 1 200 名政界人士的罪行被公之于世，成为轰动一时的丑闻。——译者注

立法选举，因勒布伦强烈反对法国人民阵线，选举结束后，他一度考虑辞任总统。不过，后来他又认为要“削弱人民阵线过度的影响”并阻止社会主义人士当选总统，因此勒布伦又决定继续担任总统。事实上，勒布伦几乎没能对此施加什么影响。1940 年，内阁爆发危机，各部部长开始出现立场动摇、分裂的迹象，只有在这时，勒布伦总统的关键作用才再一次显现。这个案例很好地说明了一个问题：在整个第三共和国时期，总统在政府中的地位变动很大，这主要取决于总统的性格秉性，以及共和国政体的其他部分如何发挥作用。普遍说法认为，总统这一职务的地位在 1877 年以后就下降了——事实上，这一说法极具误导性。[48]

同时，议员们不得不和另外一股力量——公务员对抗。议员都想让公务员听命于自己，但掌控的程度各不相同。有能力的议员可以通过不懈的游说把对他有利的地方行政长官、次长官和一般公务员都安排在自己的选区，如果他够活跃，还可以进行一系列操作，帮他们提升影响力、增加晋升机会。不过，公务员们有自己的“集体精神”。第三共和国的省长、大区长等地方行政长官的知名度不及第二帝国的知名度高，部分原因在于他们在第三共和国的政治活动少了些戏剧化特点，又或许是因为相关的研究偏少。事实上，有两种截然不同的行政长官。其中一种接受自己在政治体制中扮演的服从性角色，把自己视为行政人员，只求任期内一帆风顺，把自己看作一般的政府雇员。然而，通常情况下，人们并没有意识到，他们中的许多人都十分怀念美好的旧时光，因为在过去的政权中，权威更受尊重，很少受到挑战。1907 年，他们组成了一个协会保护自己的利益，协会里讨论的主要话题是关于他们自己的威望。每一代省长、大区长都有一群人代表他们发声，他们抱怨说手中的权力比前一代人减少了很多。还有一些行政长官拒绝安保，坚持认为自己的角色本质上就是政治性的：风险越大，自身可能取得的成就越大。他们拥有“全套装备”，这使他们获得了作为全国权力代表的非凡魅力：他们住在自己富丽堂皇的居所里，过着让人充满距离感和崇敬感的社交生活。他们认为，自己绝不会像其他官僚主义者一样，因为他们很擅长处理人际关系。毫无疑问，虽然他们不可能再像有些人所声称的那样，单枪匹马地组织选举，但选举活动仍然是他们主要的精力所在，他们在这方面取得的成功对于升职也十分重要。1898 年，布里松总理解雇了 10 位省长，因为他认为这些人不利于自己的政治名声。1904 年，孔布解雇了 8 位。1924 年选举结束后，埃里奥解雇了 8 位，进行了三分之一的人员调动。对被解雇的省长温柔以待，并为他们谋取待遇丰厚的闲职干到退休，这一惯例正是孔布开创的。孔布的儿子埃德加曾任省长、内政部的秘书长，负责监察这些事务，他自己最后的归宿是犹太城疯人院的院长。

甘必大的一位朋友做过省长，写过一本很有趣的书，书中描述了省长模棱两可的立场。他希望省长的地位可以重新恢复为“最高行政公职人员”，因为当时根据职位优先顺序，省长甚至可能排在主教、海军上将和法官的后面，他对此感到愤愤不平。（此后，省长联合会就一直为省长这一群体鼓与呼，使他们能以准自动的方式得到更多勋章和荣誉。）令他感到气愤的是，他免费出行的权利并不是国家赋予的，而是由于铁路公司给了免费通票。令他感到痛心的是，他的影响力在很大程度上依赖于自己的受欢迎程度和圆滑老练，因为他已经失去对市长的掌控。（代表制度在一定程度上弥补了这种缺陷，如果某地区市长对自己不利，省长会在该地区的乡村中委任一些代表：通过这些代表，省长可以打通利益渠道，建立自己的派别。）他必须尽很大努力时不时地向市长献殷勤，以达成联手，可是，当他人气过高时，地方议员就开始嫉妒了，他们会向部长抱怨，后者通常倾向于要弄省长和议员，让他们相互制约。因此，省长向上级政府呈递文件时不得不格外小心，以防内容向议员泄露。如果他想调到其他部门，通常会带走在任期间的一切个人文件和政治文件，因此继任者不得不一切从头开始，学习平衡地方势力之间的关系。虽然省长失去了对市长的控制，但他还可以给教员委派职务，多数情况下，这个职务是市政委员会的秘书，他会成为省长一件重要的工具。不过，省长选中的教师一般是学术督查提名的，而整个学术行政部门越来越独立于省长权威之外。同时，教育部也常常支持学院反抗省长的控制。“丝毫不夸张地讲，一名省长经历过的最难堪的场面就是学术督查造成的，这背后有校长和部长的支持。”教师们知道，自己的升职全仰仗学术督查，虽然教育部大部分人是共和党，但他们一直想让大学不与政治挂钩，所以他们在这个问题上表现得非常保守，因为他们不希望顺着省长的意愿将整个省系统地共和制化。

用一个联合党来统治全国的观点未免过于简单，因为公务员的构成是十分多样化的。除了处理与神职人员的关系，省长还得与财政部的诸多官员周旋，这些人向来极其保守。尤其是印花税部门，人们对它的印象是“神职人员和耶稣会会士在政府行政部门中的避难所，一旦有个著名共和党派的省长指责印花税部门某职员是保守主义者，那么这个职员就会很快升职”。司法部对政治更加敏感，省长可以对治安法官的委任施加影响，但地方法官常常属于保守派。省长的远大宏图反过来也会激起他人的强烈反对。自由派人士指责省长是旧体制和帝国残存的老古董。加斯顿·热兹（Gaston Jèze）在1911年写道：“就如他们的前任一样，20世纪的省长也是政治自由的死对头。”在司法部、财政部这样的传统行政部门，里面的公务员都为自己的传统职能而感到自豪，他们觉得自己从前君主王朝的达官贵人那里继承了一种名望，那些达官显贵当时出资买官，并由此成为贵族。这是修辞掩盖之下的共和政体的另一面。法国大革命虽然推翻了封建君主专制王朝，但根深蒂固的专制主义被沿袭。议员反对专制，是自由的代表，但是他们一旦成为部长，便会毫不犹豫地维护自己的权力。共和国在外人面前把自己装扮成自由派的样子，我们有理由怀疑，这不过是披着自由外衣的拿破仑时代的君主专制制度，本质上并没有太大改变。对于议员说出的话，人们需要仔细评判才行。在研究法兰西第三共和国时，最大的错误就是把政治中的争执和辩论当真，当看到政客因各自表达的立场不同而互相攻击时，误以为他们真的把彼此当成了敌人。[49]

第 7 章　机会主义

“共和”有多重含义，很难简单定义。它至少存在四层含义，不加以区分难免有失偏颇，造成困惑。在群众这一层，“共和”与传统、偏见、敌对密切相关——其中有些关系由来已久，还有很多关系由于法国大革命及其随后的斗争变得更加尖锐。“共和”反映了社会关系的变化、发展，这些社会关系的源头与巴黎宣扬的那些信条、主义等没有多大关系，有时这些信条和主义被用来将个人之间、家庭成员之间、地区内部之间的敌意和怨恨合理化并体面化。群众之上的职业政客这一层认为，“共和”是实现个人对国家的反抗、提升社会地位、保全本地免受传统暴政摧残的手段。他们自认为是对抗国家、消除暴政不可或缺的中间一环，好比政治体制中的批发商、零售商。他们的地位提高，因而成为新的统治阶级，有人就认为他们是投机倒把、获取暴利的奸商，因此遭人嫉妒、鄙视。对职业政客来说，“共和”既是解决问题的万灵药也是谋生手段，既是人人平等的信仰也是谋取高位的途径。他们下与群众有矛盾，上与政府不和。“共和”的第三层含义是政客变为位高权重的部长、领导后所理解的“共和”，这些人牺牲地方利益，维护国家利益，追求中央集权。对他们来说，“共和”不是个人利益至上，而是秩序、团结、荣耀，为了更高的追求而不得不委屈个人。“共和”的第四层含义是主张“共和与共和主义”的哲学家、理论家眼中的“共和”，这些人与现实脱节，他们误导群众，导致群众无法对现状做出正确判断；他们美化大革命，让人们对其短处视而不见；他们强调差异、分歧，而它们往往是理论上的，与现实无关。这四层通过相互作用、通盘考量才能勾勒出共和政体的完整图景。之前的几章已经讨论了第一、第二层。本章将关注第三层，分析政府领导、部长在多大程度上，以及通过什么样的方式重塑国家，改善经济和社会关系。通观他们的职业生涯，我们可以看出“共和”的边界在哪里，哪些边界不可逾越，哪些传统被严加遵守。我们会发现，共和国并非推翻了传统势力、价值、观念，而是对传统有所巩固，而人民群众的要求是打破传统。当共和党人获得权力时，他们往往仍受几个世纪君主统治的影响，抱有传统偏见，不愿放弃这些旧思想。作为反对派的共和派和当政后的共和派截然相反。与其说是某些人的野心造成了这种共和派内部的矛盾，根源实际上是传统思想仍根深蒂固，占主导地位。共和党人在落于下风时希望推翻国家，他们成为政府领导后却一心想要加强国家政权。分析重要领导人物的生平、思想有助于解释这一现象如何、为何出现，也能解释为什么在面对群众愿望的很多时候，他们都有心无力。

阿道夫·梯也尔对第三共和国的建立做出了重要贡献，但他不是共和党人。他是法国 19 世纪最深谙政治游戏的人。他参与了 1830 年“七月王朝”的建立，1848 年助力路易－拿破仑当选总统，1871 年镇压巴黎公社，同年主政法兰西第三共和国，以上历史事件中都有他浓重的一笔。别人对他的印象是他的思路异常清晰，能理解任何复杂的问题，对任何事都观点鲜明，是那个时代说服能力最强的演说家之一。他的领导能力超群，旺盛的精力、难泯的自信、顽强的意志使他出类拔萃。年仅 33 岁时，他就帮助路易－菲利普登上王位，自己在 35 岁时成为内阁大臣，36 岁当选法兰西学院院士，50 多岁时仍在法国政坛如日中天。他只接受重要职位，因此并不总是身负官职，即便退居幕后数十载，其影响力也没有减弱。他出身一般，身高约 1.57

米，全凭才智有所作为，是白手起家、靠自己努力取得成功的典范。他的草根身份让他获得声望，但他很快步入统治阶层，成为其中一员。他是昂赞矿业公司的总裁，这是法国利润最高的公司之一。在那个历史算作政治哲学分支的年代，他还是著作最为畅销的历史学家之一。

梯也尔的长远影响是他保留了19世纪早期一些重要思想的传统，依仗自己位高权重，巩固传统，对抗新思潮。他帮助建立的第三共和国成为抵抗新生力量的堡垒。从他身上可以看到他所支持的不同政权的共同特点。他虽辅佐过奥尔良公爵路易-菲利普，但和他有分歧。梯也尔说："我不认为我是奥尔良党，我不效忠于奥尔良公爵一家。他们一直迫害我，我也一直反对他们。从出身看，我属于人民群众……从教育背景看，我是贵族。我对资产阶级没有好感，也不支持由他们控制的政权。"[1]从他身上，我们可以看到任何政权都难以获得永久支持，党派往往是对手用来抹黑、贴在别人身上的标签，而非政客自愿依附某个政党。他也说明，无论是波拿巴党人、奥尔良党人，还是共和党人，都可能是草根出身，拥有大众基础，但最终又都脱离人民群众，逐渐认同贵族主义、寡头统治。梯也尔曾说，如果可能，他会帮助科堡家族的血脉遍布欧洲王室。他的理想政体是君主立宪制，权力由首相掌握。理论上，国家属于君主，但君主没有任何决策权，君主的代表组成国会，决定一切。1850年，梯也尔试图废止不论财产多寡的全民选举权。他蔑视"可鄙的群氓"，值得注意的是，他对人民群众的这一称呼令他永久受到政治边缘少数派的唾弃。建立代议制政府是他的主要目标，他认为能够自由选举和保障公民个人安全的代议制政府是国家全部所需。[2]

他对任何形式的社会主义都深恶痛绝。1848年，他公开维护私人财产权，立场坚决保守——他认为个人财产权是法国文明的基础。梯也尔本人就是依靠自己的才干取得成功，步入统治阶层的，他对此十分自豪，所以他无意削弱既得利益者的势力。同其他上层人士一样，他对剧烈变革持悲观态度，怀疑实施改革的可能。他同意政府应该努力消除邪恶、不公，但“即便完美的政府在面对人性中的恶时也是无计可施的”。铁路刚出现的时候，梯也尔持全盘否定的态度，他认为最好置之不理。他涉足工业，也许正是因为他了解工业，所以他认为很难在工业上取得成功。“成功少，失败多，（法国的工业）创造了许多中产阶级，但鲜有巨额财富，而且能够在严重的经济危机中存活下来的不多。”一家企业往往要踩着竞争者的尸体才能存活。他认为工会与企业对抗几乎没有任何胜算，因此他提出的解决之道是适度地打压国外竞争。[3]

梯也尔发现政府很难激发群众的热情。他说：“我们在巴黎所做的一切，以及在内阁中的激烈讨论无法给法国人带来任何影响。但一旦要打仗了……如果还一直胜利……那么人们就会群情激昂、热泪盈眶。为了保持人们所剩无几的道德情操和无私热情而花 6 000 万法郎，过分吗？为了不让法国人挤在暖脚炉前瑟瑟发抖而花 6 000 万法郎，过分吗？”国家荣誉与代议制政府相辅相成是他的“坚定信仰”。拿破仑一世“让法国体验了从未有过的强烈情感”。梯也尔在他的著作里大力歌颂拿破仑一世的才智，对他敬慕有加。梯也尔的楷模非他莫属。他不能容忍拿破仑三世让德国把法国比了下去，做了欧洲的领头羊。梯也尔对无序杂乱感到恐惧，因此支持波拿巴主义。1848 年的暴乱让他气愤不已。1871 年，“暴民统治”占上风时，他痛心疾首，镇压反叛毫不留情。[4]

1871 年，全法国笼罩在失利的阴影中，梯也尔临危受命主持大局，这远非巧合。梯也尔在任期内位高权重，使法国政权印上了难以消除的保守色彩。他重演了自己在 19 世纪 30 年代和 1848 年对工人阶级的镇压，将镇压巴黎公社看作铲除这一隐患的良机。他成功了，但代价是爆发了全国内战。社会中的一部分人被隔离在外，不再是国家的主人。其他省份合力打败了巴黎。巴黎对中央政府十分怨恨，因为它不再能一省独大，而中央权力得到了加强。其他省份对中央的影响不断扩大，它们帮助中央政府站稳脚跟，获得胜利，降服巴黎。巴黎公社的解体象征着其他省份采用旧政权的方法维护了旧政权，并从中获益，尽管之前旧政权一直偏袒巴黎，而对其他省份不利。梯也尔是中央集权的坚定支持者。他尽其所能地防止地方政府权力过大，成功保留省长任免较大市镇长官的权力。梯也尔帮助建立的第三共和国也因此有着拿破仑一世的影子。

梯也尔还让军队系统更加保守。1871 年后，各界对军方的质疑增多。梯也尔的军事观点十分保守，他倾向于建立一支职业军队，认为职业军队是法国声望的基础。他反对法国效仿德国实施全民征兵制。他希望服役期是 7 年，而建议实施全民征兵制的改革者希望是 3 年，最后两方妥协，无须人人服役，服役期定为 5 年。军队民主化没能实现；军队越来越保守，成为抵抗新势力的坚固堡垒。之后的几十年，军队的“共和化”依旧是个大问题。

尤其是梯也尔还拒绝对旧的税收制度进行改革。他很快筹到钱，偿还了战胜方德国，为此赢得盛誉，但随着政府支出的增长，他仍拒绝开征收入税。他宁可提高现有税目的税率——不管它们有多不公平——也坚持不增加新税种。他曾在 1830 年协助财政部部长路易男爵的工作，早在那时，他的财政观就形成了，之后一直未变。在他看来，王政复辟后的种种证明了拿破仑一世时期的财政系统存在优势。他认为，曾让法国变得伟大的那种机制应该被保留。他反对第二帝国向新形式的财富征税，认为政府应该致力于减少负债，而不是征收新税。19 世纪 70 年代，是他拯救了靠股息过活的食利者。[5]

甘必大对国家、政体态度的变化可以说是民意变化的反映。虽然是共和国的主要创始人之一，但其仅在任 3 个月。虽然他对政权的成立贡献颇大，但政府领导者大多畏惧或是不信任他，故甘必大不得不卸任。一开始，他是极端的激进派，后来变成了温和的机会主义者，他认为妥协是政治的精髓。有关他的传说数不胜数，他的传记比同时代其他政客的都多。1905 年成立了甘必大协会，人们将他当英雄一样崇拜，纪念他，向他致敬。我们很难对他做出评价。他受追捧的原因与他的个人特质密不可分：他魅力独特加上英年早逝，朋友对他的印象完美无瑕，而后人对他的敬意带有神秘色彩。

甘必大的外表让人既爱又恨。他自称相貌丑陋、不修边幅，一只眼睛是瞎的，装着玻璃眼，看起来还像得过梅毒。他的健康状况不好，后来发福，面色才红润起来。但他又最和蔼可亲，总是笑嘻嘻的、笑容温柔，不拘繁文缛节，声音柔和温暖。他的说话风格没有特色、毫不和谐动听，缺乏古典美。受教育程度比他高的同事极力追求演讲铿锵有力、不同凡响，甘必大的演讲尽管多有重复，存在陈词滥调，但凭着真诚深情吸引了大批听众。他不像训练有素的律师那般设计动作、手势，在合适的时候慷慨激昂——他通常只准备好演讲的开头和结尾，中间部分任由自己的情感自由发挥。与其说他给听众留下深刻印象，不如说他打动了听众。他身上没有半分高傲，近乎狂热地结交朋友，尤其擅长鼓励、欢迎刚入仕途的年轻人，他的友好、风度为他赢得了大批拥趸。他有很多时间进行社交是因为他几乎不睡觉，他可以打牌、聊天到清晨，早上7点还能起床。他的工作能力强，但有深入骨髓的惰性，因此他有时勤奋，有时懒惰。他特立独行，有艺术气质，是单身汉，是外乡人，又是新贵，从不拘于某一阶层的规范。他的父亲是定居法国卡奥尔的意大利杂货商。甘必大历尽千辛才得到教育机会，成绩中等，十分艰难地取得了法律学位。对某些内容，他的记忆力极好，能大段背诵弗朗索瓦·拉伯雷①的作品，但看书并不多。

甘必大周围的朋友都和他有相同点：大部分人出身不高，有过各种各样的失意，将政治看作人生目标、生命意义、谋生手段。他们是新阶级，完全依赖政治过活，没有资产或其他收入来源。在搬进众议

① 弗朗索瓦·拉伯雷（1483/1494—1553），文艺复兴时期法国人文主义作家之一。——编者注

院院长的豪华府邸前，甘必大一直和年迈的姑妈住在破旧的公寓中，1878 年才有属于自己的小房子，没有其他任何地产。甘必大做外交部部长时，副手是斯普勒，甘必大称他为“忠诚的阿盖特”①。斯普勒是孤儿，德国农民的后裔，获得法律学位的过程同样坎坷曲折，在破旧的阁楼靠笔为生，艰难度日。甘必大还有一个朋友叫欧仁·艾蒂安，他也是孤儿，一开始做店员，后来在阿尔及利亚发了财。德尔卡塞也是新贵，考试屡次不过，后步入仕途飞黄腾达，娶了个有钱的老婆，之前不过是初级教师。沙梅拉库出身资产阶级，但家境衰落，他是甘必大朋友中为数不多学业有成的，毕业于法国巴黎高等师范学院，但拿破仑三世上台后，他就丢了工作。沙梅拉库痛恨出身的阶级，被资产阶级拒之门外，他研究叔本华聊以自慰。甘必大的一些朋友都做过律师，但大都失败。很少有人在巴黎之外有人脉，更不要说产业了——他们都是漂泊者，在巴黎独闯天下。甘必大的大多数朋友要么是单身，要么就有不同寻常的恋爱经历。甘必大自己和有黑人、犹太血统的莱奥妮·莱昂同居，她在修道院长大，很小的时候就成了孤儿，遇到甘必大前曾是拿破仑三世执政时期一位警察局局长的情妇。沙梅拉库和有夫之妇同居，这种结合让沙梅拉库一生蒙上阴影、感到灰暗。如此，这群人支持离婚法也就不稀奇了。甘必大日趋有权，情妇虽分散他的精力，但他们并无家庭生活打扰。这帮朋友互相陪伴，结下一生友谊，讨论、畅聊贯穿了他们的学生时代并延续到中年。

这些人需要希望，因此他们在困窘时互相给予希望。他们没有父母为他们设计人生、规划职业，更没有家族财富可依。甘必大既是情感支柱，又是智囊。保罗·贝尔（Paul Bert，在甘必大的政府中任教育部部长）曾写信给他：“你是我最深爱且爱得最彻底的男人。”迪奥尼·奥迪内尔（Dionys Ordinaire，负责运营甘必大的报纸）听完他的演讲后，写信给他：“我对你的爱和敬意让我热泪盈眶。”别人说，在

① 维吉尔所写的《埃涅阿斯纪》中的忠实朋友角色。——译者注

斯普勒看来，甘必大的陪伴就像母亲的乳汁。“当甘必大讲话时，斯普勒会闭上眼睛，以便更好地酝酿思想。他的思想无一不来自甘必大或与他有关。”[6]

甘必大是这群并不得志的新贵的代言人，他认为共和国能够容他们大展宏图、实现抱负。他说，共和国象征着新社会阶层的出现。[7]这个意思是，统治阶级的组成要发生巨大变化。旧有的贵族阶级和融入贵族阶级的富有资产阶级要为这些并非显贵的人让路，这些地位一般的人在革命后自信渐长，慢慢开始受益于普选权。这些新人在地方议会大显身手，其中一些甚至能够进入国会。共和国必须让所有阶级的人都有机会发光发热。民主必须成为现实。甘必大并不宣扬阶级斗争，他不想让工人取代雇主，因为他大体上并不认为法国存在阶级（他生命尽头遇到的极个别情况除外），更不要说阶级间存在无法弥合的敌意了。他认为所有促进社会生产力发展的人，无论是资本家、农民，还是商人，都是一类人，都是想要在世界上有所作为的人。他是他们的捍卫者，和他们是平等的。他认为法国由社会地位上升的一群人主宰。提起资产阶级时，他不无敬意，认为他们是“会思考，会工作，能积累财富，能明智、自由地使用财富造福国家的人”，是“国家中开明、活跃、慷慨的那部分人”。他想向富人征收收入税，剥夺他们的垄断特权，他的宏伟目标是为穷人铺平成为独立、有闲、有钱人的道路。甘必大认为新阶层最开始是由于普选权的出现而出现的，后来受益于经济发展，工业、商业、科学、艺术组成的新世界出现了，这个新世界充满开拓进取精神，热爱、崇尚民主。阵线划分并不清晰，资产阶级和工人应该是战友而非敌人。甘必大的构想是，通过资产将工人和资产阶级团结起来。他说：“在我看来，拥有资产是个人精神、物质自由的必备条件。”他抱有错误观点（延续米什莱的谬误），认为法国 80% 的人都拥有资产，因此在他看来，要继续开展已经开始的运动。他认为小资产者、小工厂主、小店主是新阶级的中流砥柱，他希望这些人更积极地参与公众生活。[8]

如他的一位信徒所言，他的终极目标是新阶层被接纳，成为统治阶级。统治阶级不应再像君主专制时期那般封闭，而应开放。经过奋斗跻身高层的人也应该允许更年轻、更有才能的人取代他们，这才是生活。如果人们同意换血，更替就是无法逃避的科学法则；如果社会不再阻挠不可避免的更新、进化，那么人们就会接受世事常新。今日富可敌国的金融家签几个名字就能过活，明日他会见到自己的儿子向街角杂货店店主致意，因为店主也会成为百万富翁；人们最终会习惯对小商人以礼相待，贵族要小心，谁知哪一天自己以前的侍者也许就会跟侯爵夫人跳上舞。全法国最终会成为一个阶级。[9] 甘必大也清楚这些不可能一夜实现，尤其是他发现农民愚蠢无知、充满成见、痛恨城里人之后。他敦促自己的拥趸要像“亲切的老大哥”一样走入他们中间，消除他们满不在乎的态度，帮助他们获得“精神独立”。[10] 他无比期待“拥有资产的人和靠工作谋生的人无法分割地结合……资产阶级和无产阶级的联合”。[11]

因此，甘必大将人性尊严、社会平等、国家统一看作共和党人需要实现的最重要的目标。实现途径不能像 1848 年那样依赖情感，而应采用更有效、更积极的手段。军队改革将使法国全副武装，全民爱国，而非只有军官对国家效忠。各个阶级在同一所学校接受相同的教育会促进全国团结。“必须要让他（学生）懂得他的尊严何在，和周围的人团结一心意味着什么；教育必须让他明白他在社区、社会、国家中占有一席之地；最重要的是，要教育他为了法国可以牺牲、奉献一切，如生命、未来、家庭，因为法国是道义的化身。”如果这样的公民教育无法实现，“人们就会受到两种危险的威胁，一种是阴谋家、冒险家、独裁者、流氓会剥削和利用人民；另一种更加危险，人民群众会不可预料地爆发，其盲目的愤怒会不可遏制地喷涌而出”。[12]

甘必大的目标虽然不具有革命性，但他认为有必要对社会的一大支柱（教会）宣战。教会阻碍了他所憧憬的解放，还反对共和国，蔑视法律；教会人员顶礼膜拜外国的统治者，教导信徒效忠法国以外的势力。正如甘必大对外宣称的那样，他秉持思想自由，[13]他反对的不是宗教本身。他的宣战口号——“教职人员就是敌人”，应借鉴同样具有自由思想的保罗·贝尔所提出的口号“善待牧师，敌视僧侣”来理解。但牧师和僧侣的界限后来变得不那么清晰了，世俗的教职人员被动员起来维护一般意义上的宗教人士，罗马教会逐渐成为共和国的绊脚石。甘必大希望科学战胜宗教，但他同样宣扬信仰自由。教育过于重要，不应只由蒙昧的信教者负责。如果处理得当，教育就能够阻止社会敌意、阶级仇恨的滋生，避免爆发革命。“没有知识、没受过教育的无产者，最容易感到愤怒和仇恨，这些负面情绪与贫穷相伴而生。”[14]从某种层面上说，甘必大的目标与教导人们接受命运安排的罗马教会的目标没什么区别。甘必大并不鼓励人们反抗经济压迫。他强烈否认存在“社会问题”，只承认存在“工业和经济困难”，这些困难会导致嫉妒、敌意的出现，但要一个一个地解决——当地的情况、习俗不同，要对症下药。“让我们始终警惕乌托邦主义者，那些人被自己的想象蒙了心智，或是愚昧无知，他们相信万灵药的存在，认为一剂良方就能为全世界带来幸福。社会良策并不存在，因为根本不存在社会问题。”[15]共和国的职责不过是解放、启智个人，帮助个人做好准备，迎接“奋斗、胜利”。他支持职业协会，但也注重竞争。关于工人协会，他着重指出：“我搞不懂协会的各种做法：没收个人财产，然后又压迫他们，并将他们吸收入会。我认为合法正当的协会应给予个人最大的自由和主动性。”[16]那些成功的人——创始人、赞助商、领航人、保护者——应该像“大哥哥一样照顾、关心弱势群体，这些人无法从教育中获益，也无资产可依，但他们同样享有权利”。[17]

甘必大希望实现的目标也是有局限性的。他说，人类社会无法保障幸福，只能保证公平公正。应该让下一代人去追求“人类团结所能取得的最高成果”。[18]他甚至宣称自己是保守主义者，因为他认为自己所做的不过是在捍卫约100年前发生的那场革命的遗产。[19]他不希望颠覆整个国家，反而想像拿破仑做的那样强国固邦，“让国家成为进步的推动者和各种合法权利的保护者，激发全国人民的才智和能量”。[20]

甘必大能拥有这么高的政治地位，与他的活跃表现不无关系。1871 年，他担任内务部和军政部部长，组织军事和公众力量抗击普鲁士。他取得的声誉能够比肩法国大革命中的卡诺，但他独裁，拒绝和解，这让许多人认为他是危险的狂热分子。有 10 个省支持他，使他进入国民议会，但由于他的党派主战，最后一败涂地。他及时吸取教训，调整策略，取得长达 6 年的选举胜利。作为政治策略家，他水平出众。首先，他致力于改变共和主义背负的无政府主义和革命的恶名。他在口号选择上并不那么激进，呼吁自己的追随者行为端正。他指出本党不是要夺取国家政权的新阶级，而是要达到打破特权、众生平等的目标。只要波拿巴主义者或是保王党忘记过去，未来共同努力，他愿意将其招入麾下。他同意富人对共和国会很有好处的看法，因为他们受过教育，物质条件优越；他不想剥夺他们的财产，而是想让他们为己所用，让他们为穷人带路，解放穷人。梯也尔曾是他的敌人，但后来两人冰释前嫌。只要对事业有利，甘必大情愿与敌对党派形成统一战线。

其次，甘必大还是法国最会组织选举活动的人。“选举地理学”一词很可能是他发明的，他对这一领域很有热情。他说：“法国社会生活中最有意思的就是‘普选权’了。”[21] 到 1874 年，他收集了全国所有地方议会中共和党派的情况和每位支持者的姓名、职业，用巨大的地图或是图表一目了然地显示这些信息。他写道：“我对自己的发明创造十分骄傲，我相信没有政府真正做到过这一点。”[22] 他坚称，要想利用全民选举权，就必须和每位投票者建立私人联系。他说：“只有那些不眠不休、全身心奉献的人才能从普选权中受益；我们需要拜访、启发投票者，让他们知晓信息。”他成了党派领袖的新楷模：周游全国，进行演讲，亲自了解当地情况，联络当地的选举组织者。一些人以此奚落他，嘲讽他是共和国的商业推销员，但他的方法证明切实有效。后来那些嘲讽者又担心他的人气太高，因为他总让人想到拿破仑。甘必大组织了共和党1876年和1877年的选举活动，将候选人的全国化和问题简化作为基本策略，在选举中打压保王党人。他坚定地支持比例选举制，认为如果将地方利益至上，两党制是不可能实现的。他创立报纸，宣传共和党的政策、宗旨。《法兰西共和国报》由商人资助，它不仅成了官方机构，还起着影子内阁的作用。甘必大的追随者负责专题写作①，他要求他们认真严肃对待，要求他们提出自己准备好实施的政策。这份报纸的目标受众是受过教育的人。他还为大众读者创办了《伏尔泰报》和《小共和国报》，风格更加通俗，向更广泛的受众传播自己在地方和国会发表的演讲。[23]

但甘必大并不能完全代表共和主义，支持共和主义的人十分多样，不可能全都接受他的领导。党内的富裕阶级、农村乡绅、成功的专业人士不喜他不拘小节，鄙视他那些年纪轻轻却自命不凡、不拘传统的追随者，与他们保持距离。当时的法国总统格雷维无法忍受甘必大，不让他担任官职。国会成员畏惧甘必大的野心抱负，这并非毫无道理，最后他终于当上总理，一上任就对这些人进行打压。他虽然取得多数人的支持，但支持并不稳固，他知道自己的任期不会长久，因此并不太介意“牺牲自己”。做反对派时，他老练圆通；掌了权，却错误百出。成为总理后，他作为政客的缺点就暴露无遗，自毁了前程。为了增强政府权力，限制议员的权力，他的内务部部长要求所有议员，要想获得支持，就必须得到省长同意，省长因此成了共和党人，这样他们就不再对政府持敌对态度，而是成为国家政权的巩固者。甘必大未经国会允许就自作主张增加了政府部门。他拒绝让议员分割赢来的权力，不让保王党人担任官职。他对赋予议员权力的整个系统进行改革，坚持采用比例选举制，但和参议院达成协议，不对参

① 沙勒梅尔、朗克和斯普勒涉及内政，普鲁斯特涉及外交事务，阿兰-塔尔热涉及金融，弗雷西内涉及军政和公共工程，保罗·贝尔涉及教育，贝特洛涉及科学，兰内龙格博士涉及卫生和医学，莱昂·克莱里涉及法律。

议院进行改革，从而换取后者对比例选举制的支持。别人指责他想做独裁者，而他在法国国内的人气也允许他这么做。事实上，他努力让共和党成为执政党，但共和党唱反调的习惯改不了。甘必大重视外交事务，将重现法国的荣光作为自己的首要任务，此举有着重要意义。[24]

甘必大去世时 40 岁，他的信徒称其为深邃的思想家、共和国最主要的哲学家之一。他有时声称自己能牢牢把握时代脉搏，这的确不假。他公开称孔德是 19 世纪最伟大的思想家；他称自己为语言学家、哲学家利特雷的诠释者；他称赞蒲鲁东并借用他的措辞：民主即是教育人民。他对实证主义和科学抱有崇高敬意。他还因为孟德斯鸠倡导平衡的政体而称赞他。他反对卢梭提出的人民暴政，认为卢梭的观点不再合时宜。但我们也不要对甘必大的这些看法过于认真，因为他从来都不是教条的人，书籍对他的影响并不大。他只是用当时流行的措辞谈论一些事情，模仿他从周围人那儿听来的话。

负载甘必大厚望的新阶级很难得到承认，更难得到权力。没有人全面深入研究过法国的地方议会，因此这些人怎样或何时进入地方议会不得而知。一项有关波尔多市的研究（该研究当然不能代表全法国的情况）显示，直到 1925 年，小资产阶级才在地方政治中成为多数。19 世纪 70 年代，该市还是由传统富有的商人家族、工业家、大资产拥有者把持。直到 1925 年，最富有的人还是把持着 1/4～1/3 的席位。到 1888 年，各阶级的分配实现平衡，富人、中产阶级、小资产阶级各占三分之一。1896 年，小资产阶级（即初等公务员、工匠、店主）首次比中产阶级占据的席位多，之后稳步上升，1925 年达到顶峰。但那时，参与政治的主体已经出现很大变化。普通工人退出，由小承包商取代；批发商被更加强势的暴发户、新贵推翻。我们很难从这一个例子中得出普遍结论，虽然政治的排他性在逐渐减弱，新人换旧人却是甘必大未能预料的。[25] 不论怎样，不应夸大甘必大想要启智选民的实际作用。没有任何证据显示他的农民受众受到了深远影响。20 世纪

50 年代，最著名的农村社会学家之一亨利·孟德拉斯，问上莱茵省的农民“法国社会中，什么算是新阶级”，大多数人回答说不明白这个问题是什么意思。[26]

因此对像甘必大这样的人来说，共和国象征着博爱，但上层人对博爱的理解与下层人有着天壤之别。对甘必大来说，博爱意味着大门打开，壁垒消除。法国政治家朱尔·费里的目标也是博爱，但他对博爱的内涵有不同的诠释，从不同的角度看待这个问题。他不像甘必大那样那么强调阶级流动。他出身于资产阶级，家庭财富稳固。17 世纪，其祖先曾是工匠，以造钟为生；祖父是富裕的瓷砖生产商，一跃成为出生地的镇长，从拿破仑执政时代一直做到法兰西帝国时期；父亲是镇上的首席律师，娶了法官的女儿。费里拥有自己的资产，妻子来自阿尔萨斯共和党人工业财阀家族。法国历史学家和外交家阿诺托对他的评价是：“他是资产阶级，其父是资产阶级，因此他被培养成合格的资产阶级。他穿戴着资产阶级的礼帽和长礼服，面色苍白，留着络腮胡，手总在嘴里，咬着指甲，沉默寡言。他在听别人说话时，神情冷漠；自己说话时，冷若冰霜。别人在跟他交流时，总会被他直勾勾的、深邃的眼神吓到。他总是骄傲自人、霸道强硬。总的来说，他缺乏吸引别人的魅力。”[27] 费里 4 岁时，母亲就去世了，严谨、严肃的父亲负责他的教育。鉴于没有人深入了解过他年少时的心理，只能猜测他对生活极端理性可能根植于情感被深深抑制。他认为世界由无法阻挡的进化和强大外力决定，人类的造化微不足道。他通过绘画表现个性，在准备司法考试期间，学了 4 年绘画，甚至一度考虑成为艺术家，但他无法放弃自己的雄心大志，因过于坚定执着而不能安于绘画。他梦想进入国务院，但他成年后，法国成了第二帝国，家族失去了人脉影响，于是他只好罢休。他成了律师，取得了一定成功，但在法律方面并无天赋。他真正的才能是清晰、逻辑地辩论，对理论、观点进行有力阐述，这点在他当记者时派上了用场。他加入《时报》（一份中间派报纸），写了大量时事评论，展现了自己清楚易懂的语言风格和对问题进行深入、客观分析的卓越能力。他因抨击巴黎市长豪斯曼进行改革时的金融乱象而一举成名，他将自己的文章再版，巧妙取名为《豪斯曼的账目幻想》。1870 年 9 月，波拿巴政府倒台，他接替了豪斯曼的工作。

费里总是不苟言笑，十分严肃，时刻清醒、冷静。他认为对博爱的推崇是法国的时代主题，深切意识到阶级间的矛盾在撕裂、削弱国家。他看到“农民贪婪地攫取，被孤立，不相信别人，一生都在汲汲营营，生怕别人来抢夺”，生怕万事万物会威胁他们——天气、邻居、陌生人，尤其是警察。有人期待人们应该“热爱议会制政体，欣赏巴黎的媒体，对外交了如指掌，并愿意为某一宪章牺牲生命”，他却对此嗤之以鼻，认为这是学生的幻想。对农民来说，“长久以来，政治只是地方政治，只关乎眼前，关乎本地，关于个人。因此，普选权的革命性不过是在理论上赋予公民权利，本质上还是保守的”。[28] 但维持原状已不可能。贫富之间剑拔弩张，资本与劳动力的分离越来越严重。财富逐渐集中在少数人手中，企业家这一掌握权力的阶级正在崛起。阻碍他们的崛起是徒劳——不过是螳臂当车，与他们对抗不是出路。资产阶级发展起来也有好处：降低生产成本，改善人民群众的生活，满足人们对美好生活日益增长的合理诉求。但是一定要适度限制资产阶级的权力，培养制衡阶级，不能让前者过于膨胀。他认为实现这一目标有两个途径：一是“利用舆论，借助社会道德，束缚资产阶级”；二是将工人团结起来，组织工会——这需要借助教育实现。因此，费里并不反对资本主义，他认为资本主义不过是历史的必经阶段，但他指出资产阶级是“不道德的”，纯粹的个人主义是反社会的。虽然个人主义有助于反抗压迫，保障独立，打破古老政权的桎梏，但个人主义无法创造新事物，只会导致妄自尊大的自我主义，阻碍社会交往。他认为，这个时代的最大问题是国家统一，信仰统一，法国不同阶级和谐共处，人们有着不同的传统，这些被长达一个世纪的政治纷争分裂了。他意识到法国正在经历与美国相同的问题、面临相同的任务，即尽全力建构国家身份，获得民族认同感。[29]

第二共和国试图利用诗人做先锋，培养人民的同伴情谊，来达到统一，但费里蔑视1848年煽动人民情绪的做法，认为那是可悲的失败。因此他不喜欢用“博爱”这个词，而用更为科学的“社交性”一词阐述自己的目标。在他看来，现代思想自由的两大阻碍是神秘主义和学问上的轻浮作风。[30] 宗教不能再履行以前的职能。宗教的沦陷无可挽回，神学的幻想经不起质疑。宗教的本质是自我的，这与现代生活的重要特征格格不入。宗教建立在自我拯救的基础上，本质上是自私的，是反社会联结的。教会要求人们清心寡欲，放弃自由，不追求更好的生活……对渴望自由和享受的人来说，宗教倡导的谦卑、服从无法满足他们。中世纪的宗教毋庸置疑有着社会价值，在奴隶制时期和压迫盛行的年代，倡导谦卑和顺从是合适的，但此时已然落伍。

费里比甘必大受孔德的影响还要深。费里是共和党领袖中深入研究、阅读孔德作品的人之一，是孔德的门徒德鲁伊森将他引入实证主义的大门的。费里说他信仰“深入了解人性的宗教”。孔德是共和国政休时代最主要的哲学家之一，学生必学他的作品，但对他的思想有多种不同的诠释。费里并不那么狂热支持孔德追随者的学说，虽然他在法兰西公学院给了拉菲特一席之地，但他不是拉菲特派的狂热粉丝。另外，虽然利特雷自封共和国的思想顾问，但费里不那么推崇他。他用自己的视角阅读、理解孔德的作品，从中汲取灵感。

信仰人性对费里来说意味着自由，而自由可以鼓励人们更为亲近社会和他人。在现代社会中，社会融合越来越重要。费里认为，新思潮从强者享有权力转变为强者履行职责，取代基督教的自我主义。人性不再是堕落的，人类不再因为负有原罪而在山谷艰难前行，流着血泪，而是骑着高头大马，川流不息地向着光明进军。他觉得自己是人性这一伟大存在的有机组成，人性永远不会消亡，人性在不断变好。

他相信自己完全拥有了自由，因为自己不再惧怕死亡。下一阶段的目标是融合不同阶级，这也是民主的目标。费里希望人人平等，这并不是说要取得社会的绝对平衡，不能破坏“命令—遵从”这一基本社会关系，而是说每个人都有做人的尊严。相互尊敬应该取代敌意和不屑，双方遵守权利和义务的契约必须取代等级的压迫。他认为这一目标更多与社会有关，而非经济改革。他所期望的平等建立在全民教育的基础上。“如果富人和穷人小时候不在一个屋檐下接受同样的教育，最初的友谊、融合就不能实现，真正机会平等、统一团结的国家就不会出现，巩固民主从而造福国家的社会团体就不会出现。”他希望教育能使人人都有同样的道德观，因此要统一教师队伍，教会不能再影响教育。人性存在一大对立——利他主义和自我主义，教师必须以将前者灌输给学生为己任，通过教育，利他主义就会成为主流。女人也要像男人一样接受教育。在妇女解放的问题上，费里阅读并援引穆勒的观点。他说，达到平等的两大障碍是阶级偏见和性别歧视。如果教会仍将妇女置于服从地位，那么民主永远不会实现。他说，控制妇女的人就控制了一切：首先，控制了妇女也就控制了孩子；其次，控制了妇女也就控制了她们的丈夫。女人所接受的教育必须帮助她们与男人和谐相处。家庭必须团结起来，这样社会才能统一。“现代无政府主义”必须在家庭中终结，也必须在工作场所消失。他同意孔多塞在法国大革命时提出的全国性教育体制，并实施了大半。孔多塞的目标是实现幸福，而费里的追求是达到团结统一。当饶勒斯请费里简述自己的目标时，后者明确表示，“我的目标是无须借助上帝、国王而规划人性”。这里使用的“规划”一词用意深远。[31]

甘必大重视外交事务和选举改革，而费里更想当教育部部长，他担任该职 50 个月①。费里开创了共和国重视教育的先河，他的工作涉及教育的方方面面。初等教育免费且具有强制性；学校教授的宗教内

① 任期分别为 1879 年 2 月—1881 年 11 月、1882 年 1—8 月、1883 年 2—11 月。

容被废止，以公民道德教育取而代之，教师都是非宗教组织的国家雇员；要求每个区建立女教师培训学校，以取代修女；国家帮助建设新学校。在中等教育领域，有专门为女学生准备的国立学校，改良传统的教学内容，允许更多个性思考，减少背诵，强制上体育课，还增加了军训。天主教大学受到压制。本书的其他章节会具体谈到改革的细节和社会影响，专门讨论教育的发展。但从政治角度看，这些改革造成了很多混乱。

坚持世俗教育，取消宗教内容，非但没能达成团结，反而大大加剧了国家的分裂，加重了教会和共和国间的矛盾。费里不仅引发了教会的敌意，以朱尔·西蒙为首的温和共和党人和以克里孟梭为首的激进共和党人都对他不满，前者觉得他过于冒进，后者觉得他力度不够。在教育这一敏感问题上，人们的观点有着许多细微差别。费里本人无意摧毁宗教，他相信宗教会随时间自动消亡，但激进者不愿耐心等待宗教自然解体。而由于议会中不同力量间的博弈，费里不得不依赖激进者的支持，这导致他的姑息主义失败。天主教教徒不认为学校会对宗教持中立态度。双方都过高地期待了学校的影响，长期来看，学校并不是那么重要。20世纪，在世俗学校学习的天主教教徒仍能保持信仰，从父母、牧师那里获得宗教给养，但很长时间后，大家才了解接受这一事实。费里宣扬的要教给年轻人的新道德观与他们父辈的完全一样，甚至与更为传统的观念没有太大区别，双方的争执似乎没什么必要。实际上，双方并非为实际利益而争，更像是为原则而战，之后的50年，这种敌意和对立依旧存在。驱逐信众在很大程度上也是象征性的：只有5 000人受到影响，但他们很快被允许重回教会。教育免费不完全是创新之举，法国大部分地区的初等教育本来就是免费的（一些天主教教徒反对教育免费，他们认为这是父母的道德义务，而不是孩子应享有的权利）；强制出勤也只是部分执行，体育课在实际操作中成了闹剧，起不到什么作用。费里的很多改革都与部长有关，他们好似密切关注火山活动的监测员，预测火山何时喷发，时常发出警告。与费里有关的好几部法律实际上都是由议员牵头制定的，在参众两院反复打磨、讨论，最后的结果比他所期望的还好。

可以把甘必大主义看作对暴发户新贵的抗议，同样，有时人们也把费里主义描述为对宗教改革的复仇，因为费里周围有许多新教教徒：弗雷西内、沃丁顿、莱昂·赛、勒鲁瓦耶、若雷吉贝里、布韦松、佩科（Pécaut）、卡佐（Cazot）、施特格（Steeg）、舍雷－凯斯纳（Scheurer-Kestner），以及费里和保罗·贝尔的妻子都是新教教徒。在另一章中，我们可以看到，许多像哲学家勒努维耶的人，都认为新教主义是解决法国问题的良方——因为它结合了现代性和宗教、秩序和自由，反罗马教会运动都受到了新教思想的影响。总体上说，法国的新教教徒大多不是共和党人，而分属不同党派。共和党领导人中的新教教徒也几乎不参加宗教活动，他们对自己教派的保守失望至极，并寻找其他出路，只保留了他们教养里那些最严肃的道德观念。宗教、反罗马教会、教育是大问题，单单了解费里或是几位政客的观点或是国会的立法是远远不够的。社会上对反罗马教会运动存在许多不同理解，比如，反教会是对德国的军事报复，反教会将共和党人团结在一起，反教会能分散工人对雇主的不满。必须在宏观背景下理解反罗马教会运动与生活方方面面的联系。越深入研究这场运动，就越会发现共和国与教会的抗争纷繁复杂。

费里本来无须让传统主义者感到这般恐慌。尽管费里有清晰阐述自己行动准则的卓越才能（甘必大在这方面远远比不上他），但激烈辩论使他的意图失焦。他受传统君主制的影响，认为应当维护强有力的中央集权。第二帝国期间，自由主义占上风，他也曾支持中央权力的分散，但之后又反悔，声称自己当时考虑不周。他坚持认为政府应该有管理国家的实权，并否认专政会阻碍进步。他认为要削弱政府权力，就是“在反对目前存在的习俗、文明，是在反对我们的全部传统”。他认为人们“受几个世纪养成的习惯的影响，总是仰视政府以寻求方向”，而重视民意的共和制政府必须提供有力的领导，“我们的历史传统，不能大笔一挥全部抹杀”。政府不能被议院束缚，应该按照民意自由行事。他认为政府的首要职责是维护稳定，人民不希望出现激烈变革，他也不希望。他宣称自己处在自满的宿命论和建立完美乌托邦的非理智愿望之间。进步不能一夜取得，更不能依靠武力取得：“这是一个缓慢的过程，社会进步、转变，首先要从人们的头脑开始，继而影响人们的行为习惯，最后才能用法律固定下来。”政府必须保护缓慢的演变，为其提供稳定的环境。激进主义者决意颠覆过去、毫不妥协是枉然的。大家必须接受一个事实，即法国的民主是以农民为基础的。费里认为如果能说服农民支持民主，就是不小的成就。以农民为基础的共和国“不会令人愉快，不是雅典式的”，却是唯一的可能。他还明白，用他的话说就是农民支持共和主义，是因为他们保守。[32]

费里相信，在国家干预和自由企业体制间要进行精心平衡。他接受资本主义体制。他写道：“在自由竞争的前提下，所得利润都是合法的，不可能有非法所得——不是发明创造所得，就是改进了商业或行政组织……在经济领域，消除利益也就抑制了进步的根本动力。”费里年轻时一直支持自由贸易，后来有所改变，开始主张贸易保护。他认为，要制衡资本主义导致的工业垄断，政治自由是重要手段，但他也认为政府应该鼓励，甚至在一定程度上资助能够帮助穷人改善物质条件的福利组织、储蓄银行和保险计划。他说，“政府的职责当然不包括为社会问题寻找特效药”；虽然“政府无须治疗社会的病”，但有责任维护“社会卫生”。[33] 费里改革的一大特点是让新建立的世俗大学在一定程度上独立，不受政府或其他势力的影响，由教授全权负责。此举让人联想到孔德的“道德力量”，但这也不过是两种极端的折中。

费里是国家主义者，但其国家主义更多地体现为维护君主制的旧传统，而非发扬法国大革命精神。他坚称法国不可能像比利时或瑞士那样完全自由，认为法国必须强大，它“必须对欧洲命运施加最大影响，法国还应该将自己的习俗、语言、旗帜、军事、才智传播到世界各地，在全世界刻上法国烙印”。[34]除了教育，费里还推动了法国的殖民扩张。那些年，法国殖民扩张日盛，费里一开始并未直接负责此事，但一旦有公务员、探险家、士兵、水手主动开疆拓土，将法国的旗帜插上新发现的土地，费里就会支持他们，以维护法国的荣誉。多尔赛码头负责政治事务的库塞尔男爵说服甘必大去夺取突尼斯。由于费里此前从未对殖民一事产生过兴趣，故他是最后一批被说服对突尼斯采取行动的部长。他并不希望突尼斯一事成为先例。有人批评他淡化了此事的重要性，让法国的殖民事业受到打击而一蹶不振。由于他在殖民问题上的推脱消极，突尼斯之征似乎变成了另一场墨西哥远征①。法国人对于殖民也像对许多事一样观点分裂。探险家布拉扎帮助法国在中非占据一席之地，背后有费里的支持，也是费里在柏林会议上赢得了欧洲对法国吞并中非的许可。对于殖民马达加斯加，费里是被附近法属殖民地留尼汪岛上的殖民主义者误导，采取了行动，这些人想要攫取贸易利益，所以弱化了殖民的难度。他还过于鲁莽地支持发动中法战争②，只为巩固前人在当地获得的利益。这之后，费里采用新重商主义解释自己的行为，并称法国需要殖民地来发展经济，获得政治声望。英国正是在人们认为殖民地无用时攫取了大量殖民地，而法国正是在人口减少时，殖民了不少地方，但和殖民地的贸易往来不多，且法国国民对海外扩张不感兴趣。费里认为法国需要市场。20年后，经济学家才意识到，殖民地真的对法国有用，但不是作为市场，而是作为原料产地。[35]

费里的爱国让他成为帝国主义者，但同时他的帝国主义行为惹

① 墨西哥远征，是法国为使墨西哥变为附属国，于1862—1867年对墨西哥发动的武装征服战争。——译者注

② 中法战争，是1883年12月至1885年4月法国入侵中国和越南而引发的一次战争。——译者注

恼了法国的爱国人士，这导致了他的失败。他能取得殖民成功是由于俾斯麦的鼓励，后者巴不得法国不再执着于阿尔萨斯。费里审时度势，认为应暂缓对德国进行报复，却落得个叛国的罪名。他成了法国最不受欢迎的人。自公众认为奥利维耶（费里年轻时敬仰他，还爱慕过他第一任妻子）该被私刑绞死以来，就没有政客像费里这样背负过如此多的骂名。有两次暗杀未遂发生在他身上，激进派报纸认为他能逃脱的原因是杀手没有开枪的勇气，语气甚是遗憾。在中国北部湾的短暂失利是他下台的直接导火线，但人们对他的不满由来已久。巴黎公社时期，他下令实施配额供给制，人送外号“废食费里”；之后反罗马教会时，他又被叫作“教会迫害者费里”；此时他又成了“北部湾费里”、俾斯麦的贴身男仆，人们认为他在对外交往中毁了法国。尤其在巴黎，他极不受欢迎，巴黎有许多极端主义者，他根本不敢在街上露脸，一露脸就肯定会遭人羞辱。他借助众多资本家的帮助买下许多报纸以维护声誉，但由于记者业务不精，此举并无多大成效。[36]

费里的失败既是个人风格导致的，也与他的政策脱不了干系。更为圆滑的弗雷西内写道：“他对自己的智力、智慧过于自信，对像基佐一类的温和派嗤之以鼻。他在议会取得的成功使他有了长期掌权的人的通病——认为自己不会失败。费里身边坚定的支持者大多是甘必大的门徒，他们深受费里这种自大自傲的影响。费里的这种做派与这些支持者的政治倾向格格不入，但他们中的一些人已经习惯和激进分子投一样的票，站在同一条战线。”人们对费里的厌恶，部分是针对他个人，部分是由于他才能出众，就像甘必大因高人气而吃了亏。费里自己承认，他不算人民群众的代表。他一直设想等改革成功之后就采用温和的策略。到 1885 年，他得出的结论是自己已别无选择，遗憾地承认宗派主义导致了政治矛盾激化。严重的派别对立持续了至少 4 年。费里说他的改革未被普罗大众“消化”，群众反对声音强烈，不可能实现“伟大的创举”。[37] 这不算失败宣言，更像是承认有些障碍影响人们达成共识，这些障碍让人们对共和主义的理解各有不同。[38]

共和国政体需要约束野心家。有可能成为独裁者并对民主造成威胁的部长都被铲除，只有需要他们处理重大危机时才会允许他们短暂出山。最容易被议会接纳的政客是像弗雷西内这样的部长，他的宗旨是为议会服务，没有野心统治议会。他能长期任职体现了权力是掌握在议员和公务员手中的。弗雷西内 4 次出任总理，还曾先后在 9 个政府部门任职。他做巴黎的参议员长达 43 年。最初，他是甘必大基于才能提携的公务员，在技术、行政方面辅佐甘必大；他没有雄辩之才，没有高人气，没有政治立场，甚至没有效忠的党派，但由于他能完美履行中间人、调解员、管理者的职责，故成为共和国最有权势的人之一。弗雷西内是清教徒，还是工程师，毕业于巴黎综合理工学院。他在第二帝国时期管理过几年米地铁路（Midi Railway）。1871 年，弗雷西内是甘必大军政部的行政助理。他的政治立场可说是“温和稳健”。他出版过两册回忆录，但着意小心，尽量不冒犯任何人，即便是对没什么优点的人，他也尽量寻找赞美之词。自谦让他没有敌人。他说，他的目标很简单，就是推动伟人的好点子成为现实，做好组织、行政工作，成为服务于共和国的科学家。他的这些特点在他第一次参选参议员时帮助很大。甘必大提拔他，亲自为他站台，帮他抵挡那些质疑他忠于共和主义的人。维克多·雨果是参议院的共和党要人，每位参选人都希望得到他的认可，弗雷西内也对他巴结讨好。但由于雨果支持激进派的政策——如大赦巴黎公社社员，最终雨果倒数第二个被选上，因为选举参议员的主要是古板的地方官、和事佬，他们对激进的政策并不感兴趣，反而是默默无闻的弗雷西内高居榜首。选举者们青睐没有大志野心的人，这样可以让政治系统以他们希望的方式运行，这也可以解释为什么在共和国时代，平庸之辈占了上风，能稳坐官位。

甘必大欣赏弗雷西内可以清晰简化技术问题的能力，称他为“滤器”。弗雷西内还擅长用普适方法解决难题，这些方法靠得住、清晰易懂，同时也会规避一些问题。尚未在政界站稳脚跟时，他一直是公务员，做政治或工业方面的工作，时不时休个假。他完美地展现了政治、商业、官僚体系的相互作用，三者配合以免产生冲突。弗雷西内用两个词概括他自己解决问题的风格——“机会主义”和“联合”，这两个词贯穿他的整个政治生涯。机会主义是指想法可以大胆，但付诸实施时必须小心谨慎。他圆通，避免重蹈费里的覆辙。费里的错误在于坚信自己的想法是正确的，且推进改革过快。弗雷西内认为改变太多和改革速度过快都有风险，应该分清主次，有争议的事往后放。借鉴费里的失败，弗雷西内认为共和党分裂是最危险的。争议和操之过急会毁了共和党。他的口号是“集中”，在他看来，理想的政府是各个派别团结在一起。他的工作重心就是让激进派——费里最大的敌人，和温和派携手执政：两派联合，就能让共和党永保一家独大的优势。他还倡议与共和党的敌人和解，但强调前提是以共和党为主导。他同意清除党内的异己分子，保持共和党的纯洁性，成员必须认同共和主义，同时吸收愿意接受共和党政体的党外分子。弗雷西内是甘必大的门徒，谈起甘必大时无比崇敬，但他很快自成一派。他预测甘必大不久便要倒台，因此拒绝在甘必大政府任职。他还与右翼共和党人保持距离：虽然他与他们有很多共同点，但他对右翼获得权力的概率并不看好。他这般小心谨慎、走中间路线的好处是能得到各方认可和支持。弗雷西内政府的特点就是弥合分裂，将精力过剩、爱折腾的人排除在外，为了稳定，可以牺牲一切。弗雷西内认为国内的分裂只涉及表面，无关机理，应逐渐、谨慎地进行改革，政治稳定是取得进步的关键。他的最大特点就是关心物质利益。弗雷西内完美体现了物质的追求。他反映的是共和党的时代精神，而非根本的意识形态。

他制订的公共工程计划也体现了这点。19世纪70年代末期，他开始规划基础设施建设，并于1883年获得国会同意。他计划扩建法国的铁路，比拿破仑三世在位时期规模更大，这一项目耗资巨大。该项计划如期实施。在20年间，法国铁路的总长翻了一番。这种持续发生的变化和在巴黎进行的政治讨论一样令人瞩目，因为修铁路是地方工作的重中之重，是最引人注目的经济成就之一，也是那个时代最大的金融丑闻之一。弗雷西内共和主义的矛盾之处在于要改革而又不增加税收。政府承诺减税并真正做到了这一点，让所有阶层受益，尤其是农民——政府用高超技巧兼顾了平等和特权。结果，共和党人执政几年后，法国就反复出现财政赤字。即便如此，他们还是想要开展大规模的公共工程。

公共工程建设在很大程度上依赖铁路公司。不执政的时候，共和党人认为铁路公司是正在抬头的封建主义，因为公司的高层都是保王党，铁路公司是反动势力的大本营，他们希望能把铁路收归国有。一开始，法国国内就有两种声音，一种是希望国家建设铁路，另一种是想依靠私营企业建铁路。后一种观点担心国家一旦涉足这一新兴行业，就会过于强大，也担心政府为了筹集大量资金会加重赋税，会让“七月王朝”和第二帝国采用的妥协式方案原封不动地延续到第三共和国。“七月王朝”和第二帝国就被批评造福投机商，到了第三共和国，好像更是如此。原则上，政府享有不动产的永久所有权，但可将所有权让渡给私营企业，最长可达99年。最终，政府会收回所有权，价值是国家债务的总和，这样国家资金就不会大量流失。第二帝国时期，铁路的收益可观，私营铁路公司运转良好，国家也没有什么损失。但是，1865年出现了新情况。主要城市间的城际铁路已经建立，有的地方铁路利润不高，出现了问题。国家拒绝资助这些运营不善的铁路，但保证给公司提供贷款。作为交换，国家分得一部分铁路运营的利润。但事实上，地方铁路没有利润，有许多还濒临破产。

1871年，共和党人想到的第一个解决方法就是将一切国有化。然而，国家没有实力买下全部六大公司。因此，人们将视线转到经营不善的地方公司。1878 年，国家买下在夏朗德和法国中部的许多公司。此举为试水，看看国有能否解决问题，但国家买下的铁路本身是有问题的，无利可图，于是试水之举宣告失败，这削弱了国有化支持者的说服力。第三共和国延用第二帝国的方法，而且更加极端，为了讨好选民，屈服于当地压力，批准地方建设铁路，这大部分是出于对选举的考量。问题是，谁来付钱呢？在“夏朗德实验”中，政府自建铁路，但工程师不够，政府也不愿借所需经费。1882 年，财政赤字的时代开启，以莱昂·赛为首的保守财政官员要求政府停止借钱。共和党人在尝试国有化后，不得不屈服于公司。

国家和六大公司达成协议，六大公司负责新建辐射范围广的二级铁路系统。公司自筹资金，这样国家债务不会增加，税收也不用增加。公司同意将利润的三分之二上缴国家。国家给公司许多优惠待遇。国家要资助铁路建设 7/8 的费用，钱从公司代表国家筹集的资金中出，国家以年金形式返还给公司。国家给公司利息，还要给红利，因此公司只赚不赔。政客认为国家得到的好处就是：在无须借贷、无须增加税收的前提下，获得铁路系统；国家无须保证公司运转良好，如果公司破产，国家就无须兑现承诺。但只有一家公司没能获得足够的利润维持。1883 年，协议达成时，恰巧是繁荣期和长期衰退的过渡。铁路盈利未如国家预测的那样快速增长。之后的 11 年，建成了 7 016 千米的铁路，公司花了 12 亿法郎。按约定，政府要还 9.26 亿法郎，还带利息。代表政府和这些公司签约的是犹太商人雷纳尔，他恰巧是公共工程部部长。1895 年，激进派因他损害公共利益对他进行弹劾。6 天的辩论揭露了政府和公司之间讨价还价的复杂过程，曝光了许多有意思的信息。激进派试图揭示协议的本质是牺牲国家利益的巨大骗局，但由于牵涉的受益人过多，最终不了了之。

因此，铁路本身没什么盈利，国家还必须资助，为了少数人的利益而牺牲大部分人的利益，铁路股票却成了稳赚不赔的投资。选举问题也顺利解决。弗雷西内最初预计铁路总成本是 40 亿法郎，而国会批准了两倍的预算，因此几乎每个地方选区都能分一杯羹。不管怎样，铁路最后建成了，1870 年只有 1.74 万千米，到 1910 年就飙升到 3.9 万千米。从表面看是进步了，因为避免了无序的竞争。国家能够对铁路进行监督控制，并营造了政府是铁路最终拥有者的幻觉，捍卫了中央集权的原则。但同时，铁路公司成了共和国最大的资本吸血鬼，吸走的钱越来越多，这是机会主义的一大弊病。之后激进派掌权，在处理这个问题时同样优柔寡断，缺乏魄力。[39]

国家军事系统的改革也处于中断、延期状态。普法战争的亲身经历让弗雷西内深刻意识到法国的军事组织存在严重不足。弗雷西内并不认同自大、保守的梯也尔的做法，他认为必须实行服役期短的全民征兵制。但由于传统的惰性十分强大，他提出的方案又意在讨好所有人，这使得改革无法大刀阔斧地进行，取得的成果微不足道，只在 1889 年对职业军队的 5 年服役期限有微小改动——将服役期从 5 年缩短至 3 年。由于大多数入伍者只服役一年，也不会参加前线战斗，故这一改动没有产生多大影响，法国仍然缺乏训练有素的武装力量。直到 1905 年，不平等和免除兵役的现象才得以消除。弗雷西内在军事改革方面未能走得更远，这影响很大，因为他重视军队改革是期待改革对政治产生积极影响，但遗憾的是未能实现目标。他认为如果每个人都服役，退伍后，人民会更加理解服从的重要性，会“明白无论什么情况下，都要理解和遵从权威和等级原则，这是建立稳定组织的保证”。这样，军人团体就不会和非军事的社会生活产生对立，就会成为社会的有力基石和最好的支持者。弗雷西内倡导的军队改革的失败与他年轻时的经历相似：当年他深恶官僚体制中的形式主义并想铲除它，但未果。他未能从根本上改革军队也是他和解政策的必然结果。[40]

以上阐述了共和主义带来停滞、僵局的三种不同形式。第一，议员对手握实权、影响力大的官员充满敌视，这就意味着想要大力改革的人无法担任官职。第二，有一官半职的人在不同程度上受到传统、古老的君主制影响，在不同程度上维护国家的既得利益，这与他们作为反对派时所宣扬的改革背道而驰。第三，那些被议员推举的部长能够做得长久是因为他们为了维护团结做出了妥协，不能触碰既得利益。本来人们对共和国寄予厚望，期待它能进行深刻变革，结果却是共和国变得古怪而保守。共和国成立以来的十多年里，这点愈加明显。一个现实的问题是：为什么共和国无法摆脱老路，踏上新途？

第8章 团结主义

共和国的建立标志着君主制失败，之后引入世俗教育，法国成为殖民帝国。到 19 世纪 90 年代，人们普遍认为共和国已经充分发挥作用，不可能再有什么新的贡献。史学家雅克·沙特内（Jacques Chastenet）在其六卷本的第三共和国历史著作中阐述自己认为法国每 10 年都有它自己的特点。19 世纪 70 年代，法国决心摆脱普法战争失利的屈辱，1878 年巴黎世界博览会向世人证明法国已重整旗鼓。11 年之后（1889 年），又一届世界博览会在巴黎举行，向世人证明共和国政权稳固并对科学有着热忱追求。但 1900 年的巴黎世界博览会“缺乏灵魂”：法国缺乏新的理想。巴拿马丑闻（1892—1893）和“德雷福斯事件”（1894—1899）给人们留下的印象是，法国内部纷争不断，腐败严重，寡头统治越发暮气沉沉，改革陷入停滞状态。停滞不前似乎是 19 世纪 90 年代的特点。有一种传统观点认为，只有 1905 年教会问题或多或少解决时，共和国才真正摆脱旧问题的长期桎梏。社会问题成为政治重点是在 1905 年后。因此，19 世纪末是承上启下的过渡阶段。

这种概括性论断是将法国的历史看作大事件编年史，危机和法条接二连三地出现，历史跌跌撞撞地前行。过于关注丑闻就相当于过分重视症状，而忽略了历史的连续性和有深远意义的事件。首先，认为只在1905年后对社会问题的关注才成为主流大错特错。机会主义者经常被批评没有社会政策，但上一章的论述表明，虽然他们没有设立很多相关法律，但他们一直在思考和关注社会问题。他们相信政治和教育可以在一定程度上解决这些问题，他们提出的解决之道也赢得了许多支持。他们也没有忽视社会主义思潮会带来的影响，尽管只有极少数人信奉社会主义。更重要的是，19世纪90年代，共和派政府采用了新的社会学说——团结主义，来应对日益发展的工业化带来的挑战。

其次，认为1905年后既然已经政教分离，宗教分歧就不再是主要的分裂原因也是错误的。新世纪的到来并未使法国面临的问题产生根本性改变：财富分配不均、教育、宗教信仰是长久的问题，之后的政府、政权都在这些方面出台过政策，这些是大家公认贯穿法国历史的问题，关键是为何问题的解决一直不见起色。观察19世纪90年代非常有助于得出答案，因为在这一时期，法国刚开始在制度、宗教、社会、外交领域尝试新的思路和方法。本章将介绍这些新的尝试，其中有一些并不为人所知，并试图揭示为什么这些尝试和努力大多以失败告终。揭示失败很有意义，这说明法国无法脱离老路。本书的目的之一就是要指明“老路”究竟是什么，是什么样的思维方式、延续的体制如此根深蒂固，以致任何改革都是浮于表面、无法深入肌理的。

国家、政府和国会的三角冲突造成了政治僵局，这种僵局只能通过革命或者政变打破，这正是布朗热主义大力宣扬的。布朗热主义有多个侧面，人们往往从个人视角对它进行解读。作为将军的布朗热极具虚荣心和野心，他蓄着金色的胡子，骑着白马，把军队的纪律改得天翻地覆，允许初级军官挑战上级以获得更多军人对他的支持。他做的事还包括：选举完成之后才收集选票，和每个在野党进行协商、交涉，收取保王分子的钱财，和鬼鬼祟祟的政治冒险家混在一起，将所有希望都押在成功夺权上，但又缺乏法国元帅雅克·圣阿诺德的胆量或是苏丹民族英雄马赫迪的勇气，最终逃到比利时，在情妇的墓前自杀。他身上所带的娱乐性元素和那些老迈的政客枯燥的演说形成鲜明对比。① 近来，研究第三共和国的历史学家盖伊·查普曼（Guy Chapman）将布朗热的所作所为当喜歌剧来看，称布朗热主义为“法国历史中无足轻重、冗长乏味的一幕。这一幕之所以出现，是因为法国缺乏有勇气、有担当的人物。令人惊奇的是，尽管布朗热那么折腾，却最终一无所获”。[1] 查普曼的这一观点，本章并不认同，恰恰相反，布朗热风波可不只是什么冒险家的阴谋，它可与 1848 年的革命相提并论：二者有着相似的社会背景，且都对整个政府体制发起了挑战。在长达 20 年的时间里，法国政客一直努力让全国在某种程度上达成一致，以维护共和国的稳定。他们以为目标已经达成。费里对自己能得到农民的支持感到非常自豪，他说：“未来很长时间里，我们只要保持现状就好，无须多图。”布朗热却对此提出疑问。法国人是支持布朗热还是费里，是一个重要选择，因为选择带来的影响深远。

到 1885 年，共和主义的优势逐渐显现，但其局限性也暴露无遗。有人批评共和国和“七月王朝”一样，都是合股企业，为了一小拨股东，剥削全国人民。掌权的机会主义者已无法获得多数席位。费里无法继续 10 年来原地踏步的政策。正如路易－菲利普的一些支持者最后抛弃了他，费里也发现有些激进主义者逐渐抛弃了自己，因为他们正在损害自己建立的体系。有些议员发现批评政府有利于自己在选区提升影响力，于是大力为之。有些政府官员提出和解政策，但在选区并不吃香，因为选区中都是有理想、有抱负的新一代。1885 年，机会主义者几乎失去了自己的半数席位，只剩下 200 席，激进派反弹到 170 席。鹬蚌相争，渔翁得利，保守派利用这一纷争将所占席位翻了一番（原先是 90，现在是 180）。国会因此陷入三足分立的僵局，三个党派势均力敌，又都互不相让。改革家在议员中做了调查，发现没有

① 圣阿诺德是 1851 年发动政变的将军。费里将其与马赫迪做了比较。

一项政策可以获得多数支持。总共 543 位议员，得票最多的一项政策是缩短兵役时长，不过只有 240 人同意，共有 184 人希望政教分离，159 人想要设立所得税。机会主义者如果和右派结盟，就要抛弃反教会干政主义，不能再偏向世俗一方；和左派结盟，就要实行自己并不赞同的改革。机会主义者必须行动，不能再停滞不前。

打破僵局的唯一方法就是修改宪法。不同派别对如何修改都有自己的看法，但他们都同意必须彻底改变甘必大和费里建立的体制。这种共识源于发生了许多不平之事，人们对此怨声载道，其中最重要的便是经济。机会主义者未能实现经济繁荣，进口外国的小麦和根瘤蚜虫危机让农民苦不堪言。讽刺的是，“农民共和国”刚一建立就赶上土地价格下降。建筑、冶金、采矿等工业在 1885 年后进入寒冬期，大约 25 万名工人失业。影响大多集中于一些地区，巴黎受影响最大。政府通过提高进口税来帮助农民，这导致 1887 年面包价格上涨，而且那年收成不好，加大了价格的涨幅。经济活动普遍放缓，导致国家赤字更加严重；1883—1887 年收上来的税总是达不到预期。“威尔逊事件”揭示了政府高层存在腐败现象，他们表面伪装正直，其实道德沦丧，最终原形毕露。[2]

布朗热赢得大量支持这一事实表明，不满机会主义者主政共和国的反对势力十分强大。据说，保王分子投入了 600 万～800 万法郎支持他，甚至美国也参与其中，《纽约先驱报》的出版商和美国电缆巨头也签了巨额支票给他。[3] 激进分子、波拿巴分子、社会主义者、犹太人、反犹分子、民族主义者、犯罪分子、阴谋家等各色人等拧成一股力量支持他，这一奇怪的组合希望布朗热能够推翻共和国。但共和国背后的支持力量也很强大，因此它得以存活。共和国尽全力迎接挑战，为此进行了改革。原是激进分子的夏尔·弗洛凯当上众议院议长后变得温和许多，后被选为总理。但他没能遏制这股浪潮，之后开始动用武力。康斯坦（Constans）被任命为内务部部长，他曾是马桶水箱的制造商，破产后成为法律教授、议员，还做过印度支那的总督，几次被指控腐败，但都没有下台，还赢得了善于组织选举活动的美名。他威胁布朗热，说要逮捕他，但巧妙地给了布朗热充分的出逃时间，布朗热也审时度势地逃跑了，骚动很快就平息下来。激进分子制造的怪兽把他们自己也吓到了，因此他们同意在1889年的选举中和机会主义者合作，共和国因此得到了拯救。①

布朗热主义的重要性表现在两方面。第一，布朗热运动暴露了机会主义的短处。费里没能完全理解这一运动的实质，简单地把运动归结为极端分子被君主制分子操纵，他没能理解布朗热之所以受欢迎，很大程度上是社会的不满积聚所致。激进分子也没能理解这一层。结果，共和国失去了进一步赢取产业工人大力支持的机会。这些原因导致布朗热势头上升，人们希望建立一个能够真正减轻他们疾苦的政府。这场风波戳破了双方的幻想：不仅是机会分子，甚至激进分子也发现自己并不真正了解产业工人。其结果是，激进派抛弃了布朗热主义，继续扛起布朗热主义大旗的是社会主义者。他们阐明了布朗热主义的含义，将其定义为社会改革，寻求通过改革体制解决经济危机的方法。布朗热出逃后，布朗热主义活了下来，成为社会主义复兴的组成部分之一。曾是机会分子的饶勒斯因此变成了社会主义者。布朗热运动也大大催化了新社会良知的诞生。第二，布朗热运动的失败导致政权越发保守。由于许多人讨厌费里，他没能成为共和国总统，但他被选举为参议院院长，他所领导的参议院扛起中间路线大旗。布朗热运动的深远意义是，危机中的共和国总是显露保守的一面，并不寻求创新，尽管它宣扬正义，但实际上稳定比一切都重要。共和主义的终极理想存在于它试图保留和无法摆脱的价值中。[4]

到19世纪90年代，由于时代已经改变，似乎需要对政治派别

---

① 结果是363名团结的共和党人、167名保守派、38名布朗热主义者（其中18名在巴黎）。

进行重新分类。君主制已日落西山。支持君主制的贵族、显要，需要另寻出路，实现抱负。共和国需要做的是态度灵活，让他们归顺，接纳他们进入民主系统，承认他们依然存在影响力，也承认他们的经济实力在不断增强。教会的地位也要进行调整。减弱教会影响力已不是重点，虽然辩论言辞依旧激烈，但已经取得不小的成果。共和党人实际上并不完全与教会势不两立，而教会领导人也发现与政府的争斗有些失控，继续下去对自己没有好处。当时的主要问题是如何应对工业化，如何应对社会主义，如何应对群众中出现的对新思想日益增长的期待。因此，找到甘必大的忠实门徒斯普勒提倡的“新精神”的含义，找到与共和国的前敌人“团结一致”的方法，是非常必要的。

早在1880年，教会试图和弗雷西内达成协议，双方互有妥协，这导致国会强迫他辞职。但1890—1892年，弗雷西内重新成为总理，这一次他依旧试图与教会达成和解。19世纪80年代，双方几次努力达成一致。1886年，精力充沛的波拿巴主义工业家拉乌尔·迪瓦尔试图建立保守联盟，对抗社会主义和激进主义，打破原有的联盟阵线，创造“右派共和党人”，但实现这一目标本就机会渺茫，一年后，他的去世更令其雪上加霜。1887年，国会中君主制主义者的领袖马科男爵对机会主义者鲁维耶表示支持，目的是不让共和国落入激进派手中，但后来马科男爵又转而支持布朗热颠覆共和国政权。故此，质疑君主制主义者的归顺也就没什么奇怪的了。1888年，阿尔贝·德曼（Albert de Mun）试图建立天主教政党，以德国的中央党为模板，与王朝君主无任何关系，但他的社会观点让保守人士和教皇感到忧虑，他们担心他无法控制自己的政党，于是命令其解散政党。联合其他派别的困难之一是，天主教教徒要想从团结中受益，就必须先统一在一个政党之下，但他们的领袖有保王党背景，无论做出多少让步，共和党人永远无法相信他们，他们也就永远无法获得官位。他们越对共和党人妥协，失去的保王党支持者就越多。

这一两难境地也让雅克·皮乌（Jacques Piou）的努力付诸东流。

1890 年，他组建了“宪政自由”政党，由天主教议员和保王党议员组成。布朗热运动失败后，他们愿意达成妥协，放弃对王朝复辟的支持，以换取经济和宗教利益，即不再禁止小学开设宗教课程，废除所有前王室成员不得返回法国的法令，减少公共开支和税收，削弱中央集权，建立社会立法和关税保护。皮乌的初衷是想获得右派的支持，这样机会主义者（此时他们一般称自己为进步党人）也就不必争取激进党人的投票了，也可以就此结束反教会运动。皮乌在 1893 年 2 月表示，同意政府在执行教育法令时保持“中立”，而不必将相关法律废除。他公开宣布支持共和国及其法律，把党名从“宪政自由”改为“共和自由”。但在那年的选举中，他所在政党的 94 名候选人中只有 36 人成功当选议员。政党的 3 位领袖——他本人、德曼和艾蒂安·拉米（Étienne Lamy）——都落选了。保王党拒绝接受运动失败，58 位不肯妥协的保王党成员最终当选。王朝复辟的余烬不肯熄灭。保王和教会问题纠缠在一起，导致僵局的出现。

的确，主张团结的人的动机并不纯粹。新的罗马教皇利奥十三世是现实主义者，他愿意妥协、谈判，意识到进行社会变革的必要，这说明罗马教会的态度有了重要调整。但不出意料，共和党人对此持怀疑态度，他们认为教皇是想借现代化增加教会的吸引力，打压法国境内的高卢主义[①]，巩固自己的权威；外交上，他希望与法国结盟，夺回被意大利侵占的教皇辖境。拉威热里主教在 1890 年对共和国的著名祝词中公开提倡“团结”，他认为调整教会对共和国的态度十分重要，这关乎教会的存亡；他担心教会和法国政府签订的政教条约一旦破裂，会对教会的财政造成毁灭性的打击。他认为共和国的存活时间不会太长，至少目前对教会的敌视不会保持太久；他力劝教会与共和国合作，不过是为了缓解共和国的敌意，帮助教会挺过难关，存活到和解的那天。利奥十三世任命拉米组建共和天主党，但拉米曾是 1876 年追随

① 法国天主教会希望限制教皇权力，增加法国教会的权力。——译者注

甘必大的 363 名议员之一，他认同大多数法国人并非积极的天主教教徒这一观点。拉米希望教会的动机不完全是为了天主教的存亡，而是以自由之名结束反教会运动，将自由党人和天主教教徒团结在一起。在 1898 年的选举中，只要天主教的候选人有一点儿胜算，他就会把他们推举上去，如果第一轮投票败下阵来，他就让他们退选，以支持机会主义者－进步党人，换取他们在反教会问题上的让步。但是，他很难找到既是天主教教徒又是共和党、既有能力又有意愿成为候选人的人。拉米也很难取得对地方政治的控制，他计划建立团结各方的政党，但以失败告终。实现教皇希望达成的团结的最大阻碍是教区教士，反教会运动对他们的伤害最大，因此他们无心妥协。奥古斯丁圣母升天会控制的教会报纸影响力大，该会会员锲而不舍、高声疾呼反对共和政体，完全不顾教皇的呼吁。

与此同时，共和党政府三心二意地接受了教会伸出的橄榄枝。政府嘴上高歌宗教是重要的精神和道德支柱，说如果宗教不被保王党把持，它就是对抗社会主义的宝贵力量。政府说，即使未获许可，教会会众甚至是耶稣会信徒的活动也能不受打扰地进行。政府在将教会权力交给世俗人员时，也会考虑到当地情况，如果没有合适的替代人选，小学不必清退所有神职人员。但共和党政府人士担忧别人抨击他们将自己的存亡寄托于反动右派和蒙昧的教徒，不愿被看作在背叛共和国传统。不愿违背传统的原则让政府难有大动作。不论怎样，政府无法为新出现的支持者制定新政策。地方上的共和党要人，甚至省长，无法抛弃几代人留下来的习惯，继续反教会，就像之前提到的那些教区教士一样顽固。国家领袖无能为力，他们不愿分给天主教教徒一些权力，而是有所保留地接受教徒的选票。他们声称共和国是开放的，但他们不愿教徒掌权——开放但不放权。团结以失败告终。试图团结各方的尝试体现了一些人具有创新的政治视野，但有关教会的心魔无法消除。[5]

经济领域无法应对国际竞争，也无法在进行工业规划时革除旧观点。朱尔·梅利纳的政治生涯就充分体现了这一点。他在费里执政时做过农业部部长，1896—1898年做过总理，他在任期间明确指出人们这种不思变的态度。历史上，梅利纳以参与建立影响深远的保护体系而闻名，该保护体系建立于19世纪八九十年代，被称为梅利纳关税。[6]一些历史学家对他不屑一顾，认为他不过是工业家手中的工具；另外一些人的观点恰恰相反，认为他利用工业家保护了农业利益。这一双重评价体现了他作为中间人的高超技巧。他也有双重盛名，既是农业也是工业的“救世主”。

梅利纳本人既不是工业制造商，也不是农场主，且对这两种工作知之甚少。他的女儿说他无法区分小麦和大麦。他出身于一般的中产偏下阶层。他的父亲拥有一些地产，是勒米尔蒙市镇治安法庭①的职员，是级别非常低的公务员。他的母亲是地方要人的女儿，出身于农业家庭。梅利纳受所处环境的制约，从未怀鸿鹄之志。他梦想在档案局工作（记录档案，征收印花税）。他尽管后来成为律师，但未取得任何特别的成功。他一生大部分时间都是靠着当议员的微薄薪水过活，一直住在科马耶街的一间普通公寓中。[7]他从不自视过高，从不摆架子，很自豪能娶到棉布小生产商的女儿，他的地位不及他的妻子，这桩婚事确保他的社会地位得到了提升，尽管并没有提升很多。他并非出于理想、热爱、情怀或是憧憬进入政界，只是想做一名脚踏实地、具备常识、执着的党务工作者。他总是带有几分圆通，笑眯眯的，性格平和。他身材矮瘦，动作幅度不大，举止谨慎，给人的印象是无名的地方要人。他曾在巴黎求学，欣赏蒲鲁东，蒲鲁东的政治理想是生活称心的小资产者组成的社会，这与他自己的想法不谋而合。1865年，梅利纳加入共济会，1870年退出——共济会越来越好斗，这违背他端正的品性。他对于费里的反教会主义持保留态度，认为虽然国家应该是世俗的，但同时也应该是包容的。梅利纳是自然神论信仰者，

---

① 这一级法庭是法国最低等的法庭，负责处理小案件。——译者注

认为宗教是无法被消灭的。他的妻子是狂热的天主教教徒，他也赞同让女儿们自小参加宗教活动。1869年的选举造势中，他为梯也尔工作。他没有家世背景，这种自我打拼的外乡人的身份为他赢得了真诚的尊敬。他对费里十分崇敬，认为他是伟大的政治家，但与他并无私交。对梅利纳来说，费里显得太贵族气了。梅利纳的政治导师是克劳德（Claude）。克劳德是参议员，也是孚日省地方议会的主席，曾是纺织厂的工头，后来晋升为主任，后成为厂长。梅利纳说，“我是克劳德先生唯一的学生”，如果青出于蓝，“也只是时势使然”。梅利纳是一个停滞社会里小资产阶级的典型代表，梅利纳关税保留了这一阶级的精神。[8]

梅利纳既不是经济学家也不是理论家，他也没有认真研究过自由贸易和贸易保护之间的矛盾。他有一些基本的信念：“对一个国家来说最好的经济制度能够提供最多的就业机会。”他直截了当地说他是机会主义者，而不是教条主义者，还说“如果我是英国人，我会做个自由贸易商”。但他不想让法国变得像英国一样。有人批评他的关税减缓了工业发展，但这恰恰是他的目的——他反对工业化，这明显延续了蒲鲁东、梯也尔和他本人的观点。他承认工业确实会带来物质进步，但同时也在榨干乡村的劳动力，引发生产过剩的危机。未来，随着机械化程度不断提高，失业也会更加严重。社会主义者减少工作时长的提议会提高成本和商品价格。他认为解决之道是振兴农业，通过保护性立法、进行现代化、建立合作型市场、减少税收、实行更自由的借贷体系、复兴农村工业等手段，提高农业的效率，使农业更加繁荣兴旺。他出版了一本书——《回归土地和工业生产过剩》，[9]隐约将自己的想法与英国首相张伯伦和德国中央党相提并论，但这种对应具有误导性。为证明他的保护政策合理，他使用了许多论据，这些论据表明他的观点与他们有很大差异，烙有那个时代专属于法国的独特印记。他想保护工业，不是为了让工业更加现代化、产能更大，而是出于对产能过剩的深深恐惧。他认为，法国人的品位与批量生产格格不入：法国适合生产多样且具有个性化的商品。因此，法国应该保留“大量小作坊”，从道德和社会角度看，“最理想的状态就是通过合理分派工作和分配利润，让成千上万的小业主都有立足之地”。来自外国的竞争会导致收入减少，既然他排斥现代化，那么贸易保护是能够逆转这一后果的唯一方法。他坦白承认法国的雇主是胆小的，缺乏效率且没有投入足够多的资本，但他也同意如果要追求中庸之道、节制之美，那么这么做就无可厚非，是必然之举。他并不拒绝科学进步，认为科学和教育会让农业再度有利可图，但他并不想变动农民的内部结构。交通成本和高税收是法国的农业和工业产品没有竞争力的主要原因，他提出的解决方法不是移除这些障碍，而是补偿成本，进行保护。他相信经过复杂计算后，所施加的关税在数学层面会完美地抵消这些劣势。

19 世纪 80 年代的经济危机让梅利纳想到，应该统筹保护农业和工业。农民贫穷，无法购买工业产品。而共和国首先是基于公众舆论建立的政府，农民必须像其他人一样从国家获得好处，这样才是公平的。农民习惯望向国家，希望国家能够拯救他们，而梅利纳浸染深厚的中央集权传统自然会满足农民。他赢得的人气体现在他被选举为众议院主席（击败竞选对手克里孟梭）。他继承费里衣钵还体现在 1893—1902 年担任《法兰西共和国报》的编辑，这份报纸由甘必大创立，是共和派的主要宣传载体。

1896 年当上总理后，梅利纳按照他认为重要的议题，尝试重组政党。他认为急需结束共和党无意义的联盟，结束立法总是流产的现状。梅利纳的内阁成员都是温和派。他想重新定义政治差异，让大家看到政客间的主要分歧在于社会主义。共和党内的分歧不再只是度的差异，不再是方法有所不同，社会主义者不再像甘必大那个时代是共和党内的左翼、先进的改革者，他们现在想要彻底推翻梅利纳所捍卫的社会制度。右翼党派不再是共和国的威胁，因为他们几乎放弃了王朝复辟，明显是对抗社会主义的盟友。共和党需要与激进派划清界限：他们的政治倾向越来越与共和党人水火不容。在勒内·戈布莱的领导下，激进派的一部分人与社会主义者有了共同的事业，因此共和党与激进派结盟是不可能的。相较之下，温和的共和党人只在两件事上与右派存在分歧——军队和教会。在这方面，梅利纳主张“莫惹是非”。他坚持不要刺激军队：平息“德雷福斯事件”，不要有太大动静。左派对军队的攻击只会导致一种后果，那就是爆发危险的民族主义运动。也是出于同样的原因，必须遏制社会主义，否则人民就会寻找新的“救世主”——一位新的拿破仑来拯救社会。因此，共和国应该接纳君主主义者，而不是迫害他们，让他们成为敌人。同样，应该放弃反教会运动以巩固和右派的联盟，况且反教会已经无足轻重，一味继续只会让激进派渔翁得利。共和国已经采取了足够多的措施防范教会。如果实行安抚政策，教会可能会接受费里的立法，接受自己在新秩序中只能扮演有限角色的现实，这样就会大大增强共和国的力量。因此，真正的政治冲突只会出现在捍卫私有财产和想要废除私有财产的人之间，出现在相信阶级弥合和主张阶级斗争的人之间。一方认为工会是实现合作型社会的工具，另一方利用工会进行革命，破坏资本主义制度；一方认为税收有利于公共开支，另一方想通过税收达到经济公平；一方认为参议院是秩序的堡垒，另一方想要废除、削弱参议院；一方尊重宗教，只要教会遵守政教协议，不参与政治，就享有自由，另一方认为这并不现实，主张政教分离。[10]

梅利纳这届政府比共和国之前几届政府的执政时间都要长，但他无法进行政治重组或是安抚教会，从而如己所愿助力经济目标的达成。这绝非一人才智所能及。梅利纳没能组建政党向选民宣传自己的观点，他的追随者都是些不怎么按时参加议会活动的人，不能在议会委员会中占多数，一些追随者还反对梅利纳对激进派的敌意。[11] 但梅利纳不应只被铭记为经济保护的发起人，1898 年，他还颁布了有关社会保障的互助协会法令——很少有人关注这一点。该法令是团结主义运动的一部分，而团结主义是 19 世纪 90 年代的时代特色。如果不深究产生这一运动的思想，就无法真正了解这一时代。第三共和国试图通过团结主义再一次打破历史的桎梏，但还是失败了。[12]

“团结”是19世纪90年代和20世纪第一个十年最常提及的理想。共和国总统卢贝在1900年巴黎世界博览会开幕式上公开致辞，称各国政府都应该致敬“这一更高法则”，还称“团结”是这个时代“伟大的、共同的启示”。时任商务部部长米勒兰是社会主义者，他也高赞“团结”是科学性的新发现，是实现社会物质、精神繁荣的秘诀。君主主义者奥松维尔伯爵也说：“这个时代，想要受到欢迎的人或是想要获得职业晋升的人都必须谈及‘团结’。”人们都说，对“团结”的热衷就像当年大家对笛卡儿主义的追捧，团结主义的口号“每个人都欠邻居的债”所造成的轰动不比蒲鲁东提出的“财产就是盗窃”的轰动小。人们开始就“团结”撰写论文，举行会议，法兰西道德与政治科学院专门就此举办过4期研讨会。[13]

团结主义首要的特征是以全新视角看待法国大革命。共和党人一直以来的一个重要标志就是崇拜法国大革命时期提出的理想。共和党人在嘴上从未停止高歌这些理想、信念。1789年的法国大革命几乎整整过去了100年，在大革命100周年之际，有些人又开始对大革命进行更加尖锐和满怀敌意的批评和反对，而他们的祖先曾是无可挑剔的激进派。之前有人隐约提到要更彻底地实现法国大革命的理想，但此时有人认为这些理想已经落伍了。莱昂·布尔热瓦是1895年激进派政府的领袖，他认为《人权宣言》还不够，还应该补充一部《人责宣言》；法国大革命神圣化了的个人主义不过是一种邪恶、一种幻想；法国大革命宣扬的自由不过是富人压迫穷人的幌子；法国大革命想要解放的人是抽象的，因为人是不能脱离责任、脱离其他人存在的独立个体。社会学家杜尔凯姆写道，必须将法国大革命放到特定的历史背景中研究，只有这样才能判断其是否为“病态的现象”。人们认为是形而上学的混乱导致了法国大革命的出现，而新出现的实证主义可以抵制和消除这种混乱。在学校课本中，法国大革命被称为“新时代的黎明”，但随着时间推移，法国大革命未能完全摆脱历史局限性这一点越发明显。托克维尔的名言仍然被人们想起，比如：旧政权还未死去；不断努力消除绝对权力的结果不过是将自由的新头安在奴性的旧体上。有关实现法国大革命理想的问题变得越发错综复杂，人们反对继续坚持“一种干涸枯萎的传统，一种已经过时、已无生命力的政治方式”。[14]

“自由放任”是法国大革命提倡的一大原则，一个世纪以来，共和党人在不同程度上放弃了这一原则，可他们一旦执政，对这一原则的态度就有些模棱两可。政治经济学家查尔斯·纪德在其 1883 年出版的《政治经济学原理》一书中提出官方应公开放弃自由放任原则，他认为正统的自由主义经济学已经名誉扫地，与之相关的严苛的学说、主义已经开始“溶解”。[15] 亨利·马里恩（Henri Marion）的论文《论道德团结》(应用心理学的论文）认为人们不应只视道德为个人的美德，不应理所当然地认为未开化的野蛮人就是高尚的，不应认为依赖神的旨意和劝诫就能达到人性至善，因为环境会深深影响人类品性的形成。人的自由实际上十分有限，因此需要积极规划，从而实现道德进步，不能指望道德进步会自然而然地发生。[16]

科学的新发现要求政治也要有新发展。达尔文提出的生存竞争一直是自由放任原则的基础，自由竞争导致生物进化。但法国动物学家米尔内·爱德华兹提出，有机体的生命是由大量细胞合作维持的，因此“自然法则”应该是合作而非对抗，是团结主义而非个人主义。政客们引用《诺曼底海岸的动物群和比较生理学》等文献来支撑以下这些论点：不应该再认为人生而完美；人并未被赋予对抗其他人的权利；个人应该是更大有机体的组成部分，从这个更大的组织中可以获得很多好处，同时不得不依赖这个组织。杜尔凯姆在论文《分工论》(1896）中指出，当时的社会行将崩溃是因出现了社会混乱。原有的宗教、家庭纽带断裂，出现道德失序，而经济领域的专门化更是让事态雪上加霜。大革命的一个信念是：对国家或者个人二者之一进行改革即可，但不管改革哪个其实都不够。杜尔凯姆认为必须出现新的道德观将全国上下团结在一起，必须出现新组织形式，必须将它们建立在行业协会基础上，而法国大革命恰恰要破坏的就是这些协会。[17] 各个领域的知识被重新解读，以表明人是相互依赖、需要合作的，合作而非不受限制的自由才是有利于人类繁荣的。

结合这些科学理论，将团结主义作为政治准则的是莱昂·布尔热瓦。他生于 1851 年，父亲是钟表匠。布尔热瓦长大后成为公务员，摆脱了中下阶级的出身，36 岁当上警察局局长。他是很有魅力的人，总想取悦别人。他体现了新时代的特点，尽管一直是服务于国家的公务员，但他成了政客后就不再崇拜国家。布尔热瓦的贡献是提出了“团结主义”的理论基础，提出“社会债务”和“准合同”的概念。他说，人并非生而自由。即便是未成年人也欠着社会的债，首先因食物而亏欠母亲，因教育而亏欠教师；其次因获得的经济机会而亏欠更广大的群体，一生不断欠下新债。这种想法本身没什么新奇，但布尔热瓦为这种道德理念披上法律的外衣。他声称人还债不仅是道德义务，而且是由于个人和社会结下的有强制力的“准合同”，不执行就会受到制裁，还债于是变成了积极的责任。布尔热瓦从《民法典》鲜有人知的部分找到证据，说明结下有强制力的契约无须得到个人同意。他推翻了卢梭的观点——卢梭认为结下社会契约是为了互惠互利，而布尔热瓦用责任取代了权利。不管一个人对社会的贡献有多大，这个人都有债要还。这样，穷人作为社会的一部分，富人是欠着穷人的。做慈善是个人选择，无强制性，它应该被强制性的团结协作取代。国家可以合法地要求个人偿还各种债务。

这样就为实行社会福利政策铺平了一条新路，社会福利以收入税为基础，巧妙地介于自由主义和社会主义的平衡点上。虽然团结主义认为每个人在才能上并非平等，他们靠天赋获得的利益也是不同的，但公平原则要求这些差异不能再被出身、教育、财富等方面的差异放大。在社会出身、教育、所得遗产方面享有特殊优势的人应该缴更多的税，对其他人进行补偿。但布尔热瓦坚决反对社会主义，他说，社会主义的理想是集体的理想，而资产阶级的理念从集体责任出发，集体责任虽是事实，但要达到的理想是让个人通过还清欠社会的债而摆脱集体责任。布尔热瓦的理想是解放个人，而且认为私有财产是"对自由的延长和保障"。他说："我理想中的社会是，在公平的前提下，每个人都能成为业主或企业主。"

团结主义不是需要人们在生产或是分配财富时合作，而是帮助人们防范生活的风险。工资平等既不可能实现也不可取，但为了公平，设置最低工资是必需的，为疾病、事故、失业提供保险是社会的责任。按照每个人收入多少征税不是为了缩小收入差距，而是为了支持公共事业。教育应该是免费的。重要的是，一个人的才能是决定他晋升空间的唯一要素。因此，布尔热瓦是将社会看作庞大的帮助弱势群体的互助保险公司，只要每个人交了保费，公司就不再干预他们的自由。不必乐观地期待人们会舍己为人，正如布尔热瓦的支持者阿尔弗雷德·克鲁瓦塞所说："一旦机器建立，它就会自动运转，如果巧妙地经营，最终结果是所有人都能受益。"这有了几分符合时代特征的科学色彩。"慈善"居高临下；"公平"乏味无力；"博爱"如1848年的革命，过于感情用事。基于生物学的团结协作才是科学的。人类之间盲目不公但又不可避免的相互依赖导致了许多社会弊端，团结会将这种恶性依赖转化为尊重平等权利的自愿理性关系。这样不是在使财产社会化，而是在社会化人的心灵，让人们的良心焕然一新。用米什莱的话说，那么法国就会成为一个"充满友爱的社会"。[18]

尽管自然和社会科学的基础让团结主义有了时代烙印，显得新颖，其中的一些要素却很古老。"团结主义"这个词由皮埃尔·勒鲁发明，与"个人主义"相对立。孔德有过相关著述，但大都局限于对代际团结的讨论。勒努维耶抨击18世纪的理念时就曾提出："自由"应包括"团结"。1848年的革命也以更情绪化的方式有过相同表达。但团结主义没能逃过批评，有人说它是披着科学外衣的"博爱"。但是“团结主义”之所以能流行，是因为怀有各种抱负的人——社会主义者、美学家、基督教教徒——都能在这一概念中找到共鸣。团结主义之于第三共和国，犹如库赞的折中主义之于“七月王朝”。如果团结主义不是虚伪的，至少必然和折中主义一样混沌不清。团结主义似乎不仅仅是精心设计的结果，不仅仅是为了盖过社会主义的风头而提出的，它几乎与威廉二世在德国政坛掀起的新浪潮同时出现。基督教社会主义吸引工人，让他们远离革命，团结主义可以说是世俗版本的“基督教社会主义”。团结主义者自称其运动的显著特点就是“纯粹法式”，但与国际环境不无关联。从一定程度上说，他们的行为不仅是建设性的理想主义驱动的，也是出于恐惧或是懊悔。阿诺托说，资产阶级懒惰、冒失、自大，因而罪孽深重。资产阶级将政府视为敌人，不能利用政府来帮助人民，没能弥合阶级间的沟壑。普恩加莱在一次著名的演说中同样提出，资产阶级应该做出“必要的让步”。极其虔诚的共和主义的思想导师勒努维耶在临死之际曾说：“资产阶级没能信守承诺：它只为自己工作。”对他们来说，团结主义只是某种惩罚。

团结主义的一大套理论似乎帮不上什么忙，倒可能成为障碍。对那些一无所有的人说他们欠社会的债，说因为他们总是欠下新债，所以他们的债永远也还不完，还说即便他们成功了，功劳也不是他们自己的，这种方法很难赢得人民群众的热情支持。尽管团结主义有几分理想化，但在重要的方面还是保守的，似乎在为私人财产不平等提供新的论点。团结主义的社会学论据认为现状是正常的，推翻现有秩序的力量是病态的。杜尔凯姆提出的行业协会太像法国大革命前的手工工场。伊祖莱是一名哲学教授，在孔多塞中学任职，他所写的关于现代国家的书经常被团结主义者正面引用，他将他们面对的挑战定义为防止群众推翻精英统治，同时“群众能忠诚于国家，大家友好相处”。[19]团结主义者内部对团结主义究竟意味着什么、该使用什么样的措辞，意见并不统一。有宗教背景的人（通常是清教徒）不喜欢“债”这个词，他们更愿意用“责任”或是“牺牲”这样的表述；自由主义者反对使用“制裁”一词；社会主义者嘲笑团结主义是半吊子主义，忽略了劳动力被剥削的问题。有人指出，尽管微生物是互相依存的，但没有证据表明它们互敬互爱。法国社会学家塔尔德的社会模仿理论认为“模仿”是支配人类行为的主要原则，并称团结主义的根基是自相矛盾的，最终必然会导向社会主义。团结主义的目标是达到和谐，但债务的概念，即一个人欠的债有多少，以及是债主还是欠债人拥有权力，必定会导致争吵。这说明团结主义并不被大家完全理解，这是这一主张的一大缺陷。[20]

团结主义者专注于自愿互利的互助社的发展，他们希望这些互助社能够提供全方位的社会服务——岗位信息交流、贷款、医疗救助、药品、养老金、保险，而国家不必花太多钱。保罗·德沙内尔说：“法国的共和国必须成为一个巨大的互惠互助社。”[21] 在法国，互惠主义已有很长的历史。互助社的发展被大革命抑制了，但之后很快蓬勃起来。“七月王朝”鼓励建立互助社，1837 年宣布只要得到官方允许就可建立。到 1845 年，仅巴黎就有 262 家互助社。1848 年的革命也助推了互助社的发展，所以到 1852 年，已经有 2 488 家互助社，会员多达 239 500 人。然后，在拿破仑二世时期有了新转折。拿破仑二世担心互助社会成为颠覆性的组织，所以转变了互助社的性质。他同意只要互助社的成员全部同属一个市镇，（如果得到批准）成员最多可达 500 人（如果互助社被纳入“公共用途”，成员最多可达 2 000 人），如此，互助社就不再受一般性结社的限制。拿破仑三世保留自己任命互助社主席的权力，无须经过程序就可解散互助社。互助社还必须接纳村庄里的要人为“荣誉成员”，这些人能防止互助社具有革命倾向；省长、神父、市长需要帮助互助社在更多的地方建立。从奥尔良家族收缴来的 1 000 万法郎被专门用来鼓励建立互助社。因此，拿破仑三世通过这些互助社来激励人们精打细算，让人们重新自力更生。同时，这些互助社还是政治、选举组织，但又没独立到能反抗他统治的地步。到 1870 年，已有 50 万人加入互助社。

团结主义者也对这场运动起了推波助澜的作用。1898 年的法律给予互助社的自由堪比 1884 年的法律对工会的解放，政府还精心计算，根据互助社作用大小，发放相应的互助社国家补助，给予经济优待。到 1902 年，另有 100 万人加入互助社。另外，有超过 50 万个学龄儿童加入初级互助社。[①] 到 1910 年，据说已成立 15 832 个社团，活跃成员人数达 317 万，还有 40 万荣誉成员。

团结主义落到实处也就成了互惠主义，大家对此表示欢迎。国家互惠联盟成立时，百万富翁、卢浮宫百货公司老板肖沙尔捐赠了 1 万法郎，共和国总统萨迪·卡诺送上了祝福。1883 年起，国家互惠联盟共举行了 6 次国家大会，到 1900 年，在巴黎举行的第一次国际大会令人印象深刻。《积蓄的明天》《互惠的回声》《远见的法国》《互相》《互惠性》《盘点远见机构》等报纸、期刊大量出现。奇怪的是，没有什么历史学家对这些报纸或是大会做过研究，却有许多人研究过社会主义者的活动，而社会主义者的人数要少得多。[22]

互助会开始被看作公共服务。互助会的组织者能获得奖章。第二帝国设立了一种特殊奖章——带蓝色镶边的黑色丝带——奖给这些人中的佼佼者，但这只是装饰，不能单独佩戴，而且只能在互助会集会时佩戴。1898—1903 年，对如何佩戴这种奖章的限制取消了。持有金奖章的人可公开佩戴花结襟绶（而不只是丝带）。1875 年只授予了 579 枚这种奖章，1895 年至少有 3 281 枚，1900 年飙升到 8 175 枚，到 1907 年多达 1.7 万枚。似乎人们成立互助会就是为了获得奖章，他们会问能得到什么样的奖章，实际上相当于奖励他们从国家勒索补助。如果不对互助会发放补助，任由它们发展，那么互助会每年会亏损大约 1 000 万法郎。会费只占互助会收入的三分之二，其他来自公共补助，更多的来自荣誉成员，因此许多人对互助会持怀疑态度，认为它

① 这个小分支在其创始人之后被称为“小骑士”（petit Cavé）。孩子们缴纳的费用很少，但是该分支承诺提供相当可观的保险金，甚至包括丧葬费。

们是由富人把持的合法乞讨组织。荣誉成员和公共补助的存在让这些互助会和英国的友好互助会有着很大差别（英国友好互助会的成员更多——1898 年超过 500 万，而且比法国互助会富裕两倍）。法国互助会不像英国互助会那般友好。在英国，社会活动和保险一样重要，互助会总会组织年度聚餐或是出游，每月开例会，大家会一起痛饮——费用记成“房间租金”，还有许多入会仪式。“秘密兄弟会”“自由森林居民”等组织有着其他神秘习俗。英国互助会排除上层阶级，成了工人阶级文化的一部分。相比之下，法国互助会具有强烈的国家干预色彩，受到雇主家长制和政治策略的影响。

互助会会费很低——平均每年只有 13 法郎，福利因此同样很低。世纪之交，会员收到的平均养老金每年还不到 71 法郎。为了得到最多种类补助金申领的资格，互助会尽量提供更多的福利，结果导致表现不佳，运营开支占了总收入的 27%。互助会规模太小，不能提供良好的保险服务——1902 年，71% 的互助会的成员数少于 100，39% 的互助会的成员还不到 50 名。不懂保险内在原理的互助会十分普遍，行政管理也极为业余。即便政府出台了许多指南帮助落实互惠主义，也不能真正起到作用。最严重的忽视是，互助会的整体运作并非建立在保险精算的基础上。1852 年的法令承诺将出台疾病表和致死率，1898 年的法律又提到这件事，但直到 1907 年都没能成型，那时劳动部部长维维亚尼宣布，由于太难统计，一时半会儿无法出台。在这方面，法国落后英国超过 60 年：英国在 1845 年就出台了比较可靠的疾病表。

不像拿破仑三世，奉行团结主义的政客敦促互助会进行合并。他们憧憬一次大幅度的道德提升，小型互助会将不再以自我为中心，整个法国将是一派团结的景象——互助会的联合将成为法国人新和解的基础。但积重难返，国家委员会是成立了，它却没有权力管控所有的互助会，而沦为一个宣传机构。有人批评国家委员会不能代表所有人，质疑其出台的政策。有的互助联合会在省一级建立，有时还颇为有效，可以为会员提供药品、诊所、洗浴服务。理想和现实的差距在洗浴这件事上体现得特别明显。人们都认为洗浴是极为重要的，费尔南·富尔（Fernand Faure）说："如果法国人每周洗两次澡，整个国家的道德、政治、思想风貌都会大不一样。"[23] 人们仔细研读俄国和日本介绍有关洗浴好处的文章，比对各种洗浴方式能够去除微生物的数量，发现除了淋浴，其他方式都只能导致微生物数量不减反增。这其实是件好事，淋浴设施好建且省水，卫生专家本来也打算建淋浴设施，但问题是资金不够，实际得到的额度比承诺的少得多。互助会提供的医疗服务也存在类似的问题，有钱人享受的医疗服务比穷人多。协调药剂师和医生之间的关系也不是件易事。所以互惠主义的后果是制造了一个庞大的既得利益阶层，该阶层不能提供人们所需的社会服务，反而强力阻碍国家发展社会服务。到 1900 年，只有 3 万个农民加入互助会，1 100 万个手工业者中只有 50 万人加入。[24] 政客夸大了入会人数（工会也做过同样的事），并发明了"互助精英"一词，该词指的是五分之一的工人阶级，说他们尊重既存秩序，是"抵御越来越高涨的集体主义和无政府主义"的中流砥柱。[25]

互惠运动比合作运动发展得快。鼓励合作运动的法令迟迟出台不了，政客反反复复讨论、修订了 8 年，最终还被参议院否决，这主要是因为小店主的意见很大。战前对合作运动感兴趣的人只有 50 万，1890 年互惠运动由社会主义者和无党派人士一分为二，小型互助会不愿加入任何一边。1912 年，两方最终达成和解，胜利方是查尔斯·纪德教授领导的无党派人士，纪德是最早的一批团结主义者之一，但他承认不只是这些思想分歧导致团结主义停滞不前，他说："法国人，尤其是法国工人，不喜欢受跟他们平级的人的管理。"虽然有关共享利润运动的著作不少，还就此举行过全国大会、国际会议，但它只对一小部分人产生了影响，参与其中的公司大约只有 500 家。此种运动对于私营企业的呼吁效果不佳。[26]

人们对第一次世界大战前的第三共和国有一个常见的误解，即第三共和国的社会立法很少。事实上恰恰相反，这种法律很多，因为这是团结主义思想的落地实施，同时也体现了这一思想的缺陷，很值得对此进行研究。为了对互助会进行补充，第三共和国还建立了几家重要的社会服务机构。需要解决的最大问题是贫穷。如果用团结主义援助取代私人慈善，就需要对资源进行大幅重置。实际上，当时已经存在服务穷人的慈善机构，理论上，该机构应在市长的领导下把援助物资分派到每个市镇。但到1871年，法国35 989个市镇中只有13 367个建有这种慈善机构，只覆盖了60%的人口。在巴黎，该慈善机构每年只向帮扶对象提供28.6法郎的资助；在其他省市，金额更少，只有14.9法郎。1872年，被任命调查这些慈善机构的委员会由于对慈善持传统态度，并未建议进行大刀阔斧的改革。[27]

到1886年，一个特殊的办公室成立了，设在内务部下，专门处理公共援助。一名新教教徒兼团结主义者亨利·莫诺（Henri Monod）为办公室领导，他于1905年卸任。他很快意识到只进行一般性的改革是无法实现团结主义的。当时人们极为反对帮助身体健全的失业者，因此他先为老弱病幼奔走疾呼。他首先建立了几个协会，1894—1911年，又召开了5次全国大会。1893年，办公室“以团结的高尚名义”通过了一项法律：“每个没有经济来源的法国人都能免费在家享有医疗服务，如果在家效果不好，在医院也可。”每个市镇都需建立资助办公室，登记受助人的信息，国家承诺担负80%的补助。那时，接受市镇资助的人不到50万。到1897年，登记在册的人达190万，市镇共投入1 300万法郎对70.1万人进行医疗援助。但要是平均到人头，每人得到的资助不过是每年十几法郎。此外，法律将不治之症排除在外，因此尽管医院会免费收治穷人，但只要医院宣称治不好他，就可以立即将他送回家。1897年，国家对当地政府进行补助以弥补这一严重漏洞，向治不好的老人提供养老金。但由于当地政府拒绝花钱，国家的资助宣告失败——议会批准的补助金的六分之五分文未动。因此就出现了这种情况：老人若想得到免费医疗，得设法以乞讨罪被起诉、被定罪。即便这样，免费医疗也不补偿因病损失的工资，也不会帮助病者家属。因此有议员提交议案，希望提供如议案名字所说的“为了社会团结的公共服务”，给老人、弱者和无法医治者义务提供医疗服务，到 1905 年，议案最终成为法律。该法律为超过 70 岁的老人提供救济。实施过程显示，很多人生活困苦。每年有超过 50 万人符合条件，可以从中受益。1907 年，国家的资助达 4 900 万法郎，1914 年涨到了 1 亿法郎。[28] 但穷人平均每年拿到的钱只有 34.9 法郎；在英国，拿救济金的人数不仅是法国的两倍，而且人均能拿到 180 法郎（7.2 英镑）。到 1914 年，仍有 860 万法国人所在的市镇没有设立资助办公室。为实施这一计划设立的官僚机构充斥着政治运作选派的人，因此效率极为低下。

1901 年，政府“出于团结”提出一项法案，赋予大约 1 000 万名工人获得养老金的权利。但参议院认为实施这一计划的成本过高，多次进行抗议，经过修订，直到 1910 年才正式成为法律。该法案的立法进程如此缓慢，还因为它也遭到雇主和工人的反对。1901 年，对工会的意见调查显示，许多工会都反对雇主与雇员共同出资的退休金计划，因为这样会导致工会提供的服务失去吸引力，更难收取会费。商会也说它们更支持互助方式而不是强制性的国家计划，但直到 1900 年，只有 10% 的工人有养老保险，显然互助不是很成功。[29] 根据这一新的法律，大约 1 000 万名工人在 65 岁后会收到养老金，一半的资金由雇员和工人对半承担，另一半来自国家。大约 600 万名独立工人和农民有机会自愿上保险。1912 年，开始领养老金的年龄下降到 60 岁。法国经过很长时间才取得这一成果，过程极其拖拉，因为早在 1894 年就有了强制上养老险和疾病险的原则，该原则当年出现在与矿工有关的法律里。

1898 年的一项法律条文规定，不论事故的责任在谁，国家都会为遭遇事故的工人提供大量补偿（在那之前，受害者必须证明是雇主的失职）。1898—1902 年，国家又迅速通过 3 部法律，弥补在实施过程中过度谨慎造成的严重缺陷。政府鼓励但并不强制雇员自己上事故险。保险公司急于从新业务中营利，开始联合一致，以提高保费。因此国家开始提供官方的保险计划（1899 年），但大部分保险计划仍由公司执行。令人失望的是，互助计划并无太大成果。不管怎样，新通过的法律都只适用于使用机器的行业，保护因为机器受伤的工人，而由于工作生病的情况不包括在内。

劳资调解委员会解决雇主和雇员个人之间的纠纷并提供法律裁决。团结主义对社会和平的新期盼，加上卡尔莫矿工罢工事件导致群情激奋，1892 年 12 月 27 日诞生了新法律，设立新的类似劳资调解委员会的机构以解决集体纠纷。但申请仲裁完全是自愿的，基本起不到什么作用。1900 年 11 月，米勒兰提交法案，提议仲裁变成强制性的，但来自雇主和工会的反对导致法案根本没能在国会被讨论。建言机构的出现将雇主和工人联合，1891 年成立了高级劳工委员会，就社会问题为部长建言献策。一开始，成员是由部长提名产生的，但 1899 年后，三分之一的成员由工会选举产生，三分之一由雇主组织选出。委员会尽职尽责，十分重要，对那个时期提出的法律做了很大贡献，几乎取代了国务院在劳工问题上的立法职能。1891 年，商务部下设劳工办公室，负责收集劳动条件的相关信息。刚成立的 10 年间，劳工办公室发行了 50 册数据，但都不怎么真实，因为办公室没有足够多的权力或是人手进行直接调查，必须依赖其他人作为信息来源。按照 1901 年的法令，从理论上说，地方劳工办公室应由雇主和工人组织选举产生，但这意味着大多数法国工人由于没有加入工会而无法投票（不加入工会就无法投票的设计初衷是鼓励工人加入工会）。实际上，在大城市设立的劳工办公室只有 5 个。

有关童工雇佣和童工工作时长的第一部法律在 1841 年通过（比 1833 年英国通过的《工厂法》晚了 8 年），但由于缺乏政府监管和有效监督，法律形同虚设。[30] 1851 年的官方普查显示工厂里近一半的工人是妇女、儿童，直到 1874 年才通过新法律，规定设立 15 名巡查员，并且规定工厂不得雇用 12 岁以下的孩子（如果有政府许可，雇佣年龄可以是 10 岁）。但这部法律执行得并不好，于是在 1881 年和 1885 年，众议院又通过了更多的法案，但被参议院否决。直到 1892 年，团结主义的思潮涌动，其影响越发强大，才有法律规定妇女和 16～18 岁的未成年人一天的工作时长不超过 11 个小时，13～16 岁的孩子每天工作不超过 10 个小时，禁止 13 岁以下的孩子工作，但如果他们有初等教育文凭，12 岁时也可以工作。该部法律还规定一周必须有一个休息日，这样导致大家的法定工作日不一样。该部法律几乎无法落地实施，政府对违法行为睁一只眼、闭一只眼。1900 年的新法律规定所有工厂的妇女、儿童（包括男人）统一一天工作 10 个小时。雇主再一次无视法律，即便被发现了，也不过是交很少的罚金；一些人为了免受检查而解雇了童工。此外，在 1902 年 3 月 28 日通过的法律和 1909 年 4 月 30 日通过的法令中，官方允准了一些例外情况。1900 年法律的意义在于，在某些行业或场合，比如在模范工厂，成年男性的工作时长开始得到限制，那是八小时工作制的开端。但在商店和食品行业工作的人的工作时长仍未受到保护。1905 年，矿工就取得了八小时工作制的胜利，但直到 1919 年，这一胜利才普及全部工作者。

尽管政府承诺要设立最低工资标准，但一直没有结果。1899 年，米勒兰要求国家公共工程支付工人“所在地区的正常工资”，但这一要求并无强制力，许多当地政府（除了几个大的地方政府）都无视他的要求。1892 年，有人提议出台有关货车行业的法令，但未被参议院通过。1895 年通过的工资法保护工人，如果工人欠债，债权人不能拿走超过他们工资的十分之一，但主要从中受益的人是法律官员，他们从为实施法律而建立的复杂系统中抽取高额费用。拿破仑时期有一项法令规定每位工人像犯罪嫌疑人一样，要随身携带休假册，不然就会被判犯流浪罪；不休假时，休假册要放在雇主手中。该法令当初承诺到 1870 年会废除，但直到 1890 年才真正废止，这样工人和雇主终于在法律层面取得了平等地位。这是团结主义者能取得的最大成功了。[31]

如果要完全实现团结主义，就需要对社会关系和国家进行大刀阔斧的改革。一些团结主义者对国家的传统特征有了全新看法。直到 19 世纪末，法国的法学家都只是对法律、法条进行评论，描述司法系统是如何工作的，而不去解释、质疑其合理性。对法律的膜拜如对宗教一样虔诚，法学家将自己视为“维护宗教的牧师”。1886 年韵文体《民法典》的出版就很好地体现了这一点：这本书已成为经典。法国政治活动家西哀士曾说：“公共机构的终结是个人自由。”世纪之交顶尖的法学教授埃斯曼也在自己关于公共法的著作中表示赞同。19 世纪末出现了新派法学家，以莱昂·狄骥为首，他们重新考虑国家权力的来源、国家权力的运用目的等问题。他们认为国家的目的是维护个人自由，因为普选权让政府的权力来自人民，于是这批法学家得出的结论是：除了行政错误，政府不会犯错。但狄骥对此并不认同，他指出，这意味着法国大革命前的旧政权实际上依旧存在，只是穿了新衣。他认为政府和国家也应和个人一样受到正义、法律的约束，并不能免责。公务员是在提供公共服务，而不是在行使国家主权，“行使主权的理论已经没有效力”；权力的正当使用才能赋予权力合法性。政府更多是要承担责任，而不是享受权利；政府并非如自己所称是国家的象征；如果政府未能履行责任，个人有权起诉政府。国务院在某种程度上接受了这一点，允许个人起诉官员的管理失当。这样就产生了一种新的法学体系。但是法庭不能强迫公务人员行动，只能对他们发布禁令或警告。因此政府的肆意妄为并未得到真正遏制。[32] 团结主义并未发挥应有的作用，并未带来本应出现的剧变。和社会立法的缺失相比，这一点才是 19 世纪 90 年代最大的败笔。

尽管争论激烈，但稳定还是主旋律，了解瓦尔德克 - 卢梭的职业生涯就能明白这一点。他曾两次出山：先后担任内政部部长和法国总理。他的职业生涯值得研究，因为他几次尝试改革，这些尝试令人印象深刻，但都未能成功。人们从中可以看到有些改革是纸上谈兵，看上去很有魄力，但没什么实际效用，也更能明白政客自身的局限性和所处环境的限制。

瓦尔德克－卢梭的父亲是一名收入平平的律师（收入一般也就五六千法郎，最多的时候是12 000法郎）。他的家境确实一般，他没继承什么遗产，从小就学会省吃俭用；父亲年纪大时，还要负责赡养父亲。但瓦尔德克－卢梭晚年时成了法国最成功的律师之一，1885—1888年积累了13.6万法郎。他42岁结婚，娶的是比他富有的同事的遗孀，他们生活铺张，住在大房子里，家中装饰的尽是令人赞叹的艺术品。[33]他有一艘游艇，总和富人为伴。他自豪地说，自己的朋友都是“大工业家”。他靠德雷福斯出口公司站稳脚跟，是该公司的法律顾问，他职业生涯的大部分时间都由这家公司付他律师费。他的专长是商业案件，这类案件通常都牵涉巨额费用。他对富人的敬仰与日俱增，批评1848年发起革命的人被对穷人的同情冲昏了头脑。他曾问自己为什么不被穷人的悲苦打动——他似乎从来都不怎么可怜穷人。

和甘必大的许多追随者一样，瓦尔德克－卢梭也学业不顺：他未能一次性取得律师资格证，放弃了博士文凭，22岁就对生活苦大仇深，这种不满伴随他的一生。他用冷酷、内敛掩盖自己的胆小、失意，人们将他比作一条鱼。成功不过是将他的无礼变为高傲。他从没有过追随者。最好的朋友是他养的动物——狗、猫、鸟。学生时代，他和同龄人格格不入；他住在巴黎右岸。律师时代，他在一个谁也不认识的镇上起家，拒绝社交，每天独自坐在同一家咖啡馆里，有别人在时，他异常沉默。他很少受所处时代的思潮影响，几乎对实证主义一无所知；很少阅读；鄙视政客、理论家、思想家。他进入政坛不过是为了实现抱负，从没想过将其当成正式职业。失望加剧了他的敌意，还燃起他对议会和议员的恨意，他称他们为“矮人”“弱虫”。青少年时期，他积极参加天主教活动，狂热拥护教皇的世俗权力，甚至还加入了圣文森特德保罗协会。1868年，他失去信仰，不是受到科学的影响，而是出于对自己浪费了青春的嫌恶，也可能与父亲的不和、分离有关。他从未想过用科学替代宗教。他也不像其他共和党人那样对教育十分热忱，从不拉拢学校的选民。他在南特的一所宗教学校受教育，对那里的老师没什么不满，他认为学校教会他天主教并不一定是好战的。他对甘必大的反教会运动漠不关心，也对他的爱国主义热情不感兴趣——他厌恶爱国主义诗人戴鲁莱德的民族主义。假期时，瓦尔德克 - 卢梭游遍整个欧洲，但主要是去海滩和博物馆。在英国海边待了一个月就足以让他对英国整个国家下定论：他认为英国充斥着虚伪的人。他似乎对国际时事知之甚少，也不怎么感兴趣。他的一只眼几乎是瞎的。他的主要爱好是画画。所有运动，像是打猎、划艇、体操、拳击，甚至是激烈运动都很吸引他。他顺从地接受这样的观点：生活必然是枯燥的，幸福是无法获得的。“既然我们应当感到无聊，那我们就感到无聊吧。”[34] 之所以需要研究瓦尔德克 - 卢梭，是因为他与人们一般印象中乐观的共和主义激进分子的形象不同，它是理想化的神话，现实中并不存在。

但正是这样一个人被甘必大选用，做他社会问题的专家顾问。瓦尔德克 - 卢梭对社会问题的看法十分模糊，他的主要兴趣一直在于改革地方行政，他认为地方行政对共和国的发展至关重要：律师们对此深有同感（甚至更为支持共和主义的人在被法官判刑或是罚款后也有同样感受）。他制订的社会计划旨在建立社会和平。他认为工业化让资本家发展过度，让他们成为危险的优势群体，工人们不会一直忍受，因此必须让社会更加平等，这需要通过联合个人实现：他们联合之后，可以更加平等地面对雇主。瓦尔德克 - 卢梭说：“我认为联合是在调控社会力量，让它们之间达成均势。”联合会让受过教育、性格温和的工人感化无知、冲动的同伴，管理这些机构的责任会让他们明白罢工不是解决问题的途径，提高工人的道德素质和物质生活水平会让他们成为捍卫秩序的堡垒。瓦尔德克 - 卢梭还向工人宣传自己的人生原则：他们应该不断进取，省钱、赚钱，过朴素的资本主义生活。他对低阶级的人并无偏见，能真诚地对待他们。他怀有1848年革命时的乌托邦主义博爱情怀，这是从他父亲那儿继承来的。不要忘记，他在成为共和主义者之前一度仰慕天真的浪漫主义者埃米尔·奥利维耶，称他为唯一“科学地”研究政治的政治家。他最喜欢的作家是拉马丁。瓦尔德克－卢梭的理想社会是博爱的，没有基督教社会的家长制和等级。他于1882年在议会提出的法案包括团结主义者将要采用的许多政策，如养老金、劳工、劳资调解委员会、互助组织。1884年的工会法律与他有关，但不是他一个人的贡献，他只是在最后阶段助了一臂之力。他想用更宽泛的概念来理解“联合”，认为工会只是联合的一种形式，不应该受到特殊对待。

这说明他的建议、提案与工人运动严重脱节。社会主义者马隆认为瓦尔德克－卢梭的想法值得钦佩，但那是乌托邦式的，与现实脱节。事实上，瓦尔德克－卢梭只和温和的工人领袖见过面，还主要都是工匠；他似乎不能很好地理解矿工对他的倾诉，不能明白矿业工人联盟不够强大、不够富有，无法对抗资本家的控制。他认为是少数极端分子在误导大多数清醒、正直的工人，这就导致他当上总理后，出台的社会政策对蓬勃发展、组织井然、政治性强的工会充满敌意。他鼓励新形式的工人联盟与工会分庭抗礼。工会反对他有关养老金、强制性仲裁的法条。在社会问题上，他在两种观点间游移不定。一方面，他在人民中间感到不自在，不想任由大众牵着鼻子走，认为虽然大众过于无知，无法理解他的意图，但像他这样的人有责任建立新的正义秩序，帮助打工的人转型为拥有资产的合伙人。另一方面，他认为自己在对抗极端主义和社会主义时代表的是沉默的大多数，“真正的国家，那些辛苦工作的人，由于发言不够多，所以未被充分倾听，只能从私人表达中发现他们的态度”。瓦尔德克－卢梭越来越依赖其他省份对抗巴黎，依赖农民对抗极端城镇。他在1900年的处境和1848年的拿破仑三世很像，他认为积极分子是巨大的威胁。他继续宣扬革命的理想，与工会领导竞争，赢得工人青睐。他任命米勒兰到自己的部门。他将左翼政客看作胸怀大志的人。他对雇主态度坚决，批评他们说其家长制态度会严重阻碍社会和平。在裁决勒克鲁佐的罢工时，他定下一条原则：雇主不能歧视工会成员，也不能反对选举工会代表。[35]

瓦尔德克－卢梭在甘必大时期做内政部部长时就以态度坚定闻名，也确立了极权态度和反议会的态度。他反对中央分权给地方，反对给巴黎更多的自由，也不愿巴黎脱离警察局局长的管控。他批评城市议员不能代表群众呼声，敦促用商人替代职业政客，让经济精英以最为高效的方式开展行政工作。他“出于对议会系统的厌恶”，于1889年退出政坛。之后他重返政坛，成为参议员，但很少参与讨论，即便是身居官位也从不在议会发言。他最有趣的政治实验是19世纪90年代创建新形式的党派。他想“结束职业政客的时代”，认为“纯粹投机的政治已经不再重要，它缺少吸引力”。实际需要应该取代投机。商人、工业家应该成为议员，取代律师、记者和医生。[36]他想将他发现的英国国会的特点引入法国：温和的派别联合起来，成为一个有凝聚力的党派，按事选举，将个人议员的权力限制为问询政府官员。瓦尔德克－卢梭担任内务部部长期间，曾就垃圾桶问题接受问询，他的政府也可能在这个问题上栽了跟头。国家需要长期、有力的政府，他认为政局动荡导致了经济放缓，而他所实行的改革刺激了经济繁荣，这样就不必引入收入税，因为如果重组适当，旧的税收系统会比新系统获得更多收益。他认为收入税会颠覆法国大革命的原则，破坏权利和责任平等；收入税会创造新的特权阶级，将国家分裂为缴税的人和不缴税的人。因此，他的宏大目标是从激进分子中分裂出温和的反社会主义者，并与他们联合，这样就能形成一个大的中间党派。他希望这不只是新联合，当然也不是老套的“权力集中”——这么做是建立在共同理想的基础上，而不是一种妥协。他梦想为500位参选人提供平台。

1897年6月，瓦尔德克－卢梭组建了“大共和圈”，以英国的卡尔顿政治俱乐部和改革社团为原型，有点儿像贵族式赛马俱乐部的对立组织。入会费很高：巴黎人每人交200法郎，外省人每人交100法郎。他派青年到全国遍寻有钱的商人和工业家。他的俱乐部与类似的协会（他也加入了其中的一些）有很大不同。全国共和主义者协会（主席是奥迪弗雷）、甘必大主义协会（主席是卡佐）主要是将共和主义宣传从巴黎带到外省。瓦尔德克－卢梭的新组织希望为国家招募新形式的领导层。但直到1898年3月，他们只说服了1 000人参加。他的俱乐部未能真正发展壮大。职业政客不愿推翻他们管控的体制，也不愿受到瓦尔德克－卢梭的辖制。他只得到了一些摇摆不定的人的支持，如普恩加莱、德沙内尔，但这些人都没有个人拥趸。地方要人都不愿牺牲自身独立。梅利纳的失利对俱乐部造成了沉重打击："德雷福斯事件"导致了最后的解体。瓦尔德克－卢梭接纳社会主义者进入政府，接受激进分子和社会主义者的选票，公开放弃了自己建立俱乐部的初衷，亲手毁了自己的创造。不管怎样，他缺乏煽动民情的魅力，而这一特质是建立受欢迎的党派的必要条件。1894年创刊的《政治评论与议员》更有梅利纳的色彩，是新俱乐部唯一仍保留瓦尔德克－卢梭初始计划的遗风的重要组成，但其风格过于严肃，每月的刊物有240页之多，只能吸引一小拨知识分子。商人拒绝支持议会，但有一些人（包括法国银行的代理总裁）给他个人捐了数目不小的钱。在瓦尔德克－卢梭帮助下建立的商业和工业委员会的主席由珠宝制造商马斯屈罗（Mascuraud）担任，这一委员会更多地在幕后行动，代表雇主的利益，倒卖奖章，暗地里资助职业政客。因此，可以说瓦尔德克－卢梭没能改变现有体制。如果他更灵活、更圆通，不知道会不会更成功些。[37]

瓦尔德克－卢梭不想追求政教分离，他反而想加强政府对教职人员，尤其是宗教团体的控制。1801年的政教协议中并未提及宗教团体，所以在法国，它们仍无一席之地。但渐渐地，这些势力渗透社会，东山再起，比世俗的牧师享有更多的自由，不受国家管控。瓦尔德克－

卢梭想补上这一法律空白，成为“对抗僧侣的波拿巴”，更新政教协议，以便更适应现实情况——他是在共和化（而非废止）教会。1900 年共有 16.2 万名天主教僧侣，比 1789 年增加了 60%，他们似乎是国家中最富有的一群人：据（粗略）估计，在过去的 50 年间，他们的财富翻了一番，此时他们共拥有至少 10 亿法郎的财富。他们公开参与政治，尤其在 1898 年选举时高强度地竞选造势。还有奥古斯丁圣母升天会发展出反共和主义的组织以对抗国家。他们拒缴应缴的高额税款，阻碍教皇鼓励的团结联合。这些年来，共和国成功地让也许算不上听话但至少意在和解的神职人员当上主教。瓦尔德克－卢梭像对待省长一般对待主教，如果他们发表不当的政治言论，他可以写言辞激烈的批评信给他们；要是他们执迷不悟，他们的工资就会被扣发。瓦尔德克－卢梭（过于乐观地）相信，主教和天主教一般神职人员不和，主教会帮助他降服一般神职人员。一般神职人员替代了世俗教会的许多职能：仅在巴黎，一般神职人员就有 511 家私人教堂，而教区教堂只有 76 家；在整个法国，87 家培养教区高阶神职人员的修道院中有 49 家由一般神职人员控制。[38] 瓦尔德克－卢梭的目标不是废止一切教会，而是让教会尽量受世俗宗教秩序的控制，可以说是在进行世俗化。他提出法案，要求所有教会必须经过国务院审核通过，处于世俗主教的管辖范围。当然，光有法令是远远不够的，对于那些不愿妥协的宗教团体——比如奥古斯丁圣母升天会和耶稣会绝不会让步——瓦尔德克－卢梭决定予以清除（他采取的第一个举措就是起诉奥古斯丁圣母升天会为非法宗教团体，法院裁定该会须在 1900 年 1 月解散）。830 个教会中有 215 个不愿申请官方许可，为了逃避法律制裁而自我解散。瓦尔德克－卢梭一如既往坚定不移地发布指示：一般神职人员若不服从主教权威，不受主教管理，世俗化是不会被承认的。

但事情并未如他所想地发展。议员在他的法案中加了一条，未被官方许可的教会成员不能得到教职，这是对天主教学校的攻击，此举导致事情迅速恶化，这些人不可能再向主教妥协。议员们还加了一点，由议会而非国务院给教会成员发放官方许可，这样瓦尔德克-卢梭就不能将自己的想法付诸实施，失去了计划的控制权。

虽然瓦尔德克-卢梭获得了权力，成了捍卫共和主义的政府的领袖，但他未能将共和党人联合起来。共和党领袖拒绝加入政府，就像1881年他们拒绝加入甘必大的大政府。瓦尔德克-卢梭想要成为“真正的”总理，就要防备他的同事权力过大。结果是，他的两位部长［金融部的卡约和公共工程部的博丹（Baudin）］都只是只有一年资历的议员；另一位部长［殖民部的德克雷（Decrais）］之前是省长，做过大使，有奥尔良主义背景，在1897年才被选入议会。瓦尔德克-卢梭的主要参谋是军政部部长德加利费将军（General de Gallifet），后者以镇压巴黎公社而闻名。

所以，瓦尔德克-卢梭没能联合温和派，反而分裂了它。1899年的选举中，反对他的有右派、国家主义者、大部分进步分子、大约30名激进分子，他只得到了61名温和派成员的支持。多亏了173名激进分子和21名社会主义者的选票，他才勉强当选。瓦尔德克-卢梭没什么管理技巧，尽管性格强势，最后还是被左派牵着鼻子走。他不喜欢左派，但不得不依赖它，他没能哄骗左派，却被它愚弄了。1902年，在试图增加多数支持者后，他辞职下台，几乎亲口承认了左派是他下台的原因。他说左派人太多了，因此建议由激进派组成政府。也许他希望这样会使激进派自己让自己名声扫地，他也就能再度上台，成为温和派政府的领袖，那时他就是真正的大权在握了。他建议孔布继任，孔布一上台就破坏了瓦尔德克-卢梭的政治遗产。1904年，瓦尔德克-卢梭去世，临死时对自己的政治生涯感到非常不满，不愿承认结果。[39]

判断“德雷福斯事件”的影响应该考虑到当时的大环境，彼时法国正处于“僵局”之中。人们常说，这件事将法国分裂为两方。无名的犹太裔军官德雷福斯被指控向德国人透露军事秘密，无辜定罪，但由于军队、国家主义者和神职人员的反对，法庭决定未被撤销。主张重审德雷福斯案的德雷福斯派为个人伸张正义，认为无论是国家要人还是军队高层出于什么样的原因阻拦，都应重判德雷福斯无罪。他们似乎继承了 18 世纪个人主义和自由运动的精神。另一方是以秩序、等级、服从为中心的军队，他们有着与共和主义者完全不同的价值观，天主教军官依旧沿袭法国大革命前的传统。这一方还有反犹主义者，他们认为德雷福斯案是犹太人的巨大阴谋，清教徒从中支持——这么想是由于德雷福斯派既包括许多犹太人又有很多新教徒，因而破坏了国家统一。神职人员出于同样的考虑，于是宗教上层克制自己，没有谴责反犹太者。但是实际情况比想象的复杂。案件的真相从未水落石出，几乎每年会出现试图解释这个谜团的新理论。德雷福斯无罪，但不知道谁有罪，帮助定罪的伪证是过于狂热的军官所为，他自杀前没有指出谁是真正的叛国者。说政府、军队出于国家利益的需要阻挠进一步调查并不完全正确——对这件事已经进行过多次调查，也曾重新开庭，问题是真相扑朔迷离，没有明确的行动方针。即便确实存疑，拒绝释放德雷福斯也不能说是反动派的阴谋，因为位高权重者远非团结一心，结果是两股原则不同的力量博弈的产物。

当事实不是完全清楚，每个人不知全貌时，人们很难做出理性判断。维持原判是出于对案件当时的社会环境的把握，人们不可避免地受到了宏观背景的影响。由于证据并不确凿，一旦他们做出判断，就很难更改，情感、偏见总是掺杂其中，因此这一事件更像是人性的弱点和心理的缺陷，而非政治失误。同时，这也反映了法国法律系统的不足：对被告过于不利，德雷福斯作为不称职的证人，不能完全反驳那些间接证据，或多或少都可被视为可能的犯罪者，尤其考虑到当时间谍无处不在的社会现实。

许多知名的知识分子为德雷福斯辩护，他们将这一事件与法国大革命要维护的理想相联系，他们化身为真相的捍卫者，不愿出于利害而妥协。当然，出于他们的坚持和有时勇敢的反抗，一个无辜之人得以释放。但他们那个版本的真相也不完整。不是德雷福斯派的所有人都出于对真相的热忱，有许多人，如布朗热主义者，很高兴能趁这个新机会对抗既存体制。他们所做出的指控和他们的对手一样不切实际，即便他们以“科学”包装自己的说法，也并非基于充足的证据。他们的集体荣誉感很可能比他们攻击的军队还要强。军队人员的社会属性比他们所认为的更多元。专家试图比对不同的笔迹来确定罪犯，科学的局限、分裂暴露无遗。为德雷福斯抗争既是为了个人自由，也是反教会运动的一部分，且后者可能比前者的比重还大。德雷福斯派想迫害天主教教徒，还自称“自由主义的发言人”，真是大言不惭。

让知识分子获得使命感，让他们的重要性得到承认可能是“德雷福斯事件”最重要的意义。19 世纪 90 年代的政治和之前一样，摆脱传统、弥合过去的分裂是主旋律。知识分子坚称，法国大革命无情且不可避免地将法国一分为二是在厘清局势，一方认同大革命的理想，另一方拒不接受。也许有人会说他们这样做让法国倒退了 30 年，拒绝向前发展，无法找到解决当前问题的方法。“德雷福斯事件”让政教问题重新浮出水面，教会再次受到迫害。奇怪的是，社会主义历史学家接受、延续了这一时期的神话倾向。大多数人对“德雷福斯事件”并不感兴趣，[40] 1898 年的选举中，这件事很少被提及，人们关注的重点是面包的价格。由于收成不好，尽管“梅利纳的昂贵面包”政策暂时取消了小麦的进口税，面包价格仍在飞涨。这一事件的确起到让社会主义者不再反犹的作用——反犹成了右翼的独特现象——但它大大加剧了反犹主义和大国沙文主义。“德雷福斯事件”是共和国的一大败笔，它绝不只是 19 世纪的争议，还成了进步的阻碍。[41]

第9章 激进主义

激进主义是第三共和国的一大思想支柱，它矛盾、多面，十分复杂。其拥趸并未落实他们所宣扬的那些主张，他们自称注重理性、逻辑和原则，将国民分为支持进步和反对进步的两拨人，但又总和理应是敌人的人结盟。他们迎合潮流、妥协让步、蒙混应付。激进主义者反映了法国社会中的许多矛盾，很难精准地概括该主义的特点。因此，要想了解它，最好的方法不是看激进主义者提出的模糊的政治路线，而是研究激进主义的两位领导人——孔布和克里孟梭，从具体之处着眼，审视他们在两个重要方面的作为，即政教分离和社会问题。

埃米尔·孔布，1902—1905年任总理，自我描述为“身材短小，相貌平平。我看起来极为普通，我确实就是普通大众的一分子”。他的父亲是农民，也是裁缝，还有一家酒水商店。在一位基督教会亲戚的资助下，孔布进入当地教会的神学院，他的宗教导师认为他没有神职人员的使命感，于是他被派到教会中学当老师。后来天主教教徒将他视为头号敌人，还有人谴责他背叛师长，他对此的回应是，他是穷人家的孩子，在哪儿接受教育别无选择，只能抓住给他的任何机会。他做老师的第一年没要工资，所以他说自己报了教会的栽培之恩。当时这种做法并不少见，大部分教会学生都没有担任圣职。孔布反思早期的宗教经历，觉得他这个阶层的人进入教会就是一种讽刺。他认为，大多数从事宗教职业的人都有非常实际的人生观：年轻的农民觉得教会的工作比在他那个世界所能找到的任何工作都轻松、愉快。他不认为攻击宗教人士的特权是对神明不敬。虽然他脱离了宗教组织，但早期生活还是对他的政治生涯有着不可磨灭的影响。孔布的博士论文批判了托马斯·阿奎纳①的自由主义，他在有关圣伯纳德②和彼得·阿伯拉③的拉丁论文中严厉批评了现代主义思想。这两篇论文反映了孔布坚定拥护教皇权威，是激进分子，甚至可以这么说，如果可能，他会毫不犹豫地重建宗教审判所。即便他改换阵营，他依旧会走极端路线，毫不包容，总是黑白分明地看待事情。他在进入政坛时带着一种狂热，这种热情最初是由他老家塔恩湖地区的异教徒阿尔比派点燃的。

在个人生活方面，孔布决心过上好日子。他在夏朗德省庞斯市做教师时，年薪为3 000法郎；他在婚姻上做了明智的选择，娶了当地卖新奇商品的商人的女儿，其嫁妆高达7万法郎。但女方的母亲觉得孔布不过是个教师，配不上自己的女儿，为此他远走巴黎，在学医的同时做家教补贴家用。6年后，孔布获得了行医资格，回到庞斯。之后的第一个10年，他赚的钱和当教师时差不多，但随着竞争对手相继去世，他在行医方面渐渐积攒人气，年薪也涨到10 000～12 000法郎。

很快，孔布开始参与庞斯市的共和政治。1869年，他成为本地议员，1874年成为市长，直到去世（除了1876年被保守党政府短暂免职）。他为镇上做了不少好事，赢得了不少民心，他的竞选技巧越发老道，可与夏朗德省的大选举家、波拿巴党人若利布瓦媲美。孔布认识

---

① 托马斯·阿奎纳（Thomas Aquinas，约1225—1274），中世纪经院哲学的哲学家、神学家。——译者注

② 圣伯纳德（St. Bernard，1090—1153），法国教士、罗马教皇顾问。——译者注

③ 彼得·阿伯拉（Pierre Abélard，1079—1142），法国神学家、哲学家。——译者注

庞斯的每位选民，还背下了选区居民大量的个人信息。20年后，他还能精确地背出那个地区每次地方选举的得票结果。1885年，孔布被选为参议员。他成立了一个组织，叫作“左翼民主”。由于大家认可他敏锐的政治头脑和对激进事业的热忱，他当选了参议院副议长；1895年，他短暂地当过布尔热瓦政府的教育部部长。他在参议院负责起草瓦尔德克－卢梭政府的协会法律，这让他成为瓦尔德克－卢梭未竟事业合适的接班人。别人以为他是顺从的工具，实际是有人躲在幕后提出想法，他去执行，其执行力度之强让他成为反教会运动的标志性人物，极受欢迎，却又遭人怨恨。

孔布并非表面看上去的那样，他是唯心主义者，相信不灭论，但远比同是唯心主义者的费里传统。孔布不相信实证主义，而费里想用实证主义取代基督教信仰。孔布认为国立小学教授的内容粗浅、狭隘，坚持认为有必要继续将教会的道德观纳入教学。他尽管反对天主教的等级制度和许多教条，但仍然觉得天主教具有抚慰人心的作用。实证主义的抽象原理和结论的不确定性不能让他满意，但他不能没有信仰。同时，在混沌的神秘信仰中，他发现了“进步”这一概念，认为进步是根据既定法则主宰世界的伟大力量，与伏尔泰的钟表匠－造物主的观点（任何事物都是有创造者的）没太大区别。他早期经历的影响反映在他引用法国主教、神学家波舒哀的观点上，即万事万物的出现都不是偶然。孔布出身卑微，却最终出人头地，这是“进步”的帮助。他注定要瓦解教会的威胁。他并不引领新势力或新想法，他的重要观点都来自米什莱。孔布崇拜米什莱，把他看作先知，认为是他揭开了掩盖着“巨大秘密”的面纱的一角。孔布隐约希望科学会最终完成揭秘的任务。他的政治偶像是拉马丁，他多次慷慨激昂地引用拉马丁于1848年2月24日发布的就职演讲，来启迪自己的朋友。[1]

孔布完美体现了资本主义的家庭美德。他热爱家庭，会写诗庆祝结婚纪念日。他把所有收入都交给妻子，妻子负责家庭财政，每月给他35法郎作为零花钱，他会花一部分钱在码头的书摊买书。每次出门前，他会带一把硬币，这样给小费时就用不到大额的钱，以免多付。他还在用纸上省钱：写字小，一页能写3 600个字。他很少有休闲娱乐活动，从不去戏院或是咖啡馆，他说年轻的时候就没钱去这些地方，老了也不习惯去。他滴酒不沾，但在公共宴会上，为了不冒犯别人，他会喝染红了的水。晚上，他会学习语言。学会西班牙语、意大利语、英语和德语四种语言后，他在当总理时又开始学习俄语。60岁时，他学会了骑自行车，后悔自己没能早点儿学会，这样就能省去坐马车的费用。但他的儿子没有继承他的这些特点：他娶了美国的卡特勒小姐，她继承了大笔遗产，他们过着奢靡的生活。[2]

孔布开始是个傀儡总理。1902年，“左派代表党”实际上获得了权力，他的名字不过用来描述这一新局面。“孔布主义”指的是存在极端的党派分歧，而这正是新组织的出现导致的。1901年，“共和党改革行动委员会”成立，准备为即将到来的选举而战。共和党人、激进分子和激进-社会主义者同意在保留各自名号的前提下，在选举中合作，这样就能多赢得35个席位。瓦尔德克-卢梭不能保证赢得多数选票，而1902年后，在幕后选举经理的运作下，孔布能保证夺得多数票。“左派代表党”的历史可追溯到1893年，当时它刚刚成立，多个团体松散地组织在一起，但现在这个党赢得了议会的领导权，帮助孔布获得了多数票，这样孔布无须再为获得选票而发愁，可以一心实施议会通过的立法项目。“左派代表党”中有7位成员是温和派、8位是激进分子、6位是激进-社会主义者，还有5位社会主义者，每位成员代表的大概相当于10名议员。精明而有些浮夸的激进党人萨里恩（Sarrien）是该党主席，但真正把握大方向的是和解大师、社会党领袖饶勒斯，他一次次地团结起要分崩离析的多数党，避免政府倒台。“左派代表党”的任务是找到4个党派都能接受的方案——这可不是容易事，温和派和社会主义者有着水火不容的对立观点。反教会是大家唯一能达成共识的话题。社会主义者意识到要想进行他们希望的改革，首先要解决教会问题。正如瓦尔德克-卢梭虽是温和派却实行着激进派的政策，孔布是激进派却受到社会主义者的影响。饶勒斯以大幅优势成为副议长之一，成为事实上的议会秘密领袖。他为团结各方经常起草议案，再让别人抄写下来，唯恐别人认出自己的笔迹，会怨恨自己总是指手画脚。但孔布大大方方地接受了“左派代表党”的领导，他甚至希望该党的影响能辐射到参议院，但倾向威权统治的瓦尔德克－卢梭打败了他。瓦尔德克－卢梭认为，如果各部部长无法控制政府，政府由政治团体控制，那将是很危险的。[3]

孔布的目标是“共和化”政府、军队和教会，他发布公告，敦促省长将“共和国的好处”留给议会多数派的朋友。他委派“代表”到各省监督好处的分配情况。公共服务的党派性加强了。孔布的儿子埃德加是内务部的总干事，他宣称决意清除所有保守反动的省长，保留政治工作奖章。孔布政府的政治团队是有史以来人数最多的：15名办公室主任，18名随员。[4]共济会为军政部提供军官的政治观点和有关宗教信仰的私人信息，以便保证提拔的人都拥护共和。

孔布主义也被称作“无荣耀的波拿巴主义”，但这种极端化的观点是没有基础的。孔布主义建立在各种妥协之上，而这些妥协是经不起重压的。孔布在反教会人士中越来越受欢迎，他的使命感不切实际、脱离现实，他也越来越缺乏机智和谋划，这一切都让政治领袖彼此越来越疏远。温和派担心社会主义者对政策制定的影响过大，于是借“档案丑闻”（军队利用共济会提供的军官的政治、宗教观点提拔人才一事遭到曝光）退出“左派代表党”。1905年，在阿姆斯特丹举行的社会主义国际大会决定社会主义者不得进入资本主义政府，饶勒斯不得不退出“左派代表党”，中间派和左派的短暂联合宣告结束。但联合并非昙花一现、毫无结果，它促进了政教分离的实现。

政教分离之所以值得关注，是由于理想与现实的差距过大。大多数共和党人——从甘必大的“美丽城计划”开始——要求政教分离，但掌权后发现不便推行政教分离，因为他们觉察到政教协定可以对教会施加更大的影响。在他们看来，“德雷福斯事件”之后实施政教分离仿佛是冲动之举，是对天主教的暴力进行打击报复。[5]

瓦尔德克－卢梭计划由国家控制教会，而孔布于1901年颁布的协会法律实际上瓦解了教会。他只赦免了5个教派，它们不是在殖民地传教、有政治用途，就是像特拉普派这样安静不惹事的无害教派。其他教派都被认定是非法的，被没收约10.71亿法郎的总资产，用来资助工人的养老金计划。为数众多的私人教堂也被责令关闭，理由是全国3.8万座世俗教堂足够满足人民的需求。更重要的是，孔布还关闭了所有教会学校，禁止神职人员在其他学校执教，此举使他们不再破坏全国统一的价值观。1879年未被通过的“费里计划”第七条，在孔布时期最终获得通过。

实际上的教会解体远比预想的力度小。很多职业神职人员都逃到了国外，主要是比利时，但大多数人成了世俗牧师，穿着新衣做着旧工作。关闭教会中学没遇到什么困难，但由于许多村子里只有教会小学，故很多小学难以关闭。关闭教会学校需要大量资金和国家教师填补空缺，因此国家决定在10年内循序渐进地关闭这些学校，这样，大多数学校得以保留。此外，教会的“十亿”资产也蒸发不见了，这一数额很可能被高估了，因为债务和贷款没有被计算在内：教会没有人们以为的那么有钱，故政府也没怎么捞到教会的财富。为了让清算看起来公正，由法庭而非政府负责这项工作，因此很多钱都被用来支付律师的费用、花销。据说，米勒兰作为许多教会的法律代表，赚了不少钱。教会资产售卖的效率不高，还经常出现腐败情况。查特修道院所酿的查特酒，后成为名满天下的利口酒。当时，查特酒的含税估价是1 000万法郎，它每年贡献税费27万法郎，但最后仅以62.91万法郎的低价卖给竞争对手库舍涅桔酒厂，据说后者贿赂了负责清算资产的人。迪埃是清算人之一，后遭到逮捕并被判刑，他供认自己从教会索取了至少600万法郎。法国大革命期间，教会的资产都是人民拿钱买的，1902—1905年的教会解体却让巴结对了的人获得了好处。整个过程都不公开、不透明。有许多书论及了这次教会解体，但都是从政治或法律的角度讨论的，其经济意义和实际影响还未得到充分研究。[6]

政教分离也没有达到理想状态，但还是比教会解体做得好。孔布预想的计划并没有完全实现。他和教皇反目，断绝外交关系，想用立法终止政教协议，但是还没等实现，他就已经失权，最终的分离并不彻底，没有达到他预想的水平。孔布的法令最终未获通过，如果法令通过了，政教也不可能真正实现“一刀两断”。如果法令通过，罗马教廷会失去特权，但国家仍可保留干涉教廷事务的权利——国家会以十年为期将教堂租给教区，“根据国家需要”，可以续期。如果法令通过，孔布也可借着分离破坏教廷的团结，因为他可以禁止教会进行跨省联合。有一些支持孔布的人有清教背景，他们从政教分离中看到再次进行宗教改革的机会，于是鼓励教派分裂，建立新教派，以分散主教和教皇的权力。梅让担任宗教事务部的终身领导人，他的父亲和兄弟都是清教牧师，他希望政教分离可以激发宗教内部的复兴，或是促进教会改革。他想要建立自由主义的法律，允许信仰自由，因为他相信法国人和他一样都是有信仰的。[7]想要摧毁宗教的激进派人数并不多。激进派分子阿拉尔说：“我们与一切宗教、宗教情感、宗教思想势不两立……宗教是人性的浩劫，只有酗酒的危害可以与之相提并论。”但持这样观点的人从未掌权。政教分离议会委员会主席、激进派领袖之一布韦松很明确地表示他支持罗马教廷的自由。[8]

广为接受的解决方法是由初入议会的年轻社会主义者白里安提出的。他支持过革命和大罢工运动，现在突然崭露头角，主张与教廷和解。不断变化的局势需要局外人把握。大多数激进分子不久前还赞赏孔布的决断，现在却又赞同了白里安的温和。激进主义的一大特点就是很少将思想主张变成现实，总是言大于行。早在支持教会解体时，克里孟梭就打了先锋，但他反对迫害教职人员，反对他们在学校继续教课的禁令。各方激烈的争辩引起了社会反响。1901 年 6 月，有人做了一项有关法国年轻人的社会、政治和宗教倾向的有趣调查，结果显示法国社会变得更加宽容。部分源于对宗教漠不关心，部分是对法国长期存在的斗争、对立感到心力交瘁。反教会人士营造的敌对氛围无法再在年轻人中激发热情，年轻人需要为自己的精力找到更丰富的情感出口。过时的争斗让他们觉得是个累赘，这些吵斗都是陈年宿怨，他们提不起兴趣，也找不到解决方法，争辩吵斗不过是野心勃勃的政治家煽动情绪的手段，而他们又对这些政客毫无敬意。处理国家的分裂需要更有建设性的方法，费里曾经寻求的法国道德统一的努力显然已经失败。[9]

因此孔布无法代表1905年的法国（甚至无法代表他所在政党的宗教倾向，因为他身上还具有1848年的神灵主义）。“德雷福斯事件”过去整整10年后，人们与教廷的对立达到高潮。本来这股情绪已有衰落态势，但没有完全消失，仍无法推进与教廷的友好谈判，消除对教皇的敌意更是不可能。这就导致了白里安法案的一大缺陷：法令是单方面的，教皇拒绝接受，且无法如计划实行。政教分离的关注点有两个：一是看白里安修改政教分离的思路；二是鉴于教廷拒绝接受该法案，看白里安法案在执行过程中如何被外界力量改变。[10]

政教分离法终结了国家对教廷的支持——每年不再给教廷4 000万法郎。教堂仍对信众开放，但前提是每个教区必须成立一个宗教协会，宗教协会至少包括7名成年居民，负责教堂的维护。这是很重要的法条之一。由于许多小社区只有一位牧师，这使得普通教徒在本地教堂管理中占了多数，这给天主教的等级制度以致命一击。白里安公开表示，天主教教徒不受国家控制，但并不意味着“他们要受罗马束缚”。他的终极目标是将教会民主化。禁止新型教会形式——宗教协会——接受遗赠，理由是“宗教不应由死者的遗产维持，而应依仗生者的自愿捐献”。禁止教会囤积永久产权的土地，每个教区教会都只允许拥有其年度预算5倍的资金。要求教廷将非严格宗教用途的不动产，尤其是有慈善用途的不动产上缴地区，用于国家机构的扶贫工作。禁止牧师攻击政府或公共服务，违者则遭受罚款、监禁。因此在政治上，教会被解除了武装，而在其他方面，每个举措都在切实助推宗教崇拜，都在保障圣事的顺利进行。牧师会拿到4年的津贴——开始是全额工资，逐渐减到一半，这样做是为了会众的宗教活动在过渡阶段还能正常进行，最后牧师会完全依赖会众的捐助过活。小型农村社区很难得到捐助，于是过渡期延长至8年。教堂虽然是国家资产，但如果地方议会不反对，教会只需象征性地交点儿租金即可。开始的10年里，教会交的租金一直很少，目的是避免在一些对天主教充满敌意的村子，天主教会过快地消失。[11]

白里安的法律走的是自由主义路线，但宗教人士还是要付出相应的代价。大多数法国主教（以及许多在俗教徒的领袖）一直以来都在向国家妥协，他们也愿意继续付出代价。他们认为，德国的天主教教徒最终将更为严苛的宗教协会体系化为己用。他们仿照德国天主教教徒，也设计出一种宗教协会，这种形式不会破坏天主教的等级制度，同时也被国家允许，还能得益于政教分离法。该协会只负责资产管理，并不插手世俗力量对教会的组织管理。但政府单方面的动作还是惹恼了教皇庇护十世，他想要终结法国天主教妥协的传统，终结它的独立状态。他认为如果强力抵抗，法律就无法推行，出现类似1793年的迫害后，最终就会出现1815年王政复辟的反弹。在两次通谕中，他既谴责了法国政府建立的宗教协会，也谴责了法国主教设计的宗教协会。虽然有很多教徒很不情愿，但他们都接受了他的呼吁，这导致政教分离法实施之初就受到了强力遏制。

1906—1910年，白里安担任宗教部部长，他努力保全教会，也因此保留了其大部分的政策。他宣布："如果宗教人士或是世俗信仰者不组织新型教会——宗教协会，他不会因此失去进行宗教活动的权利。"他通过了一项法律（1907年1月2日），允许天主教牧师使用教堂，还发布了一项通告（1906年12月1日），称宗教活动应该符合1881年的法律要求，任何形式的聚会只要提前告知警察都可举行。白里安尤其废止了晚上11点后不能举办活动的规定（这样午夜弥撒就能举行），还废止了“聚会”开始时，必须选举主席和秘书的要求。由于天主教教徒拒绝将宗教活动的安排提前告知警察，白里安又通过了一项法律（1907年3月28日）废除了“需提前告知警察”的规定。他这样做是在极力避免迫害天主教教徒，不想对他们施压，也保证了政教分离的相对成功。

但白里安法案的复杂性是深层的，天主教教徒需要耐下心来，静观变化，他们无法预测事情会如何发展。该法付诸实施之时，法庭需要对它进行诠释，经过反复考量，法庭的判决大多对教会有利。比如“宗教场所”这一概念的范畴被大大拓宽了，甚至教会赞助的体操协会的建筑都被判为宗教场所。除了自己的圣坛，牧师还可拥有与宗教生活有关的全部建筑的所有权，而且他们的所得很快就远远超出这些。白里安宣布过牧师有权占用教堂，但没有“合法所有权”（只有宗教协会有所有权）；而法庭在裁决时认定牧师使用教堂是合法权利，因为使用教堂牵涉法律责任。最初，天主教教徒去教堂的权利似乎和去市场采购的权利范围差不多，但现在他们有权起诉扰乱他们使用教堂的人。法庭甚至强迫不配合的市长去协助教堂工作。1905年的法律规定由宗教协会负责对教堂建筑的维护，但既然宗教协会没能成立，1908年的法律就允许国家、省、市镇（这些建筑由它们合法拥有）修缮教堂，但不强迫它们这么做。最高法院还在一系列判决中扩大了这项法律的范围，允许教堂部分重建。1914年，最高法院甚至强迫一个教堂被烧毁的社区动用保险金重建教堂。法庭支持那些暗暗资助教堂、为牧师提供兼职和廉价住宿的社区，将那些干涉宗教活动，以及控制教堂开放、关闭时间的社区的政令撤销。牧师成为所在教堂的主人，可以自由组织宗教活动，限制参加活动的人员。分离教会的想法被抛在脑后，法庭只支持主教认可的牧师。法庭的这种态度部分地体现了1905年和1907年的政教分离法之间的区别。孔布政府时期的最高法院对待教会的方式曾经非常激进，与后来的态度十分不同。为什么司法系统的态度出现变化，需要进一步研究。但这种温和的转向并不是人人都有的，像杜梅格、维维亚尼这样的人就抗拒这种转向，反教会主义并未偃旗息鼓。1912年，教育部部长肖米耶（Chaumié）发布政令，不允许牧师参加教师资格考试。直到1939年，最高法院才正式规定，女性不能因为在宗教学校受过教育就被禁止在小学执教。[12]

为了解决争端而进行的一系列法律裁决表明妥协精神占了上风，但也反映了市长和牧师之间的历史积怨。在许多村子，不断出现打压、挑衅宗教人士的行为。当宗教人士向信众索取捐赠时，足智多谋的市长就以习惯性乞讨起诉他们；他们列队在街上走，就会被告阻碍道路畅通；教堂打钟，就会被告扰乱公共宁静。市长还在教堂钥匙上耍花招。尽管积怨很深，法庭还是多次做出保护宗教人士而非市长的判决，这反映了政教分离的矛盾。真正威胁天主教的法律是如果教堂无人使用超过6个月，村子就可以决定将其用于他途。虽然天主教教徒可以继续进行宗教活动，但他们由于拒绝建立宗教协会，就不能以合法途径继承政教协定时期教会的资产。这些资产“收归”国家所有，其间大约涉及3 000万～3 500万法郎——又是不明不白地让一小拨懂得钻营的人获了暴利。国家一得到这些资产就开始出售，但很少以正常价格售出，最终只卖了1 000万法郎。有意思的是，19个省份没有任何资产可售，另有20个省份资产很少。[13]

1905年后，信徒地域分布不均的特点开始显现，牧师失去统一工资后，不平等加剧了。政教分离后，大城镇的牧师通常生活得更好。捐赠者给了副主教德拉迈尔（Delamaire）两座豪华住宅，一座在康布雷，另一座在里尔。图卢兹的大主教给自己建了一座特别奢华的住宅，塔朗泰斯的主教则搬进一座特别寒酸的木屋。有钱的越发有钱，穷的更穷。巴黎、里昂、里尔教区能从信众那儿得到足够的捐赠。1906—1914年，巴黎新建了24座教堂。勒庞教区只能收到相当于支出三分之一的捐赠。这样的教区在很大程度上依赖主教的金融头脑，需要自给自足、自力更生。很多人买俄国债券，害怕如果国家再收缴财产，法国债券就会不安全。理查德主教希望人们不要大办婚礼、葬礼，鼓励他们把这些花销直接捐给教会。事实证明他误判了人性，很快，教堂就撤销了这一指令，鼓励人们举办繁复的仪式，这样教堂才能从人们的高消费中分得一杯羹。国家给宗教人士的工资由“宗教费”取代。这是一种宗教税，它依据的是一系列的宗教许可，这些宗教许可还鼓励家长将孩子送到教会学校。有关新教会的财政情况，人们知之甚少。[14]

政教分离的又一大影响是，教皇权力增加，法国式教会的独立性遭到破坏。教皇可以自由选择主教，而且他们借鉴法国政府一直以来的传统，选择未来会听话的人做主教。教皇效仿拿破仑，禁止主教间见面，在增强对主教的控制的同时，削减他们对手底下的牧师的权力：1910年后，主教不能再随意解雇普通牧师。底层牧师的确需要提高地位，政教分离导致雇佣水平明显下降。教会不能再保障工资、养老金稳定。同时，宗教人士不再是国家的一部分，不再受自大自满的官僚主义影响，活力大大增强。天主教绝对没有销声匿迹。

1921年，法国和罗马教廷的外交关系出于政治便利重新建立，这标志着政教分离最终完成。罗马接受新形式的宗教协会，以教区为单位，由主教控制，有权力和合法权利拥有资产，得到会费和捐赠（但遗赠仍被禁止，直到1940年才解禁），这样就不用再借私人公司的名头盖新教堂。宗教人士可以建立基督教工会，管理宗教事务以及牧师的教育和养老金。虽然政教妥协遭到平民、激进分子和牧师等群体的激烈反对，但教皇和政府还是达成一致，教会在社会中有了新地位。然而，反教会战争没有因此终结，仍存在诸多问题，尤其是教会要求国家对宗教学校给予资助，痛恨国家对资产的限制，后悔在1905年时任由国家没收财产。因此，尽管许多事情已经尘埃落定，过去的战争仍在继续，形成的习惯难以在短时间内改变。教皇需要花费数年更新主教队伍，新一代的激进分子也需要更长的时间才会出现。[15]

政教分离通常被视作反教会力量的胜利、世俗共和国的胜利，但通过分析分离的过程和分离的结果，我们就会发现这种观点过于简单。从表面上看，激进派对抗宗教人士是主旋律，对抗的表现是不同党派提出不同方案。在深层，其实是妥协、和解最终胜出。理解这表里两层的关系，是理解那些显而易见的矛盾的关键。如果不只关注党派提出的要求，还着眼于提出要求后发生的那些不合逻辑、乏味无趣、令人难堪的事件，就会更容易理解法国政治。虽然各方嘴上都对所发生的一切批评不断，但其实大家还是认可了已存事实。从许多角度看，政治是对现实生活的各种抗议。历史学家不能只研究这些抗议，也要关注人们如何接受它们，关注人们如何一边抗议一边生活。

克里孟梭

在 1906 年的选举中，激进派获得了 247 个席位，占总数的 42%，轻而易举成为多数党。激进派提出了许多社会立法项目，承诺带领法国进入新时代。但之后的几年证明他们并无实施这些想法的意愿。他们宣称对进步充满信心，但并不代表进步力量。他们似乎越来越将改革看作让步，而非前进的方向。他们的兴趣点越来越向权力而非正义倾斜。对外政策——为 1870 年报仇——越来越成为关注焦点。其实早在 1914 年，激进主义者就有了过度关心自己存亡的倾向，就像年老体衰之人懂得如何照顾自己。有趣的是，激进主义还能存活到 1940 年。

克里孟梭的政府（1906—1909）算是一段转折期。他带着至少 17 个改革计划上台，这预示着君主制和教会这两大障碍消失，甘必大于 1869 年在美丽城宣布的激进行政和社会改革终将实现。克里孟梭政府存在了两年零九个月，但几乎没有实现任何目标，反而以激烈镇压反对的声音而著称。克里孟梭一直以来都倡导激进改革，反对机会主义，是什么导致了他的转向值得探究。他努力隐瞒，不让后人知道内幕。退休后，他系统地销毁了文件，没有完整的传记传世，之后也不可能出现。但我们从已知信息足以猜出为什么他在1906年无法做出真正的改变：他的内阁揭秘说，激进派正如他本人一样，都潜藏着一种无所作为的暮气，体现了他和他的党派都有的矛盾。

乔治·克里孟梭一直以来以捍卫人民正义的党人自居，他出身高贵。父亲是克莱门谢尔市的克里孟梭骑士，他们住在旺代省一座护城河环绕的中世纪城堡中。但他的家族反叛了所在阶级。西部有一部分人以反对保王党著称，他们家就是这些人的领袖。家族曾有一人在大会上赞同处死路易十六。家族里至少有三代人是医生，又是乡绅：这标志着他们与资产阶级、人民都有着紧密的联系，但他们始终与自己的阶层为敌。家族中似乎流淌着某种深深的仇恨，这或许能说明克里孟梭对世界的敌意部分来自遗传。他的父亲在别人眼中是冷酷的反人类者，一副苦大仇深的样子，爱嘲笑、讥讽、报复别人，在旺代森林过完孤独、阴郁的一生。[16] 克里孟梭骑士也是共和主义者（是米什莱和布朗基的朋友），因此被拿破仑三世逮捕。父亲深深的恨意和布朗基浪漫的破坏性深深影响了年轻的克里孟梭，而且克里孟梭很崇拜布朗基。[17] 克里孟梭接受过医学训练——虽然没做医生，但这使他对科学产生了兴趣，尤其是进化论对他形成愤愤不平的人生观起到了根本性作用。生存竞争、屠杀、暴力是自然的法则，适用于有生命的个体，也适用于人类。他认为接受这一点并意识到和平是不可能的就是智慧的体现。莱昂·布尔热瓦和团结主义者从科学发现中得出乐观的结论，克里孟梭却说，作为悲观主义者，他从自然中看到的是冲突而非合作。[18] 但他没有因此拒绝团结主义。他认为人们身上的自私"产生了被需要的需要，产生了自我感觉良好、慷慨、有用的需要"。利他主义就是这么来的，但利他主义始终和自我主义处于对立状态。任何进步正是从对立中生发的。政客的职责就是激发人们的利他主义，从而获得正义，但政治实质上是与自然之律的对抗，是在一种"由自然铁律支配的阴暗宇宙中”点燃一束理想的火把。“抑制征服、帮扶被征服的个体成为他的第一要务，因为他懂得终极法则。既然只有战争，那就让我们宣扬和平；既然我们周围都是不公，那就让我们宣扬正义；既然仇恨滋长，那就让我们宣扬善意。最重要的是，让我们行动起来，因为美德存在于与‘弱者必灭’的致命法则抗争的实际行动中。”[19]

克里孟梭感觉自己在世界上是孤零零的一人。他有过一段不幸的婚姻，与一个美国人结婚后不久就分道扬镳。他全身心投入政治，全力对抗世界。他让自己的孤独变成一种美德。他成为激进个人主义的倡导者，唯一不同的是，他极为强势地捍卫个人独立。他曾是巴黎公社第 18 区的区长，这段经历并不愉快，他曾试图避免对立，但以失败告终，这给他留下了糟糕的回忆，并让他意识到自己更擅长树敌而非结交朋友。[20] 他长期在议会工作（1871 年第一次被选举为议员），致力于批评共和主义者的不足之处：他与甘必大决裂，成为激进反对派的领袖。他带领激进主义走向极端，变成激进社会主义。他并不明确地宣称自己是社会主义者，但他既不信仰革命，也不支持普遍国有化或是马克思主义。饶勒斯问他计划是什么，他回答说：“就是你的那些，你从我这儿偷去的那些。”他说他和饶勒斯的唯一区别是，他想更循序渐进地进行改革。用“正义”“祖国”可以更加精准地概括克里孟梭的政治目标。他以“正义”“祖国”之名要求进行社会改革，反对消耗法国国家资源的殖民远征；他极力攻击费里，阻止他被选为共和国总统。但如果认真研究，我们就会发现，克里孟梭的想法似乎充满矛盾，甚至连他自己都忍不住进行自我批评。他宣称自己是法国大革命的有力捍卫者，但他蔑视国民大会，认为“参会者是一群懦夫，出于恐惧自相残杀”。[21] 他宣扬民主，但谈起群众满是鄙夷之色，不断提及精英统治（公开身份的精英）的重要性。[22] 他说党派重要，却致力于批评党派腐败和金融管理不善。[23] 他大力倡导议会一院制，最终满足地成了参议员。他自认是现代性的代表，却又认为政治问题自古希腊以来就没怎么变过，这是奇怪的反差。如果他有偶像，那一定是古雅典雄辩家、民主派政治家德摩斯梯尼。[24]理解他政治生涯的关键在于观察他的性情，而非他的政治理念。他实际上是个战士。他为德雷福斯打抱不平，部分是由于他相信德雷福斯是清白的，但更多是由于他恰恰喜欢这种与众人作对的斗争。1897年，克里孟梭鼓励法国作家、社会活动家阿纳托尔·法朗士加入他，一起为德雷福斯申冤，他说“我们应该是孤独的，我们应该站在世界的对立面”，他还得意地列举了所有对德雷福斯不利的力量。“但我们必将胜利，”法朗士评论道，“多少知识分子霎时被他的一腔勇气、骄傲感染，他因此赢得了多少知识分子的心啊！”[25]克里孟梭自己也承认享受战斗，他说和平是永远不会降临人间的。人类自私、不忠诚，充满偏见、野心、激情，这一切无法避免。[26]他所写的唯一一部小说《最强者》有关权力争夺和一段失败的爱恋，这说明他关注人类冲突，对和谐、爱不抱多少希望。[27]这也是为什么应该由他带领法国在1917年走向胜利。他知道如何战斗，而不知何为屈服。但1906年做总理时，他做出的选择并不尽如人意。

克里孟梭外号“老虎”，这反映了他狂野的破坏性，但要是以为他是力量的化身就是被误导了。他是小个子，中年后既胖又矮，外表并不出众。他极易紧张，严重的抑郁深入骨髓，只有突然迸发的盛怒能够缓解抑郁。就像俾斯麦（另一位神秘的意志刚强之人，说话声调急促、尖声细语），克里孟梭的声音也不洪亮。他患有哮喘，所以避免过度用嗓，不然就会咳嗽。他的声音尖锐、短促、颤巍巍的，法朗士称他是“他那个时代最紧张的演说家”。克里孟梭的手势很少，手通常插在口袋里。他在旺代省比在巴黎更自在。他喜欢射击、骑马这样的单人运动。老年时，由于极为重视健康，他开始做体操。他吃很多药，要经常看医生，总去法国维希和美国加州的卡尔斯巴德。1906年，他已是65岁的老人，已跟不上时代，他站在左派立场不是出于信仰，而是出于固执。他易冲动、焦躁、固执，但做事从不半途而废，他更像是公牛而非老虎。饶勒斯称他为“邪恶之人”。[28]克里孟梭和饶勒斯是两种截然相反的人。

克里孟梭的影响力来自他的精力。他无法被压抑，总是针尖对麦芒（说话风格也是火药味十足）。他在议会没什么朋友，对对手来说，他是致命的。他刻薄的话语往往能戳中别人的软肋。他常将愤怒精准地刺向对手。他时而展现强势、鄙视的坏脾气，时而又放松下来，同时说笑打趣，很亲切熟悉，无过多礼节。他说话时不约束自己。[29]他的敌意似火，难以化解。他不是铁一般的人，而有着火一般的性格。别人认为他的观点十分极端。保住自己在议会的席位对他来说是困难之事，他曾二度失去，最终落脚在较为安稳的参议院。他的选民虽然对他的坏名声毫不嫌弃，甚至感到骄傲，但抱怨他很少来到他们中间，从不给他们谋求好处或是工作。看望选民的时候，他言辞动人，其演讲堪称修辞典范。他的对手不求能反驳他的观点，只求能阻止他说话。《小报》的编辑（发行量达100万）埃内斯特·朱代是他的一个劲敌，朱代在1893年发誓要让他丢了议员席位。他花重金雇用专门给选举捣乱的人，这些人一直尾随克里孟梭参加各地的选举活动，对他大喊“Aoh yes”，意思是说他被英国人收买了。市面上出现了他是英国间谍的伪造证明文件。《小报》免费发放几千份，上面有克里孟梭杂耍几袋英镑的漫画。克里孟梭的敌人都联合了起来，最终他以微弱劣势落选。从此事可以看出克里孟梭的人缘。[30]

近些年，他的孙子曝光了他的私生活，解释了为何他在政治上如此愤恨不平。[31]他和一些女人有过美好时光。他很喜欢女演员，但他不能容忍妻子放纵。他和一位警察一起抓了妻子现行，才最终离了婚。她因通奸罪坐了15天牢，最后以普通刑事犯的身份被驱逐出法国。他和3个孩子拥有的他妻子的半身雕塑、照片、画等，都被他毁掉了。他所有的孩子都和他一样婚姻不幸，都有着惊人的离婚记录。他的儿子米歇尔被多所学校开除过，最终在苏黎世毕业，被秘密安排到匈牙利工作。1905年，米歇尔回到法国，作为商人承包法国政府的项目，因而飞黄腾达，最后陷入一桩丑闻。他被流放到旺代省，有好几年，克里孟梭拒绝和儿子说话，最终儿子加入军队，两人和解。之后，米歇尔成为武器公司维克斯 – 阿姆斯特朗在法国的代理人，再度飞黄腾达。他跟匈牙利妻子离婚，娶了比自己小 30 岁的秘书；之后跟秘书离婚，娶了加利福尼亚州石油大王的遗孀。米歇尔的两个儿子都成了百万富翁：一个儿子娶了犹太钻石商的女儿，另一个和法国演员莎拉・伯恩哈特的后代离婚，娶了新奥尔良格鲁内瓦尔德家族的女继承人。米歇尔的直系后代都是美国人。克里孟梭的两个女儿都有着不幸的一生。其中一个女儿的丈夫发现妻子通奸后，开枪自尽，留下遗嘱，指派克里孟梭的宿敌普恩加莱为儿子的监护人，这让克里孟梭大为恼火。这个外孙后来也离了婚。另一个女儿被丈夫抛弃。克里孟梭对家人十分严苛，好似暴君。尽管他的性格中有美好、善良的一面，但他的情绪变幻无常，让人捉摸不透，时不时发火，让人心生恐惧。他很注重自己舒适与否，不希望被别人打扰。他住在巴黎富人区的公寓里，两个仆人屈服于他的淫威，十分顺从地照顾他。他穿英式服装，从英国枫树公司买家具。他的确属于上层阶级。他的兄弟保罗是工程师，从事炸药相关工作，赚了一大笔钱，是法国“两百位”最有钱的人之一。他的另一位兄弟阿尔贝是成功的律师——曾为斯塔维斯基辩护。[32]

克里孟梭只实现了他承诺的 17 项改革中的一项——将西部铁路国有化[33]，在参议院发起信任投票后，以 3 票的微弱优势通过了这项决议。一些人认为它之所以能够通过，不是因为人们对改革充满热情，而是人们希望购买亏损的铁路能打消将其他公司国有化的打算。铁路陷入严重危机，过度补偿铁路股东让人怀疑存在腐败。不管怎样，此举对激进派来说是政治胜利，该派赢得了许多西部支持者，此前它在西部的影响力是最弱的。[34]

克里孟梭强力捍卫国家权利，他的社会政策以镇压罢工为主；他在位期间，和雇主相比，国家对工人更冷酷。古里埃尔发生严重的爆炸，超过 1 100 人不幸遇难，几天后，克里孟梭当上内务部部长。之后出现的罢工显示，克里孟梭缺乏政治技巧且蛮不讲理。他到朗斯与矿工对话，但选择的对象是布鲁舒极端工会，此举打压了更温和的对立方巴斯里工会。他承诺不会派军队过去，但不久就派了至少 2 万名士兵到那个地区——1 个士兵对付 2 个罢工者。一个月后，即 5 月 1 日法国总工会抗议的前夜，克里孟梭逮捕了工会领导人格里夫埃尔和莫纳特，召集了 4 万士兵到巴黎，似是要对他们展开围攻。克里孟梭对法国总工会公开宣战："你们站在壁垒后，我站在壁垒前。你们的手段是制造混乱，我的职责是维护秩序。我就是为了挫败你们的努力而存在的。"[35] 他的策略是对立，而非谈判、妥协。动用部队不可避免地造成了大规模流血冲突。至少 5 次罢工中都有人丧生，在新城圣乔治的罢工中，军队无缘无故地冲向罢工者，杀死数人。1908 年 7 月，法国总工会的领导人再次被捕。工人骚乱达到了前所未有的程度，不仅发生得更加频繁，而且已经成为政治事件——人们决意与政府抗争。克里孟梭及其下属通过钓鱼执法，诱导人们使用暴力。有人认为他乐意看到左派成为敌人，这样就能维持右派对他的支持。不论怎样，左派从不与共和国为敌的时代就此结束。

邮局工人罢工，克里孟梭立即解雇了 300 人；小学老师为了维护建立工会的权利也进行罢工，他如法炮制。国会对此表示反对，他回答说这些人是公务员，却与共和国作对，起义叛乱。公务员不服管教说明克里孟梭的想法已经落伍——公务员不再接受自己的传统角色，他们拒绝被认作国家的工具，拒绝绝对政治忠诚，不再对偏袒、任人唯亲、随意解雇逆来顺受。过去的 50 年，他们的数量大幅提升：虽有夸大，但他们称自己占了选民的 10%。[36] 他们不愿再做选举代理人，要求通过考试唯才选人、提拔，要有法令保障他们的工作。激进派早就在施政纲领中纳入了这样的法令，但该派内部对该法令的细节产生了分歧，争论不休，没个结果，无法进行任何有建设性的改革。克里孟梭固执、压制性的政策失败了：他给了法国总工会、革命者成为殉道者的机会，让他们赢得了温和派工人的同情，这些工人一般是不接受前者的领导的。白里安和勒内·维维亚尼作为克里孟梭政府中的两位前社会主义者，不满他的政策过于无情，在他即将下台时，采取更为圆通的政策释放了格里夫埃尔。他们的耐心获得了回报，更为温和的儒欧被选为总工会领导。

革命工人举行的引人注目的罢工营造了社会危机降临的氛围，实际上，发生在1907年法国南部的葡萄酒生产商的反叛更为严重，古老的“农民共和国”的一大支柱摇摇欲坠。法国南部在经历过根瘤蚜虫灾害后，开始使用美国的葡萄种，于是，用于种植葡萄的土地面积大幅增长。新品种既能长在平原上，也能长在山坡上，还能种在更北的地方，产量也更大。例如，奥德省用于种植葡萄的土地在1863—1900年就翻了三倍。之后的一年，由于平价酒的产量严重过剩，价格贬值为正常价格的五分之一。之后的十几年，贝济耶的土地价格下降了三到六成。在鲁西荣地区的一些村子里，人们不堪忍受贫穷，戴上面具进行乞讨。借、卖都无法正常进行。工人被解雇，手艺人受到毁灭性打击。人们认为是造假酒的商人的错，还怪罪没有制止他们行为的政府。马塞兰·阿尔贝是小业主，多年来一直煽动人们抗议这次危机，这时突然人气大涨。他每周日举办的公众集会据说能吸引25万～50万人。他被比作《圣经》里的圣徒、伊斯兰教里的真主。每个村子都有支持他的委员会。当时的标语写着：“克里孟梭去死吧。”保王党、社会主义者都暗暗支持骚动。宗教人士宣称这次运动将是共和国的终结。鼓动者向人们施压，不让他们纳税；人们害怕如果纳税，暴徒就会对他们动武。地方政府人员大规模辞职，奥德省三分之一的社区和东比利牛斯省都没有地方政府。人群围攻纳博讷市和东比利牛斯省的省会佩皮尼昂，还试图烧毁这两座城市。政府派部队驱散骚动的人群。克里孟梭对待阿尔贝的方式一直以来受到赞誉。阿尔贝害怕运动声势过大，不受控制，担心自己可能被捕，就逃到巴黎，亲自向克里孟梭请罪。克里孟梭像父亲一样斥责了他，轻蔑地给了他回家的路费，希望他恢复和平，将功赎罪。运动突然结束了，但不是因为克里孟梭给的火车费让阿尔贝突然失去人心，而是因为早在这之前，他就失去了胆魄。他的追随者厌倦动乱，正常生活被打乱，造成诸多不便。国会迅速通过法律，惩罚造假酒的人，安抚参加运动的人（人们很快发现这项法律有很多不足）。克里孟梭把反叛的士兵派到突尼斯遥远的哨所。但是，他没有进行根本改革来解决因种植单一造成的经济问题，没有付诸实际行动解决商人和种植者之间的利益分配矛盾。团结只是嘴上说说吗？[37]

准备付诸实施的实现团结的公开措施由于顾虑和经济考量被稀释了，没有多少实际作用。克里孟梭内阁的劳动部部长维维亚尼开始实施1906年通过的一周6个工作日的法律，但他迫于压力下发了许多文件，允许例外出现，这大大削弱了法律的实际效力。[38]由于休息那天不发工资，工人反对这条法律。同样，为老人、病人提供救助的1905年7月14日通过的法律，其实施过程也令人失望。这项法律一开始就存在缺陷：当年，参议院通过它的前提是只有70岁以上且必须证明自己无法工作的人才能得到救助金。为杜绝挥霍，每月发放微薄的20法郎老弱病残金之前，还要考虑受资助者的存款。没什么人知道如何申报，也不清楚自己应该得到多少钱，这与1907年政府面临的混乱如出一辙，当时政府废止了发放援助前对受援助者进行财力调查的做法。1909年，白里安对申报程序进行澄清说明，但程序依旧复杂，发放补助很随意。[39]

劳动部部长维维亚尼的工人养老金法案在下议院再次通过，但直到1910年白里安政府时期，法案才在参议院通过，但这次还不如上次成功。这项法案的特派调查员说，该法案“不仅体现了政府最大的财政努力，也是第三共和国最伟大、最高质量的改革”。[40]但参议院再次限制了法案的规模，将发放养老金的年龄从60岁提高到65岁，还减少了福利。那些60～70岁的人（1905年的法律规定70岁以上的人可以享受另一补助）没有前期付出，可以直接得到养老金，但最多只能得到 100 法郎。有必要立即对此做出修订，所以 1912 年通过了额外的法律，将领取养老金的年龄降至 60 岁。这么做的原因是：很快大家就发现，养老金项目不可能完全落地实施，不用太认真对待可能出现的金融影响。工人完全不愿在前期投入。对法律的无知和怀疑导致只有三分之一符合条件的人支付了前期费用，而且远低于应该支付的数额。落实这项法律的行政体制并不完善，能起杠杆作用的小钱支付到期的养老金有着长期延迟。[41]

《新工作法案》(1896 年第一次提出）的第一卷于 1910 年颁布，第二卷于 1912 年颁布，但这不过汇总了现有的法案，没有加入任何新内容。这说明劳动法案有很大缺陷，说明了法国大革命之前受法学家波蒂埃影响的旧政权法律汇编对后世有很大影响，说明了《民法典》提出的人权忽视了工人的权利。保障最低工资的法案没被通过；工厂视察是个笑话；工作事故问题只产生了一份长长的议会报告，没有引发实际行动。[42]

最急需改革的是征税系统，因为没有税收就不可能开展社会项目。1899—1909 年，政府开支增长了 18%，经济扩张带来的税收增加只能填补部分开支增长。1907 年，收支只是平衡，之后的两年都是入不敷出。议会担心惹恼选民，只投票通过了需要新增的三分之一的税目。[43] 开支只能先用借贷的方式补上。第三共和国的“成就”是让法国成为世界上债务最多的国家。[44] 除了社会改革，军费开支的增长也史无前例，必须对金融系统做出巨大改革。法国的税目大部分还是法国大革命前的那些，大革命不过是给这些旧税目套上了新名字。封建时期的租税变成了土地税，服务税变成了私人服务税，行业税变成了职业税。1795 年宪法和 1799 年宪法规定的印花税不过是 1671 年的重演。最后，1816 年的法律复制了 1681 年柯尔贝尔①的法令，重新开始

① 柯尔贝尔（Jean-Baptiste Colbert，1619—1683），法国政治家、国务活动家。他长期担任财政大臣和海军国务大臣，是路易十四时代法国最著名的人物之一。——译者注

收取大部分间接税。法国大革命唯一的创新是门窗税，借鉴自英国，也可能来自古罗马。

复兴旧税制的主要原因是，这种税制施加于物品而非人。政府的干预不涉及人的自由，人的生活方式决定他交什么税，而非个人收入决定。这些税目十分清晰、明确，不会产生法律纠纷，但这种税制有两个重大缺陷——不平等且弹性小。不同地区的土地税额不同，所收税款在各省之间分配，分配的一部分依据是法国大革命时期各地区的贫富水平，另一部分依据是旧政权时期残留的特权——旧省会和自治省份的税率依然不同。法国科西嘉岛受拿破仑偏爱，需要承担的土地税少得可笑；朗德也是，这个地区一度贫穷，第二帝国时期以来已经发达起来。整个系统能够存活是因为它经过定期调整，通常是削减衰败的农业地区的税。但是，税收系统无法应对突如其来的危机。1848年，0.45 法郎的小幅附加税都无法执行。1870 年的战争又是一场危机，但大改革没能再次出现。政府通常通过借贷解决眼前的危机，但借贷现在已无法解决问题，于是政府转而向股票、股份征收 3% 的税（1890 年提高到 4%）。但政府不向国家债券收税，外国债券也享有特殊待遇，且不要求个人申报收入所得。之后，政府采用保护措施提高收益。除此之外，19 世纪没有进行其他改革，工业化让国家有了翻天覆地的变化，但政府没能开发出新的财富来源。

1872—1907 年，国家至少提出 65 条法案来引入某一形式的收入税，[45] 但都以失败告终。克里孟梭承诺收入税是他那个时代政府最大的成就。他任命前财务总监、收入税最权威的倡导者卡约为金融部部长，但他自己对这件事没什么兴趣，议会的处理进程很慢。到 1913 年，兵役增加到 3 年，军队必须大规模购买武器，卡约的提议才在参议院通过了一部分。直到 1917 年，在战争带来的巨大压力下，收入税才全部通过，但仍被施加了诸多限制。实现这项改革的漫长过程体现了既得利益完全控制共和国，即便是激进分子也不再是正义的化身，而是这些既得利益者最大的盟友。关于收入税的讨论十分有意思，它让自吹自擂的政治提案背后古老的偏见、特权，以及深藏的恐惧和保守主义展露无遗。社会中的各色人等都觉得自己有权少缴税，尤其是农民，他们握有大量选票，一直以来享有低税率；现在，由于参议员是他们的特殊代表，农民的税全部豁免了。卡约提议对不同类别的税设定不同税率，比如资产税（土地、房屋、股权）是4%，工业、商业、农业领域的利润，包括劳动、资本利息征收3.5%的税，周薪、工资都是3%。[46]但这一简单的安排辐射面太大。之前土地税并不牵涉农业利润（作为补偿，新的土地收入税实际上低于旧的土地税）。体力劳动者的周薪之前也不上税。国家公债（年金）之前同样不上税，有人提出如果这也上税就相当于宣布国家破产。最大的问题是如何得知人们的收入。政府很快得出结论，不会有人主动诚实地上报个人收入。公开工业利润会立即对工业造成致命打击——对利润讳莫如深是工业传统。一想到小公务员要干涉自己的事务，将自己的财富由他们处置，资产阶级就很害怕，在他们看来，公务员都是靠政治手腕得到工作的。卡约计划的第二部分让他们更加生气。除了这些无论一个人收入多少，税率都一视同仁的税，卡约还提出了对收入超过5 000法郎的人施加累进税率的附加税，收入超过2.5万法郎，税率最高可达4%。他还为此收集了数据，数据显示，12.4万人拥有法国40%的财富，53.9万人有超过5万法郎的资本。[47]这些人会成为受害者。附加税会分裂国家，造成阶级斗争，因此遭到谴责。资产阶级受到了威胁，他们的许多组织登上舞台：27个委员会，还有工业家、商人协会（包括“捍卫中产阶级协会”）联起手来，形成了财政研究和防御中央委员会，成为能对议会施加巨大影响的压力集团。[48]许多众议员通过法案时心里都清楚，这些法案很难在参议院通过。

即便税收系统的改革推进迅速，也很难说它力度足够。对一系列海军严重事故的调查显示，海军部门出现惊人的浪费和低效现象，弹药供给不足，军需质量不行，建造新船出现失误，武器交付长期延迟。[49]即便将海军实际水平提升到官方报告中显示的实力水平也需要不少借贷。这是克里孟梭下台的直接导火线，但之前他的地位已经长期不稳。他长期执政并不意味着激进派的多数地位始终稳定。这一时期缺乏活力是有深层问题的，于是人们开始说激进主义和代议制政体出现危机。[50] 1908 年，《评论》发起了一项有趣的调查，调查背景选用瓦尔德克－卢梭写的《政治证明》(1905 年)，大意是过去 10 年，改革的速度大大放缓。书中写道："公共舆论厌倦了蛊惑民心的政客的空头承诺。不满达到顶峰。人们已经完全丧失对议会的信心。"调查面向名人，请他们解释背后的原因。一些人，包括普恩加莱，认为问题在于议员被选举辖制，不得不考虑地方政客和选区的利益，解决方法是比例选举制，以及比例代表替代本地选举制（本地选民选举该地区的议员）。这是那个时代的一大争议，人们花了很多时间讨论，但这样的改革会损害激进派的利益，所以直到 1919 年，改革才开始推行。[51] 其他人认为是政府优柔寡断的错。保守经济学家保罗·勒鲁瓦－博利厄正确指出问题不在于议会没有通过足够多的法律，而是议会通过的法律太多了，这些法律前后不一致，无法落地实施。(当然，不应认为克里孟梭政府没有实现改革的承诺，就在立法方面没有成效。许多法律通过了，但不涉及根本，很难有效果。比如，国家通过了为 18 岁以下的妓女建立特殊矫正所的法律，但之后的一年又通过一项推迟两年实施的法律。有许多法律修订了之前的法律，因为之前的法律虽然经过很长时间才在议会通过，但仍有不足。1909 年的法律确立住宅不可被剥夺，对提出这一想法的社会学家勒普莱来说，这是姗姗来迟的胜利。但这一法律过于复杂，许多人嫌麻烦，都不会施行。[52]）阿纳托尔·法朗士抱怨政府成员与他们应该改革的机构之间有着千丝万缕的关系：军政部部长是士兵，财政部部长是公司总监，海军部部长与勒克鲁佐武器工厂有关系。维克多·马格利特认为只有改变社会风气，才能让事情有所改善：对官僚主义的痴迷，害怕风险，固守成规，还有法国人钻营小利的特点。社会学家杜尔凯姆认为法国已经无可救药。"恶……已深入骨髓。恶主要来自良心的紊乱和思想的极端混乱。

人们头脑中多元、矛盾的概念相互碰撞、互相制衡。一个国家不确定自己想要什么，立法机构怎会高效有力呢？”[53]

激进党内部也分裂不断，很难积极地采取行动，但1902—1936年，激进党还是最大的政党。激进党的弊病在于其本质是消极的。激进党领袖爱德华·赫里欧曾说激进派找到行动方向的方法是看右派在做什么，然后采取相反的行动。召开1901年激进党建党大会的激进派无意创新，他们写道：“关键不在于提出新的政治理想。我们知道我们的理想是什么，我们的先辈已经确定下来了。”的确，激进派回望过去，借鉴法国大革命的理想（也许借鉴的是超前到哲学乌托邦的思想），但毫不着眼现实。他们的历史主义十分深刻，希望落实法国大革命的原则，但他们故意模糊对法国大革命的理解。克里孟梭曾说“大革命是完整一块”，否认多样性和思想存在矛盾，这体现了这些理性的崇拜者是多么不严谨、不精确。他们全盘接受历史楷模所提出的理想，就像他们天主教的敌人捍卫古老的宗教教条。1869年甘必大在美丽城发表的计划总结了激进派大部分成员的追求。他们经常重复这一宣言，40年后依然如此，因为真正落实的很少。事实上，他们反对权威和权力，因此很难掌权，实现改革。他们对理性的狂热源于其批判性而非建设性的品性。他们更容易提出反对意见，而非赞同。1901年建党大会总结出的第一条就是“需要团结起来，抵御共同的敌人”。激进主义的主要哲学家阿兰认为所有权力都是邪恶的，都会不可避免地导致暴政。[54]只有个人才有自由，“思想是革命的”；公民的职责就是节制政府。“权力的来源不重要，关键是被管理者持续、有效地控制政府。”[55]这是一条民主原则，预示即将到来的法西斯主义，以这一原则建立的激进派政府几乎是自相矛盾的。政府逐渐衰亡也是激进派的一大原则；[56]激进党的一大特点就是党员持续敌视、怀疑被选中者，以及地方代表和议会议员。

激进主义的结论与其说是有关实现政治目标，不如说是将忠实支持者安排进政府，摧毁、驱逐敌人。激进派当政就是为朋友办事，让敌人闹心。[57]因此，他们也就对控制那些能真正为朋友做实事、带来切实利益的政府部门更上心，不太关心那些只是炫耀权力的部门。1900—1939年，共和国的总统都不是激进派，这期间有10年，总理是激进派。内务部、教育部和农业部分别被激进分子把持了23年、21年和23年；如果再算上支持激进主义的政客，内务部部长在这39年中有30年都是由他们控制的。1896年，激进派第一次组阁，议会中的激进分子强烈要求清理公务员队伍，他们说："问题在于，国民从公务员的观点、态度中把握国家的走向。"[58]

激进分子对社会改革从未有切实的热情。1908年和1909年党内的三大报告，一份有关自由放任，一份有关资产和阶级斗争，最重要的一份由德比埃执笔，有关社会思想和激进主义的方向、计划。1909年的大会采纳了一系列社会项目，包括国有化矿产、铁路，对牵涉当地利益的公共服务实施自治，征收遗产税、收入税，提供养老金、保险援助，促进工资平等。但大会过快地一致通过了这些项目表明与会人员觉得这没什么意思，在大会上就社会问题发言的人经常被提醒快点儿结束。因此，在1911年有关生活成本的辩论中，主席抗议道："你可不希望有人承认激进党现在只对纯政治问题感兴趣，对经济已经失去了兴趣。"

真正能引起其兴趣的是宗教问题，宗教仍是激进党的主要关注点。不要忘了，直到1913年，孔布还是激进党的主席。党内更新地方激进派委员会事务的信息栏很少有关社会问题，更多的是宗教和教育。有关激进派大会的书总共450页，最开始的200页，按顺序，有关教育、教会、选举改革，之后才是金融、军队、法律。这一传统的写作顺序体现了激进派的关注重点。当然，在教育领域，他们仍是先锋者，他们比任何党派都对教育更关心。激进党的首席专家布韦松说服他们采取保障机会绝对平等的政治提案，为那些不能负担中等教育学费的人提供奖学金，鼓励更多技术培训、专科教育，由教师负责起草教学大纲。尽管他认为公立中学不应组成精英联盟，但他仍认为考试选拔非常重要，“民主的一大特点，就是社会优势的取得依赖个人才干”。[59]

他们并不主张人人平等。布韦松说，他们代表“至少一部分的资产阶级，之前从未有过的新精神激发了他们的活力”。之前这些资产阶级都是保守的。“今天，没有人能说明白为什么或怎样，或是从什么时候开始资产阶级改变了以前的想法。他们不再像以前那样投票了。他们是不再像以前那么自我，还是更能看清事物的本质？他们对自己的责任、利益及所处的客观环境有了更好的理解吗？不管怎样，从今往后，资产阶级不再与大众对立，他们倾向与大众拥有共同的事业……这样，迄今为止政府缺少的重要元素终于出现：大多数人是理智、平衡、讲道理、谨慎的，但又坚定地追求改革。”他们“扛起了前人的大旗，民主和社会共和国……小资产阶级、小雇主、小公务员发现他们更靠近工人阶级而非大银行家、大资本家、财富特权阶级”。他们因此采用了团结主义的主张，尽管团结的情绪还有待加强。布韦松总结道，激进分子“是资产阶级政党，但有着群众政党的灵魂。他们自相矛盾地将两种社会对立结合。他们是民主史上的一件稀奇事物，他们是想与国家水乳交融的阶级。他们是工作的有产者阶级，同时又是有资产的工人，是一群不是暴发户的小人物，以理性为基础，虽然出发点各异，但向着同一方向前进”。[60]这一蕴藉丰富的激进主义的定义足够清楚地解释了为什么社会改革不是其主要目标。1901年，“德雷福斯事件”如火如荼时，由于想要赢得宗教斗争，激进党取得了并不稳固的团结。最直接、最自然的结果就是政教分离——胜利后的激进党似乎有些迷茫。他们不愿主动驱逐并不关心社会改革的温和派，因为这样会削弱自身实力。他们最初取得胜利是在大城市，但现在他们的主要支持来自小城镇，最主要的是农村地区。因此，他们把注意力更多地转移到税改（农民一直关心的问题），而不是改善工厂工人的工作环境。获得政权后，他们已经处于守势，不能再宣传自己受到压迫。建立新型社会的想法被抛在脑后，改由社会主义者接手。社会良知退化为维护小人物，激进派神化了这些人的美德。[61]

党内观点也很多样。宗教问题仍是重中之重，但诠释各异。政教分离在立法层面已经不能再温和了，而且没有丝毫宗教迫害的色彩，但地方实施法律的程度有所不同。许多狂热的地方政府打起了“牧师住宅的战争”，他们摧毁牧师住的地方，或是把它们改成邮局或其他公共用途。激进党的执行委员会印刷了小册子，在这一问题上对激进的地方政府做出指导，这一问题成了那些年地方政治的一大热点。教会学校是否应该继续存在也引发了激烈的讨论——党内对于国家是否应该垄断教育产生了分歧。激进党发现自己与小学教师和初等公务员在这个问题上是对立的，而迄今为止这些人是他们在村子里最重要的代表。这些人此时想组成工会，维护罢工对抗国家的权利，甚至是激进的国家。难道激进派会拒绝赋予人们组成团体这一人人都应享有的基本权利吗？激进派很惊讶教师会反对为他们提供工作的人。1912 年，他们想出了一个折中的方法：允许公务员组成工会，但禁止他们加入革命性的总工会。激进派陷入困境，不可避免地被社会主义者抢走了许多公务员的支持。尽管地方政客获得了许多工作，他们依旧想反对给他们生计的国家。佩尔唐请求激进派大会不要拒绝这些“草根群众的请求，因为他们从过去到现在都是共和国的先驱”，但无计可施。中和多样利益（同时保证正义）面临太多困难。激进派巧妙地在言辞上做出妥协，解决了其中的问题，比如在对外政策上，他们狂热地宣称自己爱国，同时又坚定地维护和平，尊重国际仲裁；参军光荣，但又想改革军队性质。选举改革对解决问题造成了更大困扰，激进派得到了 33% 的选票，拥有 42% 的席位。1901 年，一位社会主义者平均需要 1.4 万张选票才能当上议员，而激进分子只需 1.12 万张选票就可以。比例选举制与他们对独立的热爱格格不入，但舆论压力反对“静止的池塘”，此处借用了白里安对选区一人代表制的描述，他们不得不采纳改革体制的决议，但没有真正实施的意愿。

激进党没有采取实际行动的组织框架。它于 1901 年成立，但直到 1928 年都不能算真正的政党。党内一位领导说，激进党的成立发生在“被一些人定义为群众入侵的事件”之前。[62] 激进党虽是党，但不像社会主义政党工人国际法国分支那样接受个人入党。想加入激进党要通过地方，真正的组织单位是地方的委员会。10 人及以上的委员会都是平等的，向中央上交的会费一样（每年 13 法郎），向大会派送的代表数量相同。这一运动就是这样松散，有许多激进的委员会没有加入激进党，尽管会费少得可怜，但这样就可以避免交会费。1910 年，激进党共有 836 个委员会，党外委员会有 600～800 个，加在一起，激进委员会的成员很可能有 8 万～15 万（对比一下，1910 年，社会主义的党派有 5.4 万党员，1914 年有 9 万）。地方委员会每年集会 6～12 次，主要讨论选举。有人试图将它们组织成联盟，但到 1910 年，只有 23 个大区有联盟，而且联盟并无生命活力。唯一的例外是塞纳联盟，由 J. L. 伯纳管理，他是党内权力集中于中央的主要倡导人。还有一些地区性联盟，最活跃的是东南地区的联盟，由埃斯捷管理，这些联盟举办大会，帮助宣传，但没有实际权力。激进党的主体是国家大会，每年 10 月召开，参会者包括激进党议员、地方议员、地方政务委员会的代表、委员会的代表，还有联盟、工会、俱乐部代表，以及接受激进党路线的共济会和报纸的成员。当地委员会如果想多派代表，只要交钱就行（第一名代表交 10 法郎，其他代表每人交 5 法郎）。通常大约有 800 人参加这些大会。议程大约 4 天，他们热情洋溢地参与讨论，无情地打断不受欢迎的发言人，有时还会冲上讲台，会议不得不偶尔暂停。大会选举出一个不少于 680 人（包括激进党在议会的所有成员）组成的行政委员会，他们每月见一次面（但有不超过 100 人从未参加过）。大会还选举出 33 人（半数成员是议会成员）的特殊部门，他们每周见一次。但这些组织都没有实际权力。大会拒绝任何中央集权的努力，还拒绝巴黎人的干涉，一位成员这样说，巴黎人“不会说方言”，只会对“与他们毫不相干的事”横加干涉。

这样导致选举毫无纪律可言，激进党对激进的候选人毫无控制。一个选区的激进派候选人可能不止一个，这在1910年尤其明显。激进派的标签没有什么实际意义。保王党要是觉得自称激进派会有更大胜算，就会这么做，尤其是在法国南部。因此，议会中的激进党既包括交会费的真正党员（他们每年从工资中拿出200法郎上交党库），也有顶着激进派的标签但不接受激进派目标的议员，他们不交党费（1910年，每250个激进分子中就有80个属于这种情况）。议会中存在两个激进党——激进派和激进社会主义者让情况更加混乱，尽管1901年两党就进行过统一。没有剔除一些激进分子是为了让孔布的宗教政策得到更多支持。两党并非严格地区分"真""假"激进派，而且党对议员的行为毫无控制可言。他们随自己心意投票，要是成为部长，也随自己心意推行政策。1913年，虽然激进党谴责以右派为基础的巴尔都政府，但激进党执行委员会的副会长还是加入该政府，成为其中一员。

现在就能更好地理解克里孟梭的总理生涯了。他不是激进党的领导——激进党没有领导，主席只是名誉上的，没有实权。克里孟梭是正确人选，他对政教分离持自由主义态度——他说没必要为了收缴教堂里的吊灯牺牲人命——自然被温和激进派接受，而他们又在激进党中占据重要地位。但温和激进派敌视社会改革，罢工、社会骚动更是加重了他们的保守主义。1908年，政府为了通过收入税法案要求议会延期，140名激进分子与右派站在一起，不想让法案通过。克里孟梭的镇压政策分裂了激进党中的左翼。他对公务员的残酷处理导致他在1909年失去超过100名激进主义者的选票。激进党中的极端右翼几乎和保守派没什么区别，极端左翼又总和社会主义者投票一致。克里孟梭能在位这么长时间，有点儿出乎意料。早在1907年，佩尔唐就对激进派政府有诸多抱怨："是时候重归激进派路线，实行激进派政策了。"克里孟梭不服，他说："后宫不要随意发言，我不想受干扰……激进派先生们，我等着你们！"收入税和社会骚动让党派和国家暂时联起手，但到1909年5月，克里孟梭下台的3个月前，激进党执行委员会通过了一项决议："由于短视和接二连三自相矛盾的政策，克里孟梭政府给了共和主义民主虚假希望，加深了不同党派间的误解。激进党和激进社会主义党不愿与这样有违激进主义传统的政府内阁站在一起。"

尽管激进派在议会中占大多数，但他们无法控制部长的行为。1910年的选举加剧了人们的困惑。纸面上，激进派取得的成果和1906年没什么区别，但激进派议员中有许多人靠的是右翼的支持而非"真正的"激进派。实际取得的大多数地位的性质有所变化，政府不能如他们所愿行动，他们就爆发不满，尽管他们也不知道自己的诉求究竟是什么。激进派失去了政治主动性。白里安取代了克里孟梭，前者是一名独立的社会主义者，支持绥靖，这标志着极端派联合起来对抗激进主义中间派。激进派抱怨他是"反动妥协"，推翻了他，但他们又没有合适的替代人选。至于老一代激进分子，比如曾在克里孟梭时期任中尉的佩尔唐，他是激进派选民心中的偶像：他偏心、提携支持他的人，但担任海军部部长时，他的这一特点造成了许多行政混乱。人们一致认为他反复无常，善于煽动情绪而无实干，不适合当官。富有的股票经纪人贝尔托很受议会中激进派的欢迎，一部分是由于他幽默风趣、平易近人，另一部分是由于他借钱大方，据说有不下100位议员找他借过钱。但他在1912年一场事故中不幸丧生。激进派用来取代白里安的莫尼是个傀儡，然而莫尼在同一场事故中受伤。取代他的卡约尽管不是激进派，但他的政策既权威又先进，很得激进派欢心。不过，他对德国持和解态度，这导致他下台。激进派找不到其他人替代他，共和国的最高职位花落温和派之手。普恩加莱成了总理，然后做了总统；更为温和的德沙内尔成了众议院议长。白里安又担任了一届总理，接着是巴尔都组建坚定依赖右翼支持的政府，只有3位激进分子任职。激进派势力衰微体现在以下一些事上：要求海军在耶稣受难日降半旗；禁止公立学校的学生参加"狄德罗五十年纪念日"

活动，理由是在这些事上要采取中立态度。社会改革、收入税、反教会主义被抛在脑后，而唯一有影响力的法案是延长兵役时间到3年。

面对对手持续骇人的逼近，1913年，激进派努力重整旗鼓。他们不再夸夸其谈，比如在法官选举一事上，他们不再荒谬地说“如果这无法很快实现”，就应该对司法系统进行不那么激进的改革。[63]他们提出了比甘必大“美丽城计划”和“克里孟梭十七点”更短的思想方针。首先，他们的政策将兵役期改为两年，实行累进收入税制，在教育上反教会，以及实施社会保险政策。教会问题不再是头等大事。裁军和对富人征税成了热点议题，而且能帮助他们从社会主义者手中获得支持。其次，他们努力在议会中组成单一激进党。但是，这一目标在参议院完全落空，在众议院中只实现了部分，左右派仍有许多分裂的小团体。38位激进派议员不顾党派路线，仍旧投票支持3年兵役制。但不管怎样，激进派纪律更加严明，一些“假激进分子”浮出水面，那些任职于巴尔都政府的激进分子被开除党籍。执行委员会更加活跃，进行了更多的宣传活动。会费增长为每人0.25法郎。激进派努力减少同一选区激进派候选人数量，但依然不是总能成功，比如克勒兹省的两个选区在1914年有9位激进派候选人，只不过总体来说还是有进步的。这次选举让激进党纪律更加严明，他们人数更少，但心更齐。最后，他们从党外找到了新领袖。卡约与原生党派温和派分道扬镳，他的收入税的想法让温和派十分恐惧，他和议会中的其他领袖产生了激烈的竞争。于是他在1913年加入激进派，立即被选为总统。尽管冷漠、有距离感，但他是唯一有能力振兴激进党的人。当然，他作为激进派领袖的一段时间里很成功，他和饶勒斯带领的内阁也互相配合。但激进派再度运气不佳——卡约的前妻连累了他。她开枪杀死了《费加罗报》的编辑，因为他公开发表了她和她丈夫的往来书信。卡约对德国的自满姿态与战争引发的爱国氛围格格不入。于是1914年，激进派仍是没有明确方向的政党，无法利用自己的高人气。[64]

第 10 章　社会主义

人们通常认为，将马克思主义作为主要学说的法国社会主义的历史始于1870年。其实，有组织架构的社会党19世纪末才发展起来，该党秉持的马克思主义与早期的乌托邦社会主义几乎没有相似之处。要想了解社会党如何在短时间内取得成功，就必须从1848年说起。在第二共和国期间，早期的社会主义思想还比较模糊、温和，很容易吸引大批追随者，严重的经济危机也让许多人对社会主义抱有希望，希望它能帮人们找到出路。特别是在1849—1851年，众多农民选择支持社会主义，这些人主要分布在法国中部和东南部的落后地区。大约40年后，这种大规模支持社会主义的深刻影响才得以显现。1900年的社会党已经具有强大的政治影响力。尽管当时社会党争取的对象显然是工人，却是农民给了该党巨大的支持，因为那时法国工业化刚刚起步，产业工人的数量还很少。回溯到1848年，我们可以清楚地知道为什么在20世纪初期社会党的选票主要来自落后的农村地区。早在1848年，社会主义大潮就赢得了许多农民的支持，到1900年，这些人仍然极有可能继续投票支持它。可见，法国社会主义带有第二共和国的深深烙印。

1848年的社会主义者身份多种多样，大家分散各处、各自为政，最多以小社团的形式活动，彼此之间缺乏联系。乌托邦思想家的追随者们没有形成活跃的、有群众支持的政治团体，更别说成立政党了。巴黎的秘密革命社团总共只有几千人，而那些外省所谓的革命者看上去孤立、偏狭，他们实际上称不上革命者，只是借机表达旧仇宿怨，比如 1815 年发生的“白色恐怖”①。在第二共和国初期，情况依然如此。在 1848 年的选举中，社会主义者没能以党派的形式出场。只有在巴黎，社会主义者还算较多，且能自觉独立地开展活动。路易·勃朗与社会主义俱乐部合作，列出了一份包括 20 名工人的候选人名单，但最后只有一人当选。一般情况下，有名的社会主义者在巴黎都没有胜出的可能，只有一种例外情况：他们得到温和派支持的时候。在外省，社会主义者的运气要好一些，他们获得了国民代表大会 880 席中的 55 席，这些代表是某种程度上的社会主义者，或至少是“民主社会共和国”的拥护者。到那时，社会主义已在巴黎这个温室以外的地方茁壮成长，但是，由于派别之间的界限还不分明，它尚未赢得显著地位。人们往往以个人身份当选，反映当地问题，并不太注重所表述的实质是什么。因此，像马丁·贝尔纳这样的社会主义者代表就批评工人阶层，说他们想变成资产阶级。贝尔纳是排字工人出身，信奉布朗基主义，长期从事秘密策划活动。金属工人出身、努力为民众争取利益的亨利·路易·托伦表示，希望“在不缩短礼服长度的情况下加长夹克衫的长度”。[1] 这 55 位代表一开始各自为政，随后在国民大会中形成了一个独立的团体——“共和党代表协会”。而赖德律-洛兰和他的追随者们（主要是对 1793 年革命念念不忘的雅各宾党人）尽力和他们保持距离。该协会的会员冲动地参与游行和暴动，多人被捕。在布尔日发生的一次审判中，他们之间的分裂、仇恨和背叛暴露无遗，给该派带来了重大打击。

但是，在第二共和国期间，一种全国性的社会主义运动逐渐形

① 1815 年波旁王朝复辟后，重新恢复统治，实施“白色恐怖”，设立军事法庭和特别法庭，审讯大批革命者。——译者注

成，有三个原因造成了这一局面。第一，1848年6月起义后，对左翼共和党人不加青红皂白的迫害变本加厉，这促使赖德律-洛兰派和其他社会主义者联合起来，全国领导权掌控在雅各宾党人手中，他们也主导了新盟友加入后的施政纲领。这样，社会主义运动瞬间红火起来。第二，地区和全国范围内声势浩大的宣传活动，其内容都聚焦于社会主义，雅各宾派向来擅长此道，宣传效果在贫苦农民身上最为明显。针对农村选区，该派创作了不计其数的宣传册、年鉴、版画、歌曲，并在农村地区广泛传播。这些宣传材料在流传过程中经常以手抄形式一遍遍被复制。政治领导人经常借助宴会场合发表演讲、成立组织，因此这种宴会也举办得越来越频繁。在某些地区，几乎每个市镇都有一个左翼秘密社团。“团结共和党”是在巴黎成立的全国性协会，目标是协助赖德律-洛兰竞选总统。该协会由布朗基主义者马丁·贝尔纳任主席、雅各宾党人夏尔·德勒克吕兹任秘书，效仿“人权协会”的做法，在各地开设分支机构。[2]活跃的领导人设法将小的秘密社团联络起来，比如，阿方斯·让特就用这种方式在东南部建立了一个强大的地区组织。第三，社会主义运动的快速发展，不仅仅得益于与农民的切身需求密切相关的宣传，还得益于能够在方法上和传统的农民组织有效衔接。不能说秘密社团是一下子就冒出来的，因为它们的前身是传统公会、饮酒俱乐部、共济会分会、烧炭党组织、工会和其他友好团体。在某些地区，秘密社团的数量惊人。在有些市镇，居民几乎人人加入。沃克吕兹省有8万选民，有约1.2万名左翼社团成员，6 000名正统主义者。在1848年的总统选举中，赖德律-洛兰获得了37万余张选票，而纯粹的社会主义者拉斯帕伊获得的选票不足3.7万张。联盟后，左翼在1849年的立法选举中收获颇丰，在23个省份赢得了40%～50%的选票。这一时期的社会主义还是共和主义的支流，它看上去力量强大，是因为二者难分彼此。[3]

难怪资产阶级惧怕“红色威胁”，[4]更令他们恐惧的是“红色分子”都保持沉默，沉默一直持续到1852年大选。不可否认的是，“红色分子”之间的分歧很大，如果真夺取了政权，他们也不知如何施展。有些人宣扬阶级联合，有些人主张让弱小者反对强大者。但这并不意味着阶级斗争。农民对大地主和富人没有深仇大恨，他们主要的对立面是各个阶层的债权人。宣传对负债的农民来说特别有成效，它利用经济萧条来赢取他们的支持，包括小业主、农民、日工等，其宣传重点无非就是提倡友爱、信任、税收改革、消除贫困。左翼社团的真正领导者主要是资产阶级自己，包括律师、公证员、医生、校长、地主等；在乡村一级，牵头的往往是工匠。

1851 年的武装政变凸显了社会主义运动的强大力量，也摧毁了这股力量。在德龙省，1.5 万～2 万人（约占选民总数的四分之一）拿起武器反抗政变；在上普罗旺斯阿尔卑斯省，4.5 万名选民中有 1.5 万人参与其中。32 个省处于戒严状态。[5] 在几个小城镇，反抗者得以在政府军到来之前取得政权，他们发布的第一条法令就是“废除高利贷”、债务，以及间接税收，声称要提供免费教育，承诺将公地分给群众。[6] 之所以有大批参与者，是因为秘密社团的有效工作。整个过程几乎没发生抢掠和谋杀事件，这表明它不是一场计划周密的彻底的革命。结果是 2.6 万人被捕，其中有 1 万人被遣送出法国，主要领导人流亡避难。十多年后，社会主义者才从镇压中恢复元气。补充一点：路易 - 拿破仑早期的成功标志之一就是将许多社会主义者变成了波拿巴主义者，因为在某种程度上，两派的主张看上去有相似之处。

第二共和国的衰落动摇了人们对乌托邦社会主义者的信任，其追随者们产生了深刻的精神危机和自我怀疑。茹尔·瓦莱斯写道：“遭到（武装政变的）重击之后，有些人疯了，有些人死了……有些人还能看见、听见，但是他们的遭遇让他们萎靡、蜷缩、内心空虚……我们过得不比他们好多少。1845 年，二十几岁的人会发现生活的本质是什么，而我们却很难了解。我们是 1850 年离开学校的那批人，1851 年，我们就被挫败了。”[7] 无论如何，社会主义理想并没有从根本上改变。除了蒲鲁东（如前所见，他多次改变了观点），在第二帝国时期，几乎没人对社会主义思想做出什么创新和改变。[8]社会主义运动就这样销声匿迹了。大多数人属于共和派，这一派海纳百川，可以吸收各种不同的观点。在一般公众看来，十几年间，社会主义似乎已经不复存在，但实际上，它融入了“第一国际”。因此，19世纪60年代的社会主义和19世纪40年代的社会主义已完全不同。60年代社会主义运动的主体几乎全是城市工人阶层。

第一国际法国支部的建立始于一小拨工人对资产阶级控制共和运动的反抗。工人们认为凭借自身努力就能获得解放，1864年发表的《六十人宣言》最先表达了这一看法。这一宣言成为法国历史上的一个标志。1864年，托伦依据该宣言参选议员，只获得395张选票①。他所代表的党派以及他在伦敦协助创立的“第一国际”，开始时并未得到社会主义者的信任，因为他和激进的拿破仑亲王保持着友好关系。有一点确定无疑：政府对第一国际持宽容态度，当它发布章程的时候，政府并没有表示反对。第一国际本质上是工人阶级的组织，但这并没有挡住很多资产阶级政客加入的步伐，比如：朱尔·西蒙、布韦松、亨利·马丁，可见该组织有多么温和。第一国际的创立者们特别想把它办成一个研究性的协会，而不是烧炭党的翻版。他们极力避免重蹈秘密手工业行会的覆辙，避免将它再办成秘密组织。他们反对罢工，开始时甚至竭尽全力避免罢工的发生（比如1865—1867年他们对待建筑工人的方式）。他们厌恶用革命的方法行事，这引起了布朗基主义者的憎恨。第一国际的人关注和讨论的重点是：如何组织工人社团，如何开展生产、消费、信贷等方面的合作。他们担心如果争取到了高工资，他们的雇主也许会从国外雇请工人，鉴于此，他们特别看重寻求国际范围内的团结一致。他们的目标是改革资本主义社会，为工人

① 共和党候选人加尼耶－帕热斯获得14 444票，保守派候选人弗雷德里克·莱维则获得6 530票。

争取平等权利，却并不想推翻资本主义制度。托伦的目的是使人们能够发挥个人能动性，他的梦想是“让人人成为财产所有人”。他认为，是不能发挥能动性的失落把工人们变成了共产主义者，他们“既不是出于信仰也不是出于本能”才信仰共产主义。[9]

第一国际在巴黎的砾石街设了一间小办公室。曾有一年，里面只有一个坏了的炉子、一张白木桌和两条凳子。白天，创始人之一弗里堡把它当作工作室，他是一个装潢设计师。后来办公室才加了4把椅子。这个第一国际支部共派发了2万份组织纲领。由于支部没有经费，所以印刷费用由印刷商爱德华·布洛承担。7个月之内，支部只吸纳了500名会员，他们建立蒲鲁东交易和信贷中心的计划未能得以实施。为了回馈会员每周0.1法郎的会费，支部承诺以保险和互助担保的形式给会员提供实实在在的好处，但是，这一承诺成为幻影，因为资金有限、入不敷出。支部满足于做计划，计划如何让工人们自己出资寻求办法支持支部反对资本主义竞争，站稳脚跟。第一国际法国支部最开始只不过是一个友好社团，几年之后，发生的一系列事件促使它变为革命组织。[10]

对它的“收购”首先来自共和派。[11] 亨利·勒福尔（Henri Lefort）是一名资产阶级记者，他接受蒲鲁东、维克多·雨果和罗其代尔先锋派的思想，他的父亲由正统派转为奥尔良派，在1832年的保卫君主路易－菲利普、反对共和起义的事件中丧生。勒福尔竭力促成第一国际和“共和激进派”之间的联合。他声称可以将第一国际大大扩增，因为他成立的合作社中有1万名忠实的追随者。但是，第一国际的领导人一方面不希望以这种方式被吞并，另一方面也不想卷入反对拿破仑三世的政治斗争。结果，他们将勒福尔赶走，制定了规则：只允许劳动者加入，这是法国和其他国家一系列分歧的第一条。当时，第一国际中有马克思这样的非劳动者（知识分子）。第一国际开始是接受法国人温和的互利共生的思想的，尊重他们改良现有社会制度而非摧毁它的良好愿望。但是1868年，实行大规模国有化被纳入第一国际纲领，第二年，蒲鲁东主义落败。在此情况下，第一国际法国支部的性质很快发生了改变，支部不再对罢工怀有敌意。因为第一国际的很多会员是青铜工人，所以它支持了1867年2月的青铜工人罢工，此间还从英国支部获得了数千法郎的资助。有传言说，数百万法郎正越过英吉利海峡从英国寄往法国。雇主们因恐惧而做出让步。第一国际的声望大增，全法国的工会都开始加入它，都希望能获得类似的资助。1868—1870年的工业动荡让第一国际获得了意外的大发展。人们普遍认为，是第一国际导致了无数次罢工，实际上是罢工本身促进了入会人数的增长，因为入会已变成罢工者决心斗争到底的标志。第一国际的力量迅速加强。到1870年，政府估计其会员已达25万人，公众则认为其有100万会员，实际人数可能在2万～4万，其中的大多数都以一种非常松散的方式通过工会和第一国际保持联系，保持联系的主要原因是他们能在罢工期间得到好处。[12] 第一国际在法国主要工业区都设有分支机构，但这些分支机构通常是由几个人创办的，非常脆弱。[13] 在政治对立势力强大的地方，比如里昂，第一国际的发展非常缓慢。[14]

参与罢工改变了第一国际的特性。它再也不像创办者期望的那样只研究经济问题而不过问政治。每次政府军镇压罢工的时候，它都被迫还击，方式是攻击政府和资产阶级。第一国际的人在1869年写道："在一个资本家向游行队伍扫射的社会政权里，人们没办法生存，这些游行有时虽然激烈，但总是正义的。"[15] 第一国际的转变伴随着拘禁和迫害。1868年，在对第一国际领导人进行初次审判的时候，他们的辩护还非常温和，并没有流露半点儿革命的意图，但后来在上诉时，他们表现得更加独立，后续的审判加深了他们的敌意。温和派领导人被捕后，该派选出了新的领导人，这些新人更加"左倾"。截至1869年，第一国际法国支部的最初面貌实际上已经不复存在。

新一拨领导人让第一国际脱胎换骨，[16] 新的工作重点是：将工人组织成工会，让他们公开成为社会主义者和革命者。1869年12月，瓦尔兰在巴黎成立了一个积极进取的工人社团联合会，它几乎和第一国际没有两样，比如对罢工的镇压行为，决定了就能立即执行。1870 年 6 月对第一国际领导人的逮捕和审讯完全摧毁了该组织，就像 1851 年的政变摧毁了第一个社会主义派别一样。普法战争加剧了第一国际的困局。到巴黎公社成立时，第一国际实际上已经名存实亡。

在英国，第一国际的主要支持者是日趋衰落的产业或者传统行业的工匠联盟。[17] 在一定程度上，法国也是如此，但在法国，支持者远不止工匠群体。法、英两国的区别是：法国的第一国际成员人数较少，但是其所在行业和社会阶层更加多样。认为他们基本上都信奉蒲鲁东主义的看法过于简单。一开始，他们可能的确如此，但在实践中，环境的力量很快就让他们接受了政治行动。他们忽略蒲鲁东的训诫，转而支持了 1863 年和 1869 年议会有关革命的决议，当时意大利和波兰工人罢工不断。第一国际后来的新领导人受到巴枯宁思想的影响，虽然遭到巴枯宁的极力反对，但仍然坚持采取政治行动。他们是马克思主义者，但不自知，也没有受马克思主义的直接影响。第一国际主要是由实干家而不是理论家组成的。[18]

几位和第一国际产生密切联系的工人领袖是蒲鲁东主义的主要追随者，其经历值得一说。托伦在工人阶级史上的地位可以和费尔南·佩卢蒂埃相提并论。托伦当过金属雕刻工，后来主要组织了工人代表团参加 1862 年伦敦世界博览会，组织了 1863 年的第一届工人议会候选人选举，还组织了 1864 年的工人国际。他被看作第一国际中蒲鲁东派的领袖，但他是一个务实的组织者，而非理论家。1863 年，托伦针对蒲鲁东的理想主义纲领撰文道：“人民通常不会让一个理论牵着鼻子走，不管这个理论多么有价值。形而上学的抽象演绎对他们来说毫无吸引力。在关键时刻，他们几乎总是更愿意跟从自己冲动的情绪而非纯粹的理性。”[19] 托伦认为，人民的首要目标就是取得“1789 年资本家和农业经营者得到的那种自由”。1848 年，他们还未能清晰地表达自己的愿望，“工人们更多依靠直觉而非理性来接受这样或那样的社会学说”。在第二帝国初期的沉默阶段，工人领袖逐渐放弃了夸张的观点和不切实际的空想，努力寻求可行的改良措施。托伦不是一个革命者，他甚至反对罢工（反对并非因为他是蒲鲁东主义者，而是他觉得罢工会带来种种不便）。他引用过路易－拿破仑《论消灭贫困》一书中的话：“工人阶级好像是一群奢侈享乐之人所轻视的对象……富裕不再有压迫性的时候，贫穷也就不再具有煽动性了。”他希望工人通过教育、（包括劳资双方的）工会和自觉进行有限工业化得到解放，“工会是进步之母”。对他来说，工业发展的困境是：“没有资本，工人就不可能有积极主动性。”所以他认为，法国不应该和英国竞争，而应该将重心放在生产高级商品上，这样“法国品位和艺术情调就不会被工厂的等级制度泯灭”。不久之后，托伦就离开了第一国际，后来也没支持巴黎公社。正如 1863 年大批工人没有追随蒲鲁东，而今他们也没接受第一国际。托伦恰好反映了工人们的这种温和主义，期望从现有的资本主义制度中争取到更多利益，并没打算推翻它。托伦在 1871 年成为众议员，1876 年成为参议员。

瓦尔兰的思想变化体现了蒲鲁东思想的局限性。他当时是工人阶级政治斗争第二重要的人物。瓦尔兰的父亲是农民，拥有一小块土地。他 13 岁到巴黎的叔叔那里当学徒，做装订工，18 岁参与创立了“装订工友好协会”。他帮助组织了 1864 年和 1865 年的罢工，随后加入了第一国际。他相信工会和合作社能够让工人得到解放，正像他的传记所述：“他始终追随着蒲鲁东，按其理论行事，但当时他还没有真正理解这位来自贝桑松的哲学家——蒲鲁东的著作……他用切身观察而不是什么哲学体系来指导自己的行动。”[20] 瓦尔兰的独立性还体现在他排斥蒲鲁东“妇女居家”“由家长操控教育”的倡议，谴责那些鼓动大家在 1869 年选举中弃权的蒲鲁东的疯狂崇拜者，他特别期望工人们反对所有党派的候选人，因为“这标志着群众和资产阶级划清界限”。[21] 虽然不久以后瓦尔兰就和第一国际中的互助论者分道扬镳，但他并没有成为马克思主义者，因为他痛恨国家和权威。虽然他和巴枯宁的思想更为接近，但其思想的主要来源是他作为工会组织者的亲身经历，他在这方面才华横溢。瓦尔兰在个人生活上没有什么奢望，这一点不像托伦。瓦尔兰专注、寡欲，很少大笑，行动力强。他后期做过的一件事颇具象征意义：巴黎公社的一位将军送来一份账单——将军用上好的布料请废黜皇帝的裁缝做了一套新军装，瓦尔兰没有批准这笔费用。要不是英年早逝，瓦尔兰有望在法国的社会史上起到更大的作用。[22]

巴黎公社

巴黎公社不是社会主义政府，但它在社会主义史上占有一席之地，因为当代许多人认为，它具有社会主义性质。它在民众中极受欢迎，假若当时“能有三个月和各省自由联络的时间”，那么它很可能会引发“大规模的农民起义”。[23] 但是在法国历史上，巴黎公社有着完全不同的意义。它不是任何革命的产物。巴黎的革命者中大部分是布朗基主义者，他们试图在 1870 年 10 月 31 日和 1871 年 1 月 22 日举行起义，都遭遇彻底失败，没有赢得人们真正的支持。

巴黎公社产生的原因复杂多样、不易觉察，有些原因存在已久，有些则是与当时发生的普法战争直接相关。从 1789 年起，巴黎就是法国各种先进共和思想的首要“庇护所”，也是反对派力量的发源地。在这里，新政府成立又被推翻，反反复复。对于巴黎心血来潮的想法，外省不得不当作命令来执行。虽然巴黎统领着全国，但它自己并不自由。政府用剥夺其自治机构的方法对巴黎实施报复。在管理上，巴黎是法国最落后的地区。它不设市长，没有城市的独立地位。警察局局长用一群间谍和恨意满满的科西嘉密探“照看”着巴黎。城乡之间的对立在这里表现得淋漓尽致。彼时，巴黎到处是新移民，城市快速发展，在这里，梦想破灭者多，取得成功之人少，它既让人深爱又遭人痛恨，还充满激烈的竞争。巴黎是全法国贫富分化最严重的地方。饥饿和犯罪几乎把穷人变回了动物，这对资本主义社会构成了长期的威胁。比雷（Buret）在《论英法工人阶级的贫困》（1840 年）一书中，把他们比作原始人和野蛮人，怀疑“他们可能正酝酿着一场侵略”。[24]

1848 年的“六月起义”和 1851 年 12 月的武装政变说明巴黎是一个经历了无数危机的所在。1870—1871 年的普法战争加剧了固有的对立：当时，巴黎被普鲁士包围，这进一步切断了它和外省的联系，也让巴黎市民发了疯地痛恨无能的、战败了的政府。1871 年的国民议会上，君主制的拥护者占了大多数，但是他们完全被孤立，当会议象征性地转至凡尔赛宫召开时更是如此。巴黎人想维护共和体制，并为此继续战斗。对他们来说，推翻保守的政府至关重要，因为战时商业贷款被终止了，许多小手艺人和店主都面临破产。巴黎没有反叛，相反，巴黎公社的产生是由于保守派的操作，他们想解决巴黎人反抗统治的老问题。梯也尔终于可以算 1848 年被巴黎人推翻的旧账了。此次，巴黎遭到普鲁士军队包围，巴黎工人自发组织了国民自卫军保卫巴黎，这支武装对法国临时政府是严重威胁。临时政府首脑梯也尔决定解除巴黎公社的武装。巴黎人拒绝放下武器，梯也尔的政府军撤出巴黎，做武力镇压的准备，他认为路易 - 菲利普早在 23 年前的 1848 年就应该这样做。他决心不仅要让巴黎人臣服，还要一劳永逸地消灭顽固、激进的反对派，根除这一长期存在的不安定因素。政府军撤出后，巴黎公社成立，它独立统治巴黎 73 天（1871 年 3 月 18 日至 5 月 28 日）。

突然之间，政府部门、军营、警察局、市政厅、法院、邮局等处空无一人。所有资本主义政府的标志都消失不见。没有 1848 年那样的革命喜悦。一方面，人们的愁闷和疑虑、对梯也尔极端行为的惊诧，以及他拒绝和谈的态度，加之对政府的愤怒和仇恨，在社会上产生了一种黯然、焦虑的气氛。另一方面，巴黎人现在可以按自己的秉性和所思所想“过自己的生活”。[25]对历史学家来说，巴黎公社之所以如此令人迷恋、如此重要，是因为那时它的传统衣装突然被脱掉了，使人得以裸看巴黎。人们可以清楚地看到：当时的政府采取了什么高压政策、多么严厉的经济措施——一切都显露无遗；民众如何置官方禁令于不顾，一如既往地我行我素。巴黎公社的所为和相关的记录显示：大众观念从1848年或者说从1789年以来经历了哪些起伏变化。1871年3月之后大约有4万人被捕，其中1.5万人的档案得以保留，它们记录了普通人的自述。这一独特的档案资源也使那些无任何历史记录的人从历史深处显现。[26]

1871年的巴黎怎么都和社会主义与革命挨不上边儿。那年的国民议会选举中，第一国际支持的43个候选人中只有4人当选，他们之所以当选是因为在某种程度上得到了其他派别的支持。布朗基只获得了5万张选票。巴黎寻求自治的第一步就是举行市议会选举——市议会后更名为“巴黎公社”(更确切地说是“巴黎公社议会”)。公社共有90名成员（确切地说是“公社议员”），其中25名手工业工人（工匠）的加入使公社带有独特的无产阶级色彩，另有65名成员属于资产阶级，他们是医生、教师、律师、记者。[27]在普法战争和普军对巴黎围城期间，约三分之一的巴黎人离开巴黎，其中大部分是上流社会人士。这样，当社会和政府的顶层出现空缺的时候，城市的领导权就转移到小资产阶级手中。90名公社成员中有三分之二属于雅各宾派，他们没有建立社会主义的愿望，而是对1789年的革命念念不忘，将公社看作1793年的延续，目的是夺取政权后用国家权力消灭政敌、为人们谋福利。只有三分之一的公社成员是社会主义者，他们又分为意在废除政府的蒲鲁东主义者和布朗基革命派。公社的行动一般由雅各宾派执行，而撰写宣言和陈述理由一般由理论水平更高的蒲鲁东派来完成。然而，雅各宾派、蒲鲁东派、布朗基派之间的界限很难厘清，这进一步加重了公社目标的模糊性。因为雅各宾派的某些成员来自第一国际，所以他们不一定反对社会主义。布朗基派和雅各宾派又多有相似之处。大多数社会改革方案都要经投票通过。公社一直没有形成一个明晰的社会主义的小团体，假如有，也是到了公社后期成员彼此了解之后形成的。不管怎样，几乎没人自始至终秉持同一种理念。

在各党派之内，有些人的政治观多变且多样。贝莱（Beslay）在王政复辟时期是波拿巴主义者，后来先后变为自由主义者、共和主义者，最后变为蒲鲁东社会主义者。他是一个富裕的制造商，实验过和工人分享利润的计划，但以失败告终。[28] 德勒克吕兹曾是记者，后做地方长官，是赖德律－洛兰的主要支持者之一。他狂热崇拜大革命的参与者，特别是“热月烈士”，认为这些人是“不会犯错的圣人”。他对路易·勃朗的社会主义和蒲鲁东的社会主义都大加批判，认为他们的学说会把法国变为“修道院或者军营”。他信奉罗伯斯庇尔的“权利宣言”，计划复兴“公共安全委员会”。但是在第二帝国时期，德勒克吕兹又对工人阶级表达了更多的同情，认可他们为自身解放所做的努力。虽然身为雅各宾派领导人，被批不懂社会主义的问题，但他仍然赢得了人们的尊重，甚至赢得了社会主义者的敬佩。[29]

书籍装订商瓦尔兰（当时年仅 32 岁）主张阶级斗争，而自称社会主义者的韦莫雷尔（Vermorel）主张社会和谐。韦莫雷尔当时 30 岁，已经是著名记者，他受到了德勒克吕兹和蒲鲁东的双重影响，持高度折中态度。[30] 特里东是富裕的国有土地投机商的儿子，信奉布朗基主义。他尽全力为革命者埃贝尔恢复名誉。虽然特里东是布朗基主义者，但他在巴黎公社中和社会主义者站在一边。古斯塔夫·弗卢朗（Gustave Flourens）的父亲是法兰西学院院士、教授，他自己也是声望日隆、前途大好的教授，且是 3 万法郎的继承人，但他有着不切实际的狂热空想，甘愿放弃这一切，而当了乌合之众的领头人。巴比克（Babick）是香料商，是宗教神秘主义者（联合论者）。雷热拉（Régère）操兽医职业，但实际是神职人员。阿利克斯（Allix）曾经用“交感蜗牛”发明了一种疯狂的电报系统，在当第八郡的长官时建起了妇女体育馆。阿西（Assi）是加里巴尔迪（Garibaldi）手下的机械师，组织了法国中部城镇勒克鲁佐的罢工。最年轻的公社成员是 24 岁的里果特（Rigault），他的父亲是第二帝国时期的地方副行政长官。里果特成了巴黎公社的特工专家，他对警方密探人员了如指掌，他们在法庭露面之后，里果特就跟踪他们，并编写了一份长长的名单，就像警探对抵抗者所做的一样。[31] 这些例子足以说明：巴黎公社的构成多么复杂，成员的动机多么复杂。有个成员曾对另一个成员说："我生命中最棒的那一天将是我逮捕你的那一天。"[32]

巴黎公社的主要任务就是保证自我供给，对抗凡尔赛政府。普法战争和普军围城的那种氛围不利于进行仔细规划。公社的一位成员有过这样的记述：两个月中，他脱衣上床睡觉的次数不足十次。无论如何，公社通过的一系列法令具有重要意义，其中鲜有反对资本主义的法令。公社曾尝试建立一些工人生产协会，将它们设在大企业中，但事先要承诺给企业主补偿。有几个工会确实用这种方式经营了工厂，但最后这些工厂让人深感失望，它们效率低下，最后成为无休止争吵的牺牲品。但这些实验并不是蒲鲁东理论的一种实践，而是代表着 1848 年理想的回归。有人要求继续实行政府干预，这与蒲鲁东的观点背道而驰。公社禁止面包房夜间工作，蒲鲁东主义者对此提出反对意见，认为虽然这种改革令人期待，但是应该由面包房主而不是政府来决定。公社没有成为无政府主义的"非国之国"，最后在不少成员的反对声中，成立了雅各宾式的"公共安全委员会"。虽然委员会中很多人自己是记者出身，但他们对报刊实行审查。其中负责警务的里果特比他自己抨击过的拿破仑一世时期的警察更加专断。

公社最有意思的改革是那些相对小型的实用性改革。[33] 很显然，废除工厂里的罚金制大快人心。不管是已婚还是未婚，公社都给阵亡者的伴侣发放抚恤金，这一做法触目惊心，因为这等于认可了许多工人未婚的合法性，这也对妇女解放运动是个巨大的打击——妇女以及工薪阶层被认为是受压迫最重的人群。教育委员会负责人瓦扬博士（Dr. Vaillant）下令建立了两所实验性的技术学校，一所男校、一所女校，学校贯彻的是夏尔·傅立叶的“素质教育——社会平等的真正根基”。瓦扬还尝试将教会学校世俗化，但是像在别处一样，实际发生的变化微乎其微。圣路易斯中学还是一天有两次祷告，唯一的变化就是两名救济品分发员穿上了平民的衣服，带上了圆顶高帽，且不理胡须、任其生长，这一切都让孩子们困惑不已。[34] 短时间内改变教育体制非常困难。在改革似乎更容易的司法部门，甚至都没有进行过哪怕一点点大胆的尝试。普洛托（Protot）主政司法机构，他是农民的儿子，后成为律师，是布朗基的崇拜者，参政之后竭力保护遭受迫害的社会主义者。他颁布了选举地方行政官的法令，但由于担心选举结果，实际上是自己任命了官员，这些官员大部分属于资产阶级。普洛托消除了公证处和法院官员贪赃枉法的行为，但保留了这些机构的办公室，留作民用。根本性的法制改革从未实施，甚至从未有人有过改革的念头。[35] 公社的财政由茹尔德负责，他原是一家百货商场办事沉稳、诚实可靠的会计，谨慎之极、极其保守。在梯也尔的临时政府逃到凡尔赛之后，公社对法兰西银行未动毫毛，只是从那里借钱，甚至没人想到、提到要将其国有化。传统的征税方式仍在进行，没人想到要对此进行改革，这尤其令人惊奇。政教宣布了分离，教会的房产也充了公，但实际上，除了无数教士被捕、教堂被改造成俱乐部会所用于举行公众会议，再无其他将法令付诸实施的实际行动。有些人对社会立法这个观点持怀疑态度，他们更倾向于让工人自己和雇主自行商定，认为工人们已经足够强大，自己能够争取到满意的条件。公社在对农民的宣告书中写道，不会为他们提供国有化的土地，而是分给他们每人房屋和土地所有权，也不向他们征税，只向富人征税。[36]

如果公社关注那些政治俱乐部派来的代表团和他们提出的无数条建议，可能它会走得更远。俱乐部的数量在 1871 年 3 月 18 日之后快速增加，它们渴望在建立新秩序方面扮演新角色，而不想充当反对派机构。它们不断接管教堂，用于集会，成员的辩论内容发表在各类报刊上。一个核心俱乐部能起到连接其他俱乐部的作用，能充当“公众舆论的温度计”，并不把自己的观点强加于人。公众参与公共事务的兴趣达到了 1848 年以来的顶峰。但是，俱乐部中那些疯狂和极端的观点没有得到多少人的认同，它们只代表了少数人的看法。5 月之后，许多人被捕，他们的档案显示，当时大多数人都持非常保守的观点。普通人的愿望是建立一个巴黎自治政府：废除警察署，拥有自主选举市议会的权利，以及自主选定国民自卫队长官的权利。普通人还想要拥有人民主权：由人民进行直接管理的理念特别受到追捧，包括选出代表的有效期限缩短，代表身份可以随时撤销。有些人把这看成得到公务职位、国家工作的机会，但是对大多数人来说，它只是坚守 1793 年理想的一个标志。社会对立并不明显。虽然大多数被捕的人都是工薪阶层，他们也隐隐约约表达着对富人、资产阶级、游手好闲者的不满，但是他们并不反对自己的雇主，甚至找不出双方敌对的实例。相反，许多人在审判中设法让雇主为自己说话。只有那些逃离巴黎的雇主才是敌人。从整体上看，人们似乎对神职人员的恨意最多，然后是房东，之后是看门人。他们切齿痛恨的资本家就是抬高物价的垄断者，这类人在革命之前就一直是他们的敌人。这一切都不令人惊奇。1871 年的巴黎在经济上更接近 1789 年而不是 1940 年的巴黎。当时，大多数人要么一生都在小作坊里干活，要么自谋生路，很少有人在工厂里工作。即便他们转到工厂上班，也保留着老一辈工匠那种不受约束的传统。他们甚至算不上城市人——那些被捕的人中有四分之三来自外省。人们也不应该把巴黎公社的出现看作对法律的一种突发的、出乎意料的对抗，因为 21% 的被捕者以及 29% 的认定有罪者都有前科。[37]

从历史角度看，对巴黎公社的镇压可能比公社政权本身更重要。凡尔赛政府军入侵巴黎后，用一周时间拿下了它并血洗了全城。当政府军进城时，公社社员乱了阵脚，退回自己的街区守护，没能将军队拦截在城门之外。鉴于此，人民基于“社区沙文主义”进行抵抗，没有组织、完全自发。政府军毫不留情地屠杀了 13 万人，这是 19 世纪史无前例的、最惨烈的屠杀，惨烈程度远远超过1848年的“六月起义”。2万～2.5万人被仓促地处决、杀戮。38 578人被捕，抓捕实施之前，有十倍于这一数字的人被告发。审判花了两年时间，此间，被捕的人在环境恶劣的监狱中“朽烂”。10 137人被判有罪，其中约半数被放逐到南太平洋的新喀里多尼亚群岛。公社失败之后的巴黎完全不一样了，到处是丧亲、饥饿、阴郁、流放的人，以及空无一人的作坊。“军队士兵们也无声无息。他们虽然胜利了，但深感悲伤，不喝酒、不唱歌。巴黎好像一座被哑人占领的城市。”[38]在巴黎之外，有传闻称公社社员的行为像野人一样野蛮，报界呼吁应该像对待野兽一样处死他们，一提到特赦他们，农民们就大惊失色，呼吁不能对他们怀慈悲之心，必须严惩。[39]这些虚假的传言引发了群众和资产阶级关系的破裂，其程度比1848年6月引起的破裂程度更深。传言使无数作者写文章时都带上了蔑视的口气以及对穷人的恐惧。据此传言，法国著名作家、宗教史家勒南得出教训：民主是引起法国种种不幸的原因。[40]传言刺激法国学者泰纳写了反革命的《现代法国的起源》一书，还促使阿尔贝·德曼成立了“天主教工人俱乐部”，意在矫正民众那些危险的观念，其中包括：教皇本人曾将公社社员比喻成“从地狱逃出来的、在巴黎到处放火的人”，[41]要是他没说过这样的话就好了。公社让许多资产阶级变得更加保守，对工人不再那么同情——如果没有公社，他们对工人阶层的同情可能还多一些。同时，公社让工人们变得更加极端。巴黎公社成员、当时最优秀的历史学家之一马隆总结道：“因为资产阶级不想像兄弟一样接纳我们，拒绝我们进入人类之城——巴黎，那我们只能硬闯。”[42]在大屠杀之后，社会主义者很难保持温和，特别是与杀害他们同志的刽子手和解变得难上加难——他们很难接受同志的离去。19世纪60年代刚刚开始的温和工会运动戛然而止，代之以更加剧烈的运动。身居凡尔赛的老一代社会主义领导人布朗基和托伦也反对公社。公社还将古斯塔夫·肖迪作为人质枪决，他是蒲鲁东的遗产执行人、律师、《世纪报》的主编。这一事件在社会主义者之间产生了隔阂，使之相互背离。1879年大赦之后，公社领导者结束流放，回归故土，彼时，他们心中充满了苦涩和沉重的回忆。[43]

盖得派

马克思主义与社会主义运动的结合，主要得益于茹尔·盖得的努力，他在建立法国第一个有组织、集中领导的政党方面也起了重要作用。他的名字对当代人来说比较陌生，因为他不如饶勒斯、布鲁姆卓越杰出，也不像他们魅力十足。但是在他自己的辉煌时期，他所主张的社会主义曾让资产阶级闻风丧胆。他身材高瘦，因为他始终由于赤贫而忍饥挨饿。他头发披肩，胡须疯长，脸上是一种病态的苍白（常年患病所致）。在金属框眼镜的后面，他目光灼灼。即便谈论的是最普通的事，他看上去也是怒发冲冠、双唇抖动。他说话时情绪高昂，语速极快，声音刺耳尖利，语调尖酸。他的讽刺言辞辛辣，侮辱之语暴烈。人们给他的绰号“教皇盖得”“红色耶稣会士”再恰当不过。他本性阴郁专断，手段冷酷。他不招人喜欢，追随者寥寥，所以人们忘了他也就不足为奇。但是，他热衷论辩、善于说服，是一个出色的、令人佩服的雄辩家，是一名充满活力、善于表达的记者，是一位不知疲倦的组织者。他对法国的影响极大，在法国历史上留下了浓墨重彩的一笔。

盖得出生于1845年，父亲是校长。因为家里贫困，盖得早早辍学。19岁时，他在巴黎做翻译，但不久就辞职当了记者。维克多·雨果的诗集《惩罚集》让年轻的盖得变为共和主义者，到老年时，他仍能背出书中的大段内容。18世纪哲学家给予他的影响就是使他成为无神论者。他先是甘必大的追随者，后成为巴黎公社的支持者。1871年，他因支持公社而被判5年监禁，后流亡意大利，在那里受到了无政府主义的影响。1876年，盖得接触了马克思的学说，变成马克思主义者，从此以后，他成为马克思主义在法国的主要普及者。[44] 他于1877年创办的《平等报》(订阅量为5 000份)首先成为他宣传马克思主义的阵地。是他首先做出这样的决定：将工会运动用于宣传马克思主义，然后将它变为一个政党。和马克思合作之后，他撰写了政党纲领，并于1879年在法国第三次全国工人代表大会上通过，宣布成立法国第一个工人阶级政党——工人党，盖得因此快速赢得了一批支持者。1881年工人党参选，赢得了大约5万张选票。但是盖得从来没能真正掌控工会运动。他一开始获得了支持，是因为他让多名无代表资格的人进入了会场。不久，工会将他驱逐，之后他试图建立一个能与之抗衡的全国工会联盟，但未得到多少支持。从早期开始，盖得就陷入一种窘境，这一窘境也一直困扰着社会主义者：他的目标是按照马克思主义建立一个工人阶级政党，但建成之后的政党就变成了另外的东西。他对政治的过度关注使工人们疏远了他。他几乎不参加罢工，也对工会的组织毫不在意，他从未有过工业生活经历，只想利用工人为自己的政治目的服务。

真正支持盖得的是北部-加来海峡大区的纺织工人，他们很快就给予了他巨大的支持，让他成为一股不可忽视的力量。这一切都源于他领导的那一派工人党(盖得派工人党)深度融入了当地纺织工人的生活，利用传统节日和娱乐俱乐部为其服务。盖得派组织舞会、音乐会、节日庆祝会、竞赛、台球和纸牌游戏、戏剧俱乐部、射击俱乐部等，用这些方法将革命内容融入传统的社交活动。工人们加入盖得派的原因不只是贫困。法国东部的纺织工人中很少有人支持盖得，他们的工作环境恶劣，但这也没能把他们变成极端主义者。同样，北部的矿工们发现，那些温和的领导者才能保证他们的公司利益，盖得却对此无能为力。在矿业领域，他只得到了小型煤矿工人和小型钢铁厂工人的支持。所以，从一开始，社会主义就并未对所有产业工人产生天然的吸引力。盖得征招新人时不只看某地的经济状况，而是综合看多种因素，特别是要有一名得力的干将通过组织活动来支持他。

加入盖得派的人员来源多样：有工厂工人，也有手工工匠，甚至包括小店主（占总数的 17%，其中一半是酒馆老板）、农民（占总数的 7%，其中三分之一有产业）。盖得的成功只局限在三个状况截然不同的地区：北部、中东部（特别是阿列省），以及西地中海地区。他最强的支持力量在北部，北部给他贡献了三分之一的选票。在这一地区取得成功的因素有两个：一是此地的纺织工人没有和他的理论冲突的强大的传统政治观念（巴黎的工人就不同，他们不怎么支持他）；二是得益于古斯塔夫·德洛里（Gustave Delory）坚持不懈的宣传。德洛里开始是纺织工人，由于参与工会活动被解雇。他以巡行报商的身份开始参与盖得派活动，一天走 25 英里①去传播盖得派学说。他先后开了酒铺和印刷厂，它们都是重要的政治工具。1896 年，他成为里尔市市长，1902 年当选市议员。与德洛里类似，一位名叫佩德龙（Pedron）的钟表匠是盖得派工人党在奥布省获得成功的主要推手。在该省，佩德龙通过利用他自己的报纸、演讲，以及为制帽商组织家庭聚会一样的工会等形式，为盖得赢得了大批支持者。[45] 在法国中部，盖得派成员主要来自秘密团体“玛丽安娜”，它活跃了 1850—1851 年和 1872—1877 年，一直延续着烧炭党的传统。科芒特里市市长克里斯托夫·蒂夫里埃是法国第一个社会主义市长，他和蒙吕松市市长让·多尔穆瓦（Jean Dormoy）领导着阿列省的盖得派工人党，这两个人原来都是“玛丽安娜”的成员。蒂夫里埃 10 岁下矿井，曾经拒绝当工头，说他不想欺负朋友。为了寻求独立，他先后做过面包师、制砖工、卖酒人、建筑工，用自己的积蓄建了房子。1872 年，秘密团体“玛丽安娜”第一次在他家的阁楼上开会。随着人数的增加，团体开始于夜间在野外集会，每次换一个地方。成员们都用一种复杂的秘密语言交流；走进咖啡馆时，他们都用一种特别的方式说“天气真好”；他们碰杯时先

① 1 英里约为 1.6 千米。——编者注

碰杯颈，然后碰杯沿；他们握手的方式很特别。他们将集会的信息藏在手绢中，用姑娘传递约会情书的办法将消息传出去。这些做法非常吸引矿工，以至于当盖得到访科芒特里、说服蒂夫里埃加入他的事业时，刚建起的政党如俱乐部一般快速发展，迅速变成一场思想运动。蒂夫里埃广受欢迎，主要因为他本人是一个可爱的人。“他从不骄傲自大。”他出现在议会时，大衣外面套着工装，打着他的出身阶层特有的手势，这表明他没忘本——人人皆知。有一次，他因大喊“公社万岁”被人从议会里赶了出来，但他拒绝退会。然而，他的社会主义不是正统的马克思主义。比如，他管辖的市就要求废除“矿工合作社”，原因是它损害了小店主们的利益。他把一些激进领导人也吸纳进他所在的盖得派，比如共济会分会的一名创立人德利尼埃（Deslinières），但是在某种程度上，该派力量也在减弱。[46] 最后，蒂夫里埃自己离开了盖得派。有意思的是，他议会的席位被他儿子继承。

蒂夫里埃和同一地区盖得派另外一位主要领导人多尔穆瓦相互竞争，这说明该派内部甚至在一个很小的区域内都存在巨大差异。多尔穆瓦从13岁开始当金属工，1870年之后，他积极参与共和国政治。1880年，他曾邀请盖得来蒙吕松市做演讲，自此以后开始信仰马克思主义。结果，多尔穆瓦丢了工作，做了一个小贩。他因煽动谋杀雇主和煽动掠夺被判6个月监禁，在狱中和盖得、拉法格（马克思的女婿）关在一起，这段时间大大提高了多尔穆瓦对马克思主义的认识。他专门研究怎样组织工会，把“5月1日大游行”引入法国。他个人魅力突出，47岁去世时，据说有3万人送葬。但是，他从未建成一个组织严密的党派架构——像盖得派在北部省和奥布省那样的组织架构。

在阿列省，盖得主义让人们更多地想到了1849年的蒙塔涅。[47] 在法国南部，信奉盖得学说的主力是一群心怀不满的激进分子，这些人对马克思主义毫无兴趣，该学说之所以吸引他们是因为他们发现它包含一种新极端主义。在这里，盖得派领导人大多是小资产阶级或中产阶级。其中，最著名的就是纳博讷市市长费鲁（Ferroul），他从1892

开始任市长，直到 1921 年去世。费鲁先后当过共济会会员、激进主义者、布朗基主义者。他因维护本地利益而赢得盛名。

到最后，盖得派工人党已经和它成立时的初衷相去甚远，卡尔·马克思对此非常愤怒。它当时已是 19 世纪末法国最大的社会主义政党。到 1898 年，该党已有 1.6 万名党员，在同年的选举中，它推举了 96 名代表，赢得 13 个席位，共获 29.4 万张选票（占选民总数的 2.7%）。它还掌控了多个自治市。[48] 但在这一过程中，它逐渐失去了正统马克思主义捍卫者的作用，也不再是一个具有清晰连贯的方针政策的政党。它通过不断结盟来取得成功，这些盟友用激进主义、民族主义、形形色色的社会主义来稀释它的学说。1892 年之后，它集结各方保卫共和国。1895 年，盖得派支持激进的资产阶级内阁，接受改良主义，放弃了本派“资本主义不值得改进”的观点。它秉持的新观点是：自己掌控的那些自治市不仅应该为未来的社会主义做准备，也应该立即改善民众的生活状况。盖得希望尽快获得权力。他在 1893 年说“现在是胜利的前夜”，在 1897 年说“新世纪将是新时代的开端”，他不断地重复“革命即将到来”。他决心获得所有可能的议员席位（他希望在 1898 年的选举中能得到 115 ~120 个议员席位），愿意为此付出一切努力。盖得派在其土地计划中为获得农民的好感承诺减税，还承诺只会将大规模的不动产国有化，而“不会让农民们用汗水浇灌的土地损失分毫”。盖得派谈论阶级斗争和革命的时候越来越少。为了摆脱人们给他们的绰号“普鲁士人”(因马克思是德国人)，盖得派变成了爱国者、真正的沙文主义者。无论如何，这些变化都没给他们带来好处。1898 年的选举让人深感失望，之后，盖得派又走回革命的老路。可能有人认为，假如盖得派赢得了选举，他们很可能会变得极其温和，成为温和的激进派，走甘必大的老路。实际上，不管是温和策略还是激进策略，对他们都失去了效用。在 19 世纪和 20 世纪之交，该派似乎遇到了发展瓶颈。他们的马克思主义和当时的法国国情没有多少关联，他们也没有努力将马克思主义加以改造以适应时代需求。他们宣传说，法国的工资水平肯定要下降，但事实上，人们的工资水平在明显上升。虽然他们声称本派的学说是科学的，但对法国资本主义和工业没有做任何研究。他们对理论的强调变为对僵化教条的随口重复。因为不想成为乌托邦主义者，他们拒绝描绘为之奋斗的社会主义图景，因为他们本来就对未来没有清晰的展望。在其他许多党派组织松散无序的时候，盖得派的工人党组织严密、集中管理，这显得非常特别。也正因这种组织特点，该派很少有施展才能的空间：当盖得和其他社会主义者大谈“团结”的时候，他们对“团结”的理解只是他的“独裁”。盖得对该派的控制实际上具有欺骗性。该派分支和联盟的层级组织只在法国北部比较有序，在其他地区则五花八门、不太正规。努力实现全国集中管理的目标不但没有达到，还引发了更多的冲突，特别是当盖得生病的时候，当然，他生病是常态。地方各派，特别是南方的派别，自行制定了独立的政策。盖得派资金短缺，只雇得起一位专职宣传员。他们拥有的报纸数量也不足：1890—1905 年，只有 130 家报纸，主要是周报，但是其中多于半数的报纸都只存活了不到一年，只有五分之一存活了两年以上，仅有 6 份报纸的发行量超过了 5 000 份，大多数报纸都平庸无味、缺乏创意。(在北部以外的地区)没有日报是一个很大的障碍。同时，这一党派变得有些“不务正业”，专门替其成员找工作。鲁贝市的 36 个议员中有 22 人是持照的酒店老板。1898 年，只有两名本党派议员是真正的工人身份。[49]

盖得既不具备创立一个真正意义上的全国性政党的能力，也不具备团结各种派别的能力。他极其缺乏机智和耐心，又极度专权。他一生都急于追求立竿见影的结果，未能理解第三共和国时期政治观念的逐渐演变。他的机会主义也未能成功。他未能充分重视及时改善穷人的境遇，也没能赢得工会的领导权。他既抨击布朗热主义运动，又批判资产阶级共和派，故未能从危机中受益。他没有参与“德雷福斯事件”，而饶勒斯和克里孟梭参与其中并受益多多。盖得也没有对当时流行甚广的“反教会干政”的观点表达过看法。在世纪之交，他取得的成绩达到了极限。[50] 但是，他对社会主义运动的贡献具有永恒的重要性。他在联合党代会中的影响力一直持续到“一战”爆发。更重要的是，他留下了一个强大的马克思社会主义传统，这是该派的历史上最重要的组成部分。盖得留下的传统与饶勒斯和布鲁姆更加人道的传统之间存在矛盾，而这一矛盾是法国社会主义面临的主要问题之一。盖得传统一直流传至今，在法国北部的影响尤甚，他在那里获得了很多行家里手的支持。1944 年法国解放之后，社会党政治家居伊·摩勒获得胜利，这标志着盖得主义的复兴和雪耻。工人党只能由工人代表组成，以及只进行反对社会的阶级斗争的观点，又一次成了官方理念，它反对布鲁姆扩大成员范围的观点，反对重新定位它在法国社会中的作用。摩勒于 1965 年打败了总统候选人加斯东·德费尔，这再次表明盖得学说有多么强大的影响力。[51]

可能派

盖得的权力主义很快使社会主义者产生分裂。早在 1881—1882 年，保罗·布鲁斯就创立了一个与盖得派分庭抗礼的派别，推出的学说是一种非常不同的社会主义。布鲁斯将社会主义者在选举中的失败归罪于盖得僵化的教条主义，他呼吁每个选区的派别都有权制定自己的纲领，以适应当地的实际情况。盖得的支持者认为盖得纲领精确、清晰，因此对它高度赞誉。但布鲁斯认为，盖得的纲领耽于空想、不切实际，它想要同时得到一切，但结果什么也得不到。布鲁斯曾无意中应和了甘必大的思想，他写道：“理想应该分为几个切实可行的阶段，我们的目标应该即时化，以使它们触手可及。”盖得无不嘲讽地把布鲁斯及其追随者叫作“可能主义者”——一种新的机会主义者。布鲁斯一派很高兴地接受了这一称呼，回敬道：“那就是说，盖得派就是‘不可能主义者’。”这样，社会主义政党内部发生的这种分歧很像不久前出现在共和派和激进派之间的矛盾。

布鲁斯派和盖得派的分歧主要存在于三个方面。第一，布鲁斯派给予地方组织很多自主权：他们不必追求学说上的一致性，只需要将所有受剥削的工人团结起来，允许在策略和学说上有不同意见。他们的统一名称叫作“社会主义工人联合会”，但是允许在后面加上副标题，以凸显个性。第二，布鲁斯派放弃了“革命是达到目的的手段”这一看法。他们认为，管理国家需要经验，巴黎公社就是因为缺乏经验失败了。他们说：“仅凭做一次漂亮的演讲并不意味着就能领导国家或进行这项伟大的公共服务。”第三，他们把重点放在城市层面，布鲁斯据此还发展了马克思主义，提出了“公共服务理论”。他认为，是否应该剥夺资产阶级的财产并不是问题，经济力量会决定他们的命运。资本主义的发展势必会形成垄断，把垄断企业或服务变成公共公司或服务符合逻辑。以此，社会主义会逐步实现。经济在不同领域以不同速度增长，直到实现社会主义目标。最后，当公共服务提供到极致时，管理成本超出管理价值本身，这时服务就可免费了。邮局可能是第一个实现这一目标的地方。当所有的服务都不收费后，共产主义就实现了。同时，布鲁斯想实现市政层面的、实实在在的社会主义。[52]这一政治路线在某种程度上和激进派的难以区分。他所提出的社会纲领的调子、对阶级斗争的态度，让人想起1848年革命时的中庸、温和。如果资产阶级政府能实实在在地帮助穷人，他也很愿意支持政府。布鲁斯的大部分纲领都有关地方事务，或要求地方政府免费提供交通、水、天然气等公共服务，或要求以成本价售卖。显然，他对人们的要求判断正确，在这方面可与甘必大的政绩相提并论。19世纪80年代，布鲁斯赢得了大量拥趸，他所在的党迅速壮大。第一位成为巴黎市议员的社会主义者就支持他；1887年，巴黎市议会有9位布鲁斯派议员；1889年，布鲁斯派在国会占有两个席位，大约获得了5万张选票。他们有两家日报、三家省级周报，还经营一本月刊。可能派的影响力虽然集中在巴黎，但在法国西部也有约30个团体。[53]

但可能派一直没能形成大气候，因为布鲁斯缺乏发起、组织全国性运动的能力。他是相当富裕的医生，据说年收入高达 6 万法郎。他的祖父是衣食无忧的粮食商，父亲是医学教授，亲戚中还有人是主教。尚不清楚布鲁斯如何脱离了受人尊敬的上流社会，他在年少叛逆之后是否真的想要逃脱上流社会也不清楚，人们对他的奇怪婚姻亦知之甚少——他娶了俄罗斯警察局局长叛逆的女儿娜塔莉·兰茨贝格。布鲁斯出身资产阶级，但不认同主流思想，他是资产阶级反主流的代表。他第一次见到盖得是学生时代在蒙彼利埃。布鲁斯因在报纸上发表煽动性文章入狱 3 个月，后远走西班牙，加入工人国际。但他之后不再支持马克思，转信巴枯宁主义，信仰的转变不是由于两个主义的内容有区别，而是他反对严格的正统观念。[54] 他最后定居巴黎，在十七大区德高望重，还长期是艾皮奈特街区的市议员。他在巴黎组建了一个社会主义社团，还组织了一个成员是小商人、工人、职员的一般性工会。他花费大量精力帮助选民解决实际问题，每周两次进行史无前例的政治“手术”。他总是很友善，乐于助人。[55]

布鲁斯身上的自相矛盾之处表现在他花了十年时间捍卫无政府主义和社会主义理论，为此在国际大会上参与充满谩骂的政治辩论，但同时又不相信任何理论。他的这些早期活动让他有了“危险煽动者”的名号，因此先后遭到法国、瑞士政府驱逐。但他不是生来就死守某一宗派的人。无论是在无政府主义的“朱拉联盟”（Jura Federation）里，还是在之后与他人共同创建的法国社会主义党中，他都提倡抛弃那些形而上学的争辩。作为无政府主义者，他呼吁“用行动进行宣传”，这不是指要实行刺杀或恐怖主义——现实告诉他这么做必将失败，他指的是市政社会主义。

布鲁斯思想的出发点是法国不可能出现总罢工。法国工人刚刚团结，政治活动还处于萌芽、混沌状态，组织总罢工是不现实的。普通大众并不读书，用晦涩难懂的理论说服他们行动起来不会成功，即便是利用报纸也不太可能。只有用可感知的现实向他们证明社会主义的优越性，才能消除他们的无知和偏见。因此，与其推翻资本主义政府，不如控制地方政府，让它们施行社会主义，这也符合巴黎公社的历史传统，但前提是给予地方自由，让它们各行其道。法国的情况是大部分农村都处于贵族、神职人员或是资产阶级的控制之下。法国各个地区的情况差异很大，有着非常不同的历史传统。从没有哪个政党能够在国会获得压倒性胜利，因此社会主义者也不要期待各个地方、社区都会施行社会主义。他们一定要等时机成熟，等到人们看到生活在社会主义地区更幸福，才会自愿反对传统治理者的管理。

布鲁斯并不提倡一旦取得地方政权就立即摧毁国家。他提议渐进式地改造地方，公共服务机构最终取代政府，即消除威权主义，消除政府自带的等级制度。布鲁斯的目标是在法国建立一个工党。他想把自己的组织用“工党”命名，这个名字含义广泛，不体现某一特定理论。他很积极地与英国工会保持联系，这与其他法国社会主义者形成鲜明对比，后者认为英国工会是反动、保守的。布朗热将军企图推翻共和制时，布鲁斯和激进分子站在一起捍卫共和国。他还是“人权社”① 的创始人之一，尽管他的支持者很快就强迫他退出了这个社团。这个社团还是影响一代法国人的政治联盟的前身。布鲁斯经常为米勒兰的《小共和国报》撰写文章——布鲁斯的思想影响了一批像米勒兰这样重量级的社会主义者，但很少有人会将他们与布鲁斯联系在一起。布鲁斯对共和国的事务过于上心似乎阻碍了他的发展，他于1910年失去了国会席位。作为补偿，他成了国有精神病院的院长，这一职位是共和国最受欢迎的闲职之一。[56]

正如1882年社会主义者分为布鲁斯和盖得两派，1890年，布鲁斯派也分裂了。带头搞分裂的是社会主义政治家尚·阿勒曼（Jean Allemane），他曾是印刷工人、工会主义者，因为参加巴黎公社被发配到新喀里多尼亚群岛做苦工。阿勒曼代表了布鲁斯派内部对投机主义

① “人权社”是法国“七月王朝”初期小资产阶级共和派组织。——编者注

势头上升的不满，他反对与激进分子有关联，那时激进分子与布鲁斯派共同追求政府职位，两派几乎毫无区别。阿勒曼还与布鲁斯有个人过节，他们各自有一家日报社。1890年，阿勒曼脱离布鲁斯派，建立自己的组织，其成员被称为阿勒曼主义者。他希望自己的政党是真正的工人政党，取布鲁斯和盖得两派的优点。他对在地方践行社会主义感兴趣，寻求立即改革，但他明确指出实现市政社会主义只是第一步。他支持总罢工，但强调工人应该先由工会组织起来，罢工应该是国际性的。他反对党内出现个人崇拜，认为这是盖得派和布鲁斯派共有的缺点。他反对所有政客，因为政客太容易与选民脱节。阿勒曼派的候选人必须严格服从地方选区党组织的安排，要签署未标明日期的辞职信，如果党需要，候选人随时可宣布辞职，而且候选人必须将工资交给党，再从党费中得到比工资少的生活费。阿勒曼派重申了工人靠自己努力获得解放的决心；强调平等主义，不信任资产阶级。但阿勒曼派的革命性只体现在原则上，他们无法找到既不陷入现存体制泥潭，又能进行实际改革的方法。而阿勒曼本人做到了，他的人气恰恰是由他以前的职业带来的：他的习惯、希望都带有工人色彩。他作为领袖，从未给人留下追逐名利和权力的印象。但是，他不需要政客的无政府主义政治理想根本行不通。1893年，他的党派获得了5个议会席位，超过了布鲁斯派，将自身影响扩大到巴黎以外。但很快这些议员就发现他们必须服从选区党组织的做法对他们的束缚太大，于是拒绝上交工资。1896年，议员们退党，加入了布朗基派。如此，阿勒曼派也分裂了，剩下的党员之后成为独立社会主义者（这说明阿勒曼派在改良和革命之间摇摆不定，无法确定方向）。这次运动就此失败。[57]

饶勒斯

饶勒斯和甘必大可能是法国第三共和国时期最受尊敬的政客了。

饶勒斯也许不像甘必大那样受许多不同党派拥护，但他因为有更多优良的品质而受爱戴，其身份超越了政客。罗曼·罗兰曾这样评价他："饶勒斯是一位楷模，他有着杰出的政治口才，同时还是一名伟大的思想家，在现代几乎无人能比。他既有广博的学识又有透彻的观察力，既有高尚的道德又有行动的热情。只在古代才有可与他媲美之人，他既能鼓动大众，又能吸引精英。"[58]莱昂·布鲁姆说："也许除了阿尔伯特·爱因斯坦，我从未见过这般天赋异禀的人物，他的天资显而易见。"[59]英国社会主义者马克斯·毕尔认识那个时代的大部分政客，他写道：列宁和饶勒斯是最让他印象深刻的两位。[60]在同时代的法国政客中，有关饶勒斯的传记可能最多，但要对他做出正确评价，材料还是不够。他已出版的书只占其作品的十分之一，出到第九卷就没再出版，据估计，还有90本400页的厚书才能囊括他所有的作品。他写的全部信件中只有不到100封发表了，要想了解他，主要还得依据他的公开讲话。直到近些年，才有几位学者开始真正细致深入地研究他的生平，1960年成立了饶勒斯研究学会。[61]历史学家必须认识到，许多围绕饶勒斯的问题尚待解答。研究他的难点在于超越传说，客观评价、解释他所受到的热情赞誉。对局外人来说，乍一看，有关他的这一切似乎太过夸张、太令人难以置信。

政治上，饶勒斯的重要性在于他统一了众多社会主义党派，创建了一个大的党派，这个党派在他的努力下不存在教条主义，也不抱有乌托邦的幻想，这两点是之前那些党派的通病。饶勒斯让这个党派在共和国制度之内吸引了法国主流人群。他的出现顺应时势——那时恰巧社会主义者渴望统一，顺应历史召唤并未磨灭他的个人成就，米勒兰没能做到的，饶勒斯做到了。他的出身、教育背景、脾气秉性让他极为胜任这项任务。他出身资产阶级，来自卡斯特尔省（现为塔恩省）一个较为富裕的家族，家族成员还有商人、律师、两位海军上将、一位主教，他的父亲虽然娶了布料制造商的女儿，却是家族中混得最差、最穷的人，几次商场失意，最后只剩一块15英亩的土地。

饶勒斯是在贫困中成长起来的。他的初等教育多亏了一位叔叔的慷慨解囊，他在学校中荣膺所有一等奖，获得了去巴黎高等师范学院深造的奖学金。他在那里也表现优异，位列优等生第三名，法国哲学家伯格森是第二名，第一名籍籍无名。在阿勒比做了一段时间六年级教师后，饶勒斯成了一名讲师，很快晋升为图卢兹大学的哲学教授。作为哲学家，他并不宣扬某一学说，而是将常识、逻辑融合，让现实主义和理想主义合体。作为教师，他对待学生像对待自己的朋友。饶勒斯不像一般的教授，他所做的一切都不一般。

他给人的第一印象并不深刻，赞颂他的那些话也没什么特别之处，法国现代小说家儒勒·列那尔对他写实的描写或许能弥补那些颂扬之辞的不足："饶勒斯看起来像永远无法取得教职资格的初中教师，锻炼得不够，像是吃得不错的胖商人。他中等身材，中等身高。长相很普通，既不丑也不美，既不普通也不特别。他满脸胡须……右眼皮会神经质地跳动……是很有修养的知识分子。我引用别人的言论时，他会打断我。他总是谈论历史，谈及宇宙论。他有着演讲家的惊人记忆，学富五车。他经常会往手绢里吐痰。他没什么个性，其档案里很可能会写：各方面优良。他有时会被自己逗得哈哈大笑，他的笑声飞流直下，穿透地心。他嗓音嘶哑，说话慢，稍有停顿，没有起伏变化。他对宗教话题很谨慎。有人提及宗教，他就会难堪，总是说'我敢肯定，你把问题想简单了，事实更加复杂'，以此来脱身。"[62]

饶勒斯是资产阶级，也是农民——他管自己叫"有文化的农民"。[63]他属于知识精英，也拥有一点儿资产，但光看外表，人们会以为他是在度假的工人。他穿着资产阶级的标配黑礼服，但又那么不整洁、不优雅，脏兮兮的，他的裤子总是太短，露出他的袜子，袜子堆在鞋上。他的口袋里塞满了纸和书。很显然，他不属于任何阶级，这也是他的魅力所在。本质上说，他就是人——不属于某一职业、阶级、党派，不支持某一想法，是一个和谐、完整、自由的人。他有与任何类型的人共情的杰出天赋。他不骄傲、不好胜、不自大。他有着孩子气的天真和朴实，这调和了那毋庸置疑的天资。作为领袖，他不喜欢惹怒别人，总是乐于接受别人的想法。“他是天生的调解人”，亲切感是自然而发的。[64]

饶勒斯的演讲能颠倒众生，这让他成为成功的政客。他没什么技巧，比不上维维亚尼流畅和完美的风格——维维亚尼曾在法国国家大剧院接受训练，练习模仿历史人物的伟大演说。而饶勒斯的手势平庸、重复：他总是举起半攥的拳头，迅速落到腰间；他会指向天空和观众，有时还会将两臂同时高举过头（专家会觉得这种方式“过度矫情”）。但人们还是觉得他可与波舒哀比肩。[65]国会进行一般性辩论时，人们会让他说上两三个小时，在进行重要辩论时，甚至能让他说上整整两天。他的魅力在于他的演讲能反映他的个性，同时他还具有把握观众反应的神奇能力。演讲刚开始时，他会迟疑，但渐渐就会感知全场。让他在众多演讲者中脱颖而出的是他表达群众感受的能力，尽管演讲一停，他与大众建立的联系就断了，但他在演讲时努力让自己替大众发声。只要他发现能表达思想的比喻，就会炮火全开，说得天花乱坠，运用诗意的词句、丰富的意象让观众陶醉的同时也让自己沉醉其中。无论是他自己所言，还是插话人所讲，都会激发一连串新观点、新思想。布鲁姆像巴黎的知识分子那样演讲，谨慎地给出双面论据论点，说出的话不会让自己的良心受困扰；而饶勒斯不同，他表达那时那刻的所思所想，“不论听众愿不愿意，他的演讲都能立马抓住他们的注意力，让他们围绕同一个观点进行思考”。盖得主义者布拉克曾是他的对手，后成了仰慕者，他认为饶勒斯的天才之处在于“表达出他周围人的普遍想法……将那些人团结起来……将各种想法、人性的各个部分糅合在一起”。[66]作为演讲家，饶勒斯不仅是杰出的男高音，还有很讨喜的个性。俄国无产阶级革命家托洛茨基曾写道：“对饶勒斯来说，演讲本身没有价值……对于他那个时代以及整个历史来说，他也许算得上最厉害的演说家——他超越了演讲本身，他本人总是高于他说的话，就像工匠凌驾于他的工具之上。”[67]

饶勒斯对政治的兴趣是自然而然产生的。在波拿巴派举办的公共集会上，他发表了很棒的演讲，支持朱尔·费里的教育改革，他的口才让人们将他比作年轻时的甘必大。饶勒斯受费里邀请以共和主义机会派的身份竞选国会议员并成功当选时年仅 25 岁，是议会最年轻的议员。但在巴黎做议员期间，他的表现令人失望。他几乎不发言，因为觉得不自在，经过一段时间才找到自我。尽管他曾是政府的中间派，晚年宣称自己一直都是社会主义者，但有一点是一以贯之的：他的政治观一直在不断改进。虽然他做了许多演讲，但他说过的话从不会重复。他还与第三共和国大部分政客有一个区别，那就是其他政客渐渐变得保守，而他不一样——他越来越欣赏左派和许多其他派别的观点。他的视野一直在拓宽。恰当地说，他不是被转化为社会主义者的，而是他理解了社会主义。1895 年，他说：“最需要被捍卫的观点是任何权力、教条都不能限制人类不断探索自身的努力，人性就是权力无限的调查委员会。也就是说，任何真理都应该来自我们自身，否则就是谎言。我们的批判精神要体现在达成的每一次共识中。”[68] 他尊重任何不同意见，唯一不能接受的就是偏狭。他在向前看的同时也如他自己所说“崇敬历史——前人烧的炉火不是枉然”。[69]

饶勒斯支持自由主义，同时也热切地追求统一，读到纽曼主教描述天谴如何将人类分为不同群体时，他做了噩梦。他最上心的就是在人类互相不理解的深渊之上架起理解之桥。他相信“人们最需要的就是团结，这是最高尚的需求”。[70] 他十分乐于调和观点上的冲突。在他的哲学论文《论感觉世界的真实性》（1891 年）里，他表达了“在形而上学和科学的基础上，实现团结的伟大梦想”的希望。[71] 饶勒斯进入政坛后，不喜欢社会主义政党处于分裂状态。他想让所有共和党人团结起来。他支持朱尔·费里，认为他的殖民政策会让法国人在实现国家扩张的过程中，忘记他们之间琐碎的分歧。饶勒斯甚至谈起

"法国家庭的感人团结"。[72]他害怕阶级对立，害怕激烈的劳工纠纷。1889年，他写道："正义只会来自全国的运动而不是社会摩擦导致的某一特定地区的暴力骚动。"大众和需要工作维生的资产阶级必须团结起来以消灭资本家的特权，阻止他们滥用权力。[73]他希望共和党人看到实现社会公平的必要性。他就工人养老金引入了一项法案，可谓团结主义的先声。但费里和饶勒斯对社会问题的关注点不同，费里不像理想主义的饶勒斯那样视野广阔。1889年，饶勒斯失去了议会的席位，他因此改变了参政方式。他与图卢兹和采矿镇卡尔莫的工会领袖接触，这让他对社会主义者产生了新的敬意，他不再认为他们好笑、不靠谱。他开始从公立图书馆借阅有关社会主义的书，附带写了一篇论文——《论德国社会主义的起源》（1891年）。[74]通过对图卢兹市议会的研究，他对改革的可能性有了更加实际的看法。因此，1892年，卡尔莫的矿工认为饶勒斯特别适合征得选区内农民的支持，就邀请他作为他们的社会主义候选人参加议会竞选，前提是他要公开宣称支持法国工人党的路线，他欣然接受。[75]

但饶勒斯并没有加入法国工人党，而是作为独立社会主义者参选。他不是马克思主义者，虽然接受马克思主义思想，但同伯努瓦·马隆一样，饶勒斯会将其他思想甚至是与马克思主义思想矛盾的思想融入其中。他向马克思致敬，很少公开批评他，但他想调和唯心主义与唯物主义，这与伯恩施坦的修正主义有许多共同之处。伯恩施坦认为经济力量不再是资本主义制度中的最高存在，同样，饶勒斯认为当资本主义发展到垄断阶段时，产业大亨就会意识到满足工人需求的重要性，他们的良心会改变他们的态度。这样，资产阶级和工人拥有共同的道德观就可能实现，最终促成不同阶级间的合作。饶勒斯相信社会主义会逐步取代资本主义，暴力推翻后者是没有必要的。他认为税收制度和将更多股东引入公司发展都是社会主义渗透资本主义国家的体现。资本主义并没有让穷人活得更糟，由于资本主义制度已经从无政府状态过渡到大型集团受到监管的阶段，所以不会导致危机，实际上，资本主义制度蕴含着进步的潜力。饶勒斯指出，有时资产阶级也会对社会问题十分上心，这股热情在一些情况下让他们得以存活；他褒奖资产阶级对人类进步的狂热，尤其敬仰那些因头脑、技术、才华、勇气而伟大的人，他们是新财富的创造者。他对那些伟大的国际工业家、金融家有着空想社会主义者圣西门式的信心，认为他们能够阻止经济危机的爆发。他认为在像法国这样的民主国家，政治斗争会取代阶级斗争，阶级斗争没有存在的必要。在他看来，议会代表普罗大众的意愿；通过立法投票，社会主义制度最终会建立。[76] 严格来说，饶勒斯并不认同盖得派对殖民地的敌视态度，他只是要求对殖民地采取更自由、更人性化的政策。20 世纪的头几年，他认为协约国和同盟国的出现是和平的标志，预示着全欧洲联盟的开端。他不想完全消灭“家庭”的概念，而是想将其社会化。资本主义制度会滋生大国沙文主义，而在大银行领导下的资本主义制度会建立和平的秩序——他这样想就可以继续乐观地做绥靖主义者。[77] 和圣西门一样，饶勒斯敌视神职人员和军事人员，但并不排斥宗教。他相信永生和上帝，但在他眼中，上帝无处不在，而非人的形象；他强调宗教、精神对人类生活的重要性。[78] 因此，布鲁姆说社会主义在饶勒斯看来是“自文明出现的混沌之初，思想的融合、人性遗产的总和所产生的一切财富、美德、美好”。[79] 饶勒斯的文明观一直在扩展。晚年时，他觉得自己读了太多德国作家的作品，后悔没怎么读英国作家的作品，于是开始阅读莎士比亚和纽曼主教的书。饶勒斯最后读的几本书中有休谟的《自然宗教对话录》，这本书给予他“极大的智识享受”。[80]

饶勒斯不仅口头说追求统一，作为政客，他也具有在实践中促成统一的高超技巧。他很擅长在分歧导致僵局的时候起草各方都能接受的决议。他既是国会议员，也是记者、知识分子、党会和公共集会的演说家，多重技能让他极有影响力；他的亲和力、谦逊让人们广泛接受他的影响，最终他脱颖而出，成为政党领袖。他对于政党成长所起的作用巨大。继米勒兰之后，饶勒斯也敦促社会主义者在资产阶级政府一旦愿意进行社会改革时，就支持政府。1895 年，他支持由激进派组成的资产阶级政府，该政府提出引进收入税。他支持瓦尔德克－卢梭的政府。饶勒斯还组织了左翼集团，帮助孔布实现政教分离。在选举中，这一政策收效良好。与激进派联盟让社会主义者取得了大部分投票选举的胜利——如果他们依旧孤立自己、反对共和主义，那是绝对取得不了这一成就的。饶勒斯决意与其他共和主义者合作的短期影响加剧了他的支持者与盖得派的分裂，因此当 1900 年社会主义各派想要结盟时，共识无法达成，最终形成两个派别，一个由盖得领导，另一个由饶勒斯领导。盖得派寻求第二国际的帮助，于是 1904 年第二国际阿姆斯特丹代表大会谴责了饶勒斯的合作政策。当时，饶勒斯的反应显现了他的宽容、精明：他接受了这项决议，默认社会主义党是革命政党。这样，1905 年统一的社会主义党最终成立，作为工人国际的法国分部。[81] 统一实现后，饶勒斯又逐步影响社会主义党接受自己的修正主义政策，同时安抚革命分子。1908 年图卢兹大会上公布的原则宣言由饶勒斯起草，他天才地调和了对立的目标诉求，在不同时间段树立不同目标。为了安抚盖得主义者，饶勒斯将自己所在党派的最终目标定为集体主义的革命势力获得全部权力。为了安抚阿勒曼派和布鲁斯派，饶勒斯派宣布一旦时机成熟，就会进行起义和总罢工。但它目前要做的事是参加竞选，在国家议会和市政层面活动，扩散工会组织、合作社，普及教育。[82]

当然，饶勒斯的成就也有局限性。法国工人国际的组织架构是邦联体而非联邦体，该组织可以独立发展党员，党员要交党费，党费直接归入中央资金。政党主权归政党大会所有，参会代表按党员数量来定；议员和地方联盟严格隶属政党大会。1905—1914 年，党员数量翻了一番，到“一战”时，已达 90 725 人。但这与德国社会民主党相比还是小巫见大巫，后者在 1912 年的人数已超过 100 万。许多议员对政党大会独大感到不满。1906 年，24 名独立参选者依旧不肯加入政党，政党禁止支持者即便在没有社会主义候选人参加选举的情况下，给这些独立参选人投票，但在 1910 年，还是有大约 30 位独立参选者当选，他们组成了社会主义共和党。这个党派人数众多，饶勒斯领导的法国工人国际已经不能掩盖其光芒，还有许多能人都属于这个党派——白里安、维维亚尼、米勒兰，他们多次担任政府官职，不受饶勒斯控制。这些能人的野心让他们不适合进行集体行动，他们最好处于政党之外——这么说能稍给饶勒斯一些安慰，但他自然希望己方对政府有更多影响。他依旧怀念左翼集团，但直到 1914 年，他才在卡约身上找到孔布的影子，复兴了这一组织，但为时已晚。饶勒斯不是当反对派的料，他说："参政真实、纯粹的乐趣是独立地且不通过欺骗手段组织大量政治活动，促进民主和社会进步。批评、对抗虽高尚，但毫无疑问是充满愤怒和仇恨的。"[83] 如果"一战"爆发前没有被人暗杀，他是否会接受官职是一个无解之题；1905—1914 年，他是否完全发挥了个人才能这个问题可能更易回答。

社会主义者的统一没能完全消除他们之间的线路分歧，反而将矛盾激化，之前斗争的结果是党内分裂，而现在战火重燃。政党大会的一人事项就是饶勒斯和盖得对决。两位领导人的旧部下继续主张各自的观点，还出现了一些新派别。一个极端是追随伯恩施坦的瓦雷纳（Varenne），他要求公开实行修正主义，让政党宣言与实际行为吻合；另一极端是古斯塔夫·埃尔韦（Gustave Hervé），他为起义、反军国主义组织的造势极为愚蠢。阿尔贝·托马强烈希望和激进派合作，而夏尔·安德莱（Charles Andler）鄙视议会制度。饶勒斯认为，如果民主符合逻辑发展，结果必是社会主义，而安德莱并不同意，他认为社会主义与民主有本质区别。[84] 法国工人国际党对战争、国有化、市政社会主义的态度也一直无法统一，他们的党报《人道报》由饶勒斯于 1904 年创立，最初的成员是 17 名已获大学教师资格的人。1913 年，报纸变为日报，但发行量一直不大。政党的财政无法支持活跃的宣传行动，党内只有 6 名带薪官员，一半的党费来自议员捐赠，他们必须把一部分议会工资上交政党。[85]

最重要的是，政党没能赢得工会和农民的支持。盖得派一心想让政治活动凌驾于经济活动之上。饶勒斯成功说服党内成员接受这样的观点：工会和合作社是帮助实现社会主义的合理形式。他本人也和法国总工会的领导人建立了良好的关系。列翁·茹奥在饶勒斯的葬礼上赞扬他"头脑清晰、公正，减少了（工会和法国工人国际党）的分歧"，"他是两个派别间的纽带"。[86]但是，工会仍然独立行事。在农民问题上，饶勒斯早期就被所在党和议会视作专家。他始终采取的政策是对小农地主承诺不会对他们国有化，盖得派也曾采取这样的政策。饶勒斯写道："你们的土地是神圣的，如果你们欠债，我就会帮你们免除贷款……我会为你们提供机器。对那些没有土地的农民，我会说：我会帮助你们拥有土地，但会提防你们转而剥削别人的劳动。"[87]农村地区的人很容易加入农民政党而非社会主义政党。1906年，利摩日政党大会决定"努力满足农民的要求"。大会成立了调查农民需求的委员会，发出了20 000份调查问卷，但收回的问卷很少。1908年的报告显示，农民的要求从根本上说还是很现实的，比如贷款援助、降低化肥价格、提高农产品价格等。满足农民需求与马克思主义结合的努力收效不大，随后在1910年，法国工人国际党进行了进一步的调查，采用的是盖得派思路，试图说服农民信仰社会主义，最后放弃了：除了农民出于利害考虑而投票，没能真正赢得农民是法国工人国际党最大的弱点。[88]

独立社会主义者

还有其他类型的社会主义者，他们所支持的社会主义并非上述类型，而是另有一种。他们更关心实际成果而非理论路线，他们像其他政党的政客一样，不愿加入组织严密、严格死板的党派。1885年，独立社会主义组织由议会中不愿加入任何社会主义党派的社会主义者成立。他们是反党派主义者，是一群很长时间内都没有组织的议员。他们中只有很少的人以社会主义者的身份当选，大部分人是对社会改革格外有兴趣的激进派。尽管他们的思想线路涉及渐进式国有化，但语焉不详、表达模糊。同一年，饶勒斯以共和党人身份当选，他为了寻求更明确的思想主张，考虑过加入这些独立社会主义者。他问他们如果获得权力会做什么，得到了一个很不明朗的回答——视情况而定。这个组织中有一些有意思的人物，他们的政治生涯体现了共和国体制内左翼势力的变化。安蒂德·布瓦耶（Antide Boyer）是这一团体的主要组织人之一。他父亲是卖陶器的；布瓦耶一开始是砖瓦匠，后转行成为铁路工人，之后做过会计，最后成为社会主义派的记者和政客。他是马赛的社会主义党的领导人之一，1885年借助激进派的支持进入议会。布里亚卢（Brialou）最初是个织布工，后在里昂做煤气安装工，之后被克里孟梭提拔，成功当选。卡梅利纳最初是制红酒的工人，之后在工厂工作，曾是第一国际、巴黎公社的成员，同时得到激进派和社会主义者的支持。尼马·吉利（Numa Gilly）是个铜匠，之后单干，极左和极右联盟帮助他当选尼姆市市长。他急切地想要推翻机会主义，管自己叫激进派-社会主义者。普朗图（Planteau）是利摩日的瓷器画师，后搬家到巴黎，学了外语，成为职业翻译。他43岁开始学习法律，获得了法学学位。普朗图一直在激进派而非社会主义政治活动中表现活跃。还有些人是老的共和主义者，比如多马（Daumas），他原是机修工，曾在第二帝国期间因政治原因入狱8年，之后就在土伦市做酿酒商，1871年后当选代表，最后成为激进派参议员。普罗旺斯的诗人克洛维斯·于格（Clovis Hugues）于1881年以激进派身份当选，第二年加入盖得派，但因坚持要去参加路易·勃朗的葬礼和盖得派产生争执，不得不重新加入激进派。他很有个性，为了妻子与别人决斗，杀死了波拿巴派的对手。几年后，他的妻子射杀了一个骚扰她的男人。两人因为杀人双双接受审判，都被判无罪。虽然前文提到的独立社会主义者都是工人，但不是绝对的，还有一些医生和律师。他们管自己的团体叫社会主义工人组织，实际上是激进派的分支，他们中的一些人同时是激进派成员，没有放弃之前的身份。还有不少人成了布朗热主义者，因此与别人产生分歧。组织从一开始就没有很强的凝聚力，至此，凝聚力更是荡然无存了。[89]

这次危机之后，亚历山大·米勒兰是少数几个对布朗热问题持中立态度的人之一，他试图重建组织，将其发展为有广泛基础的改良社会主义党。他的努力带来了很多益处：使人们更容易理解社会主义者和激进派之间的关系，更准确地理解饶勒斯的不凡成就，后者做成了米勒兰未能完成的事业。由于米勒兰最终出任的是共和国的右翼总统（1920—1924），因此很少有人提及他对社会主义的历史贡献，但绝不能把他看作没有原则、野心勃勃的叛变者。他当然十分想要获得官职，是第三共和国第一位身为社会主义者的部长。他工作极为勤奋、有条理，很享受行政管理工作。他没什么文化，是个冷漠、愚笨的人，有着“方脸、宽肩”，并且“古板执拗”，近视到走在大街上都认不出自己的家人。他父亲是布商，生意规模中等，米勒兰从很小的时候就对政治感兴趣，但后来成了律师，几乎刚通过资格考试就开始为克里孟梭的《公正报》写文章。米勒兰年仅 25 岁时，由克里孟梭的激进派提拔，当选巴黎市议会议员，一年之后当选国会议员。他是饶勒斯之后第二年轻的议员。作为激进派，他很有主见，加入了社会主义工人组织，因他认为克里孟梭太痴迷于反教会而与他分道扬镳。1891 年 11 月，米勒兰和激进社会主义党的创始人勒内·戈布莱以及其他一些激进派人士为一项新政策摇旗呐喊，强调经济而非政治改革，同时得到共和主义者和社会主义者的支持。一年之后，米勒兰接替戈布莱成为《小共和国报》的编辑，利用这一平台在 1893 年的选举中积极组织了“独立社会主义者”的竞选活动。他支持的人中有 9 人在巴黎成功当选，其他省份的 12 名激进派议员很快加入他们，这样在议会的社会主义阵营中，“独立派”的数量最多。米勒兰努力提高这一组织的魅力，尽量多地吸引激进派，同时也从社会主义各个派别吸收成员。1896 年 5 月 30 日，米勒兰在巴黎圣芒德举行的宴会上做了一次著名的演讲，[90] 他将社会主义定义为国家财产所有权逐渐取代资产阶级财产所有权的过程（即对垄断产业实行国有化，市政提供公共服务，但小产业主不受影响）。他的策略是采取能获得大多数国会议员支持的政治行动。他支持与其他国家的社会主义者结成国际合作社，但同时也没有抛弃法国大革命的传统，在进行国际合作的同时立足本国。米勒兰宣布的包含三个层次的“圣芒德最低纲领”（后来广为使用的代称）是议会中社会主义者进行统一行动的基础，但通过该纲领的附加条件是：不能以破坏独立性为代价。1893—1898 年立法期间，米勒兰成为工人阶级改革运动的实际领导人。瓦尔德克 - 卢梭在 1899 年邀请他加入内阁，任工商部部长，他顺理成章地接受了。在内阁中，米勒兰有机会通过他们一直主张的立法，有机会保护共和国不受反德雷福斯主义者的反动力量的侵害。不巧的是，那届政府的军政部部长是德加利费将军，他残酷地镇压过巴黎公社，社会主义者对他满腹怨恨，和他在同一届政府任职就是与敌人和解。社会主义者参与资产阶级政府是否恰当颇具争议，社会主义者与米勒兰断绝了关系，大概只剩饶勒斯一人力挺他。米勒兰作为社会主义领导人的政治生涯过早地终结了。1904 年，他被驱逐出党。同年，在盖得派的努力下，第二国际阿姆斯特丹代表大会谴责社会主义者与资本主义政府合作。米勒兰取得胜利过快，社会主义者还未对此做好准备，他们因此拒绝接受他的政策。[91]

米勒兰的经历说明社会主义起源于激进主义，他的政治生涯反映出为什么许多激进派选民选出了社会主义议员。不要忘记，在议会代表问题上，社会主义发展的根基是激进派。米勒兰社会主义是团结思想的延伸。很显然，他没有读过马克思的著述，至少没好好读过。他提起阶级斗争时态度消极，希望阶级斗争迅速消失。他接受共和国制度，不想使用暴力或是革命手段。米勒兰很快发现，瓦尔德克 - 卢梭寻求建立的“伟大的改良共和主义政党”和该政党推行的实际的社会改革是他的理想所在。他看到该党与只会空谈改革的激进派的巨大差异；他坚持甘必大的传统，坚持改革应分步进行，每步都要可控，“不仅要有技巧地渐进式改变旧习惯，而且要触及思想偏见层面”。[92] 和甘必大一样，米勒兰也将重点放在取得全国支持上，但他不像甘必大那样兼有让支持者满意的才能。米勒兰坚称不想“一个派别一座庙”。[93] 他说：“更应关注自己的敌人而非朋友或同党，最重要的是赢得没有站队的大众的支持。不感兴趣的人几乎每次都是大多数，如何一点点赢得他们的心是重中之重，至少不要做出不谨慎或是夸大事实的行为，让他们成为敌人，产生反感——夸大是危险的，也毫无成效。”[94]

米勒兰这样评价自己：“我从过去到现在一直是个胆怯的人。”[95] 那时法国人觉得他的胆怯比政党的疯狂更容易接受。米勒兰具备超强的管理能力，该人才不能被浪费。他于1899—1902年担任商业部部长，1909—1910年担任公共事务部部长。米勒兰做出了很多成绩，他管自己的新理念叫“政治实现”。他计划对邮局进行现代化改革，消除繁文缛节。他还成立了旅游办公室。他最大的成就是主张管理层和工人之间进行沟通，还引进了由他掌管的公共服务。他希望这样可以减少革命性工会的影响。他退出社会主义运动并不奇怪，他的离开为其他重要人物的叛变开了先例，其中最有名的是白里安和维维亚尼。由于米勒兰和阿姆斯特丹代表大会的决议，有能力成为议员、官员且有理想的社会主义者在党内找不到施展手脚的空间，只得脱离党派。1905年，饶勒斯统一了社会主义派别，而独立社会主义者得以以独立组织形式存活，多亏了米勒兰开创的先河和他延续的激进传统。[96]

有一位杰出人物为独立社会主义者的多样性与模糊性提供了理论基础，在某些方面，可称他为“蒲鲁东第二”。他就是伯努瓦·马隆。他是农业劳动者的孩子，成长环境极度贫困，他之后在回忆录中对此有过感人肺腑的描述。[97] 他一开始是牧羊人，20 岁时在当小学老师的哥哥家中养病才学会认字。他余生大量阅读，政治、经济方面的重要书籍几乎没有他不知道的。他觉得每本书都有闪光点，其思想极为包容。马隆是很和蔼可亲、热心肠、慷慨的人，他的这些优点在他对待别人的态度上及对思想的态度上都有所体现。他觉得自己接触过的所有作者都可被称作社会主义的先驱，从柏拉图到曼宁主教都有社会主义思想。[98] 他在巴黎的一家染坊里做很卑微的工作的那段时期，很快成为工会、合作社、第一国际的主要组织者。他于 1871 年当选议员，后辞职参与巴黎公社运动，之后被流放到意大利，在那里组织工人，回国后又帮助盖得建立法国工人党。[99] 但盖得狭隘的党派观念是马隆无法接受的。1885 年，马隆创办了《社会主义评论》，邀请各个派别的社会主义者和激进派同情者撰写文章，希望双方互相理解。这本杂志成了非党派新型社会主义的机构，独立社会主义者是该新思想的议会代表。马隆很乐于帮助不同派别达成和解，也有发现明显不同的思想、人的共同之处的天赋。他不擅长批判，却很能包容、同情，因此产生了被他称作“融合社会主义”的思想。他认为社会主义应该是人类进步活动的总和。他认为不能只从经济视角看待进步，政治、宗教、经济因素都促进了进步，“创新者不能满足于为无产阶级的阶级利益奔走呼号，他们应该为人类精神领域中所有的情感和道德力量发声”。因此他们不能只寻求经济改变，而应追求各个方面的改革，比如教育、社会、政治、市民生活、妇女解放，以及人们应该“更有礼貌”。他同意阶级斗争的存在，但认为阶级斗争是悲剧。没有必要等到无产阶级成了乞丐、资产阶级没了资产再做出改变，改变可以立即开始，最好是以和平方式进行。马隆的重要作用在于他将法国的人文关怀、对个体的尊重和广泛的理想主义融入了社会主义运动。他写道：“只与经济利益有关的斗争从不会吸引大众的参与。”他是 1848 年的思潮和饶勒斯思想之间承上启下的一环——他深深地影响了饶勒斯。[100]

无政府主义者

无政府主义者是社会主义者的主要对手。曾有一段时间，特别是19世纪90年代，无政府主义者一度拖慢了社会主义阵营吸纳新人的进程。无政府主义发起了一场革命性的运动，让很多厌倦社会主义者规矩教条的人觉得颇具吸引力。在接下来的10年中，无政府主义者在许多工会中产生了影响力，使得这些工会没有加入社会主义阵营。如果没有无政府主义者，社会主义可能会发展得更好。社会主义和无政府主义之间存在竞争，因为二者颇为相似，二者的终极目标都是建立没有阶级差别的共产主义，这种共产主义将会使国家消亡。"法国无政府主义之父"蒲鲁东也启发、鼓舞了某些社会主义者。社会主义和无政府主义都旨在打破资产阶级秩序，但二者之间也有着本质区别。无政府主义者注重自由胜于注重平等，他们认为国家时时刻刻都是阶级压迫的工具，而社会主义者主张国家是统治的工具，直到国家制度被废除。无政府主义者希望国家制度立刻消亡，而不是掌控国家。在社会主义者看来，当下社会最主要的恶魔是私有制的泛滥，而无政府主义者认为权威才是最大的敌人，他们要同时消灭存在于国家、教会、资本中的三重权威。和社会主义者相比，无政府主义者主张的行动方式也不同。他们没有参与选举斗争，也不寻求进入议会的机会。他们信仰的是直接行动，"用行动进行宣传"，"进行永恒的反抗"；他们主张独立自由地生活；对于现有法律秩序，他们认为不必另起炉灶，用一套新秩序取代它，直接忽略它就好。严格来说，很难把他们看作一个党派。活跃的无政府主义者也许从未超过1 000人，他们分散在约50个小团体中，这些小团体大多分布在巴黎和里昂。他们所办的任何一种报纸的销量从未超过7 000份，但理解、同情他们的人大约有10万。同时，他们的一些思想也在无形之中对很多人产生了影响。[101]

在法国，无政府主义经历了若干阶段。开始，蒲鲁东提出的互助主义在第一国际时期颇为盛行，直到 1873 年前后，巴枯宁思想的影响力超过了互助主义，他的集体无政府主义替代了互助主义。1870 年 9 月，巴枯宁来到里昂，于 28 日宣布废除国家制度。为应对这一举动，国家方面派出了两支近卫队，巴枯宁随即逃到了日内瓦。里昂起义的失败使得巴枯宁把目光投向了其他国家，随即，瑞士成了无政府主义运动的大本营。后来，巴黎公社的几名牺牲者都是在瑞士加入无政府主义阵营的，如勒克吕（19 卷的《新普通地理学》的作者）以及保罗·布鲁斯。里昂和瑞士离得很近，因此，无政府主义主要在里昂繁荣兴旺，但 1883 年，66 位无政府主义者在里昂被逮捕、受审。自那以后，无政府主义的领导层迁往巴黎，在那里发行的一些报纸获得了成功。他们的第一份报纸——1880 年创刊的《社会革命报》，是由警署一位署长通过密探资助创办的，但也许由于这份报纸太过严肃和枯燥，很难吸引订阅者。[102]（1909 年，让·格拉夫娶了英国女人梅布尔·霍兰·托马斯，他用她的财产维持着自己那份刊物《新时代》的运营。[103]）埃米尔·普热（Emile Pouget）创办的刊物《潘纳老爹》极具活力，用词粗鄙、机智、通俗，取得了一定程度的成功。还有其他刊物也引起过轰动，是因为它们通过彩票的方式筹集资金，而奖品通常是手枪或者匕首之类的东西。

一开始的乐观消散之后，无政府主义者意识到争取自由的道路会很漫长。无政府主义进入一个新阶段，直接采用暴力行动成了该派的主要手段。1892—1894 年，恐怖主义、爆炸、抢劫、谋杀等暴力事件频发，最终，时任法国第三共和国总统的卡诺被无政府主义者暗杀，这股风潮达到顶点。由此，无政府主义成了资产阶级秩序主要的威胁因素。民众将无政府主义等同于暴力，但实际上，施用暴力只是少数几个人的个人行为。虽然无政府主义的领导人对暴力行为并未加以太多谴责，但这种行为并没有得到广泛认同。无政府主义暴力行动带来的后果是《恶法》（1894 年）的制定和强力执行。因此，无政府主义者转而寻求别的方式。他们试图通过工会组织获得工人们的支持，很快，他们就在其中取得了重要地位。工团主义是一种通过工会行动而非个人行动实现的无政府主义，佩卢蒂埃、伊夫托（Yvetot）、德拉萨尔（Delassalle）和普热使革命工团主义成了法国一支重要的政治力量。他们教给工人一种可以让他们不依靠资产阶级国家就能生存的思想，这种思想并不过分僵硬、教条。工人们可以自称革命工团主义者或者无政府主义者，不管是何种称呼，不管是哪个“主义”，只要能给予他们一直渴望的东西——独立就行。1913 年终于成立了“革命无政府主义共产联盟”，其核心思想是反议会制、反军国主义，以及主张联合行动。它谴责个人发起的暴力或恐怖行为，但宣称尊重党派内部和联盟内部各团体成员的独立性。来自不同省份的 25 个团体加入了这个党派，但它并没有发起任何政治运动，“一战”后，有组织的无政府主义规模已经很小了。

最出名的无政府主义者可能要在人文艺术领域中去寻找了。蒲鲁东的朋友、巴黎公社成员库尔贝，将想法最直接地表现在了绘画当中。[104] 保罗・西涅克和斯坦伦都曾为无政府主义刊物创作插画。1900—1939 年，弗拉芒克一直用自己的卖画所得支持这项事业。[105] 阿纳托尔・法朗士、诗人斯特芳・马拉美、诗人勒贡特・德・列尔、小说家 J. K. 于斯曼都曾是格拉夫创办的报纸《反抗》的读者。安德烈・纪德的《背德者》《梵蒂冈地窖》将个人无政府主义者的那段记忆永远定格。塞巴斯蒂安・富尔和其他人所开展的教育实验是进步主义教育和自主学习方式的先进典范。工人运动活动家保罗・罗班是尚布伊市一家孤儿院的院长，也是优生学的主要倡导者，1890—1905 年一直发行月刊《综合教育》。阿尔芒倡导男女混校，共同接受教育，甚至到了不反对男女童进行性行为的地步。[106]

1905 年，勒普莱社会学派期刊《科学联盟》发表了一项有关无政府主义者的研究，他们采访了许多人。研究提到的采访对象并非达官显贵，但正是由于他们是信仰无政府主义的普通人，深入了解他们的生活才更有价值、更能反映时代特征。1897 年，研究人员第一次采访勒布伦，他和他妻子 22 年来一直在纸盒工厂做工，两人从未下岗。他们从未参与罢工，即便不景气时，也未被清退，只是偶尔几周的工作时长缩短了。勒布伦尊敬他的老板，两人也是好友，老板对夫妻二人不错，给他们上了意外伤害保险，还给了三周的带薪产假。勒布伦每天工作 11 个小时，按件计酬，平均每天能赚 5.25 法郎。他妻子每天工作 10 小时，由于她要照顾孩子，可以每天迟到半个小时；孩子的学校放假时，她就不用上班。她平均每天只赚 3.9 法郎，但两人的薪水加在一起，有时一周可达 70.2 法郎。他租的公寓有 3 间屋，不提供自来水。他说："我只是理论上的无政府主义者，现存的社会是不好的，但就我个人来说，我和家人什么也不缺，没什么可抱怨的。"的确，他的工作没什么技术含量，但这不是机器的错，而且这种工作有优点。他充满哲理地说道："工作解放了我的头脑。"

勒布伦的父亲是虔诚的天主教教徒，但他看共和派报纸《世纪报》（他不直接订阅，而是第二天从别人手中买二手的来看），也支持 1830 年和 1848 年的革命。勒布伦的父亲也是做纸盒的——瓷器的包装盒，他希望儿子能成为到处卖瓷器的推销员。勒布伦的母亲从她父亲那儿继承了 4 万法郎，她父亲曾是朱安党人，大革命时期参与过叛乱。勒布伦的母亲经商失败，全赔光了，之后也开始做纸盒。她送儿子到修道院，希望他能成为牧师，但勒布伦因为咬了神职人员而被开除。之后，他做过各种工作——雕刻雨伞柄、做假花（由于这个行业分工精细，他只负责做叶子，花、果实另由他人负责），还做过煤气检修工。再之后，勒布伦就一直做纸盒，多亏他妻子的收入，他一直生活无忧。他们还有钱送孩子到乡下让奶妈抚养，每个月要花 27 法郎。

勒布伦最初是甘必大主义者，1897 年，他读了宣扬社会主义者盖得思想的小册子，册子中写到机器的出现会导致失业，不久，正是由于机器，18 个工人被解雇。他深受触动，于是对社会主义产生了兴趣。工友介绍他到名为社会主义联盟的组织，之后他成为法国工人党的一员。勒布伦阅读作家茹尔·瓦莱斯创办的《人民呼声报》。一次，勒布伦在保守派报纸《法国报》上读到自由派记者弗朗西斯克·萨尔塞对革命家克鲁泡特金《一个反抗者的话》的批评，批评中援引了克鲁泡特金的原文，并质疑如此痴迷革命的人是否诚实。勒布伦读了节选的原文，对这本书产生了浓厚的兴趣。他买来书阅读，对题为“致青年”的一章印象深刻。他成了无政府主义者，脱离了法国工人党，不再投票，也不再掺和选举；他没有加入任何无政府主义政党，但给他支持的一个无政府主义政党捐过款。问题是，这个政党没有图书馆，他为此和一些信仰无政府主义的朋友一起组建了一个俱乐部，创建了图书馆。他们既个人花钱，也用会费买书；每周会面讨论，还出版了题为“城镇工人致乡村工人”的小册子，册子由马拉图（Malato）修订，他虽不是社团一员，但经常参加会议。之后，警察解散了该俱乐部，于是勒布伦转而去十九大区的社会主义者图书馆看书，他每月在那里花0.5法郎，可在1 000册藏书中自由选择。以前的周日，他常去无政府主义者集会，但随着年龄增长，去的频率越来越低。他每月花1法郎买宣传无政府主义的报纸、小册子。他尤其喜欢严肃的《新温度报》（*Temps Nouveaux*），其内容有对社会理论的讨论，但他也读塞巴斯蒂安·富尔和普热的作品。勒布伦热爱阅读，他不对哪个特定的学科有特别的兴趣，只希望自己更有文化。成为社会主义者前，他阅读过卢梭的书，他说《社会契约论》让他看到社会的诸多问题，这使他感到沮丧。阅读伏尔泰的作品使他怀疑上帝。达尔文、斯宾塞的著作，还有拉纳桑（Lanessan）的《进化》，让他成为无神论者。他有大量藏书，[107]但他没有积蓄——养家让他手头并不富裕，但他的生活还是充实的。他妻子热爱戏剧，结婚的头十一二年，他们两周去一次戏院（她的哥哥给演员做鞋，可以搞到折扣票）；后来，他们两个月去一次。他们的伙食不错，每天都有肉吃，食物都从合作社买。刚结婚的时候，他们家只有一张单人床和一个衣箱，后来公寓里家具齐全。除了勒布伦看的书，人们还能判断他是无政府主义的外在标志就是他的衣着。接受采访的 15 年前，他加入了合唱团，花 70 法郎买了一件礼服、一顶礼帽，每周日都穿。他回忆起这件事时笑起来，说："那时我变成资产阶级了。"他成了无政府主义者后，发现自己的衣着"不够朴素"，就再也没穿礼服、戴礼帽，而是花 21 法郎买了一身普通的西装。之后，他又觉得自己的大衣不够朴素，就穿 10.75 法郎买的带帽长斗篷。

8 年后，他又接受了社会学家的采访。由于米勒兰出台的法令，勒布伦此时每天只工作 10 小时，工资也比以前低，但孩子都长大成人了，所以他妻子也可以每天工作 10 小时，因此两人的工资加起来比以前要多一点儿，平均每周 75 法郎。勒布伦的儿子是锁匠，生活不错；大女儿是做紧身胸衣的；小女儿已经死了。勒布伦当时能存下钱了，除了还认同无政府主义的理论，可算是不折不扣的小资产阶级。1899 年，他成立了工人社团，该社团每周用 1 法郎团费投资有奖债券，但从没中过奖。1900 年，他又成立了一个工人社团，旨在为社团成员购置田产。两年后，他发现一片 400 平方米的土地以 1 200 法郎的价格出售，就以分期付款的方式买了这片地。1903 年，他又买了一块地，还是分期付款。对于其中一块地，他按照乔治·维尔提出的原理种菜，维尔是一名作家，无政府主义者经常引用他有关集约农业的观点；对于另一块地，他免费借给朋友种植。他在自己种的那块地上盖了一间棚屋，但它不幸被暴雨毁坏。接受采访时，勒布伦正在建造更稳固的房子。他每周要为两块地还 10 法郎的贷款（占收入的七分之一）。由于要节约度日，他几乎不买书了。根据他的计算，4 年就能还清两块地的贷款，还能建造完房子。到那时，他的妻子就会辞掉工作，专心养鸡和兔。他只会农闲时去巴黎打打工。本地合作社的红利越来越少，他已经失去信心。他退出了之前加入的互济会，转而加入了劳工工会（他自称劳工，对自己的身份已无幻想），但加入该工会只是为了能进入有 8 000 册藏书的工会图书馆。他虽然仍是一个无政府主义者，但似乎对人性之善不抱太多期望。在生活里，他实际上已经变为一个小资本家。他的人生故事说明了财富理想和勤俭节约是制胜的法宝。[108]

社会主义的进展

在1906年的大选中，联合社会主义者赢得了议会中的54个席位，1910年得到了76个席位，1914年得到了103个席位（大概的数字，不包括独立社会主义者）。[109]席位的地区分布差异很大：社会主义阵营在地中海沿岸地区、法国东部和中部地区、诺德省和巴黎地区的运作非常成功，而在西部某些省，他们甚至没有推举候选人。1910年，社会主义者在首轮投票中获得了112万多张选票，占总票数的13%。在瓦尔省，他们赢得了42%的选票，在诺德省是31%，在塞纳省是27%；在23个省中，他们都获得了13%以上的选票，但在另外7个省中，他们的得票率不到1%。[110]这种地理分布上的差异进一步说明了他们得到的是怎样的支持，这一课题还需要大量的研究。

前文已经对巴黎和拥护盖得派的诺德省的情况做了充分的介绍。其他大部分支持社会主义党派的选区都是乡村地区，但这并不意味着那些地方的农民都会投票支持社会党。第一，在这些地区，社会党的很多代表当选是因为和激进派结盟。1898年瓦尔省德拉吉尼昂市的例子说明，社会党如何只用三分之一的选票就赢得了胜利。在第一轮投票中，保守党获得5 821票，社会党获得4 554票，激进派获得4 131票。激进派随即退出，以支持社会党，后者由此在第二轮投票中获胜。[111]与激进派结盟有时也意味着获胜后的社会党人无法在实际操作中真正推行社会党观点。1906年的伊泽尔省出现了这种联盟，驱逐了那些在当地长期占主导地位的机会主义者。那一年，得益于这种联盟，该省的维也纳市选出的市长是社会主义者。约瑟夫·布勒尼耶（Joseph Brenier）以前是工厂的织布工人，逐渐升为工长，但后来因为参与政治活动而被解雇。随后，他成立了自己的工坊，生意很好，由此，他成了一位“没有忘记自己出身阶级的”雇主。他的社会主义倾向很温和，因为他对反教会干政更感兴趣。即便在这个问题上，他也未与天主教教徒唇枪舌剑地强硬对抗，因为他想获得他们的选票支持。作为回报，他对天主教教徒 1912 年的圣体大会持宽容态度。[112] 这种情况司空见惯。社会党人不仅与激进派结盟，盖得派的孔佩尔－莫雷尔还通过极右翼的支持赢得了加尔省的席位。选举自然是维持社会主义者的温和态度、支持饶勒斯的动因之一。第二，乡村选区宣传社会主义思想的主力通常并非农民，而是手工业者。在瓦尔省，社会主义的核心地区是一些规模很大的村庄，比如拥有很多制鞋、榨油、制瓦小厂子的弗拉约斯克村（人口为 2 500），以及拥有软木塞厂、砖厂，甚至机械厂的维多邦村（人口为 2 650）。[113] 也有很多时候，农民身兼手工业者一职，他们会在一年里的某段时间或职业生涯相当长的时间中，迁往附近的城镇或巴黎，等到他们返乡时，就会把城里的先进思想带回自己的村子。[114] 因此，偏远的克勒兹省中第一个支持社会主义政党的选区就是布尔加纳夫市，这里有许多石匠外出打工，1849 年，布尔加纳夫市民众还推选石匠出身的马丁 · 纳多进入法国议会。[115] 同样，科雷兹省于塞勒市有许多人是马车夫和出租车司机，上维埃纳省的圣叙尔皮斯－莱弗耶市的很多人都是工人。这些地方虽然都被保守党的地盘包围，但很早就转向了社会主义政党阵营。而拥护社会主义政党的大城市的影响也不容小觑，比如利摩日，来这里打工的工人都来自周边地区，与自己的家乡保持着联系，他们最终会把打工所在城市的思潮带回自己的村庄。[116] 然而再次重申，社会主义的表现形式多种多样。阿列省、谢尔省、涅夫勒省的伐木工人于 20 世纪初引发了农村地区最激烈的风潮，让人们错误地以为那就是社会主义。虽然他们选出了社会主义政党的代表，但他们最关心的是立即解决薪水支付方式的问题。阿列省的佃农们同样也为自己选出了一名社会主义党代表，但他全部的诉求就是改变该地区佃农所受的某些不公待遇。[117] 酿酒师们于 1907 年在南部起而造反，1911 年在香槟地区又发生了一次骚乱（一群暴民损毁了批发商地窖中的 7 万瓶酒），[118] 而这些都与社会主义没什么关系。

传统的力量是巨大的。沃克吕兹省的社会党领袖说："你会发现该省'思想先进'，这并不奇怪。我们是南方的省份。我们在武装政变中勇敢抵抗，有着光荣的传统。"[119] 越是有这种传统的地区，马克思主义的力量通常就越薄弱，个人之间的竞争也越激烈。他承认，在沃克吕兹省，社会主义的起起伏伏是和驱逐"小暴君式的市镇长官"的强烈愿望捆绑在一起的。从经济和社会角度都很难解释社会党人所得的选票。[120] 我们看看一些人是如何转而心向社会主义的，从中会发现个人因素在其中起着重要作用。保罗·富尔是多尔多涅省一位共和党参议员的儿子，并且在"先进思想"的氛围下长大，他是在佩里格市的一位记者给他分享盖得和拉法格的著作后才变成一位社会主义者的。富尔在 25 岁的时候被选为市镇长，但并非因为他是社会主义者。当他说自己是个社会主义者时，他的支持者们回答说"这并不重要"。他们只是想要一位新的市镇长。工程师阿蒂尔·格鲁西尔（Arthur Groussier）是左翼杂货商的儿子，他通过参与工会政治成了社会党人。他和自己工厂里的工人们谈论政治，后者邀请他加入他们的机械师工会，即使格鲁西尔并不是工人。随后，他们请格鲁西尔担任他们的代表，参加法国社会主义工人联盟。他说他并不是一个社会主义者，而他们回答说"这没关系"。在这个工人联盟中，格鲁西尔认识了一位领袖，这位领袖极力说服他加入联盟。格鲁西尔想知道工人联盟如何切实改善成员的生活，于是出于纯粹的好奇而非信仰选择加入。J. B. 塞韦拉克（J. B. Severac）是蒙彼利埃市共和党副市长的儿子，18 岁在当地上大学时读了马隆的《完整的社会主义》和小说家左拉的《萌芽》，又和学校的两位信仰社会主义的哲学教授进行了讨论，从而成了社会主义者。相当矛盾的是，对他来说，社会主义从来不是"思想游戏，而是属于工人阶级的。这就是我从不愿意游说中产阶级投票的原因”。塞韦拉克本人出身于中产阶级，同时又是知识分子，他转而信仰社会主义意味着他同自己的出身阶级决裂，抹除了资本主义制度和国家的烙印。“对我来说，社会主义的迷人之处在于它使得人与人真正的平等，不再让人受到奴役。”政治家樊尚·奥里奥尔也是一样，是通过自己学校的哲学老师首次接触社会主义思想的。在产业工人中，社会主义思想有时是承继而来的：J. B. 勒巴（J. B. Lebas）14 岁时被父亲带着去听盖得的演讲，他的父亲是织布工人，也是鲁贝市第一个社会主义团体的成员；勒巴 18 岁就加入了这个团体。同年，他读了穆勒关于实证主义的著作，便给拉法格写信，询问对方的看法。拉法格的回信有 4 页纸，并且为没能给出完整的批评而感到抱歉。和格鲁西尔不同，勒巴关于马克思主义学说的研究是认真严肃的，他还曾在一个工厂俱乐部认真参与讨论。[121] 以上这些例子证明了法国社会主义的多样性，这与人们了解的法国社会主义多少有些出入。

有些人可能还会问，到底是社会主义者和他们的反对者之间的分歧更大，还是社会主义内部各阵营之间分歧更大。答案取决于关注角度。如果看组织机构，统一和发展是主流，但这一传统视角忽略了社会主义者和非社会主义党派共享的价值观，也忽视了个人生活中的非理智方面，官方线路是无法体现这些的。政客自称支持的政治线路不一定准确，有重新规划阵线的空间。

讨论至此，本书应该可以得出如下结论：书中展现了法国人的雄心壮志、沮丧无奈，但要想了解它们，至少还要从他们生活的三个方面再进行深入研究。贯穿本书的第一个主题是巨大的地区差异，这些差异会使局势更加复杂，有时还会完全改变某一运动、变革的面目。必须要理解国家统一、地方主义、城乡关系，以及法国人对外国人的态度等带来的各种局限性，才能明白中央政治所面对的是什么样的反对力量。法国国家史的研究经常回避的问题是：布列塔尼、阿尔萨斯、普罗旺斯和巴黎在多大程度上、是怎样同属法国的。本书的第二个主题是创新精神和传统偏见的冲突、碰撞——一边是传统思维、固有偏见仍在延续，另一边是学校教育带来变革创新。提倡现代化的人在多大程度上、以何种方式影响了目标受众的处世方式和思想状况？这就引出了第三个问题：知识分子——那个时代的教育之花——在抨击传统、促进团结方面起的作用到底有多么重要。知识分子的历史值得书写，并不只是因为他们的作品具有理论、文学价值，还因为他们与普通大众的关系值得探讨。这三大问题反映了国家意识和大众意识的三个层面。

尾声

本书的一大基本原则是：历史研究不应以时间为主线。虽然精准确定事件发生的先后顺序十分有意义，但一旦弄清了发生过什么，历史学家就应该针对事件提出问题，思考事件的价值和影响。这意味着不只要研究与事件直接相关的因素（在经济史的研究中，人们最喜欢用直接因素法），还要探究笑话、烹饪、音乐等与政治事件并无显著关联的因素。我的目标是要从各个角度观察人，不带先见，不去主观判断是什么控制了人的行为。我不想只给读者一根意识形态主线或经济主线，并用这根主线解释所有问题。我希望能探究人的各种活动，为了理解活动本身而研究，同时在研究的过程中将活动本身剥离对活动的主观理解和诠释。

我得出的结论是：行为并不像人们通常认为的那样受各方牵制，而是它的任何一面都有独立性。尽管如此，我仍坚持认为万事万物之间相互关联。虽然系统观念强的人总是想要消除生活中的矛盾之处，但在我看来，矛盾是生活的必要组成部分。

注释

前言

1 J. J. Becker, *1914: Comment les Français sont entrés dans la guerre* (1977).
2 A. Prost, *Les Anciens Combattants, 1914–39* (1977, 3 vols).

第 1 章 政治在法国人生活中的地位

1 F. Goguel, 'En mémoire d'André Siegfried', *Revue française de science politique* (June 1959), 333–9 ; *Hommage à d'André Siegfried* (1960). 关于安德烈·西格弗里德，参阅上文 68 页。
2 *Hommage à André Siegfried 1875–1959* (1960); F. Goguel, 'En mémoire d'André Siegfried', *Revue française des sciences politiques* (June 1959), 333–9; A. Siegfried, *Tableau politique de la France de l'Ouest* (1913), and *Géographie électorale de l'Ardèche sous la Troisième République* (1949).
3 Paul Bois, *Paysans de l'Ouest, Des structures économiques et sociales aux options politiques depuis l'époque révolutionnaire dans la Sarthe* (Le Mans, 1960).
4 R. Arambourou, 'Réflexions sur la géographie électorale', *Revue française des sciences politiques* (July 1952), 521–42.
5 C. Tilly, *The Vendée* (1964).
6 André Siegfried, *Géographie électorale de l'Ardèche sous la Troisième*

République (1949), 113; G. Veyret-Verner and others in *Revue de géographic alpine* (Jan.-Mar. 1954).

7 Gérard Cholvy, *Géographie religieuse de l'Hérault contemporain* (1968).

8 Philippe Vigier, *La Seconde République dans la région alpine* (1963), 2 vols.; André Armengaud, *Les Populations de l'est aquitain 1845–1871* (1961); Pierre Barral, *Le Département de l'Isère sous la Troisième République* (1962); Georges Dupeux, *Aspects de l'histoire sociale et politique du Loir-et-Cher 1848–1914* (1962).

9 参见 E. Beau de Lomenie, *Qu'appelez-vous Droite et Gauche?* (1931)。

10 René Rémond, *La Droite en France* (new edition 1963)，书中有优秀的分析。参见 E. Weber and H. Rogger, *The European Right* (1965)。

11 *Recherches sur les forces politiques de la France de l'est depuis 1787* (Strasbourg, 1966), cahiers 8 and 9 of the Association Interuniversitaire de l'Est.

12 René Rémond, 261–92, 关于联系进行了论述。参见 François Goguel, *La Politique des partis sous la Troisième République* (3rd edition 1958), 17–29。

13 参阅 Theodore Zeldin (ed.), *Conflicts in French Society* (1970)。

14 P. Fougeyrollas, *La Conscience politique dans la France contemporaine* (1963), 144. 投票结果请参阅 *Sondages*, periodical published by the Institut Français de l'Opinion Publique。

15 C. Maurras, *Enquête sur la monarchie* (1900), xcii.

16 G. d'Avenel, *Les François de mon temps* (1904), 1.

17 *Revue internationale d'histoire politique et constitutionnelle*, 7 (1957), special issue on 'L'entrée de la science politique dans l'université française', 1–119.

18 Jean Meynaud and Alain Lancelot, *La Participation des Français à la politique* (1961); Georges Vedel, *La Dépolitisation. Mythe ou réalité* (1962); J.-P. Charnay, *Le Suffrage politique en France* (1965), 180; Charles Roig and Françoise Billon-Grand, *La Socialisation politique des enfants. Contribution à l'étude de la formation des attitudes politiques en France* (1968), 64.

19 Eugène d'Eichtal, *Souveraineté du peuple et gouvernement* (1895), 204.

1885 年、1889 年和 1893 年的数据相似。

20 J. M. Cotteret, *Lois électorales et inégalités de représentation en France 1936–1960* (1960).

21 *Sondages*, 2 (1963), 69.

第 2 章　国王和贵族

1 Comte de Falloux, *Mémoires d'un royaliste* (1888), 1. 222.

2 E. Ollivier, *L'Empire libéral*, 1 (1895), 439.

3 Comte Alexandre d'Adhemar, *Du parti légitimiste en France et de sa crise actuelle* (1843); C. de Lacombe, *La Vie de Berryer* (1894–5); C. de Mazade, *L'Opposition royaliste* (1894); C. T. Muret, *French Royalist Doctrines since the Revolution* (1933).

4 A. J. Tudesq, *Les Grands Notables en France 1840–9* (1964), I. 130–236, 这本书是关于正统主义最好的社会研究，但它只对路易 - 菲利普统治时期进行了研究。

5 Pierre de Luz, *Henri V* (1931); comte de Chambord, *Correspondance de 1841 à 1879* (5th edition 1880), 377, 395, 159–60, 283, 357, 209, 267, 396, 155, 330; comte René Monti de Rezé, *Souvenirs sur le comte de Chambord* (1930); Marvin L. Brown, Jr., *The Comte de Chambord* (Durham, N.G., 1967); baron J. G. de Hyde de Neuville, *Mémoires et souvenirs* (1892); baron M. de Damas, *Mémoires 1785–1862* (1922); marquis René de Belleval, *Souvenirs de ma jeunesse* (1895).

6 H. Jougla de Morenas, *Noblesse 38* (1938), 101. 鉴于家谱词典中存在的许多误差，文中的数据仅作为粗略统计参考。

7 Henry Bellamy, 'Vraie et fausse noblesse', issue of *Le Crapouillot* for Mar. 1937; Philippe du Puy de Clinchamps, *La Noblesse* (1949); G. Chaix d'Est Ange, *Dictionnaire des familles françaises anciennes ou notables à la fin du 19e siècle* (Évreux, 1903–29), 20 vols. 这本字典仅编写到字母 G。

8 A. J. Tudesq, *Les Grands Notables en France 1840–9* (1964), 1. 431.

9 Georges Dupeux, *Aspects de l'histoire sociale et politique du Loir-et-Cher 1848–1914* (1962), 577.

10 Jesse Pitts, *The Bourgeois Family* (Harvard Ph.D. thesis, 1957), 235 n.

11 Vicomte A. de Royer, *Nous avons une noblesse française* (*1899–1901*),1. 188; comte Adrien de Louvencourt, *Notices sur les familles nobles existant actuellement dans le département de la Somme* (Abbeville, 1909).

12 Halt, *Papiers sauvés des Tuileries* (1871), 7.

13 Tudesq, 1. 122.

14 Jeanne Lesparre, 'Les Partis politiques dans la Haute Garonne à la fin de la monarchie de juillet', in J. Godechot, *La Révolution de 1848 à Toulouse* (1948), 31–5.

15 Jack Barnouin, 'Le Parti légitimiste en Vaucluse 1830–1883' (unpublished D.E.S. mémoire, n.d. (1950s) in Montpellier University Library).

16 参阅 Austin Gough on Catholic Legitimism and liberal Bonapartism in Theodore Zeldin (ed.), *Conflicts in French Society* (1970), 107–17。关于工人阶级联盟，请参阅 Denise Lefort, 'Le Parti légitimiste dans les Bouches du Rhône 1830–1848' (D.E.S. mémoire Aix-en-Provence, 1956, unpublished, kindly lent by M. Pierre Guiral)。

17 A. Gough, 'French Legitimism and Catholicism 1851–65' (Oxford, D.Phil. thesis, 1967, unpublished), 127–8.

18 Jean Meyer, *La Noblesse bretonne au 18e siècle* (1966)，这篇杰出的论文是现代关于贵族阶级最全面的研究。

19 Membership in Noailles, *Le Bureau du roi* (1932), 96–9.

20 Marquis de Dreux-Brézé, *Notes et souvenirs* (1899), 24–30, 43–4, 55–63.

21 Douglas Johnson, *Guizot* (1963), 443–56. 对本书没有提及的奥尔良王朝，这本书为读者提供了有价值的指导。

22 具体请参阅 Pierre Guiral, *Prévost-Paradol* (1955), 这本书就拿破仑三世时期的自由思想提供了丰富信息，同时也是重要思想家的人物传记。

23 Marquis de Noailles, *Le Bureau du roi 1848–73* (1932), 148.

24 Marquis de Flers, *Le Comte de Paris* (1888), 114; Marcel Barrière, *Les Princes d'Orléans* (1933), 182–3. Eugène Dufeuille（负责将巴黎伯爵的津贴发放给皇家新闻出版社）, *Réflexions d'un monarchiste* (1900).

25 Samuel M. Osgood, *French Royalism under the Third and Fourth Republics* (The Hague, 1960), 36–7. 1892 年，一篇发表在 *Les Anciens Partis* 的匿名文章讲到约 250 家报纸为保王派。*Le Figaro* (2 Apr. 1892), 59.

26 Text in Flers, 406–10.

27 Barrière, 161–3.

28 Eugène Godefroy, *Quelques années de politique royaliste: du ralliement à la haute Cour 1892–1899* (1900), xii-xiii, 213.

29 E. Dimnet, 'The Neo-Royalist Movement in France', *Nineteenth Century* (Aug. 1908), 287–93. Georges Cerbeland Salagnac, *Quatre Règnes en exil* (1947). The Action Française 在第二卷。关于觊觎者们更详细的论述请参阅 Eugen Weber, *Action Française* (Stanford, Cal., 1962).

30 Comte de Paris, *Essai sur le gouvernement de demain* (1936); Osgood, 137–81，这本书对后来的历史进行了详细的解释。

第 3 章 政治天才

1 'En dehors de l' état': Garnier, *L'Homme de lettres* (1764), chapter 5.

2 L. S. Mercier, *De la littérature et des littérateurs* (1778).

3 Peter Gay, *Voltaire's Politics* (Princeton, N. J., 1959), 34, 93; Maurice Pellisson, *Les Hommes de lettres au 18e siècle* (1911), 41, 50, 239–40; C. P. Duclos, *Considérations sur les mœurs de ce siècle* (1751), 263; Lucien Brunel, *Les Philosophes et l'Académie française* (1884); D. T. Pottinger, *The French Book Trade in the Ancien Régime 1500–1791* (Cambridge, Mass., 1958), 353.

4 G. R. Besser, *Balzac's Concept of Genius* (Geneva, 1969).

5 See my *France*, vol. 2, part 3, on Anxiety.

6 *La Chanson française* (3 vols., published by Éditions Sociales, Classiques du peuple), especially vol. 2, *Le Pamphlet du pauvre*, edited by Pierre Brochon (1957).

7 Pierre Ansart, *Sociologie de Saint-Simon* (1970); François Perroux and P. M. Schuhl, *Saint-simonisme et pari pour l'industrie XIX-XXe siècles* (*Économie et Sociétés*, Apr. 1970).

8 圣西门的主要作品已重新发表了 6 章 (1969–70)。以下这本书中也有很多他的好作品：*Œuvres choisies* (3 vols., Brussels, 1859). Frank E. Manuel, *The New World of Henri Saint-Simon* (Cambridge, Mass., 1956) 是一本出色的人物传记。更详细的论述请参阅 Jean Walch, *Bibliographie de Saint-Simon* (1967)。

9 G. Weill, *L'École saint-simonienne. Son histoire, son influence jusqu'à nos jours* (1896), 21, 47 n.

10 Hippolyte Carnot, 'Sur le Saint-Simonisme', *Séances et travaux de l'Académie des sciences morales et politiques*, 28 (1887), 122–55; S. Charlety, *Histoire du saint-simonisme* (1931); Léon Brothier, *Du Parti social* (1839), quoted by Weill, 97 n.

11 昂方坦给 *Œuvres de Saint-Simon et d'Enfantin* 留下了足够的钱，这本书在作者去世后发表了 47 卷 (1865–78). 参阅 Crampon, *La France saint-simonienne à son déclin* (1867)。

12 David Zeldin, *The Educational Ideas of Charles Fourier* (1969).

13 C. Fourier, *Œuvres Complètes* (1841); H. Bourgin, *Fourier* (1905).

14 Giuseppe del Bo, *Charles Fourier e la scuola societaria 1801–1922, saggio bibliografico* (Milan, 1957).

15 H. Bourgin, *Victor Considérant, son œuvre* (Lyon, 1909), 41, 81.

16 Victor Considérant, *Principes du socialisme* (1843 年首次出版，1847 年重印), 13.

17 同上，第 77 页。

18 Victor Considérant, *Le Socialisme devant le vieux monde* (1848), 31–110.

19 Felix Armand, *Les Fouriéristes et les luttes révolutionnaires de 1848 à 1851* (1948), 41–2, 56–7.

20 Victor Hennequin, *Programme de l'École phalanstérienne* (1848).

21 Charles Gide, *Les Colonies communistes et coopératives* (1927–8), 131, 181–8; Bernardot, *Le Familistière de Guise et son fondateur* (1889).

22 C. Bouglé *Socialismes français* (1946), 130.

23 A. J. Bestor, *Backwoods Utopias* (1950).

24 Georges Sourine, *Le Fourierisme en Russie* (1936), 59.

25 引用自 Hubert Bourgin, *Fourier* (1905)，第 581 页。

26 位于克里希和科兰库尔街道的拐角处。参阅 Gaston Isambert, *Les Idées socialistes en France de 1815 à 1848. Le Socialisme fondé sur la fraternité et l'union des classes* (1905), 197.

27 L. Blanc, *Le Socialisme: droit au travail*, reprinted in his *Questions d'aujourdhui et de demain* (1873–84), 4. 317–25.

28 L. Blanc, *Le Pouvoir, ce qu'il doit être* (1841).

29 L. Blanc, *Du suffrage universel* (1850).

30 L. Blanc, *Histoire de la révolution de 1848* (1870), 1. 161.

31 L. Blanc, *A mes électeurs* (12 Feb. 1876), L. Blanc, *Discours politiques, 1847 à 1881* (1882), 208, 372.

32 L. Blanc, *Le Parti radical, sa doctrine, sa conduite* (15 Oct. 1872).

33 L. Blanc, *Du gouvernement direct, du peuple par lui-même* (1851), in *Questions d'aujourd'hui et de demain* (1873–84), 1. 200.

34 J. Vidalenc, *Louis Blanc* (1848); I. Tchernoff, *L. Blanc* (1904); L. A. Loubère, *Louis Blanc; His Life and his Contribution to the Rise of French Jacobin-Socialism* (Evanston, Ill., 1961).

35 1846 年报纸的销量为 3 600 份，但在 19 世纪 30 年代，报纸销量为 20 000 份。参阅蒲鲁东在 1843 年 9 月的日记中的词条：Getting on badly with everybody, what can I hope? The masses are still too ignorant; and besides Cabet has taken the lead in their esteem. *Carnets de P. J. Proudhon* (1960), 1. 8.

36 *Poursuites du gouvernement contre M. Cabet, député de la Côte-d'Or, directeur du Populaire* (1834), 2. 28, 45. 这本书的前 30 页为卡贝自传。

37 Jules Proudhommeaux, *Icarie et son fondateur, Étienne Cabet. Contribution à l'étude du socialisme expérimental* (1907), 144; M. Dommanget et al., *Babeuf et les problèmes du babouvisme* (1963), 55 ff.

38 Pierre Angrand, *Étienne Cabet et la république de 1848* (1948), 65, 70.

39 Fernand Rude, *Voyage en Icarie, deux ouvriers viennois aux États-Unis en 1855* (1952)，这本书对卡贝做了很好的介绍。

40 E. Renan, *Souvenirs d'enfance et de jeunesse* (1883), 249; Theodore Zeldin, *Émile Ollivier and the Liberal Empire of Napoleon III* (Oxford, 1963), 5–6, 9.

41 Henri Mougin, *Pierre Leroux* (1938), 13.

42 引用自 D. O. Evans, 'Pierre Leroux and his philosophy in relation to literature', in *Publications of the Modern Language Association*, 44, no. 1 (Mar. 1929), 283。

43 P. Leroux, *Projet d'une constitution démocratique et sociale* (1848).

44 Jules Simon, *Premières Années* (n.d.), 386.

45 P. Felix Thomas, 'Pierre Leroux' in *Entre camarades* (1901), 257–68; 同

上，*Pierre Leroux, sa vie, son œuvre, sa doctrine* (1904); D. O. Evans, *Le Socialisme romantique* (1948); P. Leroux, *L'Egalité* (1838).

46 Armand Cuvillier, *Un Journal d'ouvriers*: *L'Atelier* (1954), 73.

47 Armand Cuvillier, *P. J. B*, *Buchez et les origines du socialisme chrétien* (1948), 73; and the theses of F. A. Isambert.

48 A. Cuvillier, *L'Atelier* (1954), 61.

49 Daniel Halévy, *La Vie de Proudhon 1809–1847* (1948), 412–21; G. Gurvitch, *Pour le centenaire de la mort de P. J. Proudhon*: *Proudhon et Marx, une confrontation* (1964)，第 59 页及其后，与我的观点不一致。

50 P. J. Proudhon, *Correspondance* (1875), 7. 10, 10. 12, 14. 161.

51 P. J. Proudhon, *De la justice dans la Révolution et dans l'Église* (1858), 1. 98, 175–6;

52 P. J. Proudhon, *Qu'est-ce que la propriété?* (1840); Aimé Berthod, *P. J. Proudhon et la propriété. Un socialisme pour les paysans* (1910).

53 Aimé Berthod, introduction to P. J. Proudhon, *Idée générale de la révolution au 19e siècle* ([1851] 1923), 32–46.

54 *Correspondance*, 21 May 1858; M. Harmel, 'Proudhon et le mouvement ouvrier' in *Proudhon et notre temps* (1920), 33.

55 Maxime Vuillaume, *Mes cahiers rouges au temps de la Commune* (1910), 313.

56 J. Rougerie, 'Sur l'histoire de la Première Internationale', *Le Mouvement social* (Apr.-June 1963), 41–3. 参阅 R. Bancal, *Proudhon* (1970) 以及所有即将发表的重要作品：John Hooper, *The Ethical Socialists*.

第 4 章　共和主义

1 Douglas Johnson, *Guizot* (1963), 书中关于 "Guizot and 1848" 做了客观优秀的叙述。参阅 Paul Thureau-Dangin, *Histoire de la monarchie de juillet* (1884–92); P. and T. Higonnet, 'Class Corruption and Politics in the French Chamber of Deputies 1846–8', *French Historical Studies*, 5 (1967), 204–24.

2 J. J. Bingham, 'The French Banquet Campaign of 1847–8', *Journal of Modern History*, 21 (1959), 1–15; L. Girard, *La Deuxième République 1848–51* (1968), 34.

3 L. A. Garnier-Pagès, *Histoire de la révolution de 1848* (1861–72), 5. 213.

4 C. Seignobos, *La Révolution de 1848, le second empire* (1921), and P. de la Gorce, *Histoire de la seconde république française* (1887)，这本书包含详尽的叙述。

5 Garnier-Pagès, 4. 368.

6 Comte de Falloux, *Mémoires d'un royaliste* (1888), 1. 254.

7 J. S. Mill, *Dissertations and Discussions* (1859), 2. 339.

8 E. Lemoine, *L'Abdication du roi Louis-Philippe racontée par lui-même* (1851).

9 Daniel Stern, *Histoire de la révolution de 1848* (1850–3).

10 K. Marx, *Class Struggles in France 1848–50* (English trans., 1924); J. Dautry, *1848 et la deuxième république* (1957); G. Duveau, *1848* (1965); E. Labrousse 在索邦大学的演讲。这本书中有优秀的分析：R. Price, *The Second French Republic* (1972)。

11 Albert Crémieux, *La Révolution de février: étude critique sur les journées des 21, 22, 23 et 24 février 1848* (1912). 参阅 Pierre Quentin-Banchart, *La Crise sociale de 1848: les origines de la révolution de février* (1920)。

12 K. Marx, *Works* (1950), 1. 133.

13 E. Labrousse, *Aspects de la crise et de la dépression de l'économie française au milieu du 19e siècle* (Bibliothèque de la révolution de 1848, no. 19, 1956).

14 André Lasserre, *La Situation des ouvriers de l'industrie textile dans la région lilloise sous la monarchie de juillet* (Lausanne, 1952).

15 Mme Kahan-Rebecque, *L'Alsace économique et sociale sous le règne de Louis-Philippe* (1928).

16 R. Gossez, 'Carte des troubles en 1846–7' in E. Labrousse, *Aspects de la crise* (1956), 1–3； J. P. Aguet, *Les Grèves sous la monarchie de juillet* (Geneva, 1954); Peter N. Stearns, 'Patterns of Industrial Strike Activity in France during the July Monarchy', *American Historical Review*, 70 (Jan. 1965), 371–94.

17 有关其他省的革命请参阅 Albert Charles, *La Révolution de 1848 et la seconde république à Bordeaux et dans le département de la Gironde* (Bordeaux, 1945); E. Dagnan, *Le Gers sous la seconde république* (Auch, 1928–

9); A. Desannis, *La Révolution de 1848 dans le département du Jura* (1948); P. Muller, *La Révolution de 1848 en Alsace* (1912) ; G. Rougeron, *La Révolution de 1848 à Moulins et dans le département de l'Allier* (1950); Élie Reynier, *La Seconde République dans l'Ardèche* (1948); G. Rocal, *1848 en Dordogne* (1934); J. Godechot, *La Révolution de 1848 à Toulouse et dans la Haute Garonne* (1948); *La Révolution de 1848 dans le département de l'Isère* (Grenoble, 1949); F. Dutacq and A. Latreille, *Histoire de Lyon*, vol. 3 (1952), 以及 Tudesq, Vigier, Chevalier, Armengaud, and Dupeux 的著作。The Société de la Révolution de 1848 有大量资料，1905 年后作为不同的主题出现。

18 Louis Chevalier, 'Les Fondements économiques et sociaux de l'histoire politique de la région parisienne (1848–51)' (1950 年，论文未发表却十分重要), 196; 同上，*La Formation de la population parisienne au 19e siècle* (1950); Maurice Agulhon, *La République an village: les populations du Var de la Révolution à la Seconde République* (1970) 以及同上，*Pénitents et francs-maçons de l'ancienne Provence* (1968)，上述作品都极具原创性；Lucienne A. Roubin, *Chambrettes des Provençaux* (1970).

19 Antonio Watripont, *Histoire politique des écoles et des étudiants* (1850). 这本书只出版了第一卷。第二卷的手稿由作者的学生做了简要总结，参阅 P. Larousse, *Grand Dictionnaire universal du XIXe siècle*, 7 (1870), 1085.

20 Alphonse Lucas, *Les Clubs et les clubistes* (1851), 122–3.

21 Larousse, 同上。

22 P. Gerbod, *La Condition universitaire* (1965), 110, 629, 636.

23 J. Michelet, *L'Étudiant* (1848 年的演讲直到 1877 年才出版，1970 年再版), 57, 67, 76.

24 引用自 Y. H. Gaudemet, *Les Juristes et la vie politique de la Troisième République* (1970), 15, 18 的数据统计。

25 Claude Bellanger et al., *Histoire générale de la presse française*, 2 (1969), 208; J. Godechot, *La Presse ouvrière 1819–1850* (Bibliothèque de la Révolution de 1848, no. 23, 1966), 185.

26 *La Politique de Lamartine*, ed. L. de Ronchaud (1878) 这本书中含拉马丁演讲和作品的优秀选集；同时参阅：A. de Lamartine, *La France parlementaire* (1865); E. Harris, *Lamartine et le peuple* (1932); C.

Latreille, *Les Dernières Années de Lamartine* (1925); Gordon Wright, 'A Poet in Politics: Lamartine and the Revolution of 1848', *History Today* (1958), 616–27; and G. Flaubert, *L'Éducation sentimentale* (1869).

27 R. Gossez, *Les Ouvriers de Paris: Livre* 1: *L'Organisation 1848–51* (1967).

28 R. Gossez, 'Diversité des antagonismes sociaux vers le milieu du 19ᵉ siècle', *Revue Économique* (1956), 439–58.

29 Jacques Bouillon, 'Les Démocrates socialistes aux élections de 1849', *Revue française de science politique*, 6 (1956), 70–95，更正了之前的计算结果（仍然能在大部分书中找到），更正工作由 G. Génique 在 *L'Election de l'assemblée législative en 1849* (1921) 中体现。

30 烧炭党在法国的历史请参阅 Alan Spitzer, *Old Hatreds and Young Hopes* (Cambridge, Mass., 1971)，这本书对烧炭党人做了非常详尽的叙述。秘密社团的有关内容请参阅即将出版的 John Roberts 的著作。

31 J. Bouillon，同前文所引。其余的人分别为：19 个农民、19 个商人、11 个工人、11 个士兵、9 个公务员、7 个市长，以及其他 8 人。

32 P. Vigier，同前文所引，以及 A. J. Tudesq，同前文所引。

33 A. A. Ledru-Rollin, *Discours politiques et érits divers* (1879), 1. 4–5, 20, 46, 2. 99, 420–9; *De la décadence de l'Angleterre* (1850); R. Schultz, *Ledru-Rollin et le suffrage universel* (1948); A. R. Calman, *Ledru-Rollin après 1848* (1921).

34 参阅 A. Bonnard, *Les Modérés* (1933); H. Carnot, *Les Radicaux et la charte* (1847)。

35 Frederick A. de Luna, *The French Republic under Cavaignac: 1848* (Princeton, N. J., 1969), 110–13. 这本书证明了 1848 年选举文章的失误，文章是由 Seignobos 的学生 J. Tournan 完成的，Seignobos 的声明也基于这篇文章。同时，这本书也是对共和国这段被忽略时期的重新审视。

36 Alfred Antony, *La Politique financière du gouvernement provisoire, février-mai 1848* (1910); M. Marion, *Histoire financière de la France depuis 1715*, vol. 5 (1928).

37 Paul Bastid, *Doctrines et institutions politiques de la Seconde République* (1945); Jacques Cohen, *La Préparation de la constitution de 1848* (1935); Georges Cogniot, *La Question scolaire en 1848* (1948); O. Festy, *Les*

Associations ouvrières encouragées par la Deuxième République (1915).

38 *Œuvres politiques et littéraires d'Armand Carrel*, ed. Littré and Paulin (1857), 3. 58, 122, 176, 4. 137, 5. 366; Jules Simon, *Premières Années* (n.d.), 181; R. G. Nobecourt, *La Vie d'Armand Carrel* (1930); Angus MacLaren, *Armand Carrel* (Ph.,D. thesis, Harvard, 1970).

39 René Remond, *Les États-Unis devant l'opinion française 1815–52* (1962), 2. 640–1.

40 梯也尔的历史出现在 1823–7 (10 卷)。其他革命历史出现在 Félix de Conny, 1834–42 (8 卷); E. Cabet, 1840 (4 卷); L. Blanc, 1847–62 (12 卷); J. Michelet, 1847–53 (7 卷); Abbé de Genoude, 1845–8 (7 卷); A. Esquiros, 1847 (2 卷); A. Gabourd, 1846–51 (10 卷); A. Laponneraye, 1845 (3 卷); A. de Lamartine, 1847 (8 卷); 议会历史，由 P. Buchez 编辑 , 1834–8 (40 卷)。

41 Georges Benesco, *Voltaire: bibliographie de ses œuvres* (1890), 4. 163, 195; J. F. Nourrisson, *Voltaire et le voltairianisme* (1896), 656–7; Abbé Berseux, *Le Voltairomanie* (Lanenville, 1865); Pierre Guiral, in *Hommage au Doyen E. Gros* (Gap, 1959), 193–204.

42 J. F. Nourrisson, *J.-J. Rousseau et le rousseauisme* (1903); J. R. Talmon, *The Origins of Totalitarianism* (1952); J. Jaurès, 'Les Idées politiques et sociales de J.-J. Rousseau', *Revue de métaphysique et de morale*, 20 (1912), 371–81; Harald Höffding, 'Rousseau et le 19e siècle', *Annales de la Société J. J. Rousseau*, 8 (Geneva, 1912), 69–98. 卢梭主义共和党人的示例请参阅 Demosthenes Ollivier's views in Theodore Zeldin, *Émile Ollivier* (Oxford, 1963), 3–4.

43 G. Weill, *Histoire du parti republicain en France 1814–1870* (new edition, 1928), 111.

44 E. Vacherot, *La Religion* (1869), 255, 267, 411–13; 关于作者的社会教义，参阅：*La Démocratie* (1860)。关于作者的生活，参阅：E. Boutroux, 'Notice sur la vie et les œuvres de M. Étienne Vacherot', *Mémoires de l'Académie des sciences morales et politiques*, 21 May 1904, 25 (1907), 83–114。

45 Aimé Cherest, *La Vie et les œuvres de A. T. Marie* (1873).

46 Compare I. Tchernoff, *Le Parti républicain sous la monarchie de juillet* (1901), and id., *Le Parti républicain au coup d'État et sous le Second Empire* (1900).

第5章 波拿巴主义

1 主要历史参考 Pierre de La Gorce, *Histoire du Second Empire* (7 vols., 1894–1904); C. Seignobos, *La Révolution de 1848. Le Second Empire* (vol. 6 of E. Lavisse, *Histoire de la France contemporaine*) and *Le Déclin de l'empire et l'établissement de la Troisième République 1859–75* (vol. 7 of the same series), both 1921; Albert Thomas, *Le Second Empire* (1906, in Jaurès, *Histoire socialiste*) and Émile Ollivier, *L'Empire libéral* (18 vols., 1895–1918)。

2 H. A. L. Fisher, *Bonapartism* (Oxford, 1908), 3, 87; André Siegfried, *Tableau politique de la France de l'ouest* (1913), 473–95; Jacques Duclos, *De Napoléon III à de Gaulle* (1964); *L'Express*, 5 Apr. 1962; M. Rubel, *Marx devant le bonapartisme* (1960).

3 参阅 Balzac, *Le Député d'Arcis: Œuvres*, ed. Bouteron and Lognon (1949), 283–4。

4 参阅 Jacques Godechot, *Les Institutions de la France sous la Révolution et l'Empire* (1951), 496–7, 502–3。

5 J. Taschereau, *Revue rétrospective* (1848), 140–1; *Aux Mânes de l'Empereur, la patrie reconnaissante. Notice biographique des 192 pairs de France ayant reçu des faveurs de l'Empereur et qui aujourd'hui sont les juges du prince Napoléon* (1840), Bibliothèque Nationale shelf-mark Lb (51)3137.

6 梯也尔是拿破仑的拥护者，关于他对路易-拿破仑的共和主义的观点请参阅 *Moniteur universel* (1851), 185；Crémieux 的观点请参阅，同前，(1845), 884. Douglas Jerrold, *Life of Napoleon III* (1875–82), 1. 250–1, letter of Louis Napoleon to Vieillard, 29 Jan. 1836; P. Thureau Dangin, *La Monarchie de juillet* (1897–1904), 1. 594, Baron Gustave de Romand, *De l'état des partis en France* (1839), 23–5. Jean Vidalenc, *Les Demi-Soldes. Étude d'une catégorie sociale* (1955)，书中说明了波拿巴主义在拿破仑一世的前任士兵中并不常见。G. Perreux, *La Propagande républicaine au début de la monarchie de juillet* (1931), 书中说明了各党派之前的相互关系。

7 参阅 Carnot's denunciation in *Moniteur universel* (1841), 1538。

8 Napoleon III, *Œuvres* (1856), 2. 5, 31, 125, 367; 3. 27, 54, 59, 118, 148, 162, 182, 236; Douglas Jerrold, *Life of Napoleon III* (1875–82), 2. 280. 对

昂方坦著作的熟悉程度证明了于尔班在 19 世纪 50 年代后才将其介绍给他。

9 *Œuvres*, 2. 243, and 1. 98.

10 同上，1. 342; 1. 31-2。

11 同上，1. 398。

12 参阅 L. M. Case, *Public Opinion on War and Diplomacy during the Second Empire* (Philadelphia, Pa., 1954)。

13 参阅 *Œuvres*, 2. 83。

14 *Œuvres*, 1. 44, 52-5.

15 A. J. Tudesq, *L'Élection présidentielle de L. N. Bonaparte, 10 déc. 1848* (1965); R. Pimienta, *La Propagande bonapartiste en 1848* (1911); A. Ferrère, *Révélations sur la propagande napoléonienne faite en 1848 et 1849* (Turin, 1863).

16 V. F. de Persigny, *Mémoires du duc de Persigny* (1896); H. Farat, *Persigny* (1957).

17 A. Fould, *Journaux et discours* (1867); J. Durieux, *Le Ministre Pierre Magne* (2 vols., 1929); R. Pflaum, *The Life of the Duc de Morny* (N.Y. 1968).

18 J. M. and B. Chapman, *The Life and Times of Baron Haussmann* (1957); G. Lameyre, *Haussmann* (1958); D. Pinkney, *Napoleon III and the Rebuilding of Paris* (Princeton, N. J., 1958).

19 J. Delarbre, *Chasseloup-Laubat* (1873); 这本书是作者私人文件里关于交趾支那的备忘录，作者的后代已允许我查阅。

20 V. Duruy, *Notes et souvenirs 1811-1894* (1901); Jean Rohr, *Victor Duruy, ministre de Napoleon III* (1967). 参阅 Roger L. Williams, *Gaslight and Shadow* (1957)。

21 担任 1850—1851 年的内政部部长，1852 年的国务委员会副总理，1853—1863 年的总统，1863—1867 年及 1868—1869 年的司法部部长。参阅 J. Maurain, *Baroche* (1936)。

22 担任 1849—1851 年的司法部部长，1852—1855 年的国务委员会副总理，1855—1863 年的农业部、商务部与公共事务部部长，1863 年的国务委员会总理，1863—1869 年的国务大臣，1870 年的参议院议长。参阅 R. Schnerb, *Rouher* (1949)。

23 Howard C. Payne, *The Police State of Louis Napoleon Bonaparte* (Seattle, Wash., 1966). 1851 年的镇压请参阅 Eugène Tenot, *Étude historique sur le coup d' état* (new ed. 1877–80)，1858 年的镇压请参阅 E. Tenot and A. Dubost, *Les Suspects en 1858* (1869)。For the *gendarmerie*, A. Germond de Lavigne, *La Gendarmerie* (1857), H. Delattre, *Histoire de la gendarmerie française* (1879), 126, 144, 163, 165, baron Cochet de Savigny, *Gendarmerie: notice historique sur la révolution du mois de décembre 1851. Coopération de la gendarmerie dans la répression des troubles* (1852).

24 L. Girard, *La Garde nationale 1814–71* (1964); R. Girardet, *La Société militaire 1815–1939* (1953); M. Howard, *The Franco-Prussian War* (1961); J. Bouillon, P. Chalmin, et al., *L'Armée et la seconde république* (Bibliothèque de la Révolution de 1848, vol. 18, 1955).

25 T. Zeldin, *The Political System of Napoleon III* (1958), 46–51，这本书提供了引用和参考。

26 参阅 L. de Cormenin, *Reliquiae* (1868), *Pamphlets anciens et nouveaux* (1870), and P. Bastid, *Cormenin* (1948)。

27 L. Paul-Dubois, *Essai sur les finances communales* (1898); M. Himbourg, *Des finances communales* (1891)。

28 Marcel Denieul, *Histoire des finances d'une commune rurale* (Poitiers, 1912). 参阅 R. Brun, *Le Budget de Montmarlon: étude d'une très petite commune* (Lyon thesis, 1919)。

29 Paul David, *La Commune rurale. Observations et études* (Toulouse, 1863), by the mayor of Saint-Matré (Lot).

30 Archives Nationales, C. 1347, protest by Anatole Lemercier, Charente-Inférieure.

31 A. N., C. 1368, Loire-Inférieure file; 参阅 C. 1351, Ille-ct-Vilaine file。

32 A. Romieu, ancien préfet, *De l'administration sous le régime républicain* (1849).

33 A. N., F (ic) II 100, 14 Jan. 1852.

34 A. N., F (ic) II 58 and 98.

35 Sub-prefect of Ancenis, 28 Feb. 1853, F (ic) III Loire Inf. 8.

36 L. Girard, *Les Élections de 1869* (1960), 149–62, M. Faucheux 在旺代省

写的文章。

37 André Armengaud, *Les Populations de l'Est-Aquitain au début de l'époque contemporaine 1845–71* (1961), 351, 398.

38 Jean Boulois, *Essai sur la politique des subventions administratives* (1951).

39 Edmond Desmolins, *Les Français d'aujourd'hui: les types sociaux du midi* (about 1898), 157.

40 Thadée Gabrielli, *La Corse*: *ses luttes pour l'indépendance, son annexion à la France*, *ses représentants 1770–1937* (1937); Marcelle Stromboni, 'Le Parti bonapartiste à Ajaccio de 1889 à 1914', *Corse Historique*, 34–5 (Ajaccio, 1969), 5–45.

41 C. B. Dupont-White, *L'Individu et l'état* (1856), *La Centralisation* (1860), *La Liberté politique considérée dans ses rapports avec l'administration locale* (1864), *Du progrès politique* (1868).

42 Odilon Barrot, *De la centralisation et de ses effets* (1861); Louis Blanc, *L' État et la commune* (1866); A. Simiot, *Centralisation et démocratie* (1861).

43 Napoleon III, *Œuvres* (1856), 3. 119; *Larousse du XIX siècle*, 有关中央集权的文章 ; Maurice Block, *Les Communes et la liberté. Étude d'administration comparée* (1876); P. Molroguier, *Du régime municipal en France* (1849); Étienne de Toulza, *De l'administration des communes en France* (1869); Jacques Droz, 'Le Problème de la décentralisation sous le second empire', in *Festgabe für Max Braubach* (Münster, 1964), 783–94; Ferdinand Béchard, *Du projet de centralisation administrative annoncé par l'empereur* (1864); A. Pougnet, *Hiérarchie et décentralisation* (1866).

44 A. N., F（18）. 294（巴黎），294（1862 年其他省的数字），307（1869 年）.

45 参阅 J. Rougerie's brilliant article on Belleville in L. Girard, *Les Élections de 1869* (1960), 3–36。

46 Fernand L'Huillier, *La Lutte ouvrière à la fin du second empire* (1957), 70, 78.

47 L. Girard, *Les Élections de 1869* (1960), contains a detailed study by A. Olivesi of Marseille in 1869, 77–123 ; P. Corticchiato, *Les Corses et le parti bonapartiste à Marseille en 1870 et pendant les premières années de la république* (Marseille, 1921); Chambre de Commerce et d'Industrie de Marseille, *Marseille sous le second empire* (1961), 75–88, 143–64.

48 E. d'Hauterive, *Napoléon III et le prince Napoléon* (1925), letter by Napoleon III, 58–9.

49 G. Goyau, *Un Roman d'amitié* (1928), letter of Persigny to Falloux, 160.

50 L. Girard, A. Prost, R. Gossez, *Les Conseillers généraux en 1870* (1967), 47–8, 116–31 and *passim*. 这些（主要是 M. Prost 的著作）对计算机技术运用于历史研究具有非凡的指导意义。

51 Theodore Zeldin, *The Political System of Napoleon III* (1958, paperback reprint, N.Y., 1971), 10–45, 这本书含 1852 年的议会研究。

52 A. L. Dunham, *The Anglo-French Treaty of Commerce of 1860 and the Progress of the Industrial Revolution in France* (1930).

53 É. Ollivier, *Commentaire de la loi du 25 mai 1864 sur les coalitions* (1864); P. L. Fournier, *Le Second Empire et la législation ouvrière* (1911); J. Barberet, *Les Grèves et les coalitions* (1873); L. Barthou, 'Des atteintes à la liberté du travail', *Nouvelle Revue* (1 Feb. 1901), 321–34; H. Sée, *Histoire économique de la France* (new edition 1951)，2. 342.

54 E. Levasseur, *Histoire des classes ouvrières et de l'industrie en France de 1789 à 1870* (1904), 2. 495.

55 B. Constant, *Principes de politique* (1815).

56 T. Zeldin, *Émile Ollivier and the Liberal Empire of Napoleon III* (Oxford, 1963).

57 L. Girard, *La Politique des travaux publics du second empire* (1952); D. H. Pinkney, *Napoleon III and the Rebuilding of Paris* (Princeton, N. J., 1958); J. M. and B. Chapman, *The Life and Times of Baron Haussmann* (1957); G. E. Haussmann, *Mémoires* (1890–3); C. M. Leonard, *Lyon Transformed: Public Works of the Second Empire 1853–1864* (Berkeley, Cal., 1961).

58 T. J. Markovitch, 'Salaires et profits industriels en France sous la monarchie de juillet et le second empire', *Économies et Sociétés* (Apr. 1967), 79–87.

59 E. Labrousse, *Le Mouvement ouvrier et les idées sociales en France 1815–1900* (Cours dc la Sorbonne, 1949); 同前，*Aspects de l'évolution économique et sociale de la France et du Royaume-Uni 1815–80* (1949), 99.

60 G. Duveau, *La Vie ouvrière sous le second empire* (1946), 410–11.

61 同上，第 415 页。

62 Levasseur, 2. 735, 688.

63 Duveau, 410.

64 G. Kulnholtz-Lordat, *Napoléon III et la paysannerie* (Monte Carlo, 1962), 是一本简短却有参考意义的概述。

65 Jean Maritain, *La Politique ecclésiastique du second empire* (1930), 这本书是关于法兰西第二帝国的杰出作品。

66 参阅 A. Pingaud, 'La Politique extérieure du second empire', *Revue historique* (1927), 41–68，理论述评；P. Henry, *Napoléon III et les peuples* (Gap, 1943)；H. Oncken, *Die Rheinpolitik Kaiser Napoleons III von 1863 bis 1870* (Stuttgart, 1926); Richard Millman, *British Foreign Policy and the Coming of the Franco-Prussian War* (1965).

67 参阅 A. J. P. Taylor, *The Struggle for Mastery in Europe 1848–1914* (Oxford, 1954).

68 关于外交事务的文献有许多。其中入门的有 Taylor 的书，如前所引。近些年来有参考意义的著作包括：L. M. Case, *Public Opinion on War and Diplomacy during the Second Empire* (Philadelphia, Pa., 1954); W. E. Mosse, *The European Powers and the German Question* (1958); Pierre Renouvin, *Histoire des relations internationales*, vol. 5 (1) (1954); L. M. Case and Warren F. Spencer, *The United States and France: Civil War Diplomacy* (Philadelphia, Pa., 1970). (Professor Spencer 正在书写 Drouyn de Lhuys 的传记。) N. N. Barker, *Distaff Diplomacy, The Empress Eugénie and the Foreign Policy of the Second Empire* (Austin, Texas, 1967); Harold Kurtz, *The Empress Eugénie* (1964), 这本书是欧仁妮最好的传记。

69 Article on 'Appel au peuple' in P. Larousse, *Grand Dictionnaire universel*（增刊）, 16 (1877), 172–84.

70 Pierre de Witt, *L'Épuration sous la troisième république* (1887).

71 Jules Amigues, *Les Aveux d'un conspirateur bonapartiste* (1874); Georges Lachaud, *Le Prince Napoléon et le parti bonapartiste* (1880), 15.

72 Rosalie Berruyer, *Les Mémoires d'une Bonapartiste, ou le souvenir de mes voyages en Angleterre* (Grenoble, 1894), 33, 48, 51.

73 John Rothney, *Bonapartism after Sedan* (Ithaca, N.Y., 1969).

74 参阅 Segris 的私人文件，以及 Berger 在 1875 年 1 月 16 日写给 Segris 的书信，它们说明了地方报纸运营费用仅需 3 200 法郎。

75 J. Silvestre de Sacy, *Le Maréchal de MacMahon* (1960).

76 Comte d'Hérisson, *Le Prince Impérial* (1890); Fidus [E. Loudun], *Journal de dix ans: souvenirs d'un impérialiste* (1883), 2. 133.

77 A. Filon, *Memoirs of the Prince Imperial, 1856–1879* (1913), 187–8; 参阅 Alain Decaux, *Connaissez-vous le Prince Impérial?* (1958)。

78 F. Berthet-Leleux, *La Vrai Prince Napoléon* (1932); Jules Richard, *Le Bonapartisme sous la république* (1883); Paul Lenglé, *Le Neveu de Bonaparte, souvenirs de nos campagnes politiques avec le Prince [Jérôme] Napoléon Bonaparte 1879–1891* (1893); Émile Sauvage, *Le Clergé et le bonapartisme* (1886); Georges Lachaud, *Bonapartistes blancs et bonapartistes rouges* (1885); P. Cordier, *Boulangisme et bonapartisme* (1889).

79 *Le Gaulois* (2 Apr. 1892), 56–7 and *Le Figaro* (7 May 1892), 77, 含关于波拿巴主义的文章，具有不确定性。Mr. Keith Underbrink of St. Antony's College, Oxford 参与了这个主题的研究。

80 Paul de Cassagnac, *Articles du Pays et de l'Autorité* (1905, 8 vols.); André Martinet, *Le Prince Victor-Napoléon* (1895); Charles Faure-Biguet, *Paroles plebiscitaires 1906–1913* (1913) ; Paul de Cassagnac, *Faites une constitution, faites un chef* (1933); Dr. Flammarion, *Le Bonapartisme* (1950); K. Offen, *Paul de Cassagnac*（即将出版）.

81 Ollivier to Segris, 28 Mar. 1876, Segris private papers.

第 6 章 法兰西第三共和国的政客

1 Text and contemporary comment in F. A. Hélie, *Les Constitutions de la France* (1880), 1348–1456; amendments L. Duguit, H. Monnier and R. Bonnard, *Les Constitutions et les principales lois politiques de la France depuis 1789* (7th ed. 1952), 286–319; cf. A. Esmein, *Éléments de droit constitutionnel français et comparé* (5th ed. 1909); M. Sibert, *Les Constitutions de la France, 1870–1940* (1946); J. Barthelemy and P. Duez, *Traité de droit constitutionnel* (new edition 1933).

2 Maurice Claudel, *Nos libertés politiques* (1910).

3 J. M. Cotteret, C. Emeri and P. Lalumière, *Lois électorales et inégalités de*

représentation en France 1936–1960 (1960).

4 W. R. Sharp, *The Government of the French Republic* (New York, 1938), 60–3.

5 A. Tardieu, *La Profession parlementaire* (1937), 43.

6 Max Bonnefous, *Le Scrutin d'arrondissement et la politique* (1926), 对该系统的利弊做了精彩的总结分析。

7 Roger Priouret, *La République des députés* (1959), 85, 180.

8 Robert de Jouvenel, *La République des camarades* (1914).

9 参阅 Bernard Lavergne, *Les Deux Présidences de Jules Grévy 1879–1887* (1966), 31。

10 L. Puech, *Essai sur la candidature officielle en France depuis 1851* (Montpellier, 1922); G. D. Weil, *Les Élections legislatives depuis 1789. Histoire de la législation et des mœurs* (1895).

11 Paul Leroy-Beaulieu, *Un chapitre des mœurs électorales en France dans les années 1889 et 1890* (1890).

12 Jules Simon, *Premières Années* (1901), 338.

13 A. Pilenco, *Les Mœurs du suffrage universel en France 1848–1928* (1930).

14 J. P. Charnay, *Les Scrutins politiques en France de 1815 à 1962. Contestations et invalidations* (1964), 117–20.

15 J. K. Pollock, *Money and Politics Abroad* (New York, 1932), 279–319.

16 Above, pp.55–7. R. Mennevée, *Parlementaires et financiers, répertoire des senateurs et députés directeurs ou administrateurs des sociétés financières commerciales, industrielles et économiques* (2nd edition 1924), 这本书列出了 140 多位众议员和 100 多位参议员。

17 Robert Arnitz, *Les Enquêtes parlementaires d'ordre politique* (Paris thesis, 1917), 这篇文章根据报道列出了一份完整的事件名单；A. Dansette, *L'Affaire Wilson* (1936); 关于调查的无效性请参阅 Louis Michon, *Des enquêtes parlementaires* (1890).

18 Joseph Barthélemy, *Le Rôle du pouvoir exécutif dans les républiques modernes* (1906), 420.

19 Joseph Barthélemy, *Le Gouvernement de la France* (1925), 110. René Bloch, *Le Régime parlementaire en France sous la Troisième République* (Paris, thesis, 1905), 79–83.

20 Emmanuel Besson, *Le Contrôle des budgets en France et à l'étranger* (1899), 552–61; Désiré Ferry, *Le Contrôle financier du parlement* (Paris thesis, 1913).

21 Louis Michon, *L'Initiative parlementaire* (1898); Émile Larcher, 'L'Initiative parlementaire pendant la sixième législative (1893–8)', *Revue politique et parlementaire* (Apr. 1898), 597–611.

22 Joseph Barthélemy, *Essai sur le travail parlementaire et le système des commissions* (1934); H. Mauchant, *La Commission des finances de la chambre des députés* (Nancy thesis, 1927); R. K. Gooch, *The French Parliamentary Committee System* (1935).

23 Mattei Dogan, 'La Stabilité du personnel parlementaire sous la troisième républiqué, *Revue française des sciences politiques*, 3(1953), 319–48.

24 As they did, e.g., in 1914 (Ribot) and 1920 (G. Leygues). Jacques Verdeaux, *Le Président du conseil des ministres en France* (Bordeaux thesis, 1940).

25 A. Soulier, *L'Instabilité ministerielle sous la Troisième République 1871–1938* (1939); Jacques Ollé-Laprune, *La Stabilité des ministres sous la Troisième République 1879–1940* (1962).

26 J. E. C. Bodley, *France* (1899), 267–315.

27 Gaston Coste, *Rôle législatif et politique du sénat sous la troisième république* (Montpellier thesis, 1913); François Goguel-Nyegaard, *Le Rôle financier du sénat français: essai d'histoire parlementaire* (Paris thesis, 1937); Yvan Barthomeuf, *Les Débuts du sénat républicain* (Paris thesis, 1939). 有关传记的信息，请参阅 David Shapiro 的著作 *The Right in France* (St. Antony's Papers, no. 13, 1962) 中传记字典等的列表。

28 有人认为，宪法受到了 Prévost-Paradol's *La France nouvelle* (1868) 和 V. de Broglie's *Vues sur le gouvernement de la France* (1861) 思想的影响。这些书表达了许多参与起草宪法的人的意见，但是不能证明其具有直接的影响力。参阅 P. Guiral, *Prévost-Paradol* (1955)。

29 'Opinions de Paul Cambon sur le rôle, en politique étrangère, de quelques ministres et de divers Présidents de la République', *Revue d'Histoire Diplomatique* (1954), 202–7; L. Rogers, 'The French President and Foreign Affairs', *Political Science Quarterly* (Dec. 1925), 540–60.

30 Y. Haikal, *La Dissolution de la chambre des députés* (Paris thesis, 1935),

55–61.

31 C. de Freycinet, *Souvenirs 1878–1893* (1913), 75–6.

32 A. Dansette, *Histoire des présidents de la République* (1953), 77.

33 P. Barral, *Les Périer dans l'Isère au XIXe siècle* (1964), 163–4.

34 E. Maillard, *Le Président Félix Faure* (1897).

35 Henri Avenel, *Le Président Émile Loubet et ses prédécesseurs* (1905) 表明，卢贝是一位非常活跃、热情的地方行政管理人员，他还因为赞成退休金计划而被誉为“法国总理互助会”代表。他的出身也不像其所描述的那样谦卑。他的父亲在 1844—1848 年以及 1860—1882 年是马尔萨讷市市长（德龙省）；卢贝还从一位叔叔那里继承了格里尼昂城堡。

36 Charles Braibant, *Félix Faure à l'Élysée*, souvenirs de Louis Le Grall, Directeur du Cabinet du Président de la République (1963), 22–3.

37 Émile Combarieu, *Sept Ans à l'Élysée avec le Président Émile Loubet* (1932), 308.

38 R. Poincaré, *Au Service de la France* (1826–33), 3. 34.

39 H. Leyret, *Le Président de la république: son rôle, ses droits, ses devoirs* (1913), 37.

40 1898 年和 1902 年的讲话，引用自 Gordon Wright, *Raymond Poincaré and the French Presidency* (Stanford, Calif., 1942), 23. F. Poincaré, *Questions et figures politiques* (1907), 78–9, 197.

41 同上，第 62 页。

42 S. V. Gallup, 'The Political Career of René Viviani' (Oxford unpublished thesis, 1965), chapter 5.

43 Wright, 162 n., 164.

44 Louis Sonolet, *La Vie et l'œuvre de Paul Deschanel 1852–1922* (1926), 136–9, 276; P. Deschanel, *La République nouvelle* (1898), *La Décentralisation* (1895), 以及收集的其他演讲稿，每卷都有不同的标题；René Malliavin, *La Politique nationale de Deschanel* (1925).

45 Jean Magnien, 'Alexandre Millerand' (D.E.S. unpublished mémoire, Paris, 1962).

46 P. Bastid, 'Doumer', *Revue Politique et Parlementaire* (Dec. 1934).

47 Daniel Brune, *Du pouvoir réglementaire du chef de l'État* (Bordeaux thesis, 1898), 98.

48 Albert Lebrun, *Témoignage* (1945), 223–57.

49 Edgar Monteil, *L'Administration de la République* (1893); Jeanne Siwek-Pouydesseau, *Le Corps préfectoral sous la troisième et la quatrième République* (1969); Henri Chardon, *Le Pouvoir administratif* (1910); Henri Joly, *De la corruption de nos institutions* (1903).

第 7 章 机会主义

1 N. Senior, *Conversations with Thiers, Guizot...* (1878), 1. 39.

2 参阅他关于必要自由的演讲，*Annales du Corps Législatif*, 2 (1864). 305–16, 以及他关于政治解决方案的杰出地位的演讲，同上，2 (1865), 87–98, and 1 (1866), 202–15.

3 A. Thiers, *De la propriété* (1848), 192–204, 241, 363.

4 关于他的“愤怒”，参阅 Bibliothèque Nationale, N.a.f. 20618, f. 597, copy of letter from Thiers to duc d'Aumale, 6 Jan. 1861.

5 R. Schnerb, 'La Politique fiscale de Thiers', *Revue Historique*, 201 (1949), 186–212, and 202 (1950), 184–220. 梯也尔的完整传记作者为 H. Malo, *Thiers* (1932)。

6 J. Chastenet, *Gambetta* (1969); G. Wormser, *Gambetta dans les tempêtes* (1964); P. Deschanel, *Gambetta* (1919); Joseph Reinach, *La Vie politique de Gambetta* (1919); H. Stannard, *Gambetta and the Foundation of the Third Republic* (1921); D. Halévy and E. Pillias, *Lettres de Gambetta* (1938); E. Pillias, *Léonie Léon, amie de Gambetta* (1935); P. B. Gheusi, *La Vie et la mort singulières de Gambetta* (1932); E. Krakowski, *Challemel-Lacour* (1932); P. Sorlin, *Waldeck-Rousseau* (1966); Juliette Adam, *Nos amitiés politiques* (1908); G. Hanotaux, *Mon temps,* vol. 2 (1938).

7 *Discours et plaidoyers politiques de M. Gambetta* (1881–5), 3. 99, 113.

8 *Discours*, 4. 155–6.

9 E. Monteil, *Les Couches sociales* (1880). 这本书至今还没有历史学家使用过，似乎是一位密友对甘必大阶级理论的唯一评论。

10 *Discours*, 2. 27–30, 5. 117.

11 Ernest Charles, *Théories sociales et politiciens 1870–1898* (1898), 52–3.

12 *Discours,* 2. 254.

13 *Discours*, 2. 179.
14 *Discours*, 9. 376.
15 *Discours*, 9. 122–3, 2. 263.
16 *Discours*, 11. 9.
17 *Discours*, 5. 117.
18 *Discours*, 2. 262.
19 *Discours*, 5. 44.
20 Charles, 48–9, 77.
21 *Discours*, 9. 276.
22 D. Halévy and E. Pillias, *Lettres de Gambetta* (1938), letter 219.
23 C. de Freycinet, *Souvenirs 1848–1878* (1912), 281–2.
24 J. Reinach, *Le Ministère Gambetta, histoire et doctrine, 14 novembre 1881–26 janvier 1882* (1884).
25 Jacqueline Herpin, 'Les Milieux dirigeants à Bordeaux sous la Troisième République', *Revue Historique de Bordeaux*, 15 (Oct.-Dec. 1966), 145–65.
26 H. Mendras, *Les Paysans et la modernisation de l'agriculture* (1958), 84.
27 G. Hanotaux, *Mon temps, 2* (1938), 178.
28 *Discours et opinions de Jules Ferry,* ed. Paul Robiquet (1893–8), 1. 50.
29 Ferry 的文章转载自 *Discours,* 1. 581–8 中的 *La Philosophie positive* (Sept.-Oct. 1867)；他于 1862 年为 *Revue des Deux Mondes* 写了两篇未发表的关于工业化的文章，并于之后发表在 *Discours*, 7. 447–535；可参阅 *Discours,* 3. 69。
30 *Discours*, 2. 194–5.
31 Louis Legrand, *L'Influence du positivisme dans l'œuvre scolaire de Jules Ferry* (1961), 103–94.
32 *Discours*, 6. 170–3, 280; 1. 284–8; 7. 40–2.
33 *Discours*, 6. 236.
34 *Discours*, 5. 220.
35 F. Pisani-Ferry, *Ferry et le partage du monde* (1962); C. A. Julien, 'Jules Ferry', in *Les Politiques d'expansion impérialiste* (1949), 11–72.
36 René Bastien, '*L'Estafette,* le journal de Jules Ferry 1889–93' (unpublished D.E.S. mémoire, Nancy, 1963).
37 J. Ferry, *Lettres, 1846–1893* (1914), 388.

38 最完整的传记为 Maurice Reclus, *Jules Ferry 1832–1893* (1947); 参阅 G. Froment-Guieysse, *Jules Ferry* (1937)，这是一本纪念册，*Jules Ferry* (1894), 以及 P. Sorlin, *Waldeck-Rousseau* (1966)，这本书是了解该时期政治的最佳指南。

39 Henry Peyret, *Histoire des chemins de fer* (1949)，这部作品是最好的简史；Richard de Kaufmann, *La Politique française en matière de chemins de fer* (1900), 大规模研究报告了议会辩论中的出色总结；参阅 C. Colson, *Les Chemins de fer et le budget* (1896); Henry Ferrette, *Étude historique sur l'intervention financière de l'État dans l'établissement des lignes de chemins de fer* (1896).

40 C. de Freycinet, *Souvenirs* (1912), 1. 90, 96, 160, 254–5, 287; 2. 79–83，以及 *passim*; Noël de Clazan, 'M. de Freycinet', *Le Correspondant*, 291 (1923), 693–712; Hector Depasse, *De Freycinet* (1883); André Beauvier, *Visages d'hier et d'aujourd' hui* (1911), 241–7; Capt. W. Zaniewicki, 'L'Œuvre de Freycinet au ministère de la guerre 1888–1893', *Revue historique de l'armée*, 19, no. 2 (1963), 55–72; 关于他科学工作的回顾在 *Journal des savants* (Mar. 1896), 125–32.

第 8 章 团结主义

1 Guy Chapman, *The Third Republic: The First Phase* (1962), 291.

2 威尔逊丑闻更广泛的意义在于，那是新闻界大亨这个令人着迷的行业中的一次高潮。

3 Frederic H. Seager, *The Boulanger Affair* (Ithaca, New York, 1969), 258, 186.

4 Jacques Néré 'La Crise industrielle de 1882 et le mouvement boulangiste' (Paris doctorat d'État, 1959, unpublished, in the Sorbonne library), 是对这一运动时期的社会和经济基础的全面研究；他的另一篇文章也做了补充，'Les Élections de Boulanger dans le département du Nord' (unpublished, 1959). A. Dansette, *Le Boulangisme* (1938) and F. H. Seager, *The Boulanger Affair* (New York, 1969) 也从不同角度对此做出了很好的解释。至于当代的一些观点，可参阅 Mermeix, *Les Coulisses du boulangisme* (1890), and Maurice Barrès, *L'Appel au soldat* (1900).

5 Alexander Sedgwick, *The Ralliement in French Politics* (Cambridge,

Mass., 1965), 引用了 Étienne Lamy 的论文 ; Maxime Lecomte, *Les Ralliés. Histoire d'un parti 1886–1898* (1898); Denys Cochin, *L'Esprit nouveau: origine et décadence* (n.d., about 1912); David Shapiro, 'The Ralliement in the Politics of the 1890s', in *The Right in France 1890–1919*, St. Antony's Papers, no. 13 (1962); Emmanuel Barbier, *Histoire du catholicisme libéral*, vol. 2 (1924); 同上 , 'Du royalisme à la république ou le ralliement du marquis de Solages', *Annales du Midi* (Jan. 1959), 59–70. 对于省级意见，请参阅 Gaston Routier, *La Question sociale et l'opinion du pays. Enquête du Figaro* (1894).

6 E. O. Golob, *The Méline Tariff* (New York, 1944); 参阅 Marcel Dijol, *Situation économique de la France sous le régime protectioniste de 1892* (n.d., about 1910).

7 No. 4, Paris 7e.

8 A. M. Heber-Suffrin, 'Les Débuts politiques de Jules Méline 1870–1885', (unpublished D.E.S. mémoire, Nancy, 1963).

9 J. Méline, *Le Retour à la terre et la surproduction industrielle* (1905).

10 J. Méline, 'Les Partis dans la république', *Revue politique et parlementaire*, 23 (Jan. 1900), 5–16; 同样参阅 Edmond Demolins, 'La Nécessité d'un programme social et d'un nouveau classement des partis', *La Science sociale* (Feb. 1895), 105–16.

11 'Le Parti progressiste, par un député', *Revue politique et parlementaire* (10 June 1897), 485–507.

12 *L'Œuvre économique et sociale de M. Jules Méline* (pamphlet published by the Association nationale républicaine, 1902, copy in Remiremont Municipal Library); *L' Œuvre agricole de M. Jules Méline* (n.d., Assoc. nat. répub.); Georges Lachapelle, *Le Ministère Méline* (1928); Gabriel Hanotaux, 'Jules Méline', *Revue des Deux Mondes* (15 Jan. 1926), 440–53.

13 完整版本为 J. E. S. Hayward, 'The Idea of Solidarity in French Social and Political Thought in the Nineteenth and Early Twentieth Centuries' (unpublished Ph.D. thesis, London, 1958). 同样参阅他的文章，'The Official Philosophy of the French Third Republic: Léon Bourgeois and Solidarism', *International Review of Social History*, 6 (1961), 22–5. John A. Scott, *Republican Ideas and the Liberal Tradition in France 1870*–1914 (New

York, 1951), 157–86; Charles Gide, *La Solidarité*, cours au Collège de France 1927–8 (1932); C. Bouglé, *Le Solidarisme* (1907); Louis Deuve, *Étude sur le solidarisme et ses applications économiques* (Paris thesis, 1906).

14 Th. Ferneuil, *Les Principes de 1789 et la science sociale* (1889); 对此的评论来自杜尔凯姆的 *Revue internationale de l'enseignement* (1890).

15 C. Gide, *Principes d'économie politique* (1883).

16 Henri Marion, *De la solidarité morale. Essai de psychologie appliquée* (1880, 3rd edition revised 1890).

17 E. Durkheim, *De la division du travail social* (1896).

18 Léon Bourgeois, *La Solidarité* (1896); Maurice Hamburger, *Léon Bourgeois 1851–1925* (1932); Alfred Croiset and Léon Bourgeois, *Essai d'une philosophie de la solidarité* (1902); Léon Bourgeois, *La Politique de la prévoyance sociale* (1914–19, 2 vols.); Émile Ferré, *Un Ministère radical* (1897).

19 J. Izoulet, *La Cité moderne: métaphysique de la sociologie* (1894).

20 'Étude sur la solidarité sociale comme principe des lois', *Séances et Travaux de L'Académie des sciences morales et politiques* (June 1903), 305–434. C. Bouglé, professeur de philosophie sociale à l'université de Toulouse, 'L' Évolution du solidarisme', *Revue politique et parlementaire*, 35 (10 Mar. 1903), 480–505.

21 G. Weill, *Le Mouvement social en France* (1924), 452.

22 *Premier Congrès international de la mutualité 1900*, (president M. V. Lourtiès, sénateur), report ed. Jules Arboux (1901) 包含了大量有关信息。参阅 St. Étienne 社会会长 Eugène Joly 对国家组织的评论，*Le Passé, le présent, l'avenir de la mutualité* (St. Étienne, 1893)。

23 Michel Heim, *Contribution à l'étude de quelques services supérieurs de la mutualité dans le département de l'Hérault* (Montpellier thesis, 1913), 99.

24 Léon Bourgeois's figures in *La Politique de la prévoyance sociale* (1914–19), 1. 149.

25 A. Weber, *A Travers la mutualité: étude critique sur les sociétés de secours mutuels* (1908), 262; Armand Alavoine, *L'Action économique et sociale des sociétés de secours mutuels* (Paris thesis 1914); Georges Assanis, *La*

Mutualité pratique: guide ... (1914).

26 J. Gaumont, *Histoire générale de la coopération en France* (1924); Albert Trombert, *Charles Robert, sa vie, son œuvre* (1927–31), 以及成立于 1879 年的 *Société pour l'étude pratique de la participation du personnel aux bénéfices* 的出版物。

27 内政部 Paul Bucquet 的报告，*Enquête sur les bureaux de bienfaisance* (1874)。

28 C. W. Pipkin, *Social Politics and Modern Democracies* (1931), 2. 190. 这是对这一时期社会立法很好的研究：第 2 卷与法国有关。L. Mirman, 'Une Loi de solidarité sociale', *Revue politique et parlementaire* (July 1903), 49–73; J. H. Weiss, 'The Third Republic's War on Poverty' (unpublished paper, Harvard, 1966); Henry Joly, *De la corruption de nos institutions* (1903), 196–7.

29 Maurice Bellom, 'Les Retraites ouvrières en France, Le Referendum de 1901', *Revue politique et parlementaire* (Jan. 1902), 119–39； M. Duboin, *La Législation sociale à la fin du dix-neuvième siècle* (1900).

30 1813 年的一项法令禁止矿洞雇用 10 岁以下的儿童。

31 E. Levasseur, *Questions ouvrières et industrielles en France sous la Troisième République* (1907); Astier, Godart et al., *L'Œuvre sociale de la Troisième République,* leçons professés au collège libre des sciences sociales (1912).

32 Michel Halbecq, *L'État, son autorité, son pouvoir 1880–1962* (1965) 讨论了新的法律理论；Léon Duguit, *Law in the Modern State* (1919).

33 35 rue de l'Université, Paris 7e.

34 Henry Leyret, *Waldeck-Rousseau et la Troisième République* (*1869–89*), 54, 56. 参阅这部精彩刺激的传记：Pierre Sorlin, *Waldeck-Rousseau* (1966)。

35 R. Waldeck-Rousseau, *Questions sociales* (1900), 书中包含了作者对这一主题的主要观点；参阅 Henry Leyret, *De Waldeck-Rousseau à la C.G.T.* (1921)。

36 1896 年 7 月 3 日在工商经济公司的讲话，引用自 Sorlin, 382。

37 Léopold Marcellin, 'Waldeck-Rousseau et le Waldeckisme', *Revue universelle* (1 Aug. 1923), 306–29; Boris Blick, 'Waldeck-Rousseau

1894–1904' (Ph.D. Wisconsin, unpublished, 1958); *Revue politique et parlementaire* (1894 ff.), 尤其是 1900 年 4 月号（第 24 卷），其中包含了那趟旅程和俱乐部的历史；Victor Meric, 'Mascuraud', in *Les Hommes du Jour* (12 Mar. 1910), no. 112; Paul Reynaud, *Waldeck-Rousseau* (1913), 内容是关于他的权威声誉。

38 Lecanuet, 3. 262.

39 Sorlin, 同前文所引，给出了完整的书目。有关 Waldeck 的更多观点请参阅 Henry Leyret, *Waldeck-Rousseau et la Troisième République 1869–1889* (1908)。

40 有关 1902 年选举请参阅 Claude Levy, 'La Presse de province et les élections de 1902: l'exemple de la Haute-Saône', *Revue d'histoire moderne et contemporaine* (1961), 169–98.

41 Joseph Reinach, *Histoire de l'affaire Dreyfus* (1901, 7 vols), 是最完整的 Dreyfusard 报道；Douglas Johnson, *France and the Dreyfus case* (1966), 是最明智、最敏锐的研究报告；Roderick Kedward, *The Dreyfus Affair* (1965), 包含一些特定的文档，这些文档包含了编者写下的深刻评论，从而以非常有效的方式使生活重新富有生机。关于这个主题的参考书目非常多：在这两本书和 L. Lipschutz, *Une Bibliothèque Dreyfusienne* (1970) 中都可以找到很好的指南。有关通缩的内容请参阅 Georges Sorel, *La Révolution Dreyfusienne* (1911, 2nd edition)；有关学术角度，可以看到 Léon Blum, *Souvenirs sur l'Affaire* (1935) 中有十分生动的内容。现代法国研究包括 M. Baumont, *Aux sources de l'Affaire* (1959), F. Miquel, *L'Affaire Dreyfus* (1961), M. Thomas, *L'Affaire sans Dreyfus* (1961).

第 9 章　激进主义

1 Émile Combes, *Mon Ministère: mémoires 1902—5* (1956), 33–5; 参阅 Léopold Marcellin, 'Émile Combes et le combisme', *Revue universelle* (1 Oct. 1923), 65.

2 Yvon Lapaguellerie, *Émile Combes* (1929).

3 R. A. Winnacker, 'The Délegation des Gauches', *Journal of Modern History* (1937), 449–70.

4 Abel Combarieu, *Sept Ans à l'Élysée avec le président Émile Loubet* (1932), 206–7.

5 Dr. M. J. M. Larkin 正在撰写有关教会和国家分裂现象的书。同时可参阅他的其他文章：*Journal of Modern History*, 36 (1964), 298–317, *Historical Journal*, 4 (1961), 97–103, *English Historical Review*, 81 (1966), 717–40.

6 A. Latreille, J. R. Palanque, E. Delaruelle and R. Remond, *Histoire du catholicisme en France* (1962), Book 4, 包含了迄今为止的优秀研究总结；J. M. Mayeur, *La Séparation de l'Église et de l'État* (1965) 涉及辩论中摘录的内容。

7 L. V. Méjan, *La Séparation des églises de l'État* (1959), 基于 Méjan 的个人论文的重要文献。至于抗议者的名字以及他们的反对言论，可参阅 Ernest Renauld, *Le Péril protestant* (1899), and *La Conquête protestante* (1900)。

8 F. Buisson, 'La Crise de l'anticléricalisme', *Revue politique et parlementaire*, 38 (Oct. 1903), 5–32. Louis Capéran, *Histoire contemporaine de la laïcité française* (1957–61), and *L'Invasion laïque* (1935).

9 Eugène Montfort, 'Les Tendances sociales, politiques et religieuses de la jeunesse française au vingtième siècle', *La Revue*, 37 (15 June 1901), 581–609.

10 关于 Briand, 参阅 A. Briand, *La Séparation* (1904–5), and *La Séparation, application du nouveau régime (1909);* also L. Crouzil, *Quarante ans de séparation* (Toulouse, 1946).

11 Gustave de Lamarzelle and Henry Taudière, *La Séparation de l'Église et de l'État. Commentaire théorique et pratique de la loi du 9 décembre 1905* (1906); Charles Gide, *La Séparation des églises et de l'État* (Toulouse, 1905).

12 Gabriel Le Bras, 'Trente Ans de séparation' in *Chiesa e Stato*, 2 (Milan, 1939), 435–62; René Fontenelle, *l'Échec pratique de la loi du 9 décembre 1905 au regard du culte catholique et les efforts d'adaptation au fait cultuel* (Lille thesis, 1921); Pierre Prugnard, *Les Églises publiques depuis la Séparation* (Paris thesis, 1923); Paul Bureau, 'La Séparation de l'Église et de l'État devant le parlement et les tribunaux', *La Science sociale* (Jan. and Feb. 1912), fascicules 89 and 90.

13 Joseph Filatre, *Étude du droit de retour crée par la loi du 9 décembre*

1905. Les biens repris par l'État dans le département du Pas-de-Calais (Lille thesis, Arras, 1914), 132.

14 J. de Narfon, *La Séparation des églises et de l'État* (1912), 218–97.

15 有关这一时期的详细指南可见 Harry W. Paul, *The Second Ralliement: The Rapprochement between Church and State in France in the Twentieth Century* (Washington, D.C., 1967).

16 Gustave Geffroy, *Clemenceau* (1918), 27–9. 这本书的作者是克里孟梭最好的朋友之一，是一位传记作家，同时也是布朗基的朋友。

17 Fernand Neuray, *Entretiens avec Clemenceau* (1930), 43–4; General H. Mordacq, *Clemenceau* (1939), 一位令人钦佩但不加批判的下属对他的性格进行了有趣的研究。

18 G. Clemenceau, 'Sur la démocratie', *Neuf Conférences rapportées par Maurice Ségard* (1930) [Lectures given in 1910], 128.

19 同上，*La Mêlée sociale* (1895), preface, xlii, and *passim*。

20 同上，*Sur la démocratie* (1930), 17。

21 Georges Wormser, *La République de Clemenceau* (1961), 84.

22 Georges Clemenceau, *Sur la démocratie* (1930), 60–2.

23 同上，*Dans les champs du pouvoir* (1913), 400。

24 同上，*Démosthène* (1926)。

25 J. Caillaux, *Mes Mémoires*, 1 (1942), 301.

26 A. G. Gola, préfet honoraire, *Clemenceau et son sous-préfet* (Fontenay-le-Comte, 1937), 35, 54.（与他的交谈报告。）

27 G. Clemenceau, *Les Plus Forts* (1898). 参阅 Edmond Gosse, 'The Writings of M. Clemenceau', *Edinburgh Review*, 229 (Apr. 1919), 253–70。

28 Daniel Ligon, 'Jaurès au Parlement', in *Jean Jaurès présenté par V. Auriol* (1962), 144, and L. Blum, *Jean Jaurès* (1937), 18.

29 来自一位法国记者，'M. Jaurès and M. Clemenceau', in *The Dublin Review* (Apr, 1906), 311–17。

30 Yves Malartie, 'Comment Clemenceau fut battu aux élections législatives à Draguignan en 1893', in *Provence historique* (1962), 112–38.

31 Georges Gatineau-Clemenceau, *Des pattes du tigre aux griffes du destin* (1961).

32 邓迪大学的戴维·沃森（David Watson）正在撰写克里孟梭的传记。

同时可参阅他的其他文章，发表于 *The News Letter*, 6, part I (1970), 13–19, and *The Historical Journal* (1971), 201–4.

33 有关承诺改革清单和克里孟梭上任时的“部长宣言”，参阅 *Revue politique et parlementaire* (Dec. 1906), 604–8。

34 André Dejean, ‘La crise de transports et le matériel roulant des chemins de fer’, *Revue politique et parlementaire* (Mar. 1907), 542–64.

35 Jacques Julliard, *Clemenceau, briseur de grèves* (1965), 23. 主要处理 Draveil Villeneuve-Saint-Georges (1908) 的事务，但通常对克里孟梭的社会政策很有指导作用。

36 Georges Deherme, *La Crise sociale* (1910), 149.

37 Maurice Le Blond, *La Crise du Midi* (1907), 是最完整的研究；Paul Hamelle, ‘La crise viticole’, in *Annales des sciences politiques* (1908), 625–61; André Avignon, ‘Marcelin Albert et la presse régionale’ (Montpellier D.E.S. mémoire, unpublished, 1964).

38 René, Wallier, *Le Vingtième Siècle politique: année 1907* (1908), 260–1.

39 *Recueil des lois, décrets, circulaires etc.* (1908), 42–52 的内容为法律文本；p. 32 是有关 1908 年预算第 36 条的修改版；同上 (1909), 258–61, 1909 年 8 月 3 日通函。Henri Ripert, ‘L’assistance aux vieillards infirmes et incurables et la loi du 14 juillet 1905’, *Annales des sciences politiques* (15 May 1906), 289–316, 撰写了法律通过的历史；Léon de Seilhac, *Revue politique et parlementaire* (Feb. 1907) 则对此做出了一些有趣的评论；L. Bonnevay in P. Astier et al., *L’Œuvre sociale de la Troisième République* (1912), 153–72, 书中关于保险和养老金的一章很有意义。

40 René Samuel and Georges Bonnet-Maury, *Annuaire du Parlement* (for 1910–11), 9 (1911), 114.

41 Louis Béjard, *L’Application de la loi sur les retraites ouvrières et paysannes* (Lyon, 1914)，是法律实践的少数研究之一，而不是理论上的法律论文。

42 Georges Renard, *Le Parlement et la législation du travail* (1913), 28.

43 E. Pelleray, *L’Œuvre financière du parlement de 1906 à 1910* (1910), viii and 8.

44 Raphaël-Georges Lévy, ‘Comparaison des budgets anglais, allemand, russe, ottoman avec le budget français’ in *La Politique budgétaire en*

Europe, lectures at the École Libre des Sciences Politiques (1910), 257–307; A. Landry and B. Nogaro, *La Crise des finances publiques en France, en Angleterre et en Allemagne* (1914), 121, 241.

45 J. Caillaux, *Les Impôts en France* (1896–1904), 序；参阅；同上，*Mes Mémoires* (1942–7).

46 Marcel Rouffie, 'Le nouveau projet d'impôt sur le revenu', *Revue politique et parlementaire* (Mar. 1907), 495–532.

47 Bernard Vandeginste, 'Le Sénat et l'impôt sur le revenu 1909–1917' (unpublished Sorbonne thesis, 1966), 1. 68, 168. 非常有指导性，而且其内容要比标题所示的广泛。

48 Pierre Callet, 'La bataille de l'impôt sur le revenu: fiscalité moderne et réactions bourgeoises (1906–1917)', *Cahiers d'histoire*, 7 (Grenoble, 1962), 465–92. 书中有关里昂的资产阶级的内容尤为有趣。

49 Achille Viallate, *La Vie politique dans les deux mondes*, vol. 3 (1908–9): 一份很有用的年刊。

50 Camille Pelletan, 'La crise du parti radical', *La Revue*, 80 (15 May 1909), 145–64; Georges Deherme, *La Crise sociale* (1910); 'L'impuissance parlementaire, enquête', *La Revue*, 73 (15 April 1908); Henri Chantavoine, *En province: lettres au directeur du Journal des Débats* (1910); André Cheradame, *La Crise française* (1912); J. L. de Lanessan, *La Crise de la République* (1914).

51 参阅 P. G. La Chesnais, 'Les radicaux et la représentation proportionnelle', *Revue politique et parlementaire* (Oct. 1906), 50–78; Armand Charpentier, *Le Parti radical et radical socialiste à travers ses congrès 1901–1911* (1913), 118–88。

52 *Recueil des lois, décrets, circulaires etc.* (1908), 335; (1909), 241, 209.

53 *La Revue,* 73 (15 Apr. 1908), 397.

54 Émile Chartier, alias Alain, *Éléments d'une doctrine radicale* (1925).

55 Claude Nicolet, *Le Radicalisme* (1957), 39.

56 Jules Simon, *La Politique radicale* (1869).

57 Armand Charpentier, *Le Parti radical et radical socialiste à travers ses congrès, 1901–1911* (1913), 366–70.

58 Jacques Kayser, 'Le radicalisme des radicaux', in *Tendences politiques dans*

la vie française depuis 1789, edited by Guy Michaud (1960), 75–6. Jacques Kayser's book, *Les Grandes Batailles du radicalisme des origines aux portes du pouvoir 1820–1901* (1962), 不幸的是这本书的编写并未继续。

59 A. Charpentier, 53.

60 F. Buisson, 'La politique radicale socialiste', in *Revue hebdomadaire* (12 Feb. 1910), 159–81.

61 关于一项针对局部规模的激进主义的有趣研究请参阅 R. Vandenbusche, 'Aspects de l'histoire politique du radicalisme dans le département du Nord, 1870–1905', *Revue du Nord* (Apr.-June 1965), 223–68. 但是这个部门的问题相当特殊。

62 Daniel Bardonnet, *L'Évolution de la structure du parti radical* (1960), 9.

63 F. Buisson, *La Politique radicale, études sur les doctrines du parti radical et radical-socialiste* (1908), 167.

64 关于这一主题的最佳指南是 M. Fournier, 'Le parti radical de 1906 à 1914' (unpublished thesis, Fondation Nationale des Sciences Politiques, 1960)。有关党派结构的更多详细信息参阅 G. Fabius de Champville, *Le Comité exécutif du parti républicain radical et radical-socialiste de 1897 à 1907* (1908), and Pierre Andréani, 'La formation du parti radical-socialiste', *Revue politique et parlementaire*, 206 (1952), 33–41。

第10章 社会主义

1 *Biographie des 900 représentants à la Constituante*, published by Victor Lecou (1849), 406; G. Weill, *Histoire du parti républicain en France* (1928), 129 n.

2 Marcel Dessal, *Charles Delescluze 1809–71* (1952), 93–120.

3 Jacques Bouillon, 'Les démocrates-socialistes aux élections de 1849', *Revue française de science politique*, 6 (Jan.-Mar. 1956), 70–95.

4 A. Romieu, *Le Spectre rouge en 1852* (1851).

5 Eugène Tenot, *Étude historique sur le coup d'État* (1877–80).

6 Philippe Vigier, *La Seconde République dans la région alpine* (1963), 2. 332.

7 Jules Vallès, 'Un chapitre de l'histoire du 2 décembre', in *Courrier de l'Intérieur* (8 Sept. 1868), 引用自 J. Tchernof, *Le Parti républicain au coup d'État* (1906), 166.

8 T. N. Bernard, *Le Socialisme d'hier et celui d'aujourd'hui* (1870), 274.

9 *Enquête parlementaire sur l'insurrection du 18 mars 1871* (1872), Tolain's evidence, 425.

10 E. E. Fribourg, *L'Association internationale des travailleurs* (1871), 92–8.

11 参阅 Charles M. Limousin, 'Coup d'œil historique sur l'Internationale', *Journal des économistes*, 38 (1875), 68–87。

12 J. Rougerie, 'Sur l'histoire de la Première Internationale', *Le Mouvement social*, 51 (1965), 31 and n.

13 J. Maitron and G. M. Thomas, 'L'Internationale et la Commune à Brest', *Le Mouvement social,* 41 (1962), 48–53.

14 J. Rougerie, 'La Première Internationale à Lyon', *Annali dell'Istituto G. Feltrinelli* (1961), 126–93, esp. 145.

15 Jacques Freymond, *La Première Internationale* (1962), 1. xiv.

16 Jeannine Verdes, 'Les délégués français aux conférences et congrès de l'A. I.T.', *Cahiers de I.S.E.A.* (Aug. 1964), 83–176.

17 H. Collins and C. Abramsky, *K. Marx and the British Labour Movement. Years of the First International* (1965), 70.

18 J. Rougerie, 'Sur l'histoire de la Première Internationale', *Le Mouvement social*, 51 (1965), 40–3.

19 H. Tolain, *Quelques Vérités sur les élections de Paris* (1863), 23.

20 Maurice Foulon, *Eugène Varlin, relieur et membre de la Commune* (Clermont- Ferrand, 1934), 45.

21 同上，第 108 页。

22 近年来在 Benoist Malon 上，可以看到 Gerald Hoeffel, 'Some Aspects of Reformist Socialism in France' (Oxford D.Phil. thesis, 1973)，这是对这个有影响力的人物进行深入研究的第一部分。参阅下文，第 774–5 页。

23 K. Marx, *Civil War in France* (first published 1871; London 1933 edition with an introduction by Engels), 19, 43, 47, 63.

24 L. Chevalier, *Classes laborieuses et classes dangereuses* (1958), 452–3.

25 Arthur Arnould, *Histoire populaire et parlementaire de la Commune de Paris* (Brussels, 1878), 1. 114, 3. 45.（据知情者透露，这对当时的风气很好。）

26 J. Rougerie, *Le Procès des communards* (1964); 同上，*Paris Libre* (1971).

27 H. P. O. Lissagaray, *Histoire de la Commune de 1871*（1876 年首次出版，

新版于 1947 年出版，并附有 Amédée Dunois 编写的介绍），135–6.

28 Charles Beslay, *Mes Souvenirs* (Neuchâtel and Brussels, 1874).

29 Marcel Dessal, *Charles Delescluze 1809–1871* (1952), 421–6 and *passim*; B. Malon, *La Troisième Défaite du prolétariat français* (Neuchâtel, 1871), 141; A. Arnould, 2. 89.

30 A. Vermorel, *Le Parti socialiste* (1870), v and *passim*; Jean Vermorel, *Un Enfant du Beaujolais: Auguste Vermorel, 1841–1871* (Lyon and Paris, 1911), 131.

31 Jules Clère, *Les Hommes de la Commune. Biographie complète de tous ses membres* (1871), 16–17, 146; Jean Allemane, *Mémoires d'un communard* (n.d.), 72–3; Charles Rihs, *La Commune de Paris, sa structure et ses doctrines* (Geneva, 1955), 76–94, 143–78.

32 A. Arnould, 3. 31.

33 *Procès-verbaux de la Commune de 1871*, edited by Georges Bourgin and Gabriel Herriot (1924 and 1945, 2 vols.), 1. 159, 187, 282–4.

34 Maurice Dommanget, *L'Enseignement, l'enfance et la culture sous la Commune* (1964), 54, 57.

35 Georges Laronze, *Histoire de la Commune de 1871 d'après des documents et des souvenirs médits: la justice* (1928), 197, 673–9.

36 Malon, 169–71; Jean Bruhat, Jean Dautry, and Émile Tersen, *La Commune de 1871* (1960), 191–217；参阅 E. Schulkind (ed.), *The Paris Commune of 1871* (1972), 很好地分析了左翼派的意图。

37 Jacques Rougerie, *Le Procès des communards* (1964), 基于军政部的档案完成，其中包含军事法庭档案。

38 Catulle Mendès, *Les 73 Jours de la Commune* (1871), 326.

39 Georges Tersen, 'L'opinion publique et la Commune de Paris (1871–79)', in *Bulletin de la Société d'études historiques, géographiques et scientifiques de la région parisienne* (1960 and 1962, 4 articles).

40 E. Renan, *La Réforme intellectuelle et morale de la France* (1871).

41 A. Dansette, *Histoire religieuse de la France contemporaine* (1948), 144.

42 B. Malon, 532.

43 关于导致大赦的议会辩论请参阅 J. T. Joughin, *The Paris Commune in French Politics 1871–1880* (Baltimore, Md., 1955).

44 关于他的青年时期请参阅 Jules Guesde, *Textes choisis 1867—1882*, ed. by Claude Willard (1959), introduction. 关于当下形象，参阅 Mermeix, *La France socialiste* (1886), 60. A. Compère-Morel, *Jules Guesde, le socialisme fait homme 1845-1922* (1937) 中的内容虽然无趣，但却有用。马克思的《资本论》最先由 Jules Roy 翻译成法文，并于 1872—1875 年分期出版。Gabriel Deville 于 1876 年出版了删节版，相比而言，其影响更大。

45 Henri Millet(1865-1902，引擎盖制造商，后任 Romilly 市长), *L'Évolution socialiste à Romilly-sur-Seine* (Troyes, 1896), 25.

46 Ernest Montusès [1880-1927, editor of *Le Socialiste*, later *Le Combat* of Allier], 'Le député en blouse' [a biography of Thivrier], in *Les Cahiers du Centre*, 52 and 53 (Moulins, May-June, 1913).

47 Georges Rougeron, *Le Mouvement socialiste en Bourbonnais 1875-1944* (Moulins, 1946).

48 Claude Willard, *Le Mouvement socialiste en France 1893-1905: les guesdistes* (1965), 316, 348. 这篇论文非常详尽且内容丰富，是对 Guesdism 及其同类模型进行研究的基础。

49 Claude Willard, 'Contribution au portrait du militant guesdiste dans les dix dernières années du XIXe siècle', in *Le Mouvement social* (Oct. 1960 and Mar. 1961).

50 参阅 Marcel Cachin 对 Guesde 的有趣评价 , 'Le centenaire de Guesde', in *La Pensée, revue du rationalisme moderne* (11 Nov. 1945), 5. 19-28, 以及 Samuel Bernstein, 'Jules Guesde, Pioneer of Marxism in France' in *Science and Society* (1940), 29-56。

51 关于新古主义，请参阅 B. D. Graham, *The French Socialists and Tripartism 1944-47* (Canberra, 1965), 以及 Club Jean Moulin, *Un Parti pour la gauche* (1965)。

52 Paul Brousse, *La Propriété collective et les services publics*（首次出版于 1883 年，1910 年再版时增加了序言）.

53 Sylvain Humbert, *Les Possibilistes* (1911), 48 ff.

54 Paul Brousse, *Le Suffrage universel et le problème de la souveraineté du peuple* (Geneva, 1874), 对于这个阶段的他有所提及。

55 Léon de Seilhac, *Le Monde socialiste* (1904), 37.

56 David Stafford, *From Anarchism to Reformism* (1971).

57 Maurice Charnay, *Les Allemanistes* (1912).

58 *Journal de Genève* (2 Aug. 1915), 引用于 *Europe* (Oct.-Nov. 1958), 3.

59 L. Blum, *Jean Jaurès* (1937), 8.

60 J. Hampden Jackson, *Jean Jaurès* (1943), 11.

61 参阅 *Bulletin de la Société d'études jaurésiennes*。而最权威、最详尽的传记是由 Harvey Goldberg 撰写的作品，*The Life of Jean Jaurès* (Madison, Wis., 1962)。

62 M. Auclair, *La Vie de Jean Jaurès* (1954), 258.

63 To Vincent Auriol, *Jean Jaurès* (1962).

64 Augustin Hamon, 'Souvenirs sur Jaurès', *La Grande Revue,* 88 (July 1915), 107–12.

65 By Bracke, p. 26, in Michel Lannay, 'L'éloquence de Jaures', *Europe* (Oct.-Nov. 1958), 23–39.

66 Bracke, 同上。

67 Harvey Goldberg, *The Life of Jean Jaurès* (Madison, Wis., 1962), 188.

68 这段于 1895 年 2 月 11 日的讲话引用于 M. Jaurès and M. Clemenceau, 并由一位法国记者刊登在 *The Dublin Review* (Apr. 1906), 310 n。

69 Romain Rolland, 同前文所引。

70 引用自 Charles Rappoport, *Jean Jaurès, l'homme, le penseur, le socialiste* (1915), 104. 这是一本依旧很有用处的书，特别是针对饶勒斯的思想部分。

71 引用自 Félicien Challaye, *Jaurès* (n.d.), 115. 这是对饶勒斯哲学的宝贵研究，是该系列丛书的一部分——其他科目包括苏格拉底、柏拉图、笛卡儿、康德等——以显示法国人民对他的尊重。

72 Jean Jaurès, *Textes choisis*, vol. 1, *Contre la guerre et la politique coloniale*, ed. by Madeleine Rebérioux (1959), 13. 这是一本不错的介绍书。

73 Rolande Trempé, 'Jaurès, député de Carmaux' in *Jaurès présenté par V. Auriol* (1962), 86–119, 引用页为第 90 页。

74 有关高等学校（École Normale Supérieure）图书馆员的影响，请参阅 Charles Andler, *La Vie de Lucien Herr* (1932).

75 Madeleine Rebérioux, 'Jaurès et Toulouse 1890–1892', in *Annales du Midi* (1963), 295–310; Rolande Trempé, 'Jaurès et Carmaux', in *Europe* (Oct.-

Nov.1958), 64–73; J. Jaurès, *Discours parlementaires* (1904), 他介绍了自传中很重要的一部分，即关于“1885 年的社会主义和激进主义”（‘Le socialisme et le radicalisme en 1885’）。

76 J. Klément, *Jaurès réformiste* (1931), and J. Jaurès, *L'Armée nouvelle* (1910), especially chapter 10, and *Études socialistes*（转载于他的作品 *Complete Works* 第 1 卷）; Edward Claris, ‘Du capitalisme au socialisme d'après Jaurès', in *L'Actualité de l'histoire* (Apr.-June 1959), 22–3.

77 Madeleine Rebérioux, *Jean Jaurès, textes choisis* (1959) 的引言。

78 J. Jaurès, *La Question religieuse et le socialisme* (1959); Claude Tresmontant, ‘La religion de Jaurès', in *Esprit* (1960), 2038–51.

79 L. Blum, *J. Jaurès* (1937), 37.

80 J. Jaurès, *La Question religieuse et le socialisme* (1959), 17.

81 A. Noland, *The Founding of the French Socialist Party 1893–1905* (Cambridge, Mass., 1956).

82 Motion de Toulouse 的文本来自 Georges Lefranc, *Le Mouvement socialiste sous la Troisième République* (1963), 397–8.

83 引用自 Marcel Prélot, *L' Évolution politique du socialisme français 1789–1934* (1939), 201.

84 A. Thomas, *La Politique socialiste* (1913) ; B. W. Schaper, *Albert Thomas* (Assen, Netherlands, 1959); Charles Andler, *Le Civilisation socialiste* (1912).

85 Hubert Rouger, *La France socialiste* (1912), 149–52.

86 Georges Guy-Grand, ‘Jaurès, ou le Conciliateur', in *La Grande Revue*, 97 (July 1918), 1–20, 引用页为第 10 页。

87 G. E. Prévot, *Le Socialisme aux champs* (Toulouse, 1905), preface by Jaurès, 6–8.

88 Maurice Lait, *Le Socialisme et l'agriculture française* (1922), 35–41; J. Bourdeau, ‘Revue du mouvement socialiste' in *Revue politique et parlementaire* (Sept. 1910), 569–78; A. Compère-Morel, *La Question agraire en France* (1908); id., *La Question agraire et le socialisme en France* (1912); Michel Angé-Laribé, *Grande ou petite propriété* (Montpellier, 1902); Ernest Tarbouriech, ‘La propaganda agraire du parti socialiste', in *Revue socialiste* (Mar. 1910), 252–76.

89 Albert Orry, *Les Socialistes indépendants* (1911).

90 发表于 A. Millerand, *Le Socialisme réformiste français* (1903), 19-35.

91 L. Derfler, 'Le cas Millerand', *Revue d'histoire moderne et contemporaine* (1965).

92 关于 'La politique sociale de la République', 28 Feb. 1909 的演讲发表于 A. Millerand, *Politique de réalisations* (1911), 6。

93 A. Millerand, *Le Socialisme réformiste français* (1908), 8.

94 向 1848 年革命历史学会（Société d'Histoire de la Révolution de 1848）致辞，同上，第 348 页。

95 引自 J. Magnien 在他未出版的回忆录 'Alexandre Millerand' (D.E.S., 1962), 4.

96 Raoul Persil, *Alexandre Millerand* (1949), 11-13; Jean Magnien, 'Alexandre Millerand' (unpublished D.E.S. mémoire, Paris Faculty of Law, 1962), 借用 Millerand 未出版的回忆录使得这部作品很有益处；A. Lavy, *L'Œuvre de Millerand: un ministre socialiste* (1902), 其内容是关于 Millerand 1899—1902 年的作品；A. Millerand, *Politique de réalisations* (1911), 简介有 92 页，含 1909—1910 年的作品上的签名 P. L. G.；A. Millerand, *Travail et travailleurs* (1908), 内容为 1899—1902 年他作为部长的演讲；A. Millerand, *Le Socialisme réformiste français* (1908), 1896—1902 年的演讲，其中一篇重要序言定义了改良主义；Vincent Badie, *M. Alexandre Millerand, socialiste réformiste. Son œuvre social* (Montpellier, 1931)，这是一份有趣的道歉文书。

97 B. Malon, 'Fragment de mémoires', *Revue socialiste* (Jan.-July 1907) (five articles).

98 B. Malon, *Histoire du socialisme* (1879).

99 B. Malon, *Le Nouveau Parti* (1881): François Simon, *Une Belle Figure du peuple, Benoît Malon, sa vie, son œuvre* (Courbevoie, 1926).

100 B. Malon, *Le Socialisme intégral* (1890-1), 1, 13, 16, 178, 190, 212-14, 443 and *passim*; A. Veber, 'La mort de Benoît Malon', *Revue socialiste*, no. 106, vol. 18 (Oct. 1893), 386-443; Eugène Fournière, 'Benoît Malon et le marxisme', 同上，(Nov. 1893), 541-3; Eugène Spuller, *Figures disparues*, 3rd series (1894), 233-51. Malon 的继任者有身为编辑的 Georges Renard, Gustave Rouanet, 以及 Eugène Fournière。其中的最后一位特别有趣——他是一位自学成才的珠宝商，写了约 50

本书。参阅 Justinien Raymond, 'Eugène Fournière', in *L'Actualité de l'histoire*, 25 (Oct.-Dec. 1958). Renard 和 Rouanet 也将偿还学费。

101 这些数据来自 Jean Maitron, *Histoire du mouvement anarchiste en France 1880–1914* (1951), 114–15, 128, 432. 这是正史，带有完整的书目。有关更多新近著作，请参阅资料中的补充书目：J. Maitron, 'L'anarchisme français 1945–1965', in *Le Mouvement social*, 150 (Jan.-Mar. 1965), 97–110。但是，对无政府主义者的研究远远少于对社会主义者的研究。

102 L. Andrieux, *Souvenirs d'un préfet de police* (1885), 1. 339.

103 Maitron, *Histoire*, 434.

104 参阅 James Joll 的著作，*The Anarchists* (1964), 164–70。

105 J. P. Crespelle, *The Fauves*（英文译者为 Anita Brookner, 1962）, 23.

106 Maitron, 324–35.

107 Henri Martin, *Histoire de France*, 7 vols.; L. Blanc on the Revolution and *Histoire de dix ans*, Regnault on 1840–8, Lavetelle on the eighteenth century, Gordon de Grenouillac, *Paris à travers les siècles*, 5 vols., Challamel, *La France à travers les siècles*, 4 vols.; A. Guilbert, *Histoire des villes de France*; Augustin Thierry, *Histoire de la conquête de l'Angleterre, Récits du temps mérovingien, Histoire du tiers état;* Malte-Brun, *La France illustrée*（花了 100 法郎买回来，然后装订）, Alex de Laborde, *Itinéraire de l'Espagne*, 5 vols.; *Histoire pittoresque des grands voyages*. 14 卷科普读物，作者为 Camille Flammarion, L. Huard, *La Science pratique, Le Monde industriel*; Alexis Clerc, 物理，化学和医学五卷。利特雷字典（Littré's Dictionary）。Homer, Plato's *Republic*。八卷罗马和希腊的经典著作。拉辛（Racine）、莫里哀、布瓦洛（Boileau）、塞维涅夫人（Mme de Sévigné）、歌德的全集；雨果的几乎所有作品，D. Defoe's *Crusoe*, Lamartine 的六卷书 , Musset, E. Augier, G. Sand, E. Sue, Maupassant. Scott's *Midlothian*, Turgenev, F. Cooper, 5 vols., J. Verne. 200 卷法国国家图书馆的书；20 卷来自 Flammarion's Petite Bibliothèque universelle。Renan's *Jésus*; the Koran; Lamennais's Rousseau, 3 vols., Montesquieu, 3 vols., J. Simon, Dupanloup, Cabet, Mazzini, Blanqui, Kropotkin, H. Spencer. 有许多小册子。但是没有蒲鲁东的作品。

108 Dr. J. Bailhache, 'Un type d'ouvrier anarchiste. Monographie d'une famille d'ouvriers parisiens', *La Science sociale*, 14 (May. 1905).

109 这些数字只是近似值，因为有个别的遗漏。参阅 E. Fournière, 'Les socialistes à la Chambre', *Revue socialiste*, 44 (Aug. 1906), 205–12。他们不包括独立的社会主义者。

110 Charles Duffart, 'La poussée socialiste en France d'après les élections générales de 1910', in *Revue socialiste*, 52 (July-Dec. 1910), 37–51, 147–54.

111 H. Rouger, *Les Fédérations socialistes* (1913), 3. 25–48, 其中有一篇关于 Var 的好文章。

112 P. Barral, *Le Département de l'Isère sous la Troisième République 1870–1940* (1962), 526–32.

113 Yves Malartic, 'Comment Clemenceau fut battu aux élections législatives à Draguignan en 1893', in *Provence historique* (1962), 112–38, especially 115; Paul Joanne, *Dictionnaire géographique et administratif de la France* (1894–1905), 1498, 5258.

114 Paul Bois, *Paysans de l'ouest* (1960), 是该主题最出色的研究。

115 Gérard Walter, *Histoire des paysans de France* (1963), 409–10, 417; Martin Nadaud, *Mémoires*.

116 A. Perrier, 'Esquisse d'une sociologie du mouvement socialiste dans la Haute-Vienne et en Limousin', *Actes du 87ème Congrès national des sociétés savantes, Poitiers 1962, section d'histoire moderne et contemporaine* (1963), 377–98. 参阅 R. Baubirot, 'Remarques sur la condition au 18 et 19 siècles des communautés des paysans du nord de l'actuel département de la Haute-Vienne', ibid., 905–33。

117 Simone Derruan-Boniol, 'Le socialisme dans l'Allier de 1848 à 1914' in *Cahiers d'histoire*, 2 (Grenoble, 1957), 115–61.

118 P. Koukharski, 'Le Mouvement paysan en France en 1911' in *Questions d'histoire* (1952), 160–77; P. Monette, 'L'éveil des paysans; La révolte des vignerons champenois' in *La Vie ouvrière* (Feb.-Apr. 1911), 4 articles.

119 Alexandre Blanc, *Le Parti radical et le parti socialiste dans Vaucluse* (Cavaillon, 1904), 11–12.

120 H. Primbault, *Le Socialisme dans les campagnes* (Arras, 1902).

121 Louis Lévy, *Comment ils sont devenus socialistes* (1932).